Die Autorin

Carolina Hehenkamp wurde 1947 in Holland geboren, wo sie bis 1966 lebte. Nach der Schule zog sie nach Paris und studierte dort Modedesign. Als Designerin, Redakteurin und Journalistin lebte und arbeitete sie viele Jahre in Spanien, Frankreich und Deutschland. 1989 hat sie ihr Leben als Designerin abgeschlossen, um sich dem inneren, spirituellen Weg zu widmen. Anfang der 90er Jahre lernte sie Aura-Soma kennen und wurde eine begeisterte Aura-Soma-Lehrerin und -Beraterin. Seit zehn Jahren ist sie als Lehrerin, Heilerin und Therapeutin u.a. im Bereich der Lichtkörperarbeit, der Farb- sowie der Kristalltherapie tätig und anerkannt. Im Herbst 1999 gründete sie das internationale Netzwerk „DER INDIGOKINDER-LICHTRING" (siehe Anhang), das über das Phänomen Indigo-Kinder informiert sowie eine Platform des Austauschs und der Unterstützung für Eltern und Kinder der neuen Zeit bietet.

Das Buch

Indigo-Kinder stellen ganz sicher hohe Anforderungen an ihre Familie und ihre Umwelt. Vor allem anderen aber sind sie ein großes Geschenk, denn sie bieten Ihnen und allen, die mit ihnen zu tun haben, die Chance, selbstbewußter zu werden und die Verantwortung für Ihr Leben und dessen Gestaltung wieder in die eigenen Hände zu nehmen.

In diesem Ratgeber finden Sie praktische, leicht durchführbare Übungen, mit denen Sie Ihre ganze Familie so unterstützen und motivieren können, daß ein gesundes und glückliches Leben für Sie alle möglich wird. Sie können damit Ihre Lage und die Ihrer Kinder und Ihrer Familie ganz allein, ohne Hilfe von außen, erheblich verbessern.

Das Buch ist in zwei Teile gegliedert: Im theoretischen Teil werden Sie mit Hintergrundwissen (das menschliche Energiesystem, hemisphärisches Denken, Rolle der Eltern etc.) versorgt. Im zweiten Teil werden zahlreiche Übungen vorgestellt und Tips gegeben, die es Ihnen ermöglichen, den familiären Alltag mit Ihrem Indigo-Kind entspannter und fröhlicher zu gestalten. Die zahlreichen Berichte von Eltern und Indigo-Kindern zeigen Ihnen die Situationen noch einmal aus der Sicht von anderen, die sich ähnlichen Herausforderungen stellen, wie Sie und Ihre Familie – denn: Sie sind nicht allein!

Carolina Hehenkamp

Der INDIGO-Ratgeber

Tips & Übungen
für einen entspannten Umgang
mit Indigo-Kindern

Schirner
Verlag

Hinweis

Die in diesem Buch vorgestellten Übungen und Tips sind in der Praxis überprüft worden. Bei gesundheitlichen Problemen können sie den Rat und die Hilfe eines Arztes jedoch nicht ersetzen. Autorin und Verlag übernehmen keine Haftung für Schäden, die sich aus dem falschen Gebrauch oder evtl. Mißbrauch dieser Tips und Übungen ergeben.

ISBN 3-89767-116-6

© 2002 Schirner Verlag, Darmstadt
Erste Auflage

Alle Rechte vorbehalten

Umschlag: Murat Karaçay
Photos: A. Stadler & Carolina Hehenkamp
Zeichnungen: Ellen & Carolina Hehenkamp
Satz & Redaktion: Kirsten Glück
Druck & Bindung: Reyhani Druck + Verlag, Darmstadt

Printed in Germany

Inhaltsverzeichnis

Widmung 10
Danke   10
Vorwort 11

Einleitung 13
1. Das Recht auf ein gesundes und glückliches Leben 13
2. Ich bin betroffen 14

Teil 1 – Hintergrundwissen 17
  1. Was ist der Mensch? 17
    1.1 Der Mensch ist Energie 17
    1.2 Das menschliche Energiesystem 21
    1.3 Wir haben Antennen 26
    1.4 Das energetische Massenbewußtsein 27
    1.5 Wir haben zu viel Plunder! 29
  2. Die Aura und ihre Farben 32
    2.1 Die menschliche Aura 32
    2.2 Die Farben unserer Aura 33
      ➜ *Übung*: Aura-Reinigung/Energiedusche 36
    2.3 Energieraub 37
      ➜ *Übung*: Energiefeld zwischen ihren Händen spüren 38
  3. Die verschiedenen Ebenen unseres Energiesystems 40
    3.1 Die Schichten der Aura 40
    3.2 Die Chakras 42
  4. Das menschliche Gehirn 46
    4.1 Das Gehirn hat zwei Hälften 48
    4.2 Indigo-Kinder denken anders 54
      ➜ *Übung*: Reise in die Gehirnhälften 57
      ➜ *Übung*: Zusammen dahinstürmen wie die Delphine 58
      ➜ *Übung*: Mehreren Denkprozessen gleichzeitig folgen 59
    4.3 Das menschliche Nervensystem 63
      ➜ *Übung*: Die Nerven stärken 66
  5. Die menschliche DNS und Blaupause 68
    5.1 Was ist die DNS? 68
    5.2 Der Mensch hat eine Seele 74
  6. Was braucht der Mensch? 77
    6.1 Was ist Energiearbeit? 77
      ➜ *Übung*: Aura spüren 84

6.2 Was ist Geborgenheit? 86
6.3 Die neuen Kinder sind wahre Lichtarbeiter 88
6.4 Traditionen und Muster durchbrechen 90
➔ *Übung:* Glaubenssätze ändern 95
➔ *Übung:* Dreiecke 96
6.5 Rolle und Ohnmacht der Eltern 96
7. Leben ist Veränderung – Leben ist Fließen 101
7.1 Alles ändert sich 101
7.2 Was findet unsere Gesellschaft wirklich wertvoll? 102

Teil 2 – Praxis 105
1. Allgemeine Vorbereitung 105
Wie man dieses Buch benutzt 105
2. Die neuen Kinder brauchen Erdung 111
2.1 Ein Kind kommt zur Erde 112
2.2 Psychische Beschwerden 113
2.3 Was hilft beim Erdungsprozeß? 115
2.4 Verbindung mit Mutter Erde und Vater Sonne 116
➔ *Übung:* Verbindung mit Mutter Erde 117
➔ *Übung:* Verbindung mit Vater Sonne 119
➔ *Übung:* Werde wie ein Baum 121
➔ *Übung:* Den Raum erden 122
3. Blockaden und Zusammenhänge erkennen und auflösen 123
3.1 Die Schwierigkeit, die neuen Kinder zu therapieren 123
➔ *Übung:* Das Spiel des Lebens 124
3.2 Emotionale Blockaden 127
➔ *Übung:* Tagträumen 132
➔ *Übung:* Traumspiel 133
3.3 Gefühle zeigen 133
➔ *Übung:* Im Brunnen 134
➔ *Übung:* Spiralwirbel 134
➔ *Übung:* Gefühle aussprechen 135
4. Verhalten 136
4.1 Motivation 136
➔ *Übung:* Welche Motivation steht hinter meiner Aufgabe? ... 142
4.2 Streß 142
➔ *Übung:* Der Garten deiner Wünsche 144
4.3 Selbstwertgefühl 145
4.4 Aufmerksamkeit 148
4.5 Aufgaben erkennen – Warten, bis ich älter bin 149

4.6 Sich nicht verstanden oder anerkannt fühlen 152
→*Übung*: Begegnung mit der Seele 153
4.7 Kontakt mit anderen Kindern 157
4.8 Depressionen 160
4.9 Vertrauen 163
4.10 Urteilen 165
4.11 Geduld – Ungeduld 167
→*Übung*: Einfach zur Entspannung 167
4.12 Ehrlichkeit 168
4.13 Verantwortung übernehmen 170
4.14 Sich Sorgen machen 170
→*Übung*: Hilfe durch die Engel 171
→*Übung*: Übervoller Schrank 171
4.15 Von der Mutter abnabeln 173
4.16 Konfliktbewältigung – Win/Win-Ergebnisse 174
4.17 Entscheidungen treffen 175
→*Übung*: Entscheidungen treffen 175
4.18 Grenzen setzen 176
5. Lernen 178
5.1 Ganzheitliche Erziehung 178
5.2 BrainGym®, Übungen zur Gehirngymnastik 185
→*Übung*: Überkreuz 190
→*Übung*: Liegende Acht 190
→*Übung*: Elefantenrüssel 192
→*Übung*: Wadenpumpe 194
→*Übung*: Erden 195
→*Übung*: Gehirnknöpfe 196
→*Übung*: Balanceknöpfe 197
→*Übung*: Raumknöpfe 197
→*Übung*: Denkmütze 198
→*Übung*: Hook-ups 199
5.3 Hochbegabung 200
6. Energiesystem 202
6.1 Telepathische Wahrnehmung 202
→*Übungsspiel*: Energie und Gedanken erkennen 204
6.2 Was sehen sie, was wir nicht sehen? 204
→*Übung*: Die weiße Kugel 206
→*Übung*: Liegende Acht mit Drehrichtung und Einzelheiten 207
→*Übung*: Sonnenlicht atmen 208
→*Übung*: Regenbogenumhang 209

➜*Übung:* Gedankenübertragung 212
➜*Übungsspiel:* Gedankenaustausch 213
➜*Übung:* Gedanken einstellen 213
6.3   Angst vor dem Schlafengehen – Ist da etwas im Raum? 214
6.5   Psychische Attacken 217
➜*Übung:* Pentagramm 218
➜*Übung:* Weißes Licht aus dem Herzen senden 218
6.6   Die Lebensaufgabe 219
6.7   Kontakt mit der Seele herstellen 220
➜*Übung:* Verbindung zur Seele 222
6.8   Engel und Erzengel 223
➜*Übung:* Erzengel Michael 228
6.9   Kommunikation mit der Natur 228
6.10 Heilende Fähigkeiten 230
➜*Übung:* Heilen mit weißem Licht 230
6.11 Erinnerungen aus früheren Leben 231
6.12 Materie folgt Gedanken 233
6.13 Gebundene Energie 237
6.14 Rasende Gedanken 239
7.   Energiefeld 241
7.1   Die Aura wahrnehmen und reinigen 241
➜*Übung:* Das Energiefeld Ihres Kindes sehen 241
➜*Übung:* Die violette Flamme 243
7.2   Ist ihr Kind „hellsichtig"? 244
➜*Übung:* Blind sehen 244
➜*Übung:* Mit dem Finger spüren 244
7.3   Verbindungen lösen 245
➜*Übung:* Verbindungen lösen 245
7.4   Essenzen in die Aura bringen 246
➜*Übung:* Pomander für die Aura 248
7.5   Farben 249
➜*Übung:* Farbatmen 250
7.6   Bachblüten 251
7.7   Kristalle und Energie 253
8.   Körperliche Verfassung 255
8.1   Körperliche Schmerzen 255
➜*Übung:* Programmierung der Zellen 255
➜*Übung:* Reise durch den Körper 256
8.2   Allergien 257
8.3   Kopfweh 258

➔ *Übung:* Kopfschmerzen lindern 258
8.4 Essen für das Wohlbefinden 259
8.5 Nahrung 259
8.6 Ritalin & Co 264
9. Alltagshilfen 267
9.1 Kinesiologischer Muskeltest 267
➔ *Übung:* Einfacher Muskeltest 267
9.2 Belastungen verringern 268
9.3 Raumklärung 271
9.4 Wasser speichert Gedanken und Gefühle 272
9.5 Impfungen 273
9.6 Homöopathie 277
10. Eltern 280
10.1 Indigo-Kinder erziehen und führen 280
10.2 Schuldgefühle 282
➔ *Übung:* Zeitreise 284
➔ *Übung:* Dich als neutralen Beobachter sehen 286
10.3 Annahme – passives und aktives Zuhören 287
➔ *Übung:* Annahme 291
10.4 Ich-Botschaften 291
10.5 Spirituelle Erziehung 293

Abschluß 299

Anhang 301
Glossar 301
Der Indigo Kinder Lichtring 307
Seminare, Trainings & Reisen 307
Berater 308
Quellenverzeichnis/Bücher, die weiterhelfen 309
Anhang Extra 311
Was Sie über Ritalin und Aspartam wissen sollten 311

Widmung

Ich widme dieses Buch allen diesen wunderbaren Kindern der Welt.
Sie sind unsere spirituellen Lehrer und bringen uns Frieden und Liebe.

Danke

An dieser Stelle möchte ich mich bei den vielen Lesern herzlich bedanken, die mir nach Lesen meines Buches *"Das Indigo-Phänomen, Kinder einer neuen Zeit"* geschrieben haben. Es war mir nicht immer möglich, allen zu antworten. Viele Eltern und Kinder erzählten mir in ihren Briefen und Emails von der Liebe, Unterstützung und Inspiration, die sie in dem Buch fanden. Dazu ein Beispiel: *"Das Buch löst einen Bewußtwerdungsprozeß aus. Es beschreibt sehr liebevoll, wie man mit den Indigo-Kindern ein erfülltes Leben führen kann. Es macht ihnen [den Eltern] im Umgang mit ihren Kindern viel bewußt und stellt sehr schön heraus, welche Chance ein Indigo-Kind oder überhaupt das Eltern-Dasein zum eigenen Wachstum bietet. Diese Sichtweise hat natürlich auch positive Auswirkungen auf die anderen Aufgaben, die uns täglich herausfordern. Ich meine, anhand des Themenkomplexes Indigo-Kinder haben Sie einen sehr einfachen und für jedermann verständlichen Zugang zur Spiritualität und zur Lichtarbeit gefunden."* Dieser Leser beschreibt genau, was ich mit dem Buch vermitteln wollte. Es freut mich auch sehr, daß viele Erwachsene sich selbst in den Beschreibungen erkennen. Diese Emails und Briefe bedeuten mir viel. Jede dieser Rückmeldungen ist ein Geschenk. Ich hoffe, daß ich mit diesem Buch Antworten auf die vielen unterschiedlichen Fragen geben kann, die mich auf diesem Weg erreichten.

Vorwort

Es ist besser, ein einziges kleines Licht anzuzünden,
als die Dunkelheit zu verfluchen.
Konfuzius

Kinder konfrontieren uns ununterbrochen und gnadenlos mit uns selbst. Das Zusammenleben mit Kindern ist eine wundervolle Chance, sich selbst besser kennenzulernen. Trauen wir uns, in den Spiegel zu schauen, den sie uns vorhalten, dann ist Elternschaft ein wundervoller Entwicklungsweg. Ich erlebe oft Eltern, die nach der Geburt eines Indigo-Kindes gespürt haben, daß nichts mehr so sein wird, wie es war. Sie fühlen sich bewußt oder unbewußt gezwungen, eine andere Richtung einzuschlagen, und ihre Suche bringt sie in der Regel auf einen bewußteren Lebensweg. Der Familie zu dienen ist wie das Suchen nach einem Gleichgewicht zwischen der Liebe zu den Kindern und der Liebe zu sich selbst. Wie immer geht es darum, ein Gleichgewicht zwischen Nehmen und Geben zu finden.

In meinem ersten Buch, „Das Indigo-Phänomen, Kinder einer neuen Zeit", habe ich die Leser über das Phänomen aufgeklärt, daß in dieser Zeit neue Kinder geboren werden, die anders sind als alles, was wir kannten. Sie finden darin ausführliche Informationen über die Bedeutung und Hintergründe des Indigo-Phänomens und die möglichen Begleiterscheinungen; dazu gehören Lern- und Verhaltensstörungen, ADS & Hyperaktivität und andere Defizit-Syndrome, aber auch Hochbegabung, hohe Sensitivität, frühe geistige Reife usw.

Parallel zu diesem ersten Buch ist ein Manuskript entstanden, in dem ich Antworten gesammelt habe auf die vielen Fragen, die auftauchen, wenn sich Menschen mit dem Thema „neue Kinder" und deren Problemen mit einer neuen Wahrnehmung beschäftigen. Es tauchen Fragen auf wie; „So, und was tun wir jetzt?" „Wie geht es jetzt weiter?" „Was kann ich in meinem Leben ändern?"; und sie möchten beantwortet werden. Dieses Skript wurde zu einem weiteren Buch, und Sie halten es gerade in Ihren Händen.

Dieses zweite Buch ist ein Ratgeber und möchte Sie mit praktischen, leicht ausführbaren Übungen für Familien, Kinder und Erwachsene unterstützen. Es möchte Sie motivieren, Ihre Situation zu verstehen, selbst etwas daran zu ändern und durch diesen Prozeß selbstverantwortlich zu werden. Wenn Sie dieses Buch lesen und das Gelesene umsetzen, wird sich Ihr Leben grundlegend verändern. Es wird Ihnen bewußt, wer Sie und Ihre Kinder wirklich sind. Sie werden aktiver, lebendiger, aufmerksamer und bewußter und geben sich nicht mehr so leicht zufrieden mit dem, was man Ihnen vorsetzt. Sie werden wieder selbst bestimmen wollen, was mit Ihnen und Ihrer Familie geschieht, und Ihr Leben so gestalten, wie Sie es sich immer (vor allem als Kind) erträumt haben.

Dieses Buch ist weniger ein Buch allein zum Lesen, sondern vielmehr ein Buch zum Arbeiten. Es begleitet Sie in Ihrer Arbeit mit Energie und Bewußtsein. Es ist kein Buch mit ausschließlichen „Kinderübungen", in dem es nur um den Umgang mit den Kindern geht. Es wendet sich gleichermaßen an Sie, die Eltern, bindet Sie fest ein und bietet Ihnen die Möglichkeit, im Bewußtsein zu wachsen. Es ist ein Buch, das hilft, Ihnen Ihr Recht auf ein gesundes, erfülltes, fröhliches Leben mit Ihrer Familie, vor allem mit Ihren Kindern, deutlich zu machen. Sie haben dieses Recht, es ist Ihr Geburtsrecht.

Mit diesem Ratgeber sind Sie in der Lage, ganz allein, ohne Hilfe von außen, die Situation für sich und Ihre Kinder zu verbessern. Wenn Sie umsetzen, was Sie hier erfahren, dann können sich Ihre Kinder bei Ihnen wieder vollkommen geschützt, verstanden und geistig frei fühlen. Das strahlende Wesen, das jedes Kind im Kern ist, wird sich wieder frei ausdrücken und sein Leben aktiv gestalten können. Auf diese Art werden Sie und Ihre Kinder zu wahren „Leuchttürmen", die positive, bewußte Energie ausstrahlen. Diese gute Ausstrahlung kann wiederum vielen in Ihrem Umfeld helfen, auch positiver, bewußter, fröhlicher und gesünder zu werden. Dazu brauchen Sie nichts anderes zu tun, als ein lebendiges Beispiel zu sein. Das ist reine Energiearbeit!

Der erste Teil des Buches enthält viele Informationen über das, was der Mensch wirklich ist. Wenn Sie Ihr Leben erfolgreich verändern wollen, ist die Voraussetzung dafür, daß Sie sich mit dem Energieaspekt des Menschen beschäftigen. Alles in unserer Welt besteht im Grunde aus Energie, sowohl die Materie als auch wir Menschen. Woraus aber besteht diese Energie? Wie wirkt das Gehirn? Warum gibt es zwei Gehirnhälften, und welche Aufgaben haben diese? Was tut das Nervensystem? Was ist die Aura, die DNS und was die Blaupause? Was bedeutet es, „ein Basisbedürfnis nach Sicherheit und Geborgenheit" zu haben, und warum ist genau das für die neuen Kinder so wichtig? Diese und viele andere Fragen finden Sie im ersten Teil beantwortet.

Der zweite Teil enthält überwiegend Übungen, Tips, Energiespiele und Erfahrungsberichte von Eltern und Indigo-Kindern. Wenn Sie die Übungen aus diesem Buch regelmäßig anwenden, wird sich Ihr Leben verändern. Ihre tägliche Erfahrung wird Ihnen die Gewißheit geben, auf dem richtigen Weg zu sein. Das wiederum wird zu Selbstsicherheit und Harmonie für Sie und Ihre Kinder führen.

1.10.2001

In Liebe
Carolina Hehenkamp

Einleitung

Wer die Art seines Denkens nicht ändern kann,
wird niemals in der Lage sein, die Wirklichkeit zu verändern,
und wird daher auch niemals einen Fortschritt erzielen.
Anwar El Sadat

1. Das Recht auf ein gesundes und glückliches Leben

Ich gehe davon aus, daß jeder Mensch von Beginn an ein vollwertiger Mensch ist und nicht erst dazu gemacht werden muß. Jedes menschliche Wesen kann sich so lieben, wie es ist. Es darf wachsen und sich verändern. Das Alte muß nicht abgewertet werden, es geht nur darum, sich des eigenen Verhaltens bewußt zu werden.

Die Tips, Übungen und Vorschläge, die Ihnen in diesem Buch begegnen, sind für Kinder ebenso wie für Erwachsene oder, anders gesagt, für das Kind im Erwachsenen.

Jedes Lebewesen ist verantwortlich für sich selbst. Wenn Sie den neuen Kindern, den Indigo-Kindern, helfen möchten, richten Sie Ihre Aufmerksamkeit am besten zunächst auf sich selbst und beginnen wieder, an sich selbst zu glauben und sich selbst zu lieben. Selbstrespekt, Selbstliebe, Wahrhaftigkeit, Integrität, Nächstenliebe, Loyalität und ehrliches Handeln sind Bedingungen, um den neuen Kindern ein wirklicher Gefährte und Förderer sein zu können. Mit diesem Buch möchte ich Sie dabei unterstützen, in ein neues Denken, Handeln und Fühlen hineinzuwachsen.

Zuerst stellt sich die Frage: *Müssen die neuen Kinder wirklich erzogen werden? Ist ein liebevolles Begleiten nicht angemessener?* Die Kinder brauchen unsere Loyalität und Solidarität, unsere Unterstützung, ein ehrliches Nein und Ja, Strukturen und Absprachen, um heranwachsen zu können. Aber brauchen sie eine Erziehung?

Vor einigen Wochen las ich den Bericht einer Mutter, die nach Amerika umgezogen ist. Nachdem sie ihre Kinder zunächst mit Home-Schooling (siehe Glossar) begleitete, entdeckte sie das Un-Schooling und war völlig begeistert. Im Un-Schooling gibt es kein Programm, keinen festen Lehrstoff, keine Vorgaben, nichts! Ein Elternteil bleibt zu Hause und „managt" die Kinder. Diese interessieren sich z.B. für Plato und seine Lehren. Dann wird Plato gelesen, erklärt, gemalt usw. Aus dem Thema Plato ergibt sich z.B. das Interesse für die Geometrie. Dann wird Geometrie gelesen, erklärt, gemalt usw. So bestimmen die Kinder selbst, was, wann und wo sie lernen. Die Mutter stellte fest: *„Es ist nicht zu vergleichen mit Home-Schooling, es ist nicht mal Unterricht, es ist eine Lebensform."*

Kinder sind auf die Liebe ihrer Eltern angewiesen und öffnen sich vertrauensvoll deren Werten und Normen. Die Eltern lehren ihre Kinder in der Regel, daß sie besser werden und erzogen werden müssen und daß diese Sichtweise die richtige sei. Da die neuen Kinder tief in sich wissen, daß sie, so wie sie sind, in Ordnung sind, daß sie bereits vollwertige Menschenkinder sind und vielleicht sogar als Lehrer für die Erwachsenen hier auf der Erde kamen, verwirrt sie diese Widersprüchlichkeit, die sie erfahren. Ihr Wissen, daß sie nicht besser gemacht und erzogen werden müssen, steht meist in scharfem Gegensatz zu der Überzeugung ihrer Eltern. Dies bewirkt, daß sie sich oft von den Menschen abwenden, deren Unterstützung und Liebe sie so sehr brauchen.

Früher paßten sich die Kinder an und übernahmen die Sichtweise ihrer Eltern. Sie lernten zu glauben, daß sie nicht selbst, sondern daß andere für ihr Glück und Leid verantwortlich seien. Für sich selbst verantwortlich zu sein, wiesen sie mehr und mehr zurück, bis sie glaubten, die Verantwortung nicht tragen zu können. Sie verloren die Selbstverantwortung.

Die neuen Kinder möchten diese Haltung nicht übernehmen. Sie wehren sich mit Händen und Füßen dagegen. Sie wissen meist, warum sie hier sind, wissen, daß sie von Anfang an für sich selbst sorgen können. Sie möchten ernst genommen und anerkannt werden. Manchmal habe ich das Gefühl, daß sie uns zurufen: *„Ich bin für mich selbst verantwortlich! Das ist jeder Mensch. Ich habe es gut gelernt, für mich verantwortlich zu sein, es gehört zu meinem Wesen. Erkennt und achtet es. Liebt mich so, wie ich bin, und nicht, wie ihr möchtet, daß ich bin!"*

Energiearbeit, Bewußtsein und Liebe sind die Zutaten, die ein gesundes, glückliches Leben möglich machen. Vielleicht haben Sie Lust, Ihre Chance zu nutzen? Es ist kein Zufall, daß Sie ein Kind haben, das Sie förmlich zwingt, nach neuen Wegen und Lösungen zu suchen, wie man friedlich zusammenleben kann. Sie haben sich Ihr Kind gewünscht, und obwohl aller Anfang schwer ist, ist es das Ziel immer hundertfach wert.

2. Ich bin betroffen

In meiner Praxis, am Telefon und in den Einführungsseminaren höre ich häufig als ersten Satz: *„Ich bin betroffen."* Oder: *„Ich bin eine Betroffene."* Erst danach folgt: *„Ich habe ein Indigo-Kind!"* Mir kommt oft der Gedanke zu entgegnen: *„Gratuliere, toll, da haben Sie ein großes Geschenk in Ihre Familie bekommen! Und Sie sind nicht allein! Hüten Sie Ihr Kind, lieben Sie es, nähren Sie es, und es wird wie eine wunderschöne Pflanze werden, deren Blüten ihren Duft über die Menschheit verteilen werden, um Liebe und Frieden zu bringen."* Aber ich sage es nicht, da ich merke, wie ernsthaft die meisten Eltern glauben, es sei etwas nicht in Ordnung. Und das, obwohl sie wirklich glücklich scheinen, gerade erfahren zu haben, was mit ihrem Kind los sein könnte. Sie empfinden ihre Situation oft als extrem schwierig, fühlen sich von der Gesellschaft nicht angenommen oder sogar ausgeschlossen.

Dieses Buch möchte Eltern helfen, indem es Tips und Übungen vorstellt, die sie zu Hause, im Kreis der Familie, prüfen und ausprobieren können, um innerhalb und außerhalb der Familie einen entspannten Umgang mit den neuen Kindern zu erzielen. Löst sich die Anspannung, können Eltern lernen, ihre negativen Überzeugungen wie *„ich bin betroffen"*, *„mein Kind ist nicht normal"* durch *„ich bin eine glückliche Mutter"* und *„mein Kind ist in Ordnung"* zu ersetzen.

Das große Problem, dem ich überall begegne, ist, daß es Eltern nicht mehr gewohnt sind, bedingungslos hinter ihren Kindern zu stehen. Daß sie dies jedoch tun, ist für das Indigo-Kind ist das lebenswichtig, und es wird nie verstehen können, daß es nicht bedingungslos unterstützt wird. Seine Eltern reden vielleicht mit dem Lehrer, dem Arzt oder einem Betreuer, ohne das Kind einzubeziehen. Das ist schrecklich für das Kind. Wenn das Kind sich nach solchen Gesprächen über seinen Kopf hinweg eingeprägt hat, daß es an sogenannten Defizitstörungen leidet, wird es von Jahr zu Jahr mehr Schwierigkeiten haben, sich emotional zu entfalten und zu einem würdigen Menschen dieser Welt heranzuwachsen.

Teil 1 –
Hintergrundwissen

1. Was ist der Mensch?

Man sieht nur mit dem Herzen gut;
das Wesentliche ist für das Auge unsichtbar.
Antoine de Saint-Exupéry

1.1 Der Mensch ist Energie

Um den Menschen als Energie begreifen zu können, müssen Sie zunächst verstehen, daß jedes kleinste Partikel der Schöpfung mit Lebenskraft, Geist und Intelligenz erfüllt ist. Alles, was uns umgibt und unser Leben ausmacht, lebt. Das Haus, der Tisch, das Auto, auch unser Schmuck, alles ist von Leben erfüllt. Natürlich gibt es Unterschiede im Bewußtsein, aber wenn Sie genau hinhorchen, können Sie das Strömen der Lebensenergie in Gegenständen hören und erfahren. Kinder sprechen anfangs gerne mit Dingen, wie mit ihren Puppen oder mit ihren Autos, als ob sie lebendig seien. Sie sind es auf jeden Fall in den Augen des Kindes. Darüber hinaus aber spüren Kinder die Lebensenergie in allen Lebensformen. Bäume, Mutter Erde oder Blumen sind nicht einfach Gegenstände für sie; Kinder spüren das Pulsieren der lebendigen Energie, die durch alles hindurchfließt.

- *Chi, Prana, Mana, Ki, Orgon*

  In unserem Körper befinden sich Billionen von Zellen, Molekülen, atomaren und subatomaren Teilchen, die alle ihre eigene spezielle Schwingung in sich bergen. Die Energie all dieser Teilchen, die in Harmonie schwingen, erzeugt unseren Körper und unser energetisches Feld. Dieses ganze System wird von der Lebensenergie gespeichert.

Alles ist Energie

In alten Zeiten und in verschiedenen Kulturen entstanden unterschiedliche Bezeichnungen für diese pulsierende Lebensenergie: Chi, Prana, Mana, Ki, Orgon, Lebenskraft oder einfach Energie. Diese pure Energie ist immer um uns herum, aber wir nehmen sie nicht wahr, bis sie etwas Gegenständliches in unserer Nähe berührt und wir uns darauf einstellen.

Frequenzen & Energiemuster

• *Energie ist überall*

Alles, was wir im Leben mittels unserer Sinne wie Sehen, Hören, Riechen usw. erfahren, besteht aus wechselnden Energiefrequenzen, die sich ständig weiterentwickeln. EKGs (Elektrokardiogramme) und EEGs (Elektroenzephalogramme) messen diese Frequenzen und Energiemuster im Herz bzw. im Gehirn.

Der Mensch ist wie ein lebender Radarschirm, der über viele Sensoren verfügt, die Schwingungen empfangen, aufzeichnen und übertragen. Es ist möglich, daß bei den neuen Kindern eine Gruppe von Sensoren stark entwickelt ist, die der übersinnlichen Wahrnehmung dienen. Das bedeutet, sie reagieren auf Reize, die wir unter normalen Bedingungen weder hören noch sehen. Ihre fast schon mediale (siehe Glossar) Sensitivität, bevor sie erwachsen sind, könnte ein Hinweis darauf sein.

Sind wir Leuchttürme?

• *Das Licht in unseren Zellen*

Wissen Sie, daß Sie leuchten? Jede lebende Substanz, jede organische Zelle von Pflanzen, Menschen, Tieren nimmt Licht auf und strahlt ein schwaches, geordnetes, laserartiges Licht ab. Es gibt Medien, die sagen, daß sie dieses lebendige Licht wahrnehmen können, und auch die Wissenschaft hat dieses Phänomen nachgewiesen. Es wurde in den 20er Jahren in Rußland entdeckt, konnte aber erst 1975 von Dr. Fritz-Albert Popp nachgewiesen werden. Er nannte diese Lichtstrahlung „Biophotonen". Leider erging es ihm zunächst einmal wie damals Dr. Wilhelm Reich, der einer biologischen Strahlung, die er Orgon nannte, auf der Spur war. Er wurde als Spinner und Scharlatan verfolgt. Inzwischen ist die Biophotonen-Strahlung international anerkannt, und Popp hat der Welt damit ein großes Geschenk gemacht. Die östlichen Vorstel-

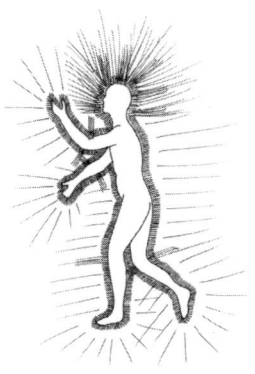

Unsere Zellen strahlen

1. Was ist der Mensch?

lungen von der Lebenskraft (ind. Prana, chin. Chi) und von der Aura (siehe Glossar) erscheinen dadurch in einem neuen Licht.

Diese Biophotonen bzw. die vom Körper abgegebenen Lichtpartikel schwingen in Frequenzen vom ultravioletten bis zum infraroten Bereich des elektromagnetischen Spektrums. Pflanzen strahlen stärker als Menschen. Wildwachsende und auf natürliche Weise angebaute Lebensmittel strahlen kräftiger als industriell hergestellte Lebensmittel. Ein Mensch, der viel meditiert, ist in seiner Mitte. Wenn er sein Energiesystem pflegt, hat er eine hohe Energieschwingung. Er strahlt mehr Biophotonen aus als jemand, der viele Probleme hat oder industriell hergestellte Nahrung zu sich nimmt oder von Krankheiten befallen ist.

Lichtausstrahlung an den Füßen

Wissenschaftler gehen davon aus, daß die Zellen diese Strahlung nutzen, um miteinander zu kommunizieren. Die lebendigen Zellen strahlen nicht nur Licht, sondern auch elektromagnetische Schwingungen anderer Wellenbereiche ab.

Das Leben ist Fluß, ein dauerndes Fließen von Energie. Stagniert dieser Fluß, so tritt ein gewisses Erstarren in der Lichtstrahlung ein, und die Ankopplung an biologische Rhythmen wird schwächer. Viele kranke Menschen oder Kinder haben einfach keine Verbindung mehr mit der Natur, dem Natürlichen, den Rhythmen von Tag und Nacht, Sonnenauf- und -untergang oder den Mondphasen. Sie leben quasi abgeschnitten davon und sollten dafür sorgen, daß ihr Energiefeld wieder stark und „fließend" wird.

Leben ist Fluß

Lebende Systeme sind durchaus so empfindlich, daß sie diese Strahlung bei anderen wahrnehmen. Obwohl es noch ungenügend wissenschaftlich nachgewiesen ist, spüren viele, daß Gedanken und Gefühle elektromagnetische Wellen erzeugen, die von anderen Wesen empfangen werden können. Wissenschaftler aus England meinen, daß die DNS in unseren Zellen als Informationsempfänger wirkt und wir über sie mit allen kosmischen Informationen verbunden sind.

Bestehen wir aus Energie?

• *Blockierende Energie*

Werden tiefsitzende körperliche Blockaden gelöst, so wird die entsprechende blockierte Lichtenergie freigesetzt, und man erlebt oft so etwas wie eine kleine Explosion oder Zündung. Die elektromagnetischen Felder, die alle Lebewesen umgeben, sind wie Fingerabdrücke und gehören ganz individuell nur zu einer Person.

Elektromagnetische Felder

Ist ein Mensch hellsichtig, so kann er im Energiefeld eines Lebewesens Krankheiten, Gemütszustände, Neigungen u.a. erkennen. Da das Leben von Veränderung geprägt und durchflutet ist, ist auch alle Energie, ob in Form von Licht, Klang, Aroma, Nahrung oder Gefühlen, ständig im Fluß. Über Nahrungsaufnahme, Verdauung und Ausscheidung steht die Energie mit dem Körper in Wechselwirkung. Stößt sie auf Widerstand, kann das verheerende Folgen für die Gesundheit haben. Erleben wir etwas Angenehmes, so sind unsere Gefühle im Fluß, und alles ist leicht. Erleben wir hingegen etwas, das uns verletzt oder aufregt, und wir reagieren emotional, vielleicht mit Wut, Trauer, Angst oder Enttäuschung, verkrampft sich der Körper. Auf energetischer Ebene zieht sich alles zusammen – die Energie wird blockiert und bleibt stecken. Die Verdauung von Informationen, sprich Energie, ist gestört und damit auch die Aufnahme derselben. Oft halten wir in solchen Situationen den Atem an und schneiden uns damit weiter von unseren Gefühlen ab.

Verdauung von Informationen

In der Praxis oder in Seminaren erlebe ich immer wieder, wie Menschen aufhören zu atmen, wenn sie mit alten Gefühlen, die schmerzen oder sie beängstigen, in Verbindung kommen. Sigmund Freud schrieb einmal: *„Wenn unsere Eltern uns anschreien, stockt uns der Atem."*

Angst sitzt im Körper

Der Mensch speichert alle angsteinflößenden Erfahrungen in seinem Geist und in seinem Körper ab, damit er die mit diesen Erfahrungen verbundenen Schmerzen nicht noch einmal fühlen und in vollem Ausmaß wiedererleben muß. Auf der körperlichen Ebene verursacht dies eine Verlangsamung oder das Versickern des Energieflusses in bestimmten Körperbereichen, was zu toxischen (giftigen) Ablagerungen und später zu Krankheit führt. Krankheit ist letztlich die Folge davon, daß Energie in ihrem Fluß blockiert wird.

Auf Verstandesebene können jene Teile des Gehirns, die für die Speicherung traumatischer (siehe Glossar) Erlebnisse zuständig sind, ihre Türen verschließen, um uns davor zu schützen, die mit diesen Ereignissen verbundenen Schmerzen und Erinnerungen noch einmal zu erleben. Beispielsweise lösen bestimmte Augenbewegungen eine sensorische Erinnerung aus, weshalb viele Menschen im Laufe der Zeit ihre Augenbewegungen deutlich einschränken, was sich wiederum auf die Sehfähigkeit auswirkt.

Sie können sich den menschlichen Körper wie eine Membran [Hülle] vorstellen, die lichtdurchlässig ist. Stockt die Energie, verstopfen die durchlässigen Kanäle der Membran und trennen uns von unserer Wahrnehmung.

Der Körper ist wie eine Membran

Alle unsere Erfahrungen bestehen aus Energie. Emotionale Traumen bewirken, daß wir auf emotionaler oder körperlicher Ebene unempfänglich für bestimmte Teile dieser Erfahrungen werden. Die Energien bleiben trotzdem da und verursachen sogenannte Verklebungen zwischen unseren verschiedenen Schichten. Natürlich kann man versuchen, sich von allen Situationen fernzuhalten, die Probleme auslösen könnten. Aber Heilung und Entwicklung geschehen nur, wenn wir uns mit den Teilen unserer Erfahrung anfreunden, die uns zuvor verstört haben. Man könnte sagen: *Wir müssen Licht in diese Bereiche unseres Seins bringen, damit sie nicht im Dunkeln bleiben.*

Die Kirlian-Fotografie hat gezeigt, daß wir Energie ausstrahlen und wir das deutlich sichtbar machen können; das wurde auch in Büchern von Hellsehern und in den letzten Jahren auch in solchen von Wissenschaftlern festgehalten. Wir sind geistige Wesen in einer stofflichen Welt, und obwohl Sie sich vielleicht nicht als spirituellen Menschen betrachten, ist es sinnvoll, mehr über die Naturgesetze, den universellen, mentalen, emotionalen und physischen Energiefluß und den Schutz gegen negative Energien zu wissen, um die neuen Kinder besser verstehen und begleiten zu können.

Energie sichtbar machen

1.2   Das menschliche Energiesystem

Alles Leben entsteht in Form von Teilchen aus verdichtetem Bewußtsein und aus Energie. Energie ist Bewußtsein, das sich bewegt. Jedes Atom und jeder Teil eines Atoms hat Bewußtsein. Folglich ist jede atomare Struktur Bewußtsein. Die moderne Wissenschaft versucht zu verstehen, wie diese Teilchen eine Partnerschaft eingehen

Energie ist Bewußtsein, das sich bewegt.

und woher ein Atom weiß, daß es sich mit einem anderen Atom verbinden und mit diesem die Elektronen teilen soll, um ein Molekül zu bilden.

Um die Energie (das atomare Feld) zu verdichten, braucht es Zeit und Bewußtsein. Das bedeutet auch, daß Gedanken und Wünsche sich erfüllen können. Aus dem Unsichtbaren werden sie sichtbar gemacht, wird Energie in materielle Form gebracht.

Die neuen Kinder haben ein Energiesystem, das auf einer höheren Stufe schwingt als das der anderen Menschen. Unbewußt spüren sie, daß sie alles schnell Gestalt annehmen lassen könnten. Sie haben darum oft Schwierigkeiten mit unserer „dichten", langsam schwingenden Welt. Bewußt gelingt es ihnen nur, die Energie zu verdichten, solange sie ganz klein sind. Unsere Art zu leben beeinflußt sie dermaßen, daß sie ab einem Alter von etwa sechs Jahren Hilfe und Unterstützung brauchen, um ihr Energiesystem zu verstehen.

Zeit und Bewußtsein

Wenn es einem Kind nicht gelingt, alles so zu gestalten, wie es sich das vorstellt, wird es oft entweder aggressiv oder teilnahmslos. Aber in dem Moment, in dem es anfängt, sich über das Entstandene z.B. zu ärgern, verstärkt es nur sein Empfinden, und alles wird schlimmer.

Unser Denken beeinflußt alles Leben um uns herum. Die meisten Menschen benutzen ihre Energie, um ihre mangelhafte Gesundheit, ihre Probleme, ihre Begrenzungen als alltäglich zu akzeptieren. Doch weil die Menschen das so akzeptieren, sind sie festgefroren, halten so Energie fest. Müssen wir unsere alltägliche Realität wirklich hinnehmen? Sollten wir nicht vielmehr das Bewußtsein schaffen, daß wir jede Situation unmittelbar ändern können? Möglich ist es!

Unsere alltägliche Realität

Die Quantenmechanik war die revolutionäre physikalische Theorie, die die klassische Mechanik ersetzte. Gemäß der Quantenmechanik sind Wellen und Teilchen nur zwei Erscheinungsformen ein und derselben Wirklichkeit. Deren Quant ist das mit einer Welle verbundene Teilchen. Auch die Zustände von zusammengesetzten Systemen (z.B. Atomen, Molekülen) nehmen nur bestimmte diskontinuierliche (unbeständige) Energiestufen ein; man spricht von einer Quantisierung der Energie. Es gibt viele Theorien und Einsichten über die Quantenlehre. Das Wichtigste, was sie uns lehrt, ist, daß alle

Teilchen immer so sein werden, wie man es von ihnen annimmt. Die Wissenschaftler mußten in den letzten Jahren einsehen, daß das Verhalten von Teilchen vom Beobachter abhängig ist. Sie sind noch nicht soweit, aber eigentlich müßten sie den nächsten Schritt heute schon bestätigen: „Die Menschheit erschafft ihr Leben." Die Quantenmechanik bewirkt ein neues Denken.

- *Die unsichtbare Welt*

Alles ist Energie und miteinander verbunden. Alles ist entstanden aus der Göttlichen Quelle und ist in sich gut und positiv. Alles Leben entsteht in Form von Teilchen aus verdichtetem Bewußtsein und aus Energie. Ob wir Mutter Erde, Sterne, Tiere, Pflanzen, Untiere, Geziefer, Ozeane, Flüsse, Raubtiere, Häuser, Gebäude, Luft, Wasser oder das Feuer nehmen, alle sind letztlich Ausdruck ein und derselben Energie. Der Unterschied liegt in unserer Sicht der Dinge, in der Schwingung oder in der Komprimierung der Energie. Die moderne Naturwissenschaft lehrt, daß Materie nichts anderes ist als erstarrte Energie.

Unsere Sicht ist entscheidend

Die unsichtbaren Welten, in denen die Energie weniger dicht ist (feinstofflicher) und andere Lichtfrequenzen sichtbar (siehe auch „Das Licht in unseren Zellen", S. 18), sind für viele neue Kinder durchaus real und gehören für sie zur Wirklichkeit. Sie wagen aber nicht, darüber zu sprechen, aus Angst, daß wir ihnen keinen Glauben schenken. Aber sie fürchten auch, daß wir uns gar nicht erst Zeit nehmen, ihnen zuzuhören, wenn sie darüber sprechen wollen. Kinder haben aber mit den unsichtbaren Welten bisweilen erhebliche Schwierigkeiten, die sie leicht beheben könnten, wenn sie einen wissenden Ansprechpartner an ihrer Seite hätten.

Nehmen wir Energien auf?

Jeder Mensch strahlt täglich Energien aus und nimmt sie von seinen Mitmenschen und seiner Umgebung auf. Jeder erzeugt täglich auch ein gewisses Maß an psychischem Schmutz. Da die meisten Menschen sich mit Energie nicht auskennen, leben viele von uns auf einer „energetischen" Müllkippe und quälen sich durch ihr Leben. Energetische Reinigung sollte, wie Zähneputzen oder Duschen, zur täglichen Pflege gehören (siehe S. 36, Übung Aura-Reinigung, Energiedusche). Leider haben wir das nicht von unseren Eltern gelernt. Aber nachdem Sie es jetzt wissen, können Sie gleich heute da-

Leben unsere Häuser?

mit anfangen, es Ihren Kindern beizubringen, die es dann wiederum ihren Kindern weitergeben usw.

Orte halten immer alle Energien fest. Wenn Sie sich klarmachen, daß alles, was Menschen ausstrahlen, immer bestehen bleibt, können Sie sich vorstellen, welche Energien in den Mauern unserer Gebäude sitzen und uns unbewußt beeinflussen. Leben Sie in einem Haus, in dem sich die Vormieter immer stritten, werden Sie diese Energien unbewußt spüren, aufnehmen und vielleicht auch anfangen, mit Ihrer eigenen Familie zu streiten. So können z.B. Krankheiten oder veränderte Verhaltensweisen entstehen. Diese „vererbten" Energien können auch dazu führen, daß sich die Vergangenheit wiederholt, ohne daß Sie sich dessen bewußt sind. Es sind dann nicht Ihre eigenen Schwingungen, die stören, sondern die von Menschen, die einmal in Ihrer jetzigen Umgebung lebten oder dort gestorben sind. En-

Ist die Wand traurig?

ergien, die z.B. in Ihren Wänden festsitzen können, sind: Angst, Trauer, Aggression, depressive Gefühle, Krankheiten, Schmerz, unreine Gedanken, unerfüllte Wünsche (siehe Raumklärung S. 271).

• *Die sichtbare Welt*

Unsere Alltagswelt ist zusammengestellt aus den Dingen, die wir alle gemeinsam mit unseren Gedanken in Millionen von Jahren zu Materie verdichtet haben. Diese Welt umfaßt alles, was wir sehen, anfassen und beweisen können. Aber ist sie wirklich „wirklich"? Ist alles tatsächlich so, wie es scheint?

Seit Anfang des zwanzigsten Jahrhunderts erleben wir eine blitzschnelle Entwicklung, die uns von der Erde, unserer Umgebung und unseren Mitmenschen isoliert. Wenn wir nicht im Einklang mit unserer Umgebung leben, werden wir physisch, emotional, mental und spirituell krank. Viele Kinder sind stets von störenden Energiefeldern umgeben. Da sie selbst auf einer hohen Energiefrequenz schwingen, können sie Störfeldern ziemlich lange ausgesetzt sein, ohne Schaden zu nehmen. Ohne Energiehygiene oder Hilfe wird jedoch der Moment kommen, in dem auch ihr Energiesystem zusammenbricht. Ist

Energiehygiene als tägliche Übung

es einmal zusammengebrochen, so wird es schwierig, es ohne fachkundige Hilfe wieder aufzubauen.

Heute ist vielen klar geworden, daß Vorbeugung besser ist als

Symptom- oder Krankheitsbehandlung. Einige Krankenkassen und Versicherungen haben das in den letzten Jahren eingesehen (vor allem haben sie entdeckt, daß es billiger ist!) und geben damit den Heilverfahren östlicher Kulturen recht, bei denen das Vorbeugen seit Jahrhunderten praktiziert wird.

Östliche Heilmethoden wie Akupunktur, Akupressur, Meditation, Ayurveda, Kontemplation, das Singen von Mantras u.a. bieten dem Menschen Möglichkeiten, wieder in Einklang mit seinem inneren Selbst und seiner Umgebung zu kommen, bevor Krankheiten auf der Körperebene entstehen. Eine ungeahnte Vielfalt von alternativen Heilmethoden hat als Folge dieser sich ausbreitenden Einsicht in den letzten Jahrzehnten auch in der westlichen Welt Fuß fassen können.

Im Laufe der Jahrhunderte haben wir insbesondere in den christlich geprägten Kulturen vergessen, wie wertvoll unser Körper ist. Er wird aber auch als der Tempel Gottes bezeichnet. Schöner und wertvoller als Gold und Schmuck, ist ein menschlicher Körper, in dem der wahre Geist lebt.

Grundsätzlich leben alle Menschen, genau wie die neuen Kinder, in zwei Welten, nämlich der grobstofflichen, materiellen und der feinstofflichen, unsichtbaren Welt. Die unsichtbare Welt erfahren wir in Form von Energien und Schwingungen. In der europäisch-amerikanischen Kultur haben wir uns eher der materiellen Welt zugewandt, während sich Kulturen Asiens oder Südamerikas eher der unsichtbaren Welt zugewandt haben.

Die sichtbare Welt ist aber aus der unsichtbaren Welt entstanden. Durch unsere gemeinsamen Gedanken, die Erlebniswelten und Kulturen verbinden, werden die Energien gebündelt und langsam in die Materie gebracht. In den alten Kulturen wird die sichtbare Welt auch die Illusionswelt genannt, da sie auf Täuschungen aufgebaut ist, die wir Menschen in die Welt gesetzt haben und immer noch setzen. Im Westen unterscheiden wir zwischen diesen beiden Welten, während andere Völker versuchen, sie als Einheit zu leben und zu erleben.

Grundsätzlich ist es möglich, daß wir bestimmen, wie unsere Wirklichkeit aussieht, denn wir können sie gestalten, wenn wir lernen, unserere Energie auf höheren oder niedrigeren Frequenzen schwingen zu lassen. Leicht ist das nicht, da wir als Kinder nur lernen, mit dem Sichtbaren umzugehen, und unsere Fähigkeiten, das Unsichtbare zu sehen, verkümmert sind. Um unsere gestalterische Allmacht nutzbringend im Leben anzuwenden und den Himmel auf die Erde zu bringen, müssen wir das Sichtbare wieder bewußt mit dem Unsichtbaren verbinden.

1.3 Wir haben Antennen

Sind wir Sender und Empfänger von Energie?

Zwischen allen Oberflächen, inneren Teilen der Wesen und dem Unsichtbaren gibt es eine Wechselwirkung. Unsere Haare z.B. sind Energiesender und Empfänger. Was empfangen wird, wird immer von der Seele aufgenommen und verursacht im Menschen physische, emotional bewußte Reaktionen. Haare sind in vielen Kulturen sehr wichtig. In den 60er Jahren des 20. Jahrhunderts trugen z.B. die Hippies lange Haare als Zeichen ihres Wunsches, mit den geistigen Welten verbunden zu sein. Wenn man sich die Haare kurz schneidet oder sie versteckt, ist das ein sicherer Schutz gegen die Ausstrahlung der Umgebung. Davon sind aber auch die höheren geistigen Ebenen betroffen, was zur Folge haben kann, daß die Verbindung weniger intensiv und klar ist.

Haare sind Antennen

Eltern sollten den Wunsch von Indigo-Kindern unbedingt achten, wenn diese ihre Haare kurz oder lang tragen möchten. Sie regeln damit intuitiv den Austausch mit ihrer Umgebung und den Grad ihrer Empfangsbereitschaft.

Unsere Antennen empfangen und verwandeln die empfangene Energie, die übermittelten Botschaften oder Informationen in einer dem jeweiligen Menschen angepaßten Weise. Wenn die Antennen ihre Arbeit tun, muß der Mensch lernen, die Energie in einen kontrollierten Zustand von geistiger Aktivität umzusetzen.

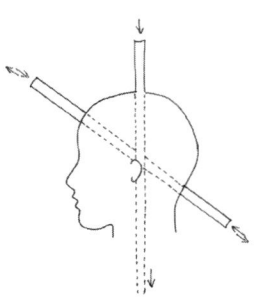

Antennen am Schädel

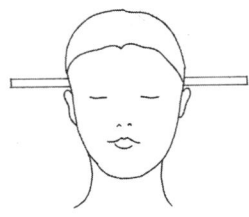

Antennen an den Ohren

1. Was ist der Mensch?

1.4   Das energetische Massenbewußtsein

Wir sind alle Teil des Massen- oder Kollektivbewußtseins. Es ist die Energie aller Gedankenformen und Gefühle, die von der gesamten Menschheit produziert werden. Wir sind Teil dieser gewaltigen Energie, die auf der ganzen Erde waltet und auf jeden einzelnen großen Einfluß hat. Zusammen bilden wir ein großes Netzwerk von miteinander in Wechselwirkung stehenden Energien. All das, was wir in uns verändern, verändert sich auch im Massenbewußtsein.

Massenbewußtsein ist überall

Im Massenbewußtsein ist einiges los: Dort gibt es Kriege, Friedensverträge, Angst vor Terroranschlägen, Liebe, Tod, Freundschaft usw. Vieles macht uns angst, vieles gibt uns Sicherheit. All diese Dinge, die wir täglich erleben oder hören (z.B. im Radio und Fernseher), aktivieren in uns das Bewußtsein, daß wir ein Teil dieser Masse sind. Zugleich entsteht auch die Überzeugung, daß wir selbst nichts an diesem Massenbewußtsein verändern können. Oft erscheint es uns wie eine Übermacht.

Gemeinsam mit unseren neuen Kindern haben wir nun die Aufgabe, diese Weltanschauung zu durchbrechen und zu lernen, das Massenbewußtsein anders zu sehen, damit wir etwas in unserer Welt ändern können. Jeder Mensch ist ein wichtiges Puzzlestück im Bild des Ganzen, und die Energie eines jeden wird gebraucht. Können wir uns aus dem Massenbewußtsein ausklinken, indem wir Verantwortung für unsere Wünsche, Gedanken, Gefühle, Taten und damit Manifestationen übernehmen, dann können wir dazu beitragen, daß sich die Welt verändert, und das sogar schnell.

Weder die Industrie noch die Regierungen der Weltmächte sind daran interessiert, daß der Mensch „aufwacht". Sie versuchen mit aller Macht ihn „schlafend" zu halten, damit die Wirtschaft in ihrem Sinne funktioniert und die Reichen reich bleiben. Aber finden Sie es, tief in Ihrem Herzen, in Ordnung, wie wir leben? Ist es richtig, daß jedes Jahr Millionen Kinder verhungern? Ist es richtig, daß viele arme Länder immer ärmer und reiche Länder immer reicher werden? Glauben Sie, daß dies das Leben ist, das alle Wesen auf der Welt sich wünschen?

Es ist möglich, auch mit dem Massenbewußtsein schöpferisch umzugehen. Es kann seine passive Bedrohlichkeit verlieren, wenn wir

Wie funktioniert das Massenbewußtsein?

uns klarmachen, daß wir das verändernde Moment sind: *Lösen wir etwas (z.B. eine Blockade) für uns selbst oder wandeln es um, so wirkt sich das real und unmittelbar auf das Massenbewußtsein aus.*

Im Grunde möchten wir alle ein angenehmeres, erfüllteres und erfolgreicheres Leben führen. Das Wissen um „den Menschen als Energiesystem" kann Ihnen helfen zu lernen, dieses Leben Gestalt annehmen zu lassen.

Der Mensch als Energiesystem

• *Wo leben die neuen Kinder?*

Die Kinder der neuen Zeit leben eigentlich gleichzeitig in der unsichtbaren und in der sichtbaren Welt, wissen aber nicht immer, wo sie gerade sind. Es bereitet ihnen oft Schwierigkeiten, in ihrem Leben diese Welten gleichzeitig zum Ausdruck zu bringen. Die Erwachsenen belegen diese Kinder leider mit vielen negativen Aussagen, darunter: *„Du bist nicht normal." „Du bist defizit-gestört." „Du bist hyperaktiv." „Du mußt jede Woche mit zum Therapeuten, weil du nicht in Ordnung bist." „Du leistest nicht genug in der Schule." „Wir geben dir ALLES, aber du machst nichts daraus!" „Wir haben alles für dich geopfert, und nun sieh dich doch an!"*

Negative Gedanken

Ich könnte viele Seiten schreiben, gefüllt mit Vorwürfen, die wir unseren Kindern tagtäglich, bewußt oder unbewußt, in ihr Energiesystem setzen, und zwar durch unsere Gedanken, im gesprochenen Wort, beim Austausch mit Nachbarn, ja sogar gegenüber Fremden. Wir machen es den Kindern schon sehr, sehr schwer, an sich selbst, die Welt, ihre spirituelle Energie und … an ihre Eltern zu glauben. Vertrauen in unsere Welt ist bei ihnen oft schon früh nicht mehr vorhanden. Ohne Vertrauen aber kann sich diese Generation nicht zu dem entwickeln, was sie ist: Diese Kinder sind Licht- und Energiewesen, die uns allen zeigen können, wie wir im Einklang mit allen Energien, mit Mutter Erde und mit allen Lebewesen leben können.

• *Eine Zeit großer Veränderungen*

Wir leben in einer Zeit, in der Veränderungen rasend schnell erfolgen. Die Dinge entwickeln sich von Jahr zur Jahr rascher. Seitdem wir in das neue Millennium eingetreten sind, hat sich das

Klarheit und Flexibilität

Tempo noch einmal beschleunigt. Es ist für viele gar nicht leicht, mit der Zeit mitzuhalten. Dies fordert viel Klarheit und Flexibilität.

Die energetische Reinigung von Körper, Emotionen und Gedanken, von Haus, Räumen, Schule, Garten oder Auto klärt die Vergangenheit (siehe S. 36, Übung Aura-Reinigung, Energiedusche). Das hilft Ihnen, ganz im Jetzt zu sein. Haben Sie und Ihre Kinder ein reines Energiefeld um sich herum, so bietet diese geklärte Umgebung viel Raum für Harmonie und Wachstum. Auch Antriebslosigkeit, Müdigkeit oder Erschöpfung können verschwinden. Klarheit, Struktur und Ordnung helfen den neuen Kindern, in ihrer Mitte zu bleiben und die Schwankungen im Energiefeld, die das Leben außerhalb des eigenen Hauses ihnen „aufbrummt", leichter zu bewältigen. Das fordert natürlich zunächst von den Eltern Klarheit und Struktur. Aller Anfang ist schwer, aber wenn Sie dafür sorgen, daß Ihre Absicht klar ist, kann nicht viel schiefgehen. Werden Sie sich also erst einmal über Ihre Ziele klar. Setzen Sie sich hin und schreiben sie sie ruhig und konzentriert auf. Seien Sie so genau wie möglich. Der Abschluß Ihres Absichtschreibens sollte am besten immer lauten: *„Zum Wohle aller."* Damit schaffen Sie Win/Win-Ergebnisse (das sind Lösungen, bei denen alle Beteiligten gewinnen; sie stehen im Gegensatz zu jenen, bei denen es Verlierer und Gewinner gibt oder sogar zwei Verlierer). Alle Beteiligten gewinnen durch Ihre Absicht. Vielleicht werden dabei sogar Ihre Vorstellungen vom Universum noch übertroffen.

Win/Win-Ergebnisse

1.5   Wir haben zuviel Plunder!

Wir haben energetisch und materiell zuviel gestaute Energie in unserem Leben! Der Plunder, den wir mitschleppen oder in der Ecke unbeachtet liegen lassen, ist gestaute Energie und hat große Auswirkungen auf unser Leben. Es ist einfach nichts weniger als festgehaltene Energie, Energie die nicht im Fluß ist. Plunder sind Dinge, die keinen wirklichen Platz mehr in Ihrem Leben haben. Sie haben diese Dinge vielleicht schon einige Monate nicht mehr in die Hand ge-

Plunder ist gestaute Energie

nommen, vielleicht nicht mal mehr gesehen, da sie in einer Ecke, unter dem Sofa oder Bett verstaut lagen. Das ist Plunder!

Menschen sammeln oft Plunder, um sich unbewußt von ihrer eigenen Lebendigkeit abzuschneiden. Unbewußt fürchten sie sich vor dem Unbekannten, dem Leben, das immer Veränderung bedeutet. Aufräumen setzt aber immer eine enorme Kraft frei, es ist fast wie ein Schub. Es macht frei und glücklich. Auf unsichtbaren Ebenen kommt die Energie wieder ins Fließen und wird auf der sichtbaren Ebene Ihr Leben verändern.

Kinderzimmer sind heute oft derartig vollgestopft mit Plüschtieren, Spielzeug, Puppen oder Büchern, daß man sich fühlt, als wäre man in der explodierten Spielwarenabteilung eines Kleinstadtladens. Für das Kind ist das alles gebundene Energie. Ist das Zimmer nicht tipptopp aufgeräumt, muß das Kind diesen chaotischen Energiefluß im Leben tagtäglich bewältigen, was viel Kraft kostet.

→ Mein Tip:

Aufräumen macht frei!

Räumen Sie gemeinsam auf. Nehmen Sie jedes einzelne Teil in die Hand, und schauen Sie gemeinsam, was Ihr Kind schon lange nicht mehr braucht. Sie können die Gegenstände vielleicht in verschiedene Gruppen einteilen:

- Schon lange nicht mehr gesehen, angefaßt, damit gespielt – kommt weg!
- Schon lange nicht mehr gesehen, angefaßt, damit gespielt – wird verschenkt an ... Nehmen Sie Ihr Kind mit, wenn Sie die Spielsachen verschenken. Am besten machen Sie einen monatlichen Schenktag in der Familie aus, an dem alle Familienmitglieder ihren Plunder aussortieren und wegbringen.
- Schon lange nicht mehr gesehen, angefaßt, ist aber noch toll und begeistert das Kind erneut – aufbewahren. Zusammen vereinbaren, wohin es geräumt wird. Es sollte dann immer an denselben Platz geräumt werden. So entsteht energetisch Ordnung.
- Neue oder geliebte Sachen, mit denen das Kind oft

spielt, bekommen auch ganz bewußt einen eigenen „Aufräumplatz", den Sie gemeinsam vereinbaren.

Am Abend nach einer Aufräumaktion werden Sie sich völlig befreit und leicht fühlen. Wenn Sie in Ihrer Umgebung etwas verändern, kann sich auch in Ihrem Innern etwas verändern. Das kommt Ihrer Familie sehr zugute. Was außen ist, ist auch innen, und umgekehrt. Frei von all dem aufgestauten Müll zu sein ist eine große Hilfe auf dem Weg zu einem harmonischen Leben mit Ihren Kindern. Ist das Haus, das Zimmer nicht ordentlich, zeigt dies auch, daß das Energiefeld um Sie selbst oder das Kind herum nicht in Ordnung ist. Dazu gehören natürlich auch alle verborgenen Bereiche. Diese werden Sie auch als unbewegliche Zonen außen in Ihrem Energiefeld finden.

➜ Mein Tip:

Gehen Sie mit Ihrem Kind bewußt mit offenen Augen und mit der Absicht, alles fröhlicher und harmonischer zu gestalten, durch das Haus, und besprechen Sie, welche Gegenstände Ihnen beide Freude bringen. Gibt es Gegenstände, die bei Ihrem Kind Trauer, Angst, Unwohlsein oder unangenehme Gefühle auslösen? Verabschieden Sie sich sofort davon! Denn immer, wenn Ihr Kind an diesem Gegenstand vorbeigeht, verliert es unbewußt Energie, und es muß sein Energiefeld wieder in Harmonie bringen. Viele Kinder haben Löcher in der Aura, da sie umgeben sind von Dingen, die sie nicht mögen.

2. Die Aura und ihre Farben

Es gibt keine größere Kraft als die Liebe,
sie überwindet den Haß, wie das Licht die Finsternis
Martin Luther King

2.1   Die menschliche Aura

Das Energiefeld, das wir um uns herum ausstrahlen, wird auch Aura genannt. Sichtbar gemacht werden kann diese u.a. mit technischen Mitteln, wie der Hochfrequenz- oder Kirlian-Fotografie. Für Hellsichtige und Energietherapeuten besteht die Aura aus verschiedenen unterschiedlichen Schichten oder Frequenzen, die einander vielfältig beeinflussen.

Jeder hat eine individuelle Aura

Jeder hat eine einzigartige, ganz individuelle Aura. Weder die Kontur, noch der Umfang, noch das farbliche Zusammenspiel sind je bei zwei Menschen gleich. Sie können es sich wie einen ganz persönlichen Fingerabdruck vorstellen, wie ein einmaliges persönliches Erkennungszeichen. Manchen sitzt die Aura wie eine zweite Haut um den physischen Körper, manche haben eine sehr ausgedehnte Aura. Arbeitet man als Therapeut mit der Aura, kann man in den verschiedenen Farben Charakter, Eigenschaften und Befinden (siehe C. Hehenkamp: Das Indigo-Phänomen, Kinder einer neuen Zeit, Kapitel 1.4, S. 43, dort werden die verschiedenen Lebensfarben beschrieben) erkennen.

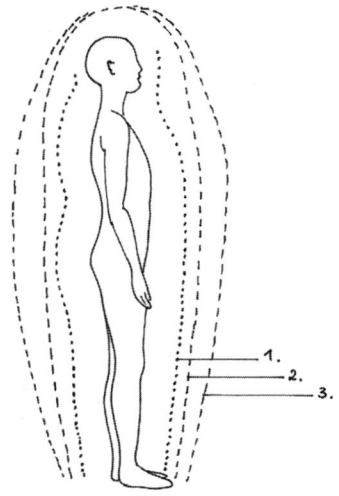

1. *Innere Aura*
2. *Äußere Aura*
3. *Äußere Aura nach negativer elektrischer Aufladung*

Die Schichten der menschlichen Aura

2.2 Die Farben unserer Aura

Die Energiefäden, die den Menschen wie eine Schicht umgeben, enthalten Farben. Bei gesunden Menschen funkelt diese Aura in klaren strahlenden, durchsichtigen Farben. Ist der Mensch geschwächt oder energetisch verunreinigt, gibt es graue Schleier oder Flecken zu sehen. Obwohl die meisten Menschen sie nicht mit den Augen sehen können, habe ich in meiner langjährigen Tätigkeit als Ausbilderin für Aura-Soma-Berater gesehen, daß die Seminarteilnehmer eigene Kanäle haben, eine Aura zu erspüren. Obwohl sie die Farben nicht sehen, können viele die Aura gefühlsmäßig mit ihren Händen „scannen" (siehe Glossar).

Die Aura ist eine energetische Hülle

In meinen Trainingsseminaren ist es immer wieder erstaunlich zu erleben, wieviel Angst und Unsicherheit die erste Aura-Übung bei den Teilnehmern verursacht. Alle sind dann überrascht und auch stolz, wie leicht sie die Aura der anderen Teilnehmer wahrnehmen können. Für die meisten Übungen in diesem Buch ist die Aurasicht nicht notwendig. Es kommt vielmehr darauf an, das Energiefeld zu visualisieren, d.h., es sich vor dem inneren, geistigen Auge vorzustellen. Sie werden bemerken, wie leicht Sie mit ein wenig Übung, und vor allem Vertrauen, die Aura Ihres Kindes abtasten können und sogar Löcher, Verletzungen oder konzentrierte Stellen spüren werden. Lassen Sie sich einfach beim Probieren überraschen. Wenn Sie sich unsicher fühlen, können Sie mit Ihren Kindern eines der speziellen Indigo-Kinder-Energiewochenenden besuchen, um das Aura-Abtasten gemeinsam mit anderen zu üben (Adressen siehe Anhang).

Die Aura zeigt verschiedene Farben, die sich mit dem emotionalen und physischen Zustand des Menschen ändern. Es gibt Farben, die individuell zu der Person gehören, andere Farben entstehen bei verschiedenen Gemütszuständen. Es gibt viele Farbzuordnungen, die sich zu widersprechen scheinen, aber jeder, der Farben hellsichtig sehen kann, muß lernen, seine ganz eigene Interpretation zu erstellen, gelenkt durch seine Erfahrung, sein Wissen und seine innere Weisheit. An dieser Stelle möchte ich nur einige Eigenschaften der Aurafarben aufzeigen (in Kapitel 3.2 „Die Chakras", S. 42, finden Sie weitere Hinweise zu den Farben und Zuordnungen).

Die Farben unserer Aura

- *Blau* zeigt Macht, Kraft, Willenskraft, Glaube, Schutz. Es ist die Farbe von Erzengel Michael, und sie steht allgemein für Schutz.
- *Gelb* steht für sehr hohe Intelligenz. Menschen, die diese Farbe in ihrer Aura haben, können große Probleme oft mit links lösen, stolpern allerdings häufig über die kleinen alltäglichen Probleme.
- *Rosa* zeigt sich, wenn wir verliebt sind oder das Gefühl von Liebe empfinden.
- *Weiß* steht allgemein für Frieden und Reinheit und erscheint meist bei künstlerisch sehr begabten Menschen. Naturweiß oder Leuchtendweiß zeigt, daß jemand innerlich sehr sauber, sehr rein ist. Diese Menschen sind innerlich klar, integer, natürlich, unverfälscht. Weiß zeigt sich auch bei Frauen, die schwanger sind oder es bald werden, und bei Männern, die ein Kind gezeugt haben oder bald eines zeugen werden. Außerdem erscheint es oft in der Aura, wenn ein Mensch bald stirbt.
- *Grün* zeigt sich in den Variationen Hellgrün, Aquamarin, Mintgrün oder Blaßgrün bei Menschen, die geboren sind, um andere zu heilen. „Grüne" Menschen lügen auch nicht gern, denn Grün ist die Farbe der Wahrheit und der Hoffnung.
- *Rotgold,* fast Orange, ist eine Farbe, die bei Menschen erscheint, die oft viel Geld und Erfolg haben, dabei sind sie großzügig. Die Farbe Rotgold in der Aura zeigt auch, daß dieser Mensch relativ wenig Karma (siehe Glossar) hat.

Farbe der Reinigung
- *Violett* bedeutet Veränderung, Transmutation, Umwandlung vom Negativen ins Positive, Überzeugungskraft. Da die violette Farbe eine Mischung aus Blau und Rosa ist, beinhaltet sie auch die entsprechenden Qualitäten dieser Farben, wie z.B. Liebe und Kraft. Diese Farbe kann Krankheiten, Haß, Wutanfälle, Wahnsinn usw. neutralisieren. Sie erlöst von Süchten wie Drogenkonsum und hat die Kraft, den Charakter zu läutern. Konzentration auf diese Farbe kann große Probleme lösen!

Gesunde oder schwache Aura?

Der Zustand der Aura, wie gesund oder wie schwach sie ist, zeigt auch die energetische Verfassung eines Menschen an: Je stärker unsere Aura ist, desto mehr Schutz bietet sie uns vor ungesunden Einflüssen von außen, wie z.B. neidischen Menschen, Elektrosmog oder psychischer Verschmutzung der Atmosphäre durch Streit oder Aggressivität.

Hat ein Kind eine starke Aura, zieht es z.B. keine Leute an, die es schwer aushalten kann. Es ist bewußter, hat mehr Selbstvertrauen und schätzt sich selbst mehr. Nach dem Resonanzprinzip zieht der Mensch Situationen und Menschen an, die energetisch zu seiner Aura „passen", also in diesem Fall eher positive Situationen. Ist die Aura schwach, zieht das Kind Situationen an, die auch „schwach" sind, wie z.B. Leute, die ihm Energie rauben.

Jeder hat die Kontrolle über seine eigene Aura, wenn er sich entschließt, mit ihr zu arbeiten. Die tagtägliche Bestimmung unseres eigenen Bewußtseinszustandes, ganz gleich, was um uns herum vor sich geht, gibt uns einen persönlichen Freiraum. Wenn jeder Therapeut, Mediziner oder alle Eltern etwas mehr davon verstehen würden, wie die Aura entsteht, gereinigt und belebt wird, dann könnten wir hinsichtlich der Heilkunst und ein harmonisches, gesundes Leben betreffend einen großen Sprung nach vorn machen.

> Wir sind Herr über unser Energiesystem

Kommentar eines Indigo-Kindes:

Wenn ich einen Menschen ansehe, dann sehe ich nicht nur den Körper, sondern auch die Aura, einen Lichtschimmer um ihn herum, in verschiedenen Farben – bei manchen einfach nur hell und weiß und bei anderen leicht rot oder auch manchmal etwas dunkler. Wenn Menschen sterben, dann sehe ich das, noch bevor es passiert. So, als ob sie sich verabschieden wollten. Es ist nicht einfach, mit der Zeit habe ich gelernt, nicht zu sagen, was ich sehe und was ich fühle, da es dafür in meiner Umgebung kein Verständnis gibt. Die Dinge, die ich sehe, sind auch nicht immer einfach; manchmal erschreckt es mich noch heute, obwohl ich schon eine Weile damit lebe.

• *Aurapflege*

Die Aura ist wie ein energetischer Filter und bedarf jeden Tag einer energetischen Reinigung. Am Tag ist sie vielen Strahlungen ausgesetzt, und negative Lichtpartikel (in diesem Fall eher Schmutzpartikel) setzen sich in ihr fest. Der Energiefluß wird hierdurch behindert, blockiert an bestimmten Stellen und die Aura wird ge-

> Die Aura braucht Pflege

schwächt. Alle negativen Gedanken und Gefühle, mit denen wir den ganzen Tag über konfrontiert werden (durch andere oder uns selbst), kleben wie Staub in der Aura. Eine regelmäßige Reinigung ist da sehr hilfreich, und für die neuen Kinder ist sie sogar lebenswichtig. Sie sind in ihrem Energiesystem so offen, daß sie sehr viel mehr aus ihrer Umgebung aufnehmen als normale Menschen. Reinigen sie sich nicht, verschmutzen sie so sehr, daß ihr Energiesystem nicht mehr gut funktionieren kann.

Wir müssen lernen, mit unserer eigenen Energie zu arbeiten. Der einzige Mensch, den es auf diesem Planeten zu verändern gilt, ist man selbst. Die einzigen Menschen, die man mit Energiearbeit ganz intensiv unterstützen kann, sind die eigenen Kinder.

Übung: Aura-Reinigung/Energiedusche

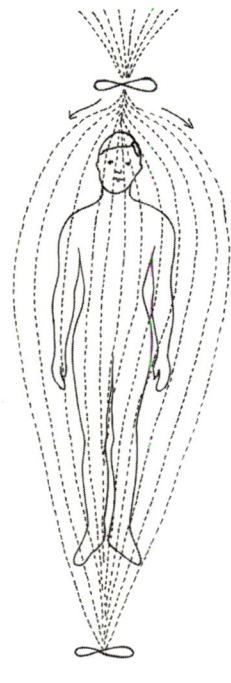

Energiedusche

Setz dich bequem hin, dein Rücken ist gerade, und du fängst an, rhythmisch zu atmen. Verbinde dich mit Mutter Erde und Vater Sonne. Stell dir vor, du gehst auf eine Zauberwiese. Dort siehst du eine Treppe, eine Wendeltreppe, die wie eine Spirale nach oben in den Himmel geht. Du gehst zu dieser Treppe und beginnst die Stufen hochzusteigen. Die Stufen bringen dich durch die gelbe Ebene, durch die grüne Ebene, durch die blaue Ebene, durch die violette Ebene ... Sieh dir die Farben an, die den ganzen Raum füllen ... Am Ende deiner Treppe kommst du in ein wundervolles Tal, mit vielen Tieren und großen alten Bäumen. Hier gibt es ein Bächlein, folge ihm ...

Nach einiger Zeit hörst du das Plätschern des Wassers ... Es gibt in der Nähe einen wunderschönen Wasserfall ... Geh ins Wasser hinein, und stell dich unter den Wasserfall. Das Wasser strömt von allen Seiten über dich ... Es ist wie reines Licht, und es reinigt deine Aura von allen negativen Energien ...

Bleibe so lange stehen, bis das reine Licht dich völlig durchflutet hat ... und du dich rein und leicht fühlst ... Du strahlst das Licht aus allen Poren deines Körpers aus ...

Dann gehst du wieder das Bächlein entlang, zurück zu deiner Treppe ... Durch die Farbebenen findest du zurück zu deiner Zauberwiese.

→ **Mein Tip:**

Du kannst diese Übung auch morgens unter der Dusche im Badezimmer machen. Stell dir vor, daß du während des Duschens von weißem Licht energetisch gereinigt wirst.

2.3   Energieraub

Kinder oder Eltern fühlen sich oft schlaff oder ausgelaugt. Das kann bedeuten, daß wir in Situationen leben, wo uns Energie geraubt wird. Dabei müssen wir berücksichtigen, daß es ein kosmisches Gesetz gibt, das Resonanzprinzip, dem gemäß wir nur die Ereignisse, Situationen, Konstellationen oder Personen anziehen, zu denen es in unserem Inneren eine Entsprechung gibt. Können wir die Strukturen in unserem Bewußtsein ändern, ändern wir gleichzeitig unser Schicksal, weil jetzt andere Situationen, Personen oder Konstellationen in Resonanz gehen.

Die Kinder haben oft eine geschwächte, stellenweise durchlöcherte Aura (z.B. bei Ritalineinnahme) und sind somit leichte Beute für Energieräuber. Wird das Energiefeld erneut aufgeladen und gestärkt, kann es sich wieder gegen negative Einflüsse von außen wehren. Während ich dies schreibe, sehe ich Teenager vor mir, die kraftlos sind, für nichts zu motivieren, keinen Bock auf das Leben, die Schule oder sonstwas haben. Das liegt oft daran, daß sie einfach keine Kraft mehr in ihrem Energiesystem haben, und sie können es selbst nicht mehr reparieren.

Was ist Energieraub?

Energieraub geschieht oft über die energetischen Verbindungen, die Schuldgefühle, unerfüllte Wunschvorstellungen, Sehnsüchte oder andere versteckte psychische Muster in unserem System schaffen. Um Ihnen ein Beispiel zu geben, wie so ein Energieraub funktioniert: Haben Sie Angst, dann braucht jemand nur Ihre Angst zu spüren und sie zu verstärken. Sie steigern sich in Ihre Angstgefühle hinein, verlieren sich – und schon geben Sie Ihre Lebensenergie ab.

Wir sind als Menschen alle miteinander verbunden und „rauben" uns ständig gegenseitig Lebensenergie, aber das ist völlig normal. Sind

Der universelle Energiefluß

Sie gut versorgt mit Energie, fühlen Sie sich gesund, stark, energie-geladen, können Sie ruhig Energie abgeben, da Ihr Reservoir auch wieder gefüllt wird. Nur wenn Sie sich nicht sehr wohl fühlen, schwach, emotional belastet, dann ist es nicht so vorteilhaft, wenn Sie noch mehr Energie verlieren. In diesem Zustand wird es Ihnen nicht gut möglich sein, sich mit dem universellen Energiefluß zu verbinden, um sich wieder aufzuladen. In diesem Zustand bräuch-ten Sie eigentlich Energie. Das ist der Grund, warum Menschen, die krank sind oder sich schwach fühlen, gerne jemand in ihrer Umgebung haben, der sie umsorgt und dessen Energiezustand „gut" ist. Es geht ihnen dann meist gleich besser (das ist im Grunde auch Energieraub oder, liebevoll gesagt, aurischer oder energetischer Austausch). Im Grunde ist Liebe die stärkste Form dieser Lebens-energie, und die, die sich schwach fühlen, brauchen an erster Stel-le Liebe.

- „Das Höhere ernährt das Niedrigere"

Negative Energie kann sich nicht mit positiver Energie vermi-schen. Geht z.B. ein Mensch, der sich weit entwickelt hat, in eine Massenveranstaltung, fängt er sofort an, sich unwohl zu fühlen, und möchte am liebsten schnell nach Hause. Wissenschaftlich läßt sich das damit erklären, daß das Höhere immer vor dem Niederen zurück-weicht. Höhere Frequenzen werden immer von den niedrigeren Schwingungen verschluckt, und so verliert die höher entwickelte Per-son ihre Energie in einer Ansammlung von weniger entwickelten Per-sonen. Erleben Sie, daß Ihr Kind völlig kraftlos aus der Schule kommt? Oder aus der Stadt, wenn Sie es mitgenommen haben auf Ihrer Einkaufstour? Es hat seine Energie abgegeben, unbewußt! Sind Sie sich erst einmal ihrer Energie bewußt, können Sie diesen Prozeß umdrehen.

Verliert ihr Kind Energie?

Übung: Energiefeld zwischen den Händen spüren

Setz dich bequem hin. Atme dreimal tief in den Bauch und entspann dich. Halte deine Hände auf der Höhe deiner Augen und beweg sie lang-sam aufeinander zu. Forme mit deinen Händen eine energetische Kugel. Stell dir vor, daß du diese Energiekugel mit den Händen umfaßt. Ent-

spannt erlaube deinen Augen, sich auf den Zwischenraum zu richten. Durch ein wenig Schielen kannst du mit einiger Übung die Energie leichter wahrnehmen. Sieh eine Minute in diesen „Kugelraum". Nach einiger Zeit kannst du wahrscheinlich dünne, feine Energiefäden sehen, die die Spitzen deiner Finger energetisch miteinander verbinden.

Bei allen Aura-Übungen gilt: Machen Sie eine Sehübung nicht länger als eine Minute. Klappt es nicht, warten Sie fünf Minuten, während deren Sie „normal schauen". Dann versuchen Sie wieder eine Minute zu sehen.

3. Die verschiedenen Ebenen unseres Energiesystems

Je mehr du von dir zeigst –
desto mehr gibt es an dir zu lieben.
Findhorn

3.1 Die Schichten der Aura

Alte Lehren, wie z.B. jene der indischen Veden [um 2500 bis 500 v. Chr. entstandene heilige Schriften des Hinduismus], sprechen über die sieben Körper des Menschen. Diese feinstofflichen Schichten werden von der grobstofflichen Materie des physischen Körpers umhüllt und strahlen in das sogenannte Aurafeld hinein. Der Körper der

Der Mensch hat viele Körper

Lichtebene enthält vier strahlende Körper, die mit verschiedenen Frequenzen arbeiten.

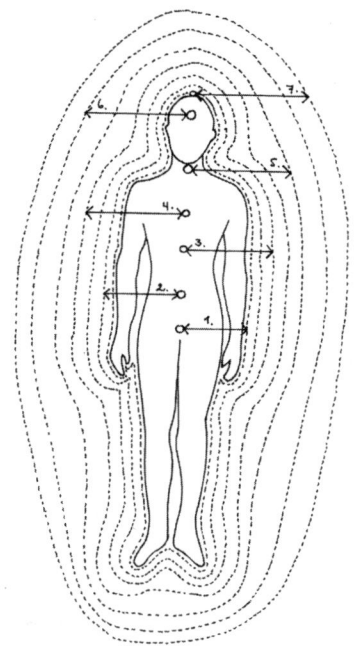

1. Ätherischer Körper: unterer ätherischer Aspekt
2. Emotionaler Körper: unterer emotionaler Aspekt
3. Mentaler Körper: unterer mentaler Aspekt
4. Astraler Körper
5. Ätherischer Negativkörper: physischer Aspekt
6. Himmlischer Körper: emotionaler Aspekt
7. Ketherischer Körper: mentaler Aspekt

Die universelle Energie, die sehr hoch schwingt, wird vom Lichtkörper aufgefangen. Der mentale Körper (Gedanken, Ideen, Visionen, Einblicke) wandelt die empfangene Energie um und setzt sie in für den Menschen umsetzbare Gedankenformen um. Der emotionale Körper (Gefühle, Instinkte, Intuition) setzt diese Energie ebenfalls in für den Menschen geeignete Gefühlsformen um. Beide geben die transformierte Energie an den physischen Körper weiter.

Sie können sich diese Schichten vielleicht als Radiostationen mit Empfängern und Sendern vorstellen, die sich um den Körper herum ausdehnen. Die Empfänger fangen die „Sendungen" auf, übersetzen sie in die Sprache, die die jeweilige Radiostation versteht, und senden sie weiter. Am Ende dieser Kette kommt die Energie in unserem festen Körper an und wird von dort wieder an unsere Umgebung ausgestrahlt.

Sind wir Radiostationen?

Die Ebene physischer „Nebenprodukte" ist das ätherische [leitet sich von dem altgriech. Wort aither, hohe Luft, ab und wird im Deutschen im Sinne von „himmlisch" und „leicht flüchtig" verwendet] Energiefeld, das in enger Verbindung mit einer weiteren feinstofflichen Hülle, dem Ätherkörper, steht. Dieser hat die Aufgabe, Energien in und um den Menschen herum aufzunehmen, sie zu speichern und wieder auszusenden. Er ist, verglichen mit den anderen Körpern, gut sichtbar. Therapeuten nutzen ihn, um Informationen über eventuelle Krankheiten schon zu erkennen, bevor sie sich in klinischer Form offenbart haben. Werden sie auf diese Weise frühzeitig erkannt und behandelt, kann damit das Ausbrechen der physischen Krankheit verhindert werden.

Alle Organzentren spiegeln sich in der Ätherschicht in Form von Energiezentren, den Chakras (siehe nächster Abschnitt). Diese Energiezentren arbeiten wie Wirbelstrudel (sie strahlen gleichzeitig ab und saugen an) und sind die Schaltstellen der Seele für die Aufnahme und Abgabe von Informationen.

Das ätherische Feld reagiert auf die Umgebung eines Menschen wie ein hochempfindliches Empfangsgerät und verarbeitet die Energien, die von anderen Menschen ausgestrahlt werden. Wie bereits dargelegt, beeinflußt jeder von uns den Zustand jedes anderen Lebewesens, mit dem wir irgendwann und irgendwie in Berührung kommen. Die Ätherhülle, die Gesundheit eines Menschen und die Auswahl von Orten, Menschen und Situationen, sind untrennbar miteinander verbunden.

Wie weit dehnt sich der Mensch aus?

Es gibt neben den zuvor genannten noch feinere Schichten in der Aura. Sie breiten sich, ausgehend von der Ätherhülle, in alle Richtungen aus und sind verschmolzen mit den universellen Energien, dem Sonnensystem und, wie man sagt, auch mit den Sonnenwinden [Strom aus von der Sonne in den interplanetaren Raum verströmten Teilchen]. Somit sind wir mit allen Planeten, allen Sonnen und dem ganzen weiten Universum verbunden. Darum könnte man den Menschen auch ein Sternenwesen, ein Sonnenkind oder ein Lichtwesen

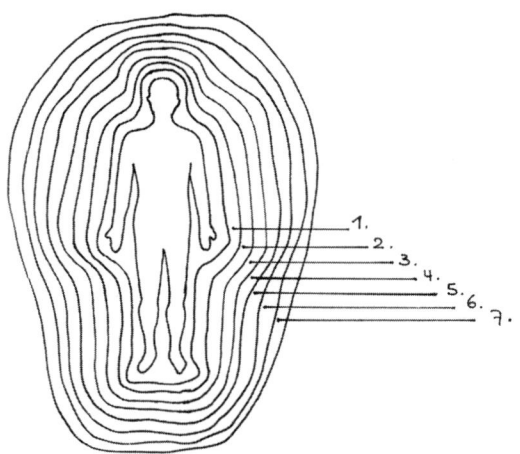

1. *Hertz*
2. *Infrarot*
3. *Sichtbares Licht*
4. *Ultraviolett*
5. *Röntgenstrahlen*
6. *Gammastrahlen*
7. *Unendliches Unbekanntes*

nennen.

3.2   Die Chakras

Räder des Lichts

Die Energiezentren, die wir in der Aura vorfinden, heißen Chakras oder Energievortexe. Das Wort Chakra stammt aus dem Sanskrit, der alten indischen Gelehrtensprache, und bedeutet „Rad des Lichts". Die

Chakras vibrieren mit unterschiedlicher Geschwindigkeit auf verschiedenen Frequenzen – genauso wie die ursprünglichen Quellen der von den Chakras aufgenommenen Energien. Ihre Aufgabe besteht im Aufnehmen, Verarbeiten oder Umwandeln und Ausstrahlen der Energie.

Es gibt sieben Hauptzentren bzw. Chakras, und jedem Chakra entspricht eine bestimmte Farbe. Jedes Chakra ist mit einer endokrinen Drüse (siehe Glossar) verbunden und verknüpft so unser Energiesystem mit dem physischen Körper. Die Chakras liegen entlang der Wirbelsäule und strahlen sowohl nach hinten als auch nach vorn Energie ab. Neben den Hauptchakras gibt es über hundert sekundäre und Tausende Nebenchakras.

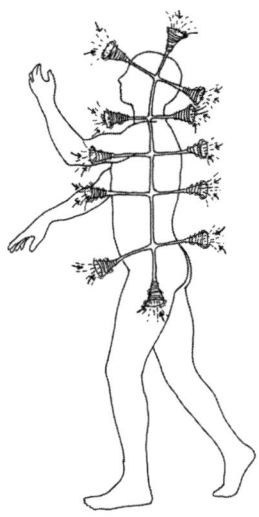

Die Chakras

- *Das erste Zentrum: Das Wurzel-Chakra*
  Das erste Chakra befindet sich am unteren Ende der Wirbelsäule, zwischen Anus und Geschlechtsteilen. Ihm wird die Farbe Rot zugeordnet, und es regiert das Überlebens- und Reproduktionssystem.
- *Das zweite Zentrum: Das Nabel- oder Sakral-Chakra*
  Das zweite Chakra befindet sich unterhalb des Bauchnabels, ihm wird die Farbe Orange zugeordnet. Es regiert das Nieren- und das Hormonsystem und sorgt für Klärung und Reinigung des Seins, für Vitalität und Sexualität.
- *Das dritte Zentrum: Das Solarplexus-Chakra*
  Das dritte Chakra befindet sich oberhalb des Bauchnabels, am Solarplexus, dem Sonnengeflecht. Ihm wird die Farbe Gelb zugeordnet, und es regiert die Verdauung und die Darmfunktionen.
- *Das vierte Zentrum: Das Herz-Chakra*
  Das vierte Chakra befindet sich in der Mitte des Brustkorbes. Es ist Sitz der Seele und die Quelle aller Inspiration, ihm wird die Farbe Grün zugeordnet. Aufgabe dieses Chakras ist die Entfaltung von Liebe und Respekt.
- *Das fünfte Zentrum: Das Kehl-Chakra*
  Das fünfte Chakra befindet sich in etwa in Höhe des Kehlkopfs, ihm wird die Farbe Blau zugeordnet. Es regiert das menschliche Gehör und den sprachlichen und kommunikativen Ausdruck.

- *Das sechste Zentrum: Das Stirn-Chakra*
  Das sechste Chakra befindet sich in der Stirnmitte und wird auch das Dritte Auge genannt. Ihm wird die Farbe Indigoblau zugeordnet, und es steuert unsere Konzentration, Meditation, unsere inneren Visionen und außersinnlichen Wahrnehmungen.
- *Das siebte Zentrum: Das Kronen-Chakra*
  Das siebte Chakra befindet sich wenige Zentimeter oberhalb des Kopfes, über der Mitte der Schädeldecke. Ihm ist die Farbe Violett zugeordnet. Wenn es geöffnet ist, steuert es die Verbindung mit dem reinen Bewußtsein; dann können sich alle Energien verbinden, und der Mensch lernt, die Einheit von allem, was ist, zu erkennen und in seinem Leben auszudrücken.

Jeder Mensch ist etwas Besonderes

Alle Chakras stehen miteinander in Verbindung und tauschen Energien aus. Es sind keine isolierten Energieknoten, sondern Bereiche von unterschiedlicher Energiedichte, die mit dem Gesamtsystem in Wechselwirkung stehen. Alle zusammen ergeben die einzigartige Gesamtheit von Kombinationen, die ein Individuum ausmacht. Jedes Zentrum hat eine bestimmte Schwingung, eine bestimmte Farbe, einen bestimmten Klang und eine bestimmte Strahlung. Aktiv sind oft nur die unteren drei Zentren, die oberen vier werden es bei den meisten Menschen erst durch Meditation oder wenn sie sich den geistigen Welten widmen.

Wollen wir nur überleben?

Dementsprechend beschäftigen sich die meisten Menschen auf bewußter Ebene vornehmlich mit der Befriedigung ihrer Sexualität, ihres Hungers und mit den Überlebensmechanismen, die von den ersten drei Chakras regiert werden. Leider ist auch das Herzzentrum bei den meisten Menschen nicht aktiv, was sich unter anderem darin äußert, daß Gewalt, Kampf, Aggression, Neid und Mißgunst in ihrem Gefühlsleben und Denken vorherrschen. Ihr Leben wird von viel Angst und vielen Zweifeln überschattet. Sie benötigen viel Lebensenergie von Menschen, die sich nicht dauernd ums Überleben kümmern.

Stellen Sie sich vor, es ist Samstagvormittag: Sie sind gut gelaunt, Ihre Energie fließt frei, Sie fühlen sich relativ frei von Geld- und anderen Sorgen – und nun gehen Sie in einen Supermarkt. Allein dadurch, daß Sie neben Menschen stehen, die Geldsorgen und Angst ums Überleben haben, spüren Sie, wie die anderen Ihre Energie aufsaugen. Das geschieht, weil Ihre die stärkere und klarere ist.

Gleiches zieht
Gleiches an

Meine Erlebnisse legen nahe, daß die neuen Kinder die oberen Chakras stärker aktiviert und geöffnet haben als die übrige Menschheit. Sie sind dadurch emotional stabiler, brauchen in der Regel weniger Nahrung und kümmern sich lieber um geistige, spirituelle Gesetze als ums Überleben.

Es wird immer klarer, daß alle Menschen ihre oberen Energiezentren allmählich entwickeln und wieder mehr zu Lichtwesen werden. Schauen wir uns die Entwicklung der letzten fünfzehn Jahre an, sehen wir allein in Europa viele Tausende, die Kurse, Therapeuten oder Ärzte der chinesischen Medizin besuchten, um ihre Chakras zu aktivieren und zu öffnen. Meditation, Lichtarbeit, das Entwickeln des Lichtkörpers, Farbtherapie u.a. helfen, die Energiezentren bewußt zu aktivieren und aus dem Umfeld der ersten drei Chakras hinauszuwachsen. Im englischen Sprachraum findet dieser Prozeß in den Worten PASSION (engl. für Leidenschaft) und COMPASSION (engl. für Mitgefühl; Vorsilbe lat. com = mit) ganz subtil, jedoch direkt seinen Ausdruck. Man spricht dort davon, seine *passion* in *compassion* zu verwandeln, d.h. von der Leidenschaft ins Mitgefühl zu kommen. Dies ist ein Prozeß, bei dem man in sein Herz hineinwächst und anfängt, das Leben und die ganze Menschheit bedingungslos zu lieben.

Aus *PASSION* wird
COMPASSION

4. Das menschliche Gehirn

Um klar zu sehen, braucht es oft
einen Wechsel der Blickrichtung
Antoine de Saint-Exupéry

Das Gehirn ist das Medium für Ströme von Bewußtsein und Energie. Die Aufgabe des Gehirns besteht darin, die Impulse von Bewußtsein und Energie auf der neurologischen Ebene [= das Nervensystem] aufzunehmen und Gedanken zu erzeugen. Der große Bewußtseinsfluß wird vom Gehirn im Grunde in zusammenhängende Gedankenformen zerlegt, die es erkennen kann. Es liefert uns eigentlich in Bilder umgesetzte Energie und Bewußtsein. Den Verstand könnte man deshalb als das Produkt von Energie und Bewußtsein sehen, das Gedankenformen erzeugt.

Wir haben ein Juwel im Kopf

Es müßte uns, da wir Teil des Ganzen sind, möglich sein, die kosmischen Impulse klar und deutlich aufzufangen und sie in für uns verständliche Informationen umzusetzen. Bekannterweise arbeitet das Gehirn des durchschnittlichen Menschen aber nur mit ca. 8–10% seiner tatsächlichen Kapazität. Was aber tun eigentlich die restlichen 90–92%? Schlafen sie? Oder machen sie etwas anderes, etwas, das wir nicht bewußt wahrnehmen?

Verbindungen im Gehirn aufbauen

Die Wissenschaft hat nachgewiesen, daß Menschen, wenn sie sich neue Informationen aneignen, neue Nervenzellen und Verbindungen im Gehirn aufbauen. Ältere Menschen z.B., die anfangen, mit dem Computer zu arbeiten, und lernen, im Internet zu surfen, werden geistig wieder beweglicher, ihr Kurz- und Langzeitgedächtnis verbessert sich, und sie fühlen sich dadurch jünger und energiegeladener.

Gehirn und Rückenmark bilden die zentralen Teile des Nervensystems. Das Gehirn besteht aus Vorderhirn, Zwischenhirn, Mittelhirn, Kleinhirn und Hinterhirn. Man kann auch feststellen, daß es aus mehreren miteinander verbundenen Teilen besteht, die aus entwicklungsgeschichtlich verschiedenen Zeiten stammen, nämlich dem Reptiliengehirn (siehe Glossar), dem limbischen System (siehe

Glossar) und dem Großhirn (siehe Glossar). Im Gehirn befinden sich wichtige Zentren wie die Zirbeldrüse, der Hypothalamus und die Hirnanhangdrüse.

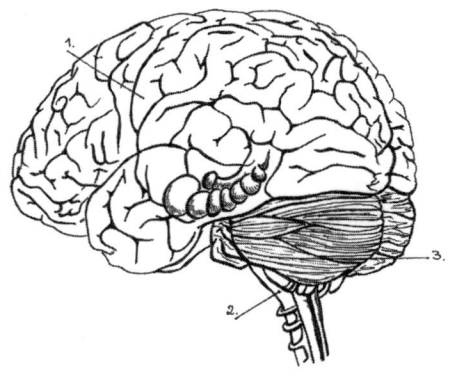

- *Die Zirbeldrüse*

Obwohl es interessant wäre, mehr über die Zentren in unserem Gehirn zu wissen, ist dieses Buch nicht der geeignete Platz, sie ausführlich zu beschreiben. Auf die Zirbeldrüse möchte ich jedoch genauer eingehen, da sie für den Lichtprozeß, den die Erde und die Menschheit durchmachen, von großer Bedeutung ist. Sie ist im Grunde unser Antennenkern und damit die wichtigste endokrine Drüse.

Unser Gehirn
1. Cortex
2. Hirnstamm mit
  Rückenmark
3. Kleinhirn

Mediziner stufen die Zirbeldrüse meist als ziemlich unwichtig ein, aber in der Lichtarbeit ist sie sehr wichtig. Sie ist die Drüse, die den Menschen mit der unsichtbaren Welt „verbindet". Sie übersetzt ununterbrochen die nötigen Energien aus dem Unsichtbaren in das Sichtbare. Aktiviert man bewußt seine Antennen (siehe Übung und Zeichnung) und fängt mit Prana-Atmen [spezielle Atemtechnik, bei der das Verharren nach dem Einatmen allmählich verlängert wird] an, so fließt das Prana, die Lebensenergie, direkt durch die Zirbeldrüse hindurch. Sie kann dadurch wieder aktiv werden, und der Mensch wird wieder enger mit den Göttlichen Ebenen verbunden.

Schon lange ist bekannt, daß die Zirbeldrüse bereits in der Jugend verkalkt. Die Entstehung und Bedeutung der Verkalkung ist bis heute leider ein Rätsel, obwohl sie seit vielen Jahrhunderten Gegenstand intensiver Forschung ist (Galen – bedeutender römischer Arzt, 129–190 n. Chr. – war schon im 2. Jahrhundert die Verkalkung der Zirbeldrüse aufgefallen!). Forscher gehen davon aus, daß es ab dem elften, zwölften Lebensjahr zu einer deutlichen Zunahme der Verkalkung kommt. Die Verkalkung wächst lamellenförmig, vergleichbar mit den Ringen im Baumstamm. Wissenschaftler haben entdeckt, daß eine Verlängerung der Dunkelphasen (wie im Winter) den Verkalkungsgrad bei Tieren erhöhen kann. Ob das bei Menschen auch der Fall ist, ist nicht bekannt.

4. Das menschliche Gehirn

Könnte es sein, daß unser Körper die großen Fähigkeiten der Zirbeldrüse langsam abbaut? Das würde erklären, warum viele kleine Kinder hellsehen, hellfühlen oder hellhören können, diese Fähigkeiten aber mit dem Heranwachsen verlieren. Es ist ebenso bekannt, daß Kinder, die ab dem sechsten Lebensjahr an einem spirituellen Training teilnehmen, die Fähigkeiten nicht verlieren. Im Gegenteil, sie entwickeln sie dann sogar erheblich weiter. Es ist nun an den Wissenschaftlern, uns zu zeigen, ob die Verkalkung der Zirbeldrüse bei den neuen Kindern vielleicht anders, weniger oder vielleicht gar nicht vorhanden ist!

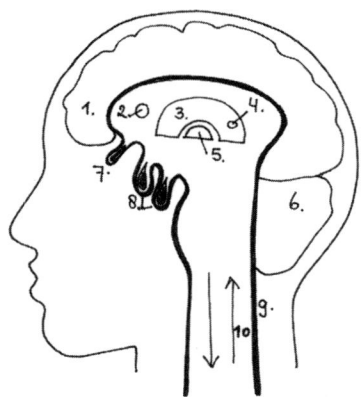

1. *Stirnlappen (Sehen, Hören, Riechen/ Schmecken)*
2. *Hypothalamus*
3. *Mittelhirn*
4. *Zirbeldrüse*
5. *Thalamus*
6. *Reptiliengehirn/Stammhirn*
7. *Hypophyse*
8. *Hippocampus*
9. *Rückenmark*
10. *Energie*

4.1 Das Gehirn hat zwei Hälften

Das Großhirn ist in zwei Hälften – die Hemisphären – geteilt, die durch einen Nervenstrang mit Millionen von einzelnen Fasern, den Corpus callosum, miteinander verbunden sind. Die beiden Großhirnhälften sind äußerlich symmetrisch angelegt, ihre Funktionen sind jedoch verschieden.

Analytisches Denken

• *Die linke Gehirnhälfte – analytisches Denken*
  Die linke Gehirnhälfte ist Sitz des Sprachzentrums. Sie macht im

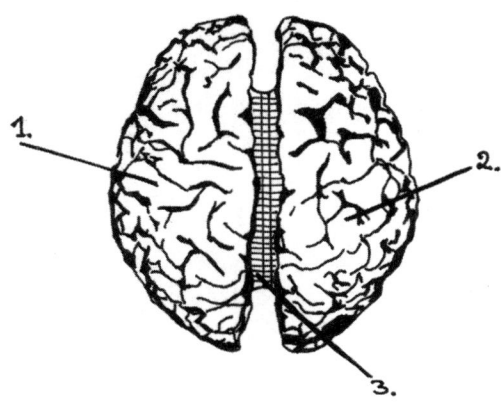

Das Gehirn hat
zwei Hälften
1. Linke Gehirnhälfte:
  - verarbeitet Informa-
    tionen nacheinander
  - registriert Einzelheiten
  - denkt linear
  - weiß, wie etwas geht
  - verbaler Orientie-
    rung/denkt in
    Begriffen
2. Rechte Gehirnhälfte
  - verarbeitet Informa-
    tionen parallel
  - erfaßt das Ganze
  - denkt intuitiv
  - entdeckt
  - visuelle Orientierung/
    denkt in Bildern
3. Corpus Callosum:
Die Brücke zwischen
den Gehirnhälften

Grunde alles das, was wir unter dem Begriff Denken zusammenfassen. Sie denkt in Sprache, in Begriffen, sie denkt logisch, analytisch. Sie arbeitet mit verdichteten Gedanken. Sie steuert außerdem alle Bewegungen, die die rechte Körperhälfte betreffen.

Die Fähigkeiten, die der linken Gehirnhälfte zugeordnet werden, sind: Beobachten und Analysieren, analytisches Denken, fortlaufende Analyse, logische Schlußfolgerungen, mathematisches Verständnis, Sprechen, Lesen, Schreiben, Benennen von Objekten, Interpretieren von Geschichten, rationales Erklären eigener Motive, die digitale Kommunikation. Die linke Hemisphäre liebt es, Details zu erfassen.

- *Die rechte Gehirnhälfte – ganzheitliches Denken*

Ganzheitliches Denken

Die rechte Gehirnhälfte bearbeitet das Rohmaterial der Gedanken, die aufblitzenden Ideen, die Bilder – im Grunde alle Sinneseindrücke. Sie denkt ganzheitlich, intuitiv. Sie nutzt dabei räumliche, farbige und bewegte Modelle und ist Sitz der bildlichen Wahrnehmung und damit auch der Phantasie. Sie steuert außerdem alle Bewegungen, die die linke Körperhälfte betreffen.

Die Fähigkeiten, die der linken Gehirnhälfte zugeordnet werden, sind:

Aufnehmen, Verstehen und Entwickeln von Geschichten; bildhafte Sprache; Erfassen von Bildern, Mustern und Strukturen; die Geometrie, Verständnis für räumliche Dimensionen; ganzheitliche

Bearbeitung von Informationen, deren zeitliche Einbindung und Abstimmung aufeinander; analoge Kommunikation, Kommunikation mit Symbolen. Es ist der Ort der Träume, der Intuition, des Rhythmus und der Musik. Die rechte Hemisphäre liebt es, das große Ganze zu erfassen.

Denkgewohnheiten und -bedürfnisse ändern sich

Mit der Zeit und der Kultur ändern sich auch die Denkgewohnheiten und Denkbedürfnisse. Wir erleben gerade, daß viele der neuen Kinder Bilddenker oder Legastheniker sind, sie erfassen Situationen und Aufgaben intuitiv und sind dazu manchmal noch Linkshänder.

Allgemein lassen sich Menschen bestimmten Hemisphären zuordnen, die einen sind linkshirnig, die anderen rechtshirnig veranlagt (wie Linkshänder oder Rechtshänder). Zum Lösen von Denkproblemen bevorzugt einer die eine oder die andere Gehirnhälfte. Aber im Laufe unseres Lebens legen die Kultur, in der wir leben, und die Ausbildung, die wir bekommen, natürlich bestimmte Wege in unserem Gehirn an, die wir uns angewöhnen, mit unseren Gedanken zu gehen.

Wir lernen schon sehr jung, daß Ideen nur etwas wert sind, wenn wir sie in Worte zu fassen verstehen. Wenn wir uns diese Fähigkeit aneignen, wird das Gleichgewicht der Gehirnhälften leicht gestört. Wir geben der linken, sprachlich denkenden Gehirnhälfte mehr Gewicht. Das Ergebnis sind Fehlleitungen. Die linke Gehirnhälfte erledigt Denkprobleme, die eigentlich ureigenstes Betätigungsfeld der rechten Hemisphäre wären.

Nichtlineares Denktraining

Durch eine Überbetonung der linkshirnigen Denkfunktionen verkümmert die rechte Gehirnhälfte allerdings nicht, sie ist nur nicht so gut trainiert. Wird die rechte Gehirnhälfte nicht so ausgiebig genutzt wie die linke – wie es in unserer materialistischen, rationellen Welt oft der Fall ist – hat man einfach weniger Übung im nichtlinearen Denken. Durch Mentaltraining, Phantasiereisen, kreatives Malen, Meditation, Mindmapping und nichtlineares Denktraining kann man die rechte Gehirnhälfte wieder aktivieren. Neue Verbindungen zwischen beiden Gehirnhälften können entstehen.

In den letzten Jahren haben Wissenschaftler viel über das Gehirn und weitere Funktionen des Körpers lernen können. Es wurden viele

4. Das menschliche Gehirn

moderne Methoden entwickelt, die verschiedene Körpervorgänge im Bild auf dem Computer oder anderen Geräten sichtbar machen können. In unserer Zeit kann man mit Hilfe der modernen Tomographie [Verfahren, bei dem bestimmte Schichten geröntgt werden] beobachten, mit welchem Teil seines Gehirns ein Mensch gerade denkt.

Noch bevor im Gehirn die eigentliche Denktätigkeit beginnt, muß eine logische Grundstruktur vorhanden sein, die die einströmenden Informationen auffängt und ordnet. Moderne Forschungsarbeit hat versucht, die Impulse und Denkbahnen des Gehirns zu kopieren. Vor einigen Jahren wurde entdeckt, daß für die Bilderkennung nicht nur die rechte Gehirnhälfte zuständig ist, sondern auch die linke. Allerdings verarbeitet die linke Einzelheiten, während die rechte für die ganzheitliche Betrachtung zuständig ist. Der Engländer Tony Buzan entwickelte aus dem Wissen über linke und rechte Hemisphäre die Idee einer Gedankenlandkarte, engl. *mindmap*. Diese läßt sich sehr gut mit den vernetzten Strukturen des *Mindmapping* (auch im Deutschen so bezeichnete Technik) sichtbar machen. Damit wird das Potential beider Gehirnhälften genutzt, und Lernprozesse können erheblich abgekürzt werden.

Mindmapping

Unbewußt arbeitet das Gehirn mit ähnlichen Gedankenlandkarten, wenn neue Strukturen gebildet werden und rechte und linke Gehirnhälfte Muster sortieren.

Während der Korrekturarbeit habe ich einen Bericht über eine acht (!) Meter lange Mindmap gelesen, die erstellt wurde, um technisches Personal einer Flugzeugfirma in die Arbeit mit einer neuen Maschine einzuarbeiten. Sie lernten dadurch den Stoff, für den sie sonst zwei, drei Jahre gebraucht hätten, in wenigen Monaten.

Statt zwei bis drei Jahre nur wenige Monate

- *Grundregeln des Mindmapping*

Wenn Sie mit Ihren Kindern eine Mindmap machen möchten, nehmen Sie am besten ein leeres Blatt DIN-A3-Papier. Zeichnen Sie das Hauptthema in die Mitte. Von dieser Mitte aus zeichnen Sie dicke Äste, daran dünnere Zweige und daran eventuell noch dünnere Zweiglein. Sie können sich diese Gedankenlandkarte wie einen Baum vorstellen (eine der ältesten Mindmaps ist sicherlich der Lebensbaum der Kabbala [mystische hebr. Lehre]). Wichtig ist, daß alle Linien wie gewachsen wirken und daß sie miteinander verbunden sind, sonst registriert Ihr Gehirn Lücken.

Auf jede Linie (Äste oder Zweige) schreiben Sie Schlüsselwörter, die die Nebenthemen darstellen. Farben können die Begriffe auf Ihrer Landkarte hervorheben. Sie können sowohl Äste und Zweige als auch Schlüsselwörter und einzelne Themenbereiche bunt anmalen. Danach ist es wichtig, die Wörter mit Bildern und Symbolen zu verknüpfen. Wählen Sie diese intuitiv aus, aber achten Sie darauf, daß die Zeichen klar verständlich sind.

Bringen Sie die Äste am Schluß in die richtige Reihenfolge, indem Sie sie numerieren. Dann können Sie entlang der Äste Ihren Plan umsetzen. Fühlen Sie sich frei, Äste, die miteinander in Verbindung stehen, mit Pfeilen oder mit bunten Farblinien zu verbinden und Symbole, Bilder, Farben u.a. hinzuzufügen. Eine Mindmap ist nie ganz fertig, sie lebt, kann ergänzt oder verändert werden.

➜ Mein Tip:

Mindmaps mit Indigo-Kindern

Die Einsatzmöglichkeiten für Mindmaps sind groß. Sie können mit Ihren Kindern damit hervorragend Lehr- und Lernstoff aufbereiten, ihnen helfen, sich auf Prüfungen vorzubereiten oder Texte auswendig zu lernen. Wenn Ihr Kind in der Schule etwas vorführen oder ein Referat halten muß, könnten Sie mit ihm eine Mindmap anlegen, die es bei seiner Vorstellung unterstützt. Während Ihr Kind zuhört, kann es Gedanken oder Ideen in eine Mindmap setzen und sich damit einen Überblick verschaffen. Mindmapping hilft ausgezeichnet, das Gedächtnis zu trainieren.

Es kann darüber hinaus auch den Eltern Spaß machen, die täglichen Aufgaben kreativ neu zu erfassen. Auch Sie lernen viel dabei. Sie könnten ja einmal ausprobieren, zur Vorbereitung Ihrer Urlaubsreisen oder Familienfeste eine Mindmap zu machen, um sich die Organisation zu erleichtern.

4. Das menschliche Gehirn

Beispiel: Mindmap

4.2 Indigo-Kinder denken anders

Kinder der neuen Zeit

Die Kinder der neuen Zeit sind deutlich mehr rechtshirnig orientiert. Sie fangen intuitiv und feinfühlig hohe Energieimpulse auf und setzen sie gleichzeitig und parallel in viele Bilder und Visionen um. Das geht so schnell, daß die linke Gehirnhälfte gar nicht richtig mitkommt.

Diese schnellen Bilder und Eindrücke lassen sich nicht eins, zwei, drei verbal, in Worten und Sätzen, ausdrücken, und das macht den neuen Kindern oft Schwierigkeiten. In der Kindheit findet jedes seinen eigenen Weg, sich auszudrücken. Manche sprechen erst sehr spät, sagen einfach nichts. Andere wiederum versuchen, ihren Eltern und Bezugspersonen mit einem Schwall von Wörtern alle Bilder sofort und parallel nebeneinander deutlich zu machen. Sie reden dabei schnell, fallen über ihre eigenen Wörter und sind ganz gehetzt, weil sie es meist nicht hinkriegen. Dazu kommt, daß sie oft nicht richtig verstanden werden. Die Menschen sind nicht an diese rasenden, sich dauernd ändernden Bilder gewöhnt, die auch noch von einer unverständlichen Wortflut begleitet werden. Das nervt, und zwar nicht nur den Erwachsenen. Die Eltern halten diese Kommunikation oft nicht aus; sie möchten ruhig übermittelt bekommen, was los ist, aber das schafft das Kind oft nicht.

➔ Mein Tip:

Brainstorming

Es macht mir viel Spaß mit den neuen Kindern zu „brainstormen" (engl. „brain" = Gehirn, engl. „to storm" = stürmen; im Wörterbuch steht: geistig weggetreten sein – es ist jedoch das genaue Gegenteil: geistig auf allen Ebenen aktiv sein). Bei einem Brainstorming (wird auch in Firmen eingesetzt, um Aufgaben auf neue, kreative Weise zu lösen) folgen alle Beteiligten kreativ, schnell, intuitiv, eben rechtshirnig, ihren Ideenimpulsen und versuchen, diese mit der linken Gehirnhälfte zu „greifen" und zu interpretieren, ohne den Zustrom aus der rechten Gehirnhälfte zu unterbrechen.

Die Kinder sind total überrascht, wenn sie einen Erwachsenen treffen, der schnell von dem einen Impuls zum nächsten springt und völlig irrational vorgeht. Aber es ist ihnen von sich selbst bestens bekannt, nur erleben sie es in unserer Welt bei anderen leider viel zu selten. Während einiger Momente sind sie deshalb zunächst unsicher, dann fangen sie aber an mitzumachen und können sich in ihrer eigentlichen Art des Denkens so richtig austoben.

Außenseiter würden sagen: „Die spinnen." Aber gerade dieses Spinnen ist, was viele kreative Genies gemacht haben. Alles, was es in unserer Welt gibt, muß von irgend jemand irgendwann einmal „gedacht" oder „gesponnen" worden sein. In die Wirklichkeit umgesetzt, real manifestiert, ist es anschließend zu etwas völlig Normalem geworden, das jeder kennt oder angenommen hat.

Spinnen die?

Manchmal sieht man Kinder, die total unaufmerksam wirken, sich an nichts erinnern können, jedesmal wieder nachfragen müssen, obwohl sie intelligent und schlau erscheinen. Das liegt daran, daß die Kinder stark aus der rechten Gehirnhälfte leben, im Jetzt. Sie lassen alles auf sich zukommen und geben sich einer Situation ganz hin. Spüren sie eine hohe Energieschwingung (z.B. von einer Person, einem Gegenstand oder einer Gruppe von Menschen), so lassen sie sich, wie im Sog, anziehen. Würde man auf diese Kinder nicht aufpassen, und zwar im herkömmlichen Sinn, dann würde man sie tatsächlich verlieren. Sie sind wie Schmetterlinge, die von Blume zu Blume fliegen. Das Leben ist für sie so voll mit guten Erfahrungen! Diese Kinder erleben eine extreme Umstellung, wenn sie in die Schule kommen und lernen müssen, linkshirnig zu denken und zu handeln. Sie brauchen dann unbedingt Hilfe bei der Verknüpfung beider Gehirnhälften.

In der Schule und im Leben können wir Kinder statt ganzheitlich auch „nur" linkshirnig oder rechshirnig betrachten. Sonja Angela Kirschninck beschreibt in ihrem Buch: „Hilfe, das Kind bringt mich zur Verzweiflung" beide Möglichkeiten sehr treffend:

Linkshirnig oder rechtshirnig

Nun will ich einen Schüler mit bestimmten Auffälligkeiten linkshirnig betrachten. Nimmt man einen sehr langsamen, motorisch ungelenken Schüler linkshirnig wahr, so interessieren dort die meßbaren Leistungen. Da er in den Diktaten aufgrund seiner Flusigkeit [Langsamkeit] meist auf zehn Fehler oder mehr kommt, ist das Resultat ungenügend. Daß es ihn äußerste Mühe kostet, mit dem Klassentempo Schritt zu halten, und sich durch das Gehetze Fehler einschleichen, interessiert nicht.

Bei Aufsätzen verändert er das Thema meist ein wenig, da seine Phantasie ihn dann inspiriert und er so in den Schreibfluß kommt. Wird er während des Schreibens darauf hingewiesen, sich konsequent an das Thema zu halten, kommt er aus dem Fluß und schreibt nicht mehr weiter. Fazit: ungenügend! Außerdem verweigert er den Unterricht! Bei Klassenarbeiten im Mathematikunterricht schafft er zeitlich höchstens ein Drittel, oft weniger. Also auch ungenügend!

In allen Unterrichtsbereichen bewältigt er ungefähr nur ein Viertel des Pensums, das die anderen leisten. Mündlich vermischt er oft Wirklichkeit und Phantasie sowie Wunschvorstellungen. Er verändert Situationen so, daß sie in sein Wunschbild passen, besonders wenn es um die Tier- oder Pflanzenwelt geht. Endergebnis: ein absoluter Versager!

Versager oder begabt?

Anders sieht es aus, wird derselbe Schüler rechtshirnig wahrgenommen. Es handelt sich um einen meist fröhlichen Jungen mit strahlenden Augen, der phantasiebegabt und kreativ ist. Der Schüler mag gern Geschichten lebendig erzählen. Er liebt Tiere und Pflanzen, weiß viel darüber und teilt sein Wissen im Unterricht mit. In sehr engagierter Weise kümmert er sich um den Umweltschutz. Der Junge träumt gern und sehnt sich nach Harmonie. Auf seine Weise bereichert er den Unterricht. Er benötigt Liebe, behutsame Hilfe, um sich in unserer Realität zurechtzufinden und um einmal den Raum einzunehmen, der ihm angemessen ist.

Dieser Bericht macht deutlich, daß die linke Gehirnhälfte rational, funktionell, sachlich und nach dem Kosten-Nutzen-Prinzip denkt. Sie beurteilt, bewertet und vergleicht. Sie denkt linear, folgerichtig – jedoch losgelöst vom Bezugsrahmen.

Beide Gehirnhälften verbinden

Es gibt verschiedene Methoden, mit den beiden Gehirnhälften zu arbeiten. Sie haben alle ihre Berechtigung. Was ich als sehr einfach und sehr wirkungsvoll empfunden habe, sind geführte Mentalreisen ins Gehirn, bei denen man mit dem Kind zusammen schaut, welche energetischen Verbindungen aufgebaut werden wollen. Oft zeigt das schnelle und überraschende Ergebnisse.

Übung: Reise in die Gehirnhälften
· ·

Setz dich bequem hin (wenn Ihr Kind möchte, kann es sich auch hinlegen). *Schließ die Augen und entspann dich …* (Sind Sie beide entspannt, bitten Sie das Kind, mit seiner Aufmerksamkeit in seine rechte Gehirnhälfte zu gehen):

Geh in deiner Vorstellung in deine rechte Gehirnhälfte … Schau dich um … Beweg dich durch sie hindurch … Dann geh mit deiner Aufmerksamkeit in deine linke Gehirnhälfte … Schau dich auch hier um … Von der rechten Seite gibt es viele Verbindungen zur linken Gehirnhälfte und umgekehrt genauso. Du bist hier, weil du viele neue Verbindungen ziehen willst … Frage dein Gehirn, wie es das machen möchte … Vielleicht sollst du Brücken bauen, Leitungen legen oder ähnliches … Laß dich einfach überraschen … Achte darauf, daß so viele neue Verbindungen wie möglich zwischen beiden Gehirnhälften entstehen … Schau, wie sie anfangen zusammenzuarbeiten, sich gegenseitig Impulse schicken … Vielleicht siehst du kleine Blitze überspringen … oder Lichtstrahlen zwischen den Gehirnhälften hin- und hergehen … laß es einfach zu.

Im Gehirn Brücken bauen

→ Diese Übung ist als Basisübung gedacht. Am besten lassen Sie sich von dem Kind selbst führen. Es wird Ihnen sagen, was passieren möchte und welche „Nervenbahnen" aktiviert werden wollen. Es kann sein, daß Sie bei Ihrem Kind anschließend schon ziemlich schnell Verhaltensänderungen oder Verbesserungen in der Schule feststellen können!

• *Die Sprache der Delphine*

Manchmal habe ich den Eindruck, Kinder sind Delphinen ähnlicher als uns. Viele der neuen Kinder zeigen auch eine rührende, offene Liebe für Delphine, wenn man von diesen spricht. Sie sind im Herzen berührt und scheinen manchmal die gleiche Sprache zu sprechen. Denn Delphine nutzen hauptsächlich ihre linke Gehirnhälfte und kommunizieren telepathisch und mit Klang (sie können beide Gehirnhälften getrennt nutzen und leicht zwischen ihnen hin- und herwechseln; schläft z.B. die eine Hälfte oder ruht sich aus, ist die andere wach und paßt auf).

Indigo-Kinder lieben Delphine

Kinder reagieren sehr schnell auf das Singen der Delphine. Es wurde nachgewiesen, daß bestimmte Frequenzen in den Lauten

der Delphine in unserem Körper die Endorphinproduktion auslösen. Diese chemische Substanz führt zu einer leichten Euphorie, zu guter Laune, und sie lindert jeden Schmerz (das können übrigens z.B. auch Schokolade und Speiseeis!). Wenn ich zusammen mit Kindern mit freilebende Delphinen schwimme, spüre ich diese Euphorie, auch wenn die Delphine nicht ganz nah herankommen. Es reicht, wenn sie in der Umgebung sind, da sie ihre Signale und ihre Energieausstrahlung weit hinaussenden. Kinder sind extrem offen für diese Laute und Energien und lieben sie. (Sie kennen sicher mehrere Berichte über geistig oder körperlich behinderte Kinder, die durch das Schwimmen mit Delphinen in Delphinarien (als Therapie) wieder gesund wurden.)

Übung: Zusammen dahinstürmen wie die Delphine

Dies ist eine Übung, die Sie machen können, wenn Sie mit vielen Kindern arbeiten, die unruhig, unkonzentriert oder motorisch nicht harmonisch sind. Sie macht sehr viel Spaß und hilft den Kindern, gut in ihrem Körper anzukommen.

Erzähle erst etwas über die Delphine, wie sie leben, daß sie immer in einer Gruppe schwimmen, daß sie genau wissen, wo der andere sich aufhält, daß sie telephatisch miteinander kommunizieren usw.

Spiele dann laute Musik und laß die Kinder anfangen, sich zu bewegen ... erst mit geschlossenen Augen langsam und auf der Stelle ... Fordere sie auf zu spüren, wo die anderen sind ... Dann sollen sie die Augen öffnen und anfangen, durch den Raum zu rennen ... so schnell, wie sie nur können, ohne jemals einen anderen Delphin „umzurennen" oder zu berühren ...

Hier solltest du selbst entscheiden, wie lange das dauern soll. Es gibt ein herrliches Durcheinander!

Dann bittest du die Kinder, sich einen anderen Delphin auszuwählen und sich mit ihm auf den Boden zu setzen ... einander gegenüber ... und sich einfach gegenseitig anzuschauen ... Delphine lieben sich, IMMER! ...

Delphine lieben sich immer

4. Das menschliche Gehirn

Dann sagst du den Kindern, sie sollen wieder aufstehen und dann mit geschlossenen Augen durch den Raum gehen, laufen oder rennen, ohne die anderen Delphine zu stoßen oder umzuwerfen … (Wer es nicht schafft, soll ab und zu mit einem Auge kurz schauen!)

→ Mein Tip:

Wenn die Kinder unruhig oder traurig sind, probieren Sie es mal mit Aufnahmen von Gesängen von Delphinen und Walen. Sie bringen den Kindern sehr spezielle Frequenzen und können ihnen helfen, wieder ins Gleichgewicht zu kommen. Vielleicht mögen sie es zum Entspannen.

• *Nichtlineares Denken lernen*

Nichtlineares Denken

Da Menschen kaum mehr wissen, was nichtlineares Denken ist, möchte ich dies kurz erklären. Es ist ganz anders als das uns gewohnte lineare und verbale Denken. Nichtlineares Denken ist harmonisch, kann sehr schnell und flüchtig erscheinen, gibt einem viel Ruhe und Raum im Geist. Obwohl Ruhe herrscht, erscheinen die Gedanken flüssig und strömen in einem rasenden Tempo. Wir sind so daran gewöhnt, in Worten zu denken, daß es am Anfang schwierig ist, diese feinen, hochenergetischen Impulse zu erfassen. Oft gelingt es ganz gut, wenn wir mit etwas beschäftigt sind, wodurch das konventionelle verbale Denken ausfällt. Nichtlinear denken bedeutet auch, mehreren parallelen Gedankengängen zu folgen und sie trotzdem zu trennen. Alles läuft gleichzeitig durch die Gitternetze, die alle Teile des Gehirns miteinander verbinden.

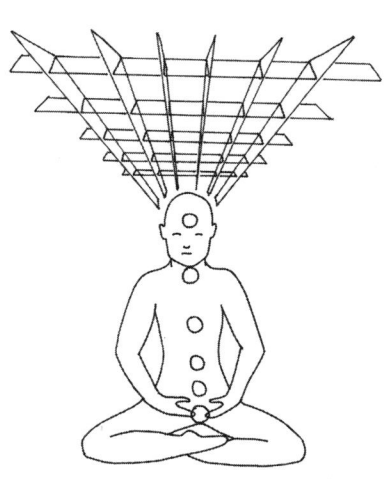

Gitternetze

Übung: Mehreren Denkprozessen gleichzeitig folgen

Wenn wir das trainieren, können wir mit der linken Gehirnhälfte lesen und verarbeiten und mit der rechten Gehirnhälfte während des Lesens in einem parallelen, nichtlinearen Denkprozeß über das gerade Gelesene reflektieren. Dann brauchen wir keine Lesepause mehr zu machen, um darüber nachzusinnen.

• *Alles einfach wissen*

Eigentlich ist es sehr gut möglich, alles zu wissen, was es zu wissen gibt, nur begrenzen wir uns und wissen oft nur das, was wir kennen. In der Schule erleben Lehrer immer wieder Kinder, die sofort eine Antwort auf ihre Fragen oder Aufgaben kennen, ohne den „schulüblichen" Weg zu gehen. Sie wissen es einfach und sind nicht davon abzubringen. Es ist, als ob sie die Antwort direkt aus der Luft aufgefangen haben, was in gewissem Sinne auch stimmt.

Wir füllen unser Gehirn mit theoretischem Wissen und haben irgendwann im Inneren zugestimmt, daß dieses Wissen die Wahrheit ist, doch das ist es nicht. Wahrheit ist immer relativ. Nur was wir selbst kennen, ist Wahrheit, wenn wir selbst etwas nicht kennen, dann ist es schon keine Wahrheit mehr. Machen Sie eine Erfahrung, dann können Sie über *Ihre* Wahrheit reden. Alles andere ist Philosophie, wie die meisten Dinge in unserem Leben.

Es gibt eine wunderbare Geschichte, die ich in der Aura-Soma-Ausbildung immer erzähle, wenn wir bei der Farbe Grün sind (Grün hat mit Wahrheit zu tun):

„*Ein Indianer wird vom Gerichtshof vorgeladen, weil er Zeuge einer Tat war. Man möchte, daß er aussagt, und bittet ihn nach vorn zu kommen, um das Wahrheitsgelübde abzulegen: „Schwören Sie im Namen Gottes, die Wahrheit zu sagen und nichts als die Wahrheit?" Der Indianer antwortet: „Das kann ich nicht!" Es wird wiederholt, und der Indianer antwortet wieder: „Das kann ich nicht!!" Da fragt man ihn, warum er nicht schwören möchte oder kann, und der Indianer sagt: „Ich kann nur sagen, was ich gesehen habe, und das ist MEINE Wahrheit."*

Erfahrungen gewinnen wir leider nicht durch das Lernen von Unterrichtsstoff. In unserem Kopf sind all die Dinge, die wir von unseren Eltern und in der Schule gelernt haben. Dabei ist der „Geist", wenn man Kind ist, so groß, er ist einfach überall. Sobald ein Kind in die Teenagerjahre kommt und seine Ansichten über die Welt formuliert, wird der Geist immer kleiner und kleiner. Geben wir einem Kind nun Medikamente, verliert es die Verbindung mit den geistigen Welten fast vollkommen. Sein Energiefeld wird schwach und seine Energieschwingung immer niedriger. Ein Physiker hat die Energiefelder der Ritalin-Kinder gemessen und festgestellt, daß sie kaum noch Energiereserven haben!

- *Haben wir magnetische Antennen im Gehirn?*

  Das Institute of Technology in Kalifornien hat magnetische Antennen im Gehirn nachgewiesen. Man hat dort winzig kleine magnetische Kristalle ausfindig gemacht, was die Diskussion um den Elektrosmog, den wir in der ganzen westlichen Welt haben, weiter verschärfen dürfte. Die jetzt im Gehirn entdeckten Magnetit-Kristalle (Magnetit = Magneteisenstein) könnten sich als Antennen zum Empfang relativ schwacher elektrischer Felder erweisen. Bis jetzt wurde von der Wissenschaft und Elektrizitätskonzernen immer abgestritten, daß wir Antennen haben könnten.

  Das Ergebnis der Analyse: Die meisten Regionen des Gehirns enthalten pro Gramm fünf Millionen Magnetit-Kristalle, die schützende Hirnmembran sogar 100 Millionen. Wozu das Gehirn die magnetischen Kristalle bildet, ist für die Forscher bislang ein Rätsel. Sie wissen allerdings, daß Magnetit mehr als ein Million Mal stärker auf äußere Magnetfelder reagiert als jedes andere biologische Material. Das lädt zu Spekulationen über einen verschütteten magnetischen Sinn ein, der Menschen, ähnlich wie Walen, die Orientierung erleichtert oder Wünschelrutengänger zu Wasseradern führt.

- *Lernen mit BrainGym®*

  Ein Kind muß jene Nervenbahnen ausbilden, die es ermöglichen, Verbindungen herzustellen, zwischen dem, was es bereits weiß (im Hinterhirn), und der Fähigkeit, diese Informationen zu verarbeiten und auszudrücken (im Vorderhirn). Viele der neuen Kinder erfahren die Schule und das Erlernen der üblichen Kommunikationsfertigkeiten wie Lesen, Schreiben, Zuhören und Sprechen als direkte Bedrohung.

  Der im Stammhirn angesiedelte menschliche Überlebensmechanismus wird während der ersten fünf Monate mit dem Zweck ausgebildet, Sinneswahrnehmungen aus der Umgebung aufzunehmen. Wenn der Organismus neuartigen Situationen ausgesetzt

Ist das Gehirn eine Antenne?

BrainGym®

wird, die ihn mit einem Übermaß an Informationen überschwemmen, pflegt er mit Rückzug oder mit Zurückhaltung zu reagieren, bis er wieder mit ausreichender Leichtigkeit voranschreiten kann.

Eine physiologische, reflexhafte Reaktion auf Gefahr ist das Zusammenziehen der Muskeln. Dieser Reflex hat über Jahrtausende dazu gedient, die Menschen gegen reale Bedrohungen zu schützen. Er beeinflußt die Körperhaltung, indem er die Sehnen an der Rückseite des Körpers (vom Kopf bis zu den Fersen) verkürzt. So verwirrt er das Gleichgewichtsorgan (im Ohr) und den Sinn für räumliche Beziehungen.

Wie reagieren wir auf Gefahr?

Diese Muskelkontraktion kann zu einer Gewohnheit werden und ist dann ohne Training kaum aufzulösen. Was von dem Kind jeweils als Gefahr angesehen wird (und damit den Reflex aktiviert), hängt von den in der Kindheit erlernten Reaktionsmustern ab. Die Neigung zur Kontraktion läßt in dem Maße nach, wie der Betroffene ein Gefühl der „Teilnahmebereitschaft" empfindet. Der vordere Teil des Gehirns, insbesondere die Stirnlappen, ist beteiligt am Begreifen, an der motorischen Steuerung und an rationalen Verhaltensweisen, wie sie für die Teilnahme an sozialen Situationen erforderlich sind. Die sogenannten Längungsübungen aus dem BrainGym®-System haben sich als sehr entspannend für jene Muskeln und Sehnen erwiesen, die aufgrund des Stammhirnreflexes hart und verkürzt werden, sobald wir in Lernsituationen geraten, die uns nicht vertraut sind. Diese Entspannung reaktiviert die „Gehirnzellen in den Muskeln", die uns darüber informieren, an welchem Ort im Raum wir uns befinden. Dies verschafft uns Zugriff auf unseren gesamten durch Gehirn und Körper konstituierten Organismus.

• *Wasser trinken*

Wasser ist ein ausgezeichneter Leiter für elektrische Energie

Wasser ist ein ausgezeichneter Leiter für elektrische Energie. Der menschliche Körper besteht zu etwa zwei Dritteln aus Wasser, das Gehirn enthält sogar noch mehr. Alle elektrischen und chemischen Aktivitäten des Gehirns und des Zentralnervensystems sind abhängig vom Leitvermögen der Bahnen zwischen dem Gehirn und den Sinnesorganen.

Dieses Leitvermögen wird durch Wassertrinken gesteigert. Leider trinken die Kinder heute nicht genügend Wasser, sondern lieber vorverarbeitete, haltbar gemachte Säfte oder Drinks, die weder Wasser, noch natürliche Inhaltsstoffe enthalten. Wasser ist auch nicht gleich Wasser! Am besten wäre, wenn die Kinder am Tag dreiviertel bis einen Liter gesundes, stilles Wasser trinken würden. Außer Wasser liefern naturreine Früchte oder Säfte dem Körper eine optimale „Bewässerung".

Wasserbedarf und Körpergewicht –
eine Faustregel für den täglichen Wasserbedarf:

Der Wasserbedarf pro Tag beträgt ca. 2% des Körpergewichts. Beispiel: Ein Kind wiegt 35 kg, dann sind das 0,7 kg, was einem Wasserbedarf von ca. 0,7 l pro Tag entspricht.

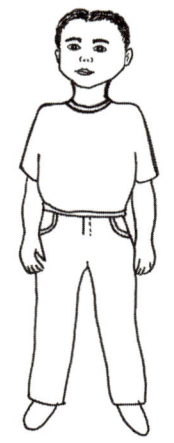

Kind 35 kilo / 0,7 Liter
Kind 20 kilo / 0,4 Liter

Psychischer und umgebungsbedingter Streß erschöpfen den Körper und entziehen den Zellen Wasser. Industriell hergestellte Säfte und Drinks sowie koffeinhaltige Getränke, aber auch Computer und Fernseher wirken dehydrierend, sie entziehen dem Körper Feuchtigkeit. Wassertrinken hilft dem Gehirn beim effizienten Speichern und Wiederabrufen von Informationen und aktiviert die elektronische und chemische Kommunikation zwischen Gehirn und Nervensystem. Auch verbessert eine ausreichende Wasserversorgung alle zum Lernen benötigten Fertigkeiten, ist also sehr, sehr wichtig vor Prüfungen oder erwarteten Streßsituationen. Wassertrinken verbessert die Konzentration, erhöht die Fähigkeit, sich zu bewegen und an Dingen zu beteiligen, verbessert geistige und körperliche Koordination und vermindert Streß.

Gewicht und
Wasserbedarf

Wassertrinken hilft beim
Lernen

4.3   Das menschliche Nervensystem

Wir sind Bürger zweier Welten, sind sowohl Kinder des Lichtes als auch der Erde. Das Verbinden dieser beiden Seiten ist eine der ursprünglichsten Aufgaben und Aufträge unseres Menschseins.

**Nervenbahnen transpor-
tieren Informationen**

Das Nervensystem dient zur Koordination der Tätigkeit aller Organsysteme. Durch die Nervenbahnen gelangen Informationen schnell an die Empfängerorgane. Das Nervensystem setzt sich aus einer großen Zahl von Nervenzellen zusammen, die, über den ganzen Körper verteilt, miteinander in Beziehung stehen und sich zu Zentren verdichten.

Die Nervenzellen empfangen Signale, leiten sie weiter und übertragen sie auf andere Zellen. Nervenzellen treten dadurch miteinander in Verbindung, daß sie die Endverzweigungen einer Nervenfaser an die Zellkörper anderer Zellen anlegen. Diese Verbindungszellen heißen Synapsen oder Transmitter.

**Eine Stelle gibt Informa-
tionen an die andere
Stelle weiter**

Unser Nervensystem zeigt uns, daß der Mensch physisch von Energie gesteuert wird. Die eine Stelle gibt die Information an die andere Stelle weiter, damit alles immer perfekt funktioniert. Die Wissenschaft hat den menschlichen Körper gut untersucht und „auseinandergenommen" und kann inzwischen ausführlich beschreiben, wie er funktioniert. Impulse werden vom Nervensystem, dem Gehirn, den Zellen und den kleinsten Teilchen in unseren Zellen übertragen. Sind wir glücklich, funktioniert das Nervensystem reibungslos und alle Impulse werden weitergeleitet. Befinden wir uns in einem Streßzustand, sind unglücklich oder ängstlich, läuft die Informationsübertragung im Nervensystem auch nicht reibungslos. Die Organe werden nicht optimal versorgt, und unser Zustand verschlechtert sich.

**Unsere Sinnes-
wahrnehmungen**

Um auf die Reize von außen mit zielgerichteten und geplanten Handlungen reagieren zu können, benötigen wir eine gute Organisation unserer Sinneswahrnehmungen. In der Therapie wird das auch „Sensorische Integration" genannt. Es ist eine sinnvolle Ordnung, Aufgliederung und Verarbeitung von Sinneserregungen im zentralen Nervensystem. Diese Ordnung ermöglicht dem Menschen eine „normale" Auseinandersetzung mit seiner Umwelt.

Die Sinneswahrnehmungen erreichen unser zentrales Nervensystem ständig, und zwar fließen uns Informationen nicht nur von den Augen (Sehsinn), den Ohren (Hörsinn), der Nase (Geruchssinn) und der Zunge (Geschmackssinn) zu, sondern auch über Berührung (Tastsinn), Bewegung, Schwerkraft und Körperhaltungen.

**Sehen, Hören, Schmek-
ken, Riechen, Tasten**

Die neuen Kinder scheinen durch ihre höhere Schwingung

eine weniger „gut" geordnete Organisation von Sinneswahrnehmungen zu haben. Das wirkt so auf uns, solange wir an unserer alltäglichen Realität festhalten. In der heutigen Zeit bemühen sich Tausende Menschen durch Meditation, spirituelle Praktiken, geistige Lehren u.a. zu lernen, diese Ordnung aufzugeben, um einen klareren und intensiveren Kontakt mit der unsichtbaren Welt aufnehmen zu können. Wir müssen also nur den Blickwinkel ändern und uns fragen: „Was ist denn normal?" Die Indigo-Kinder sind nämlich eigentlich schon dort, wohin wir gelangen möchten, stehen schon mit einem Bein in der „anderen" Welt. Ich glaube, daß in unserer Zeit die Frage *„Wie können wir den Kindern helfen, sich in beiden Welten zu Hause zu fühlen?"* wichtiger ist als die Frage: *„Wie können wir das ‚gestörte' Kind behandeln und ganz in unsere sichtbare Welt ‚hinüberziehen'?"*

Was ist normal?

Symptome, die auf eine „andere" sensorische Integration hinweisen:

- Störungen des Schlaf-Wach-Rhythmus
- Irritation durch und Abwehr auf Berührung
- Unruhe mit Schreiattacken oder auffallend geringe Aktivität
- Tolpatschigkeit, Ungeschicklichkeit
- Mangelndes Selbst- und Körperbewußtsein
- Verzögerte Sprachentwicklung
- Empfindlichkeit für Geräusche
- Hyper- oder Hypoaktivität [griech. hyper = über, hypo = unter]
- Teilleistungs- und Lernstörungen
- Verhaltens- und Streßauffälligkeiten

Werden Indigo-Kinder intensiv gelobt und geliebt, läßt man ihnen die Freiheit, selbst eine Fülle an Sinneserfahrungen zu sammeln, und werden sie von ihren Eltern unterstützt, ihre Wahrnehmungen und Erfahrungen zu sortieren und mit den anderen Sinneswahrnehmungen zu verknüpfen, dann können sie zu Persönlichkeiten mit Selbstvertrauen heranwachsen, die nicht vor neuen Situationen zurückschrecken und offen sind für Lern- und Lebensaufgaben. Wir haben in der heutigen Zeit zu wenig Ruhe und Muße, uns mit den Kindern auseinan-

Eine Fülle an Sinneserfahrungen sammeln

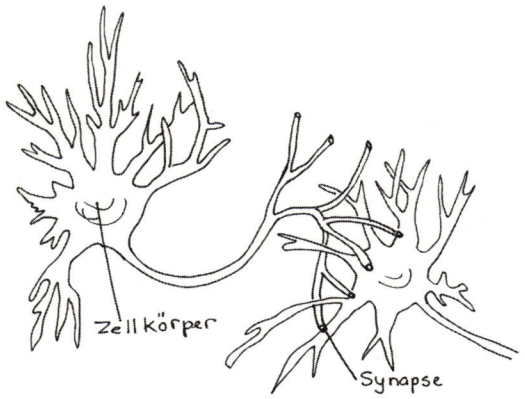

Zellkörper

Synapse

derzusetzen (besser gesagt: Wir nehmen uns zuwenig Zeit!), und greifen in unserer aus Unverständnis geborenen Ohnmacht zu schnell nach „Strohhalmen", wie z.B. Diagnosen von Störungen und Defiziten [Mängeln], die uns von allen Seiten angeboten werden und die es uns ermöglichen, sofort unsere unbequeme Verantwortung abzugeben und die schwer auf uns lastenden Schuldgefühle zu besänftigen.

Die Nerven erstrecken sich durch den ganzen Körper bis in die Finger und die Fußsohlen. Wir haben ein Nervensystem, mit dem wir reines Licht von der Quelle durch den Körper hindurchströmen lassen können, um alle Organe zu versorgen. Das Zentrum im Gehirn lenkt die Impulse durch unser Nervensystem. Die Impulse können nur durch ein gesundes Nervensystem gehen. Sind verletzte oder verengte Stellen da, dann kommt der Impuls nicht richtig am Ort an. Das Nervensystem reagiert auf unharmonische Gedanken, Gefühle, äußere Umstände und verliert seine Reaktionsfähigkeit. Es verliert seine Transportfähigkeit, und Traurigkeit, Depression, Unsicherheit, Ärger oder andere negative Gemütszustände greifen die Nervenfasern an.

Übung: Die Nerven stärken

Hilft bei Traurigkeit, Depression, Angst u.a.

Schließ die Augen. Öffne deine Hände und fühle deine tiefe Verbundenheit mit Vater Sonne und Mutter Erde. Sieh dich eingehüllt in einer schützenden Kugel aus weißem, strahlendem Licht, und spüre, wie das silbrig schimmernde Licht über das Zentrum deines Kopfes in alle Nervenbahnen strömt, wie es das Nervengeflecht deines Körpers durchflutet. Bleibe einige Minuten in diesem Fließen sitzen. Du wirst dich danach, und wenn du es regelmäßig machst, in einem ruhigen Zustand von Harmonie befinden.

- *Energieübungen*

Energieübungen helfen, die Nervenverbindungen zwischen Körper und Gehirn wieder zu aktivieren, und erleichtern es so der elektromagnetischen Energie, durch den ganzen Körper zu fließen. Damit werden die elektrischen und chemischen Veränderungen unterstützt, die bei allen geistigen und körperlichen Vorgängen stattfinden.

Elektromagnetische Energie fließt durch den Körper

Der menschliche Körper ist eines der komplexesten unter allen elektrischen Systemen. Der gesamte visuelle, auditive und kinästhetische [visuell: über die Augen; auditiv: über die Ohren; kinästhetisch: über die Berührung] „Input" – also sämtliche Sinneswahrnehmungen – wird in elektrische Signale umgewandelt und über Nervenfasern zum Gehirn weitergeleitet. Das Gehirn sendet dann seinerseits elektrische Signale über andere Nervenfasern aus, um den verschiedenen Systemen zu sagen, wie sie reagieren sollen. Manchmal erreichen diese Ströme Geschwindigkeiten bis zu 400 km/h.

Das Gehirn sendet elektrische Signale aus

Das freie Fließen innerhalb der elektromagnetischen Funktionskreise ist notwendig, damit wir gesund bleiben. Diese Funktionskreise im Körper können überfordert werden und sich abschalten, so daß ein normaler Fluß der Gehirn-Körper-Kommunikation blockiert wird (Akupunktur z.B. arbeitet mit den Meridianen – siehe Glossar – um ein freies Fließen der Energie zu erzielen).

In Phasen verstärkter Streßbelastung verringert sich das elektrische Potential in den Membranen der Nervenzellen. Dies bereitet den Körper auf eine Flucht- oder Kampfreaktion vor. Energieübungen sind ein wertvolles Hilfsmittel, um das energetische Gleichgewicht herzustellen und Denken und Handeln wieder zu koordinieren.

5. Die menschliche DNS und Blaupause

Wer sich selbst treu bleiben will,
kann nicht immer anderen treu bleiben.
Christian Morgenstern

5.1 Was ist die DNS?

Die gesamte Erbinformation lebender Zellen und Organismen ist in der DNA (englisch: Desoxyribonucleic Acid) bzw. DNS (deutsch: Desoxyribonukleinsäure) enthalten. Der chemische Aufbau und die molekulare Struktur der DNS ist in allen Lebewesen identisch, gleichgültig ob es sich um Mensch, Pflanze oder Einzeller handelt.

Die menschliche Körper besteht aus ca. 100.000 Milliarden Zellen. Seine DNS ist etwa 200 Milliarden Kilometer lang, was ungefähr der 650fachen Entfernung zwischen Erde und Sonne entspricht. Sie können sich die DNS wie ein extrem langes Molekül vorstellen, so daß jeder Mensch letztlich aus einer enorm langen Schlange besteht (man sagt, die Länge der Schlange entspräche dem Durchmesser unseres Planetensystems).

Die DNS ist etwa 200 Milliarden Kilometer lang

Die DNS mit ihrer Erbinformation wird nicht nur von Generation zu Generation weitergegeben, sondern muß auch bei jeder Zellteilung verdoppelt und an die Tochterzellen weitergegeben werden.

Können Sie sich eigentlich vorstellen, wie phantastisch unser Energiesystem beschaffen ist? Unser Knochenmark z.B. produziert in einer Stunde ca. 15 Milliarden neue Blutzellen, dazu müssen 30 Millionen Kilometer DNS kopiert werden. Aneinandergereiht ergäben die DNS-Moleküle einer einzelnen menschlichen Zelle einen zwei Meter langen Faden.

Durch ihre einzigartige Struktur kann diese DNS den Bauplan des Lebens bewahren und weitergeben. Nur vier verschiedene Bausteine, die Nukleinsäuren Adenin (A), Guanin (G), Cytosin (C) und

Thymin (T) bilden alle DNS-Moleküle. Die Abfolge dieser Bausteine – drei Milliarden von ihnen werden für den DNS-Strang einer Zelle benötigt – legt das genetische Programm einer Zelle fest. Genauer betrachtet, besteht die DNS aus zwei einzelnen Molekülsträngen, die sich wie ein Reißverschluß aneinanderfügen, dabei bilden die einander gegenüberliegenden Nukleinsäuren feste Paare.

Im Kern der menschlichen Zelle liegt die DNS eng in sich eingerollt und in 46 Chromosomen verpackt. Jedes Chromosom enthält DNS mit Tausenden verschiedener Gene, jedes Gen ist eine Blaupause für ein Biomolekül. Die DNS wurde schon im Jahre 1871 von F. Miescher untersucht, aber erst viel später, nämlich 1944, eindeutig als Träger der Erbinformation identifiziert. Noch später erkannte man seine Doppelhelix-Struktur [griech. helix = Spirale], und 2001 schließlich wurden die Kodierungen des menschlichen Genoms entziffert.

Im Kern der menschlichen Zelle liegt die DNS

In der DNS haben wir eine extrem hohe Informationsdichte. Sie ist milliardenfach höher, als es technisch überhaupt möglich scheint, ist allerdings zu ca. 97% inaktiv. Es scheint mir, daß sich das in Zukunft ändern wird. Viele spirituelle Lehrer arbeiten mit dem energetischen Ausbau der Zweistrang-DNS zu einer Zwölfstrang-DNS (so wird z.B. bei der Lichtkörper-Aktivierung, dem sogenannten Aufstiegsprozeß, und in vielen New-Age-Lehren darüber gesprochen, siehe dazu die im Anhang aufgeführten Bücher).

Warum ist die DNS zu ca. 97% inaktiv?

Indem wir Fleisch, Pflanzen u.a. essen, kommen wir zwangsläufig in Kontakt mit fremder DNS. Wissenschaftler konnten aber bis jetzt kein Beispiel für eine Genübertragung von Bakterien, Pflanzen oder Tieren auf den Menschen nachweisen. Jede lebende Zelle ist also in der Lage, fremde DNS von eigener DNS zu unterscheiden.

Menschen, die sich seit längerem mit den Indigo-Kindern oder den paranormalen Kindern in China, Rußland und Mexiko beschäftigen, wie z.B. Drunvalo Melchizedek oder Lee Carroll/Kryon, gehen davon aus, daß die DNS der neuen Kinder weiter entwickelt ist als die des Durchschnittsmenschen. Allgemein nimmt man an, daß vier ihrer DNS-Stränge aktiviert sind, was bedeutet, daß sie schlichtweg einen Evolutionsschritt weiter sind als die meisten von uns. Die UCLA, University of California, Los Angeles, führte weltweit DNS-Tests durch und rechnete aus, daß über 1% der Weltbevölkerung eine „veränderte" DNS hat.

Haben Indigo-Kinder eine weiterentwickelte DNS?

Wissenschaftler haben bewiesen, daß die DNS sich verändert, wenn Menschen reine Gefühle wie Mitgefühl und Liebe für die ganze Menschheit in sich entwickeln. Gregg Braden (siehe Bücher im Anhang) sprach 2001 in Paris über verschiedene Experimente mit der DNS.

Die DNS reagiert auf Liebe und Angst

EXPERIMENT 1 wurde laut Braden vom amerikanischen Militär durchgeführt. Einem Spender wurden Leukozyten (weiße Blutkörperchen) entnommen, um daraus DNS zu gewinnen. Sie wurden in Behälter gegeben, in denen Veränderungen der elektrischen Spannung gemessen werden konnten. Der Spender wurde dann in einen Raum gebracht, wo ihm verschiedene Videos vorgespielt wurden. Diese Videos regten den Spender zu verschiedenen emotionalen Stimmungen an. Seine DNS war in einen entfernten Raum gebracht. Sowohl der Spender als auch die DNS wurden laufend beobachtet und die Spannung gemessen. Wenn der Spender emotionale Regungen zeigte, wies die DNS, gleichzeitig, ohne Zeitverschiebung, die gleichen Regungen auf! Man brachte die DNS immer weiter vom Spender weg und testete bis auf eine Entfernung von ca. fünfzig Metern. Das Resultat blieb gleich! Danach gab man auf. Gregg Braden meinte, daß lebendige Zellen über eine noch nicht entdeckte Energieform miteinander kommunizieren.

EXPERIMENT 2 wurde vom Institute of HeartMath (Boulder Creek, Kalifornien) mit einem Team von 28 Wissenschaftlern ausgeführt. Diese waren ausgebildet worden, Gefühle ganz intensiv und konzen-

Die DNS zieht sich unter Streß zusammen

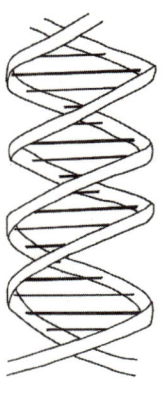

DNS bei Angst

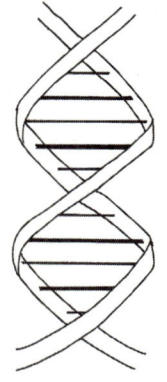

DNS bei Mitgefühl

5. Die menschliche DNS und Blaupause

triert zu empfinden. DNS aus der Plazenta [Mutterkuchen; während der Schwangerschaft entstehendes Verbindungsgewebe zw. den Blutkreisläufen von Mutter und Kind] (eine ursprüngliche, unberührte Form der DNS) wurde in einen Behälter gegeben, in dem man ihre Veränderungen messen konnte. Die 28 Wissenschaftler bekamen jeder ein Gefäß mit DNS und erspürten verschiedene starke Gefühle. Sie entdeckten dabei, daß die DNS entsprechend den Gefühlen der Wissenschaftler ihre Form veränderte. Wenn sie Dankbarkeit fühlten oder Liebe oder Mitgefühl, reagierte die DNS mit Entspannung und die Stränge wurden lockerer; die DNS wurde länger. Wenn die Wissenschaftler Wut, Angst, Streß oder Frust fühlten, reagierte die DNS durch Anspannung und Kürzerwerden. Sie wurde aber nicht nur kürzer, sondern schaltete auch mehrere DNS-Kodes ab! Menschen, die sich darin üben, tiefe Liebesgefühle zu empfinden, können so die Form ihrer DNS ändern. Das beweist wieder einmal, daß wir Herr und Meister unseres Körpers, unseres Energiesystems, unseres Leben usw. sein können. Es zeigt uns auch, was wir eigentlich anstellen, wenn wir uns anschreien oder unsere Kinder bestrafen. Die DNS bleibt dann in einem angespannten Zustand und hat nicht die Möglichkeiten, die sie haben könnte!

Wir sind Herr und Meister unseres Lebens

Im Bereich der Esoterik gibt es viele Bücher, in denen die DNS als Organ des kosmischen Informationsaustauschs beschrieben wird, das im Laufe der irdischen Entwicklung abgeschnitten wurde, um der Menschheit Gelegenheit zu bieten, eine niedrigere Energiefrequenz kennenzulernen.

Wenn wir uns vorstellen, daß wir aus dem Licht kommen und also Lichtwesen sind, ist es schon verwunderlich, daß wir ein Gehirn haben, das nur höchstens 10% seiner Kapazitäten nutzt. Ebenso merkwürdig ist, daß wir eine DNS haben, von der nicht mehr als 5% genutzt werden, und eine Thymusdrüse und eine Zirbeldrüse, die entweder verkümmern oder nicht weiterwachsen, wenn wir in die Pubertät kommen.

Wir nutzen höchstens 10% unserer Gehirnkapazität

Mit diesem Wissen im Hinterkopf könnte man sich schon vorstellen, daß wir irgendwann bewußt oder unbewußt von den geistigen Ebenen abgeschnitten wurden. Die heutige Zeit lehrt uns, daß wir uns

Kann die DNS sich
weiterentwickeln?

auf höhere Energiefrequenzen zubewegen (siehe C. Hehenkamp: Das Indigo Phänomen, Kinder einer neuen Zeit, Kapitel 6.1, Die weltweiten Wandlungsprozesse). Es ist durchaus denkbar, daß auch die DNS sich dann wieder „öffnet" bzw. weitere Teile von ihr aktiviert werden. Warum sollte der umgekehrte Prozeß nicht möglich gewesen sein? Statt der Zwölfstrang-DNS bekamen wir vor Millionen von Jahren die Doppelhelix, und damit war die moderne Menschheit geboren!

Eberhard Förster schreibt auf seiner Internetseite (*http://home.t-online/home/eberhard.foerster.ffo/dnaaend.htm*) „Die Neuordnung der menschlichen DNA":

Wenn man diese These aus wissenschaftlichem Blickwinkel untersucht, dann erscheint sie gar nicht so unglaubwürdig. Wenn die DNA tatsächlich als ‚Antenne' für Informationen dient, dann muß jede Änderung ihrer Struktur Auswirkungen auf die Sende- und Empfangsfrequenzen, auf die Wellenlänge haben. Denn wenn man die gleiche Gensequenz auf eine zwölfsträngige DNA verteilt, würde man ein anderes und verändert kürzeres Molekül erhalten, das eine viel höhere Resonanzfrequenz haben würde. Und wir wissen, daß die Erdatmosphäre bisher nicht für alle Frequenzen durchlässig war. Vielleicht liegen wir mit unserer Doppelhelix außerhalb eines solchen Empfangsfensters oder außerhalb des Frequenzbandes aller anderen kosmischen Wesen. Auch könnte man sich vorstellen, daß bei zwölfsträngiger DNA eine viel stärkere Bündelung dieses Senders und Empfängers vorliegen würde. Wir würden also mit unserer Doppelhelix dazu im Vergleich nur einen Teil der Empfindlichkeit bei dieser Informationsübertragung erreichen. Wir wären deshalb vielleicht aus zwei Gründen von dieser Informationsübertragung abgeschnitten: durch einen anderen Frequenzbereich und eine viel zu geringe Empfindlichkeit. Die prinzipielle Funktion der DNA als ‚Antenne' für Telepathie erscheint auch aus einem anderen Grund naheliegend. Wenn man selektiv zwischen einzelnen Wesen Telepathie betreiben kann, dann muß jedes Individuum in der Informationsübertragung, im Träger der Information sauber unterscheidbar sein. Und wie will man 6 Milliarden Menschen unterscheiden? Eigentlich kann man das nur über die DNA. Also ist es naheliegend, daß bei Telepathie der Informationsträger mit der DNA in enger Beziehung steht.

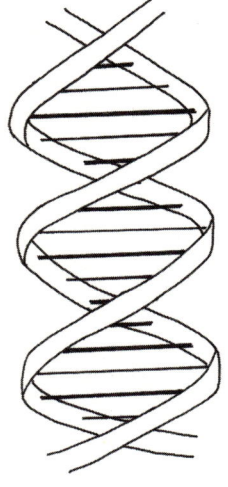

Doppelhelix

In den Büchern von Barbara Marciniak ist davon die Rede, daß letztlich alle Probleme der modernen Menschheit daher rühren, daß wir wegen dieser Genmanipulationen in vorgeschichtlicher Zeit vom restlichen Universum und der spirituellen Welt abgeschnitten sind. Deshalb sind wir mit falschen Vorstellungen von unserer Realität und unserem eigenen Wesen behaftet und können unsere Konflikte nur schwer überwinden. Eine Weiterentwicklung der Menschheit, ja ein generelles Überleben der Menschheit ist aber nur möglich, wenn wir zu Frieden, Harmonie und Liebe finden. Viele Intelligenzen im Kosmos möchten uns bei diesem Überleben und bei dieser Weiterentwicklung der Menschheit helfen. Aus diesem Grund soll das eigentliche Problem, die falsche DNA-Struktur, behoben werden. Mächtige schöpferische Energien seien nach den Aussagen der Plejadier (siehe Glossar) zur Zeit dabei, unsere DNA durch Beeinflussung mittels bestimmter Energien sozusagen aus der Ferne zu reparieren. Unsere DNA soll sich so allmählich wieder zu einer zwölfsträngigen Struktur umgruppieren, und die abgeschalteten Gene sollen wieder aktiv werden. Damit werden wir telepathisch und können über eine wesentlich vergrößerte Gehirnkapazität verfügen. Ob das alle Menschen betreffen soll, ist aus dieser Literatur nicht so eindeutig zu entnehmen. Aber in Barbara Marciniaks Büchern wird jeder Leser daraufhin angesprochen. Und diese Bücher sind absolute Weltbestseller mit bisher mehr als 500.000 verkauften Exemplaren. Wenn dies wahr ist, könnte es also zu einem Massenphänomen werden. Auch andere esoterische Texte sprechen davon, daß die Menschheit durch ihre positive Entwicklung neuerdings das Recht erworben habe, ihre Genetik zu ändern.

Die Indigo-Kinder werden uns im Laufe der nächsten zwanzig Jahre zeigen, was es bedeuten kann, mit einer „wiederaktivierten" DNS zu leben. Wenn wir uns vorstellen, daß dies erst der erste Schritt auf dem Weg zu einer vollkommenen Neuordnung der menschlichen DNS ist, steht uns noch einiges bevor. Dann könnte man sich vorstellen, daß alle Menschen in Zukunft telepathische Gaben entwickeln werden. Die unvorstellbaren Fähigkeiten, die in dem „schlafenden" Teil der DNS auf uns warten, werden sie in Besitz nehmen.

Es gibt überall in der „weiblichen" Welt (Europa, USA, Kanada usw. gehören eher zur männlichen Welt, d.h., das Leben wird dort

> Ein generelles Überleben der Menschheit ist aber nur möglich, wenn wir zu Frieden, Harmonie und Liebe finden

> Die schlafenden Fähigkeiten der DNS

von der aktiven, linken Gehirnhälfte bestimmt) Kinder, die überdurchschnittliche mediale Gaben [z.B. Gedankenübertragung, Gedankenlesen, Gedankentransport (von Gegenständen)] vorweisen

Indigo-Kinder und medial begabte Kinder

(es ist wichtig, sorgfältig zwischen den Indigo-Kindern, die hier beschrieben werden, und diesen medial begabten Kindern zu unterscheiden; beide sind voneinander völlig verschieden). Sie leben in China, Rußland, Mexiko, Bulgarien und den Ländern Südamerikas. Es sind Länder, die eher rechtshirnig orientiert sind. Die medial begabten Kinder stehen bewußt miteinander in Verbindung, indem sie auf energetischer Ebene gemeinsam ein Gitternetz aufgebaut haben. In dieses Gitternetz können sie sich jederzeit „einloggen", um „alles" zu erfahren. Auch wir können uns darin einloggen, wenn wir möchten! Sicher werden eines Tages Tausende dieser medial begabten Kinder an die Öffentlichkeit gehen. Sie warten

Das große universelle Gitternetz der medialen Kinder

ruhig auf das für sie notwendige Zeichen. Das wird ein großes Fest, ja eine große Einweihung für die Erde sein. Welch eine wunderbare Aussicht für unsere Welt!

5.2   Der Mensch hat eine Seele

Forscher bestätigen jetzt:
„Der Mensch hat eine Seele, die unabhängig vom Körper über den Tod hinaus existiert."

Jeder hat eine Seele

Nach einer umfassenden in Holland durchgeführten Studie, die in der führenden britischen Medizinzeitschrift „The Lancet" (www.thelancet.com) veröffentlicht wurde, wird nun auch wissenschaftlicherseits angenommen, daß der Mensch eine Seele hat. Professor Pim van Lommel, ein bekannter Kardiologe, untersuchte an zehn holländischen Krankenhäusern 344 Personen, die nach einem Herzinfarkt als klinisch tot galten, dann aber doch wieder ins Leben zurückgeholt werden konnten. Viele der Untersuchten berichteten, daß sie während ihres „Todes" Gefühle empfanden und Visionen erlebten. Sie konnten sich auch außerhalb ihres Körpers wahrnehmen. Sie berichten u.a. von Begegnungen mit mystischen Wesen, einer Verschärfung der Sinne und erwähnen eine Beschleunigung der Zeit.

Diese Botschaft möchte ich gerne mit Ihnen teilen. Obwohl es viele Berichte und Bücher von Menschen gibt, die dies selbst erlebt haben, wird es im allgemeinen nicht akzeptiert. Diese wissenschaftliche Studie ist außergewöhnlich, da sie unter Einsatz von wissenschaftlichen Instrumenten stattfand und somit ausschließt, daß zum Zeitpunkt der beschriebenen Erfahrung eine Gehirnaktivität stattfand. Und das ist eine wirklich großartige Neuigkeit. Die Studie erklärt weiter, daß Menschen, die eine Nahtoderfahrung überstanden haben, eine spirituellere Einstellung im Leben entwickelten.

Geschichte: Ein Indianer wartet auf seine Seele

Ein Amerikaner fährt mit seinem Auto durch eine Stadt und sieht am Straßenrand einen Indianer, der eine Mitfahrgelegenheit sucht. Der Amerikaner hält an, fragt den Indianer, wohin er wolle. Er will in die gleiche Richtung wie der Amerikaner und steigt ein. Sie fahren viele Stunden und schließlich fragt der Indianer, ob sie kurz anhalten könnten. „Aber natürlich", sagt der Amerikaner und denkt sich, der Indianer muß vielleicht mal. Der setzt sich jedoch an den Straßenrand und tut nichts, sitzt einfach still und bewegt sich kaum. Nach einer Weile wird der Amerikaner unruhig und nervös und sagt: „Wir müssen weiter, Zeit ist Geld!" Aber der Indianer entgegnet: „Bitte, warten wir noch ein bißchen." Der Amerikaner versteht nicht, warum er warten soll, und fragt: „Ja auf was warten wir denn?" Worauf der Indianer antwortet: „Meine Seele ist noch nicht da, sie braucht noch etwas Zeit!"

Meine Seele braucht noch etwas Zeit

So geht es vielen von uns in unserer schnellebigen Welt. Wir jagen allem hinterher, haben nie richtig Zeit, unsere Seele baumeln zu lassen, und das verkraftet sie nicht so gut. Die neuen Kinder aber brauchen in ihrem Leben Zeit. Sie brauchen Zeit für sich selbst, und zwar zum „Garnichtstun", Zeit, die nicht verplant wird.

Viele Kinder haben täglich Termine wie Erwachsene. Sie müssen um 15.30 Uhr zum Sport, dann um 17.00 Uhr zum Tanz- oder Flötenunterricht. Sogar Verabredungen, wie z.B. am Mittwoch in einer Woche mit dem oder dem Kind zu spielen, werden im voraus festge-

Warum haben wir soviel Streß?

legt. Sie sind verplant, im Streß und müssen dadurch oft Dinge tun, zu denen sie gar keine Lust haben. Überlegen Sie mal, wie es für Sie wäre, einen Freizeittermin einen Monat im voraus zu vereinbaren (das entspricht im Zeitgefühl eines Kindes etwa einer Woche). Wissen Sie, ob Sie an diesem Tag überhaupt Lust haben werden auf das, was jetzt geplant wurde?

Geschichte: Der wiedergeborene Lama

In Ländern wie Tibet oder China wird immer intensiv nach der Reinkarnation eines verstorbenen Lamas (hoher Geistlicher in der buddhistischen Religion) gesucht. Man geht dort davon aus, daß die Seele immer wieder geboren wird. Um es einer Seele möglich zu machen, ihren alten Platz wieder einzunehmen und dort ihre Aufgabe zu erfüllen, suchen sie nach dem Kind, das die Seele des Verstorbenen angenommen hat. Um Zweifel auszuschließen, sind die Prüfungen, die diese Kinder schon mit zwei bis vier Jahren durchlaufen müssen, schwer. Sie müssen durch viele Zeichen zu erkennen geben, daß sie wirklich „der alte Meister in einem neuen Gewand" (das ist der menschliche Körper in Form des gefundenen Kindes) sind. Wurden sie einmal anerkannt, bekommen sie eine intensive spirituelle Betreuung, die ihnen helfen soll, sich an alles aus ihrem früheren Leben zu erinnern (es gibt einen schönen Film zu diesem Thema: „Little Buddha" von Bernardo Bertolucci).

Genau wie diese Kinder in der Welt in Empfang genommen werden, sollten auch wir unsere Kinder aufnehmen, annehmen und begleiten. Sie haben viel Wissen, das sie aus alten Zeiten mitbringen. Sie waren schon Erwachsene und könnten deshalb ihren Beitrag auf der Erde viel schneller leisten, wenn wir sie anders betreuten. Es würde schon helfen, wenn wir bereit wären, sie als große Seelen zu akzeptieren, die Wissen und Weisheit in sich tragen, und wenn wir nicht so tun würden, als ob nur wir Erwachsene alles wüßten.

Leben wir wirklich öfter?

Wir sollten unsere Kinder aufnehmen, annehmen und begleiten

5. Die menschliche DNS
und Blaupause

6. Was braucht der Mensch?

6.1 Was ist Energiearbeit?

Tut, was ihr sagt; sagt, was ihr fühlt,
täuscht euer eigenes Gewissen nicht,
indem ihr es vergewaltigt und Handlungen ausführt,
die es nicht billigt.
Sai Baba

Energieübungen sind ein wunderbares Mittel, um uns unseres Energiesystems bewußt zu werden. Warum Sie Energieübungen mit Ihrem Kind machen sollten? Wenn ich die Frage denjenigen stelle, die die Übungen regelmäßig mit ihren Kindern machen, erhalte ich meist Antworten wie diese: *„Das Kind fühlt sich sehr viel besser."* *„Mein Kind ist entspannter, und es gibt weniger Streß."* *„Die Situation in der Familie ist sehr viel ruhiger geworden."* Die verschiedenen Tips, Tricks und Übungen, die Sie hier vorgestellt finden, haben eines gemeinsam: Sie können Ihnen über den Weg der inneren zur äußeren Veränderung helfen.

Energieübungen im Leben integrieren

Am schwierigsten ist es, echte Veränderungen im Leben zu bewirken. Über Veränderungen, Wünsche, Visionen und gutgemeinte Vorschläge zu reden ist leicht, sie mit der Familie und mit Ihrem Kind umzusetzen verlangt ein wenig mehr. Die Übungen können Ihnen zunächst einmal helfen, sich einfach nur zu entspannen. Auf einer tieferen Ebene können sie Sie aber auch auf Ihrem Weg der Selbstveränderung und in Ihrem Bewußtseinsprozeß unterstützen.

Sich verändern ist nicht immer leicht

Nicht alle Übungen sind leicht durchzuführen, aber sie bieten Ihnen und Ihrem Kind dadurch die Möglichkeit, sich genau kennenzulernen und eine bewußte Nähe aufzubauen. Diese Nähe in Zweisamkeit (das kann Mutter/Kind oder Vater/Kind sein) ist eine lebenswichtige Basis für Ihr Kind. Es wird Ihnen dafür sicherlich lange dankbar sein.

Wenn Sie Energieübungen machen, wird Ihnen bewußt, was wichtig ist für das Kind und Ihre Familie. Sie werden bemerken, daß

Sie Ihre Gedanken, Gefühle und Emotionen und Ihr Handeln danach stärker beobachten werden. Diese neuen Erfahrungen werden Sie langsam aber sicher zu einem entspannteren Lebensstil führen. Die Übungen können Ihnen außerdem dabei helfen, gesünder zu leben, wozu auch Entspannung und ein geschicktes Zeitmanagement gehören. Sie lernen, gemeinsam Verantwortung zu übernehmen für Ihr Leben und Ihre Entscheidungen. Sie werden Ihr Leben kreativ und vor allem aus Ihrem Inneren heraus gestalten. Das ist ein wichtiger Schritt auf dem Weg der Bewußtseinsentwicklung: sich von den gewohnheitsmäßigen Handlungen und Tagesabläufen zu verabschieden zugunsten einer größeren Kreativität.

Wenn Sie mehrmals am Tag kleine Oasen schaffen, innerhalb derer die Zeit angehalten wird, entsteht zwischen Ihnen und Ihrem Kind wirkliche Kommunikation in entspanntem Rahmen. Wenn Sie lernen, Ihre Gedanken zu kontrollieren, hat das großen Einfluß auf Ihre Emotionen und auf Ihr physisches Wohlbefinden. Langsam wird sich die Atmosphäre in Ihrer Umgebung ändern. Sie scheint leichter zu werden. Menschen in Ihrer Umgebung werden die Veränderung bemerken.

Teilnehmer in meinen Seminaren erzählen immer Geschichten, wie unglaublich sich ihre Welt zu Hause ändert, wenn sie sich ändern. Haben Sie bestimmte energetische Blockaden gelöst oder das Haus energetisch gereinigt, wollen plötzlich alle Kinder aus der Nachbarschaft zum Spielen kommen. Kinder sind sehr sensibel, sie spüren die höhere Schwingung. Dies ist ein weiteres Beispiel für das energetische Resonanzprinzip!

- *Die heilige Geometrie:*

Wir leben in einer Welt, die von kantigen, meist viereckigen Formen beherrscht wird. Fabriken, Wohnhäuser, Möbel, sonstige Einrichtungsgegenstände werden überwiegend in 90°-Winkeln geplant (die Anthroposophen nennen ihn auch den männlichen Winkel, im Gegensatz zu dem weiblichen 60°-Winkel). Dies hat sich vor allem in den westlichen Industrieländern eingebürgert. Beim Hausbau z.B. werden hauptsächlich wirtschaftliche Gesichtspunkte berücksichtigt, und da bietet sich die viereckige Form am ehesten an; die Bedürfnisse von Erwachsenen und Kindern fallen da meist unter den Tisch. Inzwischen weiß man, daß Formen einen wesentlichen Einfluß auf unser Wohlbefinden haben und daß es wichtig ist, unterschiedliche Formen in unsere Umgebung einzubeziehen.

In der Natur treffen wir auf eine Vielfalt von Formen; die Grundformen aber, auf denen alles aufgebaut ist in unserem Universum, sind die sogenannten fünf platonischen Körper (benannt nach ihrem Entdecker, dem griech. Philosophen Platon): Tetraeder (1), Oktaeder (2), Hexaeder (3), Dodekaeder (4) und Ikosaeder (5).

Wir sprechen auch über die heilige Geometrie des Lebens. Nach denselben Grundformen sind auch alle Zellstrukturen im Körper des Menschen, der Tiere, der Pflanzen und der Mineralien aufgebaut. In unserem Universum ist nichts getrennt, alles steht in Verbindung mit dem Ganzen.

Die neuen Kinder kennen sich intuitiv mit diesen geometrischen Gesetzen aus. Wenn sie mit diesen Formen in Berührung kommen, werden dadurch fast automatisch Erinnerungen in ihren Zellen aktiviert. So wird es ihnen möglich, auf ihrem Entwicklungsweg große Schritte vorwärts zu machen.

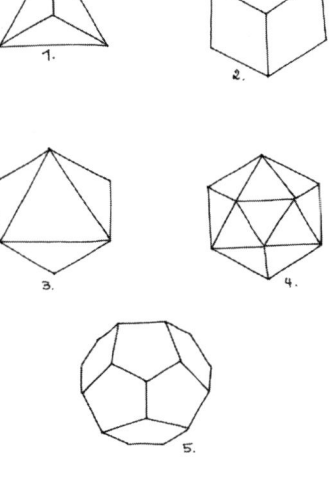

Die fünf platonischen Körper

- *Leben als Spiralbewegung*

Energie fließt meist spiralförmig in das Leben. Die Spiralbewegung findet sich z.B. in den Sonnen und Planeten der Sternensysteme. Die Galaxien werden wahrscheinlich auch von einer sich nach innen drehenden Spirale aus interstellarem Gas geformt. Diese makrokosmischen Bewegungen werden auf mikrokosmischer Ebene im Menschen gespiegelt. Auch das Wasser wird von den gleichen Spiralbewegungen regiert (betrachten Sie einmal den Strudel des ab-

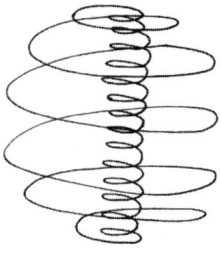

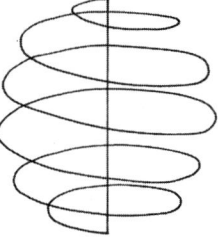

laufenden Wassers in einer Badewanne), und unser Körper besteht ja zum großen Teil aus Wasser.

Die Spirale als Symbol des Lebens

Die Blume des Lebens

Wir Menschen können auf der Spirale aufwärts oder abwärts wandern, dies ist uns überlassen. Jedenfalls bewegen wir uns in der Spirale durch die Dimensionen, durch das Leben. In uns ist ein Verlangen verankert, in die Einheit zu wachsen, was auch Spiraltendenz genannt wird. Alles hat einen Beginn, eine Mitte und ein Ende. Es beginnt an einem Punkt, breitet sich aus, differenziert sich, zieht sich zusammen und verschwindet wieder in diesem einen Punkt. So ist das Muster unseres Lebens und wohl auch das des Universums.

Wir beginnen unser Leben als kleiner Punkt, als ein kleines befruchtetes Ei. Wenn dieses Ei sich „ausbreitet", entdecken wir, daß es eine Kugel geworden ist.

Unser Ziel ist es, wieder zu dieser Kugel zurückzukehren, dieser Kugel der geistigen Einheit. Wenn wir ein Ziel haben, bewegen wir uns, und Zeit wird real. Wenn das Leben ein Pfad durch die Zeit ist, können wir es uns als eine Linie vorstellen, und diese Linie ist im Grunde eine Spirale. Das Leben ist ein Kontinuum, es fließt in sich zurück und von dort wieder weiter. So drehen sich Menschen, Mutter Erde, die Planeten und die Universen spiralförmig durch Zeit und Raum.

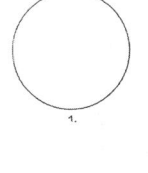

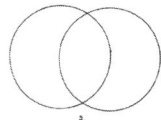

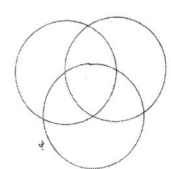

→ Mein Tip:

Es ist spannend und fördert das Gefühl für den Ursprung des Lebens an sich, wenn Sie mit Ihren Kindern mit diesen „heiligen Formen" arbeiten. Sie können die Formen mit den Kindern zeichnen, malen, mit Steinen im Garten auslegen, aus Pappe basteln usw. Sie können auch einen Irrgarten nach einem heiligen Muster aus Steinen legen. Es macht riesigen Spaß, ihn zu gestalten und auch in ihn hineinzugehen. Er kann ein Zufluchtsort für die Kinder werden, wo sie sich ausruhen oder sich zentrieren können.

Sie können mit Ihren Kinder die Formen dreidimensional aus Papier oder Pappe basteln, anmalen und im Zimmer aufhängen. Es passiert viel, wenn Sie mit den Kindern geometrische Muster zeichnen und sie farbig ausmalen. All dies setzt alte Erinnerungen aus dem Zellgedächtnis

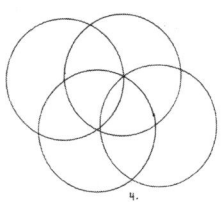

Entstehung der
Blume des Lebens

6. Was braucht der Mensch?

frei und hilft den Kindern, sich an altes Wissen zu erinnern.

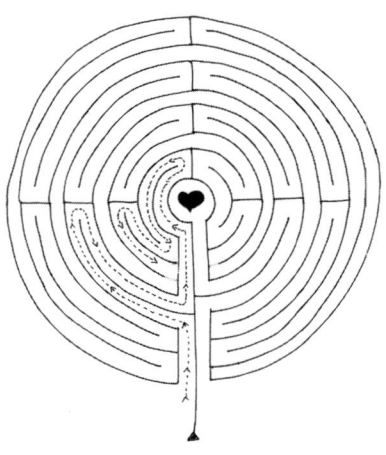

Wie erwähnt, beeinflussen Formen die Menschen, und es ist nicht unwichtig, in welcher Umgebung wir leben, arbeiten, spielen oder ruhen. Es ist sogar von wesentlicher Bedeutung, welchen Formen wir ausgesetzt sind, da jede Form eine bestimmte Energie erzeugt und an unser System abgibt.

Der Mensch ist ein lebendiges Wesen, gewoben aus Kraftlinien und Feldern feinerer Energie. Diese Kraftlinien machen sein wirkliches Sein aus. Sie verlaufen innerhalb und außerhalb des Körpers und sorgen für einen Austausch der Energie, laden erschöpfte Felder wieder mit neuer Energie auf und ersetzen verbrauchtes Material wie abgenutztes Gewebe.

Richten wir uns auf die dem Körper innewohnenden Kräfte und auf die Seele als Erschaffer der Form aus, können wir andere Wege zur Gesundung und Harmonie gehen. Wir können uns Krankheit wie einen Kristall vorstellen, der im Körper an Stellen wächst, an denen die Energie blockiert ist.

Die feineren Energien im Körper bilden den Lebensodem, durch den die Seele im und durch den Körper wirkt. Sind wir gesund, besteht eine natürliche Balance zwischen dem Lebensodem und dem Blutstrom. Der Strom feinstofflicher Lebensenergie, auch Prana genannt, ist die lebendige Kraft im Körper. Diese feinstofflichen Energien wirken im Atom ebenso wie im menschlichen Körper und im Sonnensystem. Die Nerven- und Kreislaufsysteme sind Form gewordene Träger dieser feinstofflichen Energieflüsse. Haben wir Energieblockaden, entstehen Schmerzen, Krankheiten usw.

Die verschiedenen Ströme im Körper sollten harmonisch und ausgeglichen fließen. Es gibt unterschiedliche therapeutische Richtungen, die mit diesem Energiefluß im Körper arbeiten, dazu gehören Shiatsu, Polaritätstherapie, Akupunktur, Akupressur u.a. Tai Chi oder Qi Gong sind Bewegungsfolgen aus dem asiatischen Kulturkreis, die den harmonischen Fluß begünstigen.

→ **Mein Tip:**
Wenn Sie die Möglichkeit haben, sich im Garten „heilige Formen" aus Metall, Holz u.a. zu bauen, können Sie sich mit Ihren Kindern z.B. hineinsetzen.

Der Mensch besteht aus Kraftlinien und feiner Energie

6.1 Was ist Energiearbeit?

Geben ist seliger denn Nehmen

Ein bekanntes Sprichwort heißt: *„Geben ist seliger denn Nehmen.“* Vielen ist bekannt, daß das Abgeben von Energie bewirkt, daß man mehr Energie zurückbekommt. Viele Menschen nennen es Göttliche Energie, Liebe, Nullpunktenergie, Chi o.ä. Energie möchte wie Wasser im Fluß sein, sie möchte frei strömen. Halten wir sie zurück, egal ob es materialisierte Energie, wie z.B. Geld, oder aber reine Energie ist, kommt es zu einer ungleichmäßigen Strömung, die schließlich alles blockiert. Das Leben gibt dem Universum Energie. Alles, was du gibst oder tust, kommt zu dir zurück, das ist ein universelles Gesetz. Gehe ich davon aus, daß alles, was ich hinausfließen lasse, wieder zu mir zurückkommt, ergeben sich daraus für mich wertvolle Gesichtspunkte und Möglichkeiten, anhand deren ich mein Leben neu gestalten kann. Wenn wir es auf einer tieferen Ebene betrachten, können wir sagen, daß die Wirkungen, die wir im Leben erfahren, durch uns selbst verursacht werden.

• *Was manifestieren wir?*

Wir verwirklichen, was wir denken

Der Mensch kann niemals in seinem Leben etwas manifestieren, umsetzen, das er nicht akzeptiert. Gehen wir davon aus, daß jeder seine eigene Realität schafft, dann muß man auch davon ausgehen, daß jeder immer gerade „im Jetzt“ auf die Situation trifft, die er sich gewünscht hat. Haben Sie jemals das Gefühl, ein Opfer zu sein? Daß der Schuldige außerhalb von Ihnen ist? Sie haben aber diese Situation im Grunde selbst geschaffen und gewollt. Natürlich scheint es einfacher, dabei zu bleiben, daß jemand anders für Ihren Schmerz verantwortlich ist oder für Ihren Mangel, Ihre Probleme oder Ihr Un-

Wir sind verantwortlich für unser Leben

glück. Aus Erfahrung kann ich Ihnen sagen, daß nur Sie selbst ganz allein für Ihre Lage verantwortlich sind!

Wir leben in einer Zeit, in der wir uns die Macht, unser Leben selbst zu gestalten, wieder zurückholen sollten. Früher nutzten wir den Gott im Himmel als denjenigen, der uns für unsere Unzulänglichkeiten bestrafte. Wir sagten dann: *„Gott ist sauer auf mich, und es ist klar, daß etwas in meinem Leben schiefgeht.“* Oder: *„Es ist der Wille Gottes.“* In unserer Zeit lernen wir aber, daß es an uns liegt, was wir erschaffen. Was wünschen wir? Was wollen wir? Heute hat die Menschheit ihren Mangelzustand akzeptiert und lebt aus diesem

Mangeldenken heraus, das damit gleichzeitig Ursache seiner selbst ist. Ein sehr schwacher Punkt dabei ist der ebenfalls mangelhafte Glaube an sich selbst.

Unsere Aufgabe besteht darin, die neuen Kinder zu begleiten, zu lenken, zu hüten, damit sie das Wissen um die eigene Macht zur Manifestation und den Glauben an sich selbst bewahren und weiterentwickeln können.

Der Manifestationszyklus wird blockiert, weil ...
... Schmerzen unser Fühlen, Denken und unsere Absichten beeinflussen.
... Angst, Wut, Zorn, Traurigkeit unser Denken, unsere Absichten und unser Handeln beeinträchtigen.
... negative Gedanken und Vorstellungen unsere Absichten, unsere Emotionen und unser Handeln bestimmen.

Schmerzen beeinflussen unser Fühlen und Denken

Da wir unsere Welt beständig durch unser Denken und Fühlen erschaffen, ist es sehr wichtig, unseren mentalen und unseren emotionalen Körper (siehe S. 40) regelmäßig zu reinigen. Können die Kinder ihre Absichten und Ziele klar im Auge behalten, ohne daß negative Gefühle und Gedanken einfließen (entweder die eigenen noch die von anderen aus ihrer Umgebung), wird es ihnen möglich sein, kreativ zu leben und ihre selbstgesteckten Ziele zu erreichen. Wir sind die Schöpfer unserer eigenen Welt.

Wir sind die Schöpfer unserer eigenen Welt.

• *Alles besteht aus Bewußtsein*

Auch die Kinder ziehen Bewußtseinsebenen an, denen sie sich nicht entziehen können. Das Senden und Empfangen geschieht ständig, ohne daß wir uns dieses Vorgangs bewußt sind. Wollen wir bewußt mit Energien umgehen, müssen wir uns selbst von negativen Gedanken und Gefühlen reinigen, damit wir niemand anderem schaden.

Energiebewußtsein bedeutet auch volle Konzentration auf uns. Ist das eigene Energiesystem fließend und strahlend, so kommt diese Energie erstens zu uns zurück, zweitens strahlen wir sie aus. Unsere Mitmenschen werden sich in unserem Umfeld wohlfühlen und gerne in unserer Nähe bleiben.

→ Mein Tip:
Versuchen Sie einmal, mit Ihrer Familie dreißig Tage nicht fernzusehen, kein Radio zu hören, keine Zeitungen oder Zeitschriften zu lesen und ... nicht zu schwätzen oder über andere zu tratschen. Nach dreißig Tagen schauen Sie, wie Sie sich fühlen. Ich bin mir sicher, daß Ihre Welt sich zum Positiven verändert hat, obwohl Sie eigentlich nichts getan haben.

• *Energetischer Schutz*

Warum brauchen wir Schutz?

Um geschützt gegen Verunreinigungen in Verstand und Gefühl zu sein, bedarf es einer täglichen Energiepflege. Die neuen Kinder sind in ihrem Energiesystem sehr offen und kommunizieren leicht mit positiven, aber auch mit negativen Energieeinflüssen von außen. Haben sie einmal gelernt, sich zu schützen, und erfahren, daß es tatsächlich wirkt, so können sie sich selbst helfen und mit ihrem Energiefluß experimentieren.

Um Ihr Energiefeld zu finden, strecken Sie beide Arme aus, so weit Sie können. So weit erstreckt sich das Feld um Ihren Körper. Es geht von ungefähr eine Handbreit unter Ihren Füßen bis eine Handbreit über Ihren Kopf und von der linken Hand bis zur rechten Hand. Drehen Sie sich, und schauen Sie zur Seite, um ein Gefühl für Ihr Energiefeld zu bekommen. Dieses Feld ist für das normale menschliche Auge nicht sichtbar, aber Sie können lernen, es zu spüren.

Übung: Aura spüren

Du stellst dich vor eine Person, von der du die Aura spüren möchtest. Diese Person sollte die Augen schließen und sich entspannen und einfach an nichts denken …

Du atmest einige Male tief in den Bauch und entspannst dich… Reibe deine Handflächen aneinander, damit sie heiß werden… Dann halte deine Handfläche vor die Person in ca. 30–40 Zentimeter Entfernung auf Schulterhöhe. Beweg deine Hände sehr bewußt und sehr langsam, näher an den Körper, und geh wieder zurück … Spüre, ob du irgendeinen Druck oder Widerstand fühlst … Das ist die Aura!

Eine Aura spüren

➜ *Sei dir bewußt, daß die Person, mit der du die Übung machst, alles deutlich spürt. Du mußt also sehr sanft und behutsam mit ihrem Energiefeld umgehen!*

Dann bewegst du ganz, ganz langsam deine Hände und glättest die Aura, während du einfach spürst, wo sie um die Person herum „sitzt" (ohne Training ist es nicht ratsam, in der Aura zu arbeiten). Sie sanft zu streicheln und sie dir und deinem Kind (oder Familienmitglied) bewußtzumachen ist eine wundervolle Erfahrung und gibt den Kindern das Vertrauen, daß du sie spürst oder fühlst, auch wenn du sie nicht sehen kannst.

Das Streicheln der Aura ist mit dem rosa Pomander von Aura-Soma besonders erholsam. Gib drei Tropfen auf die linke Hand, bevor du mit der Übung anfängst.

- *Kritik ist negative Energie*

Zweifel kann lähmen

Unsere Welt kennt viele Kritiker, die alles anzweifeln, schlechtmachen, zerreden oder für unmöglich befinden. Kritik geht den meisten viel schneller über die Lippen als Lob. Die Kinder erleben tief in ihren Zellen dauernde Kritik als Abweisung. Fühlen sie sich immer abgewiesen, so können sie sich kaum zu selbstbewußten Menschen entwickeln. Wenn sie einmal anfangen, an sich zu zweifeln, lähmt das ihr Handeln. Es hindert sie daran, ein selbstbestimmtes Wesen zu werden, das frei und kreativ lebt.

- *Wie werden Wünsche zu Realität?*

Wie entsteht deine Realität?

Da wir aus Energie bestehen, sind wir tagtäglich dabei, unser Leben zu erschaffen, bewußt oder unbewußt. Erst fassen wir eine Absicht, was wir erreichen, haben oder tun wollen. Um diese Absicht besser erfassen zu können, setzen wir unsere Vorstellungskraft ein und stellen uns eine Situation, ein Bild oder eine Handlung vor. Danach verbinden wir dieses innere Bild mit positiven Gefühlen, da wir ja möchten, daß es sich verwirklicht.

Die Absicht, das Bild und das Gefühl sorgen für einen Energieaufbau, der wiederum für entsprechende Situationen sorgt, die auf das mental und emotional aufgebaute Ziel hinwirken. Ist die Emotion stark, so löst sie einen starken Antrieb zur Verwirklichung aus, man möchte ja auch etwas Zielgerichtetes tun. Es ist übrigens besser, nur ein Ziel auf einmal zu verfolgen.

Eine klare Absicht braucht ein klares Vorstellungsbild, es sollte klar sein, wie man seine Ziele erreichen möchte. Die Welt um einen herum muß sich so ändern können, daß man das bewirken kann, was man mit seiner Absicht ins Auge gefaßt hat. Also muß es auch logisch sein. Die Absicht und das Vorstellungsbild dürfen sich nie gegenüberstehen, sonst kehrt sich die Energie um und fließt nicht mehr. Wir können nur für uns selbst Wirklichkeit erschaffen und sollten dabei immer mit dem Ziel verbunden sein. Dann läßt sich die Absicht leicht realisieren.

Klare Absichten und Ziele bestimmen unsere Realität

Aufgepaßt! Es ist wichtig zu wissen, daß negative Bilder und negative Emotionen sich verstärken. Beispiel: Jemand stellt sich vor, daß er in der Schule nie vorn sitzen darf, zusätzlich fühlt er sich nicht geliebt und denkt, daß niemand neben ihm sitzen möchte. Ziemlich schnell wird sich dies verwirklichen, einfach aus der Gesetzmäßigkeit der Kreativitätsstrategie heraus.

Jetzt fehlt nur noch das richtige Handeln. Wir sollten auf die neuen Situationen, die sich einstellen, so reagieren, daß sie uns in Richtung des Zieles führen. Dies ist eine Zeit, in der eine Kommunikation mit unserer inneren Eingebung sehr wichtig ist. Wir sollten fühlen, ob etwas richtig ist oder nicht. Das Ziel wird dann erreicht, wenn wir bewußt mit der Energie, unseren Gedanken und Gefühlen umgehen.

Bewußt mit Gedanken und Gefühlen umgehen

6.2 Was ist Geborgenheit?

Es gibt ein Hier und Jetzt und keinen anderen Ort,
wohin du gehen sollst.

Falsche Etiketten

Seit Jahren kleben wir Kindern mit Problemen, die wir selbst nicht begreifen, neue Etiketten auf. Wir unterziehen sie Tests, verordnen ihnen Nachhilfestunden, psychologische Beratung, Medikamente, nur um festzustellen, daß sie im allgemeinen ganz intelligent wirken, jedoch aus irgendeinem Grund, der außerhalb unseres Begriffsvermögens liegt, zu Hause oder in der Lernumgebung nicht die Leistung bringen, die wir von ihnen erwarten. Die Etiketten ändern sich, und wie in meinem Buch „Das Indigo-Phänomen, Kinder einer neuen Zeit" beschrieben, diagnostiziert man heute häufig „defizitgestört", ADS, ADHD oder Legasthenie.

Im Grunde ist das, was wir für ein Problem halten, ein völlig anderer kreativer Ausdruck von Intelligenz. Es gab immer schon genial begabte Menschen, die weniger leisteten, als sie eigentlich konnten, weil sie durch die Menschen in ihrer Umgebung, die Anforderungen des Alltags, den Druck oder die Schule blockiert wurden. Einstein und Edison z.B. galten in ihrer Jugend als hoffnungslose Fälle, als dumm und schwer von Begriff.

Es gibt verschiedene Formen von Intelligenz, und wir verletzen die neuen Kinder mit unserer Etikettierung, den Tests und therapeutischen Untersuchungen. Das Kind fühlt sich persönlich extrem verletzt und trägt diese Verletzung unter Umständen sein Leben lang im Inneren mit sich. Viele dieser Kinder werden erst als junge Erwachsene durchstarten und Erfolg in ihrem Leben haben. Wir geben leider den meisten Kindern das Gefühl, sie seien irgendwie unvollkommen. Wenn sie sich nur mehr anstrengen würden, mehr wie ihre Geschwister wären, sich mehr konzentrieren oder besser verhalten würden, dann wären sie vielleicht in Ordnung, aber immer noch unter Vorbehalt.

Jeder Mensch hat ein Urbedürfnis nach und ein Geburtsrecht auf Sicherheit und Geborgenheit. Aber was ist Sicherheit, was ist Geborgenheit? Sind es Gemütszustände die von außen bestimmt werden, oder werden sie vielleicht eher im Inneren bestimmt?

- *Geborgenheit*
  Versuchen wir einmal, das Gefühl der Geborgenheit zu beschreiben, dann sind Aussagen wie diese zu erwarten:
  Wo ich geborgen bin,
  - da kann mir nichts passieren;
  - da brauche ich nicht (allein) für mich selbst zu sorgen;
  - da kann ich Vertrauen haben;
  - da will keiner etwas von mir, da muß ich nichts;
  - da kann ich zu mir selbst kommen, ich selbst sein;
  - da bin ich zu Hause, da fühle ich mich wohl.

Kinder erfahren und brauchen besonders in den ersten Lebensjahren Geborgenheit von der Mutter, von beiden Eltern. Nur wenn sie zuverlässige Geborgenheit erfahren, können sie als Erwachsene Angst überwinden und Zuversicht haben.

6.3 Die neuen Kinder sind wahre Lichtarbeiter

Man kann die Menschen nichts lehren, man kann ihnen nur helfen, es in sich selbst zu finden.
Galileo Galilei

Die neuen Kinder sind geborene Lichtarbeiter

Die neuen Kinder wissen tief im Inneren genau, was Energie- oder Lichtarbeit ist. Sie verstehen die Energieübungen blitzschnell und können intuitiv etwas hinzufügen, das uns nicht in den Sinn gekommen wäre. So sind sie vom Wesen her bestens geeignete spirituelle Führer für die Erwachsenen dieser Zeit. Einerseits ist es für diese Kinder wichtig, bewußt in Energiearbeit eingeweiht zu werden, andererseits müssen wir ihnen ihre eigenen „Techniken" lassen.

Wir behandeln die Kinder oft sehr nachlässig, und zwar ohne es zu bemerken. Ganz jung versuchen sie, uns zu erklären, was sie sehen, wie sie heilen, wie sie Energie senden. Leider haben oder nehmen wir uns keine Zeit hinzuhören. Wir reagieren darauf ungeduldig, sagen Dinge wie *„Erzähl mir doch keine Märchen!"* oder ähnliches, und die Kinder ziehen sich in ihr Schneckenhaus zurück. Sie vertrauen uns nicht mehr, während wir denken, daß wir ihnen die Flausen „aus dem Kopf" gejagt haben. Doch die leben im Inneren der Kinder weiter und können sie bleibend verunsichern. Die Kinder erleben täglich Situationen, machen Wahrnehmungen und Erfahrungen, die sie verunsichern und wenn sie sie nicht mit uns teilen können, müssen sie sich eigene Antworten suchen.

Energiehygiene als tägliche Übung

„Energiehygiene" kann helfen, mit diesen Situationen, Wahrnehmungen oder Erfahrungen umzugehen. Ich empfinde es als großes Geschenk, wenn Eltern ihre Kinder mit der Energiearbeit in Verbindung bringen, ein Geschenk sowohl für die Eltern als auch für die Kinder. Es kann passieren, daß ihr Kind sagt: *„Mama, das mach ich schon immer so."* Oder: *„Mama, ich weiß, ich mache es aber lieber auf meine eigene Art und Weise."* Aber die meisten Kinder brauchen einfache Erklärungen und Begleitung, um richtig verstehen zu können, was in ihrem Energiesystem abläuft, und vor allem müssen sie wissen, warum bestimmte Dinge passieren. Wird ihre innere Weisheit erweckt, werden Sie bemerken, daß die Energieübungen ein Eigenleben führen werden, da diese Kinder durch ihre hochsensible Natur sehr aufgeschlossen sind und auf natürliche Weise wissen, was zu tun ist. Außerdem sehen sie mit dem inneren Auge sehr viel. Mit ihren inneren Sensoren scannen sie Situationen und können sich leicht danach ausrichten.

Innere Weisheit erwecken

Eine Mutter, die bei meinem Lichtarbeiter-Jahrestraining dabei war, schrieb mir über ihre Erlebnisse mit der erlernten Energiearbeit. Sie fügte eine Geschichte über ein Erlebnis bei, das sie spontan mit ihrem Sohn und einigen Nachbarskindern hatte. Sie beschreibt dabei auf spannende Weise, wie die Kinder tief im Inneren mit ihrer inneren Weisheit verbunden sind, die sie mit ein wenig Unterstützung und Lenkung sofort ins Bewußtsein bringen können:

Ein weiteres Erlebnis hatten wir dann zwei Tage später. Die 3jährige Nachbarstochter kam uns besuchen und erzählte mir ganz aufgeregt, daß ihre Oma krank sei. Sie dürfe nicht reden und habe überall Schmerzen. Ich reagierte erst nicht, doch sie ließ nicht locker. Als ich sie fragte, ob sie etwas tun wolle für ihre Oma, bekam ich zur Antwort: Wir müssen ihr helfen und sie heilen.

Sie holte alle zusammen, die da waren. Meinen Mann, meinen Sohn und dessen Freund. Die Jungs sind beide 6 Jahre alt. Mein Sohn kennt sich schon mit Energien, Aura usw. aus, aber für seinen Freund ist es Neuland gewesen. Wir setzten uns also zusammen, und ich erklärte ihnen, daß wir uns zuerst in die Lichtkugel setzen und uns mit dem violetten Strahl reinigen. Die Kinder legten ihre Hände offen auf ihre Beine, schlossen die Augen und erledigten alles, als wenn sie das Ritual schon kennen würden. Wir baten dann den Schutzengel der Oma und die Heilungsengel mit dem grünen Heilstrahl um Hilfe. Jedes der Kinder hat dabei um seine Lichtkugel etwas bemerkt. Mein Sohn meinte, es sei eine graue Energie da und er werde seine Lichtkugel verstärken und das alles an Jesus abgeben, was er dann auch tat. Sein Freund bemerkte einen grauen Legostein über seiner Lichtkugel und daß die Sonne den grauen Legostein beseitigte. Danach war seine Kugel aus Gold mit roten Tupfen. Die Nachbarstochter sah auch ihre Lichtkugel, und als wir auch die Oma in eine Lichtkugel setzten, bestätigte

Zuerst in die Lichtkugel setzen

sie es und meinte: ‚Oma fühlt sich wohl.' Alle drei Kinder schickten unabhängig voneinander noch gute Wünsche an die Oma, dankten den Schutzengeln und dem grünen Strahl, und die Nachbarstochter meinte dann, daß es der Oma morgen besser gehen werde. Wir schickten zusammen noch viel Liebe und Licht, und die Kinder gingen dann spielen. Der Oma wurde in der Nacht im Krankenhaus der Magen ausgepumpt. Sie litt schon drei Tage an einer Fischvergiftung. Am nächsten Tag ging es ihr wieder sehr gut, so wie die Nachbarstochter gesagt hatte. Ich habe dann schnell das Buch „Anna und die sieben Strahlen" gelesen. Ich war begeistert von Anna und ihren beiden Freunden. Tags zuvor war ich schon von der Nachbarstochter und ihren beiden Freunden begeistert gewesen, die das taten, was in diesem Buch stand. Ich bin fasziniert von den Kindern unserer neuen Zeit. Es ist jetzt an der Zeit, daß wir diese Kinder annehmen als ein Geschenk und sie auch unterstützen, denn dann können sie ihre Aufgabe hier auf unserem Planeten erfüllen. Sie bringen uns die Liebe und das Licht zurück auf unsere Mutter Erde. Danke, Ihr Kinder unserer neuen Zeit!

Einige Tage später folgte dieser Bericht:

Liebe Carolina, jedes Märchen hat ein Happy-End, und so hat auch Omas Heilung ein schönes Ende gefunden. Sie hat sich ein neues Schlafzimmer und Wohnzimmer gekauft und fängt ein neues Leben an. Sie sagt: ,Ich wurde in dieser Nacht neu geboren.

Ich wurde in dieser Nacht neu geboren

6.4   Traditionen und Muster durchbrechen

Es gibt nur zwei Erbschaften, die es wert sind zu hoffen,
daß wir sie an unsere Kinder weitergeben:
Wurzeln und Flügel.
Hodding Carter

Ein alter Irrtum ist immer beliebter als eine neue Wahrheit.
Deutsches Sprichwort

Warum haben wir Traditionen?

• *Traditionen*

Wir leben in einer Welt, die beherrscht wird von Traditionen.

Sie sind überall, angefangen bei Kleinigkeiten wie genormter Kleidung oder der Eßkultur bis zu großen Angelegenheiten, die mit ethischen Prinzipien in Verbindung stehen. Manche Traditionen beeinflussen ganze Kulturen oder große Teile der Gesellschaft, weil sie für Koordination und Integration sorgen und eine Basis für eine allumfassende soziale Struktur formen.

Gesetze, ethische Kodes, religiöse Rituale, moralische Werte und formale Feierlichkeiten stärken und unterstützen diese Traditionen. Jede Kultur hat ihre Traditionen und Muster. Teilweise sind diese aus der Erfahrung des Lebens gewachsen, oft während der Übergangsstadien im Lauf der Entwicklung einer Kultur, sowie aus früheren Einweihungsritualen.

Einst hatten die Traditionen in der Gesellschaft ihre Berechtigung. Sie unterstützten die Menschen dabei, in einem bestimmten Rhythmus miteinander in Frieden zu leben. Vor allem unterstützten sie sie dabei, zu überleben. Viele Traditionen werden weiterhin in unserem Zusammenleben, unseren Familien und sozialen Gruppen fortgesetzt, haben aber inzwischen ihre Bedeutung verloren.

Generell sind Traditionen förderlich, um für Struktur in unserem Leben zu sorgen, unsere Werte festzulegen, sogar unsere Träume zu formen. Sie helfen uns zu bestimmen, was andere von uns erwarten können. Heutzutage gibt es aber viele Traditionen, die überholt sind. Viele wissen gar nicht mehr, warum sie bestimmte Rituale, Regeln, Strafen, Feste und Feierlichkeiten akzeptieren. Trotzdem werden die Traditionen meist nicht hinterfragt und wie gewohnt an die Kinder weitergegeben.

Traditionen sorgen für Struktur

Die neuen Kindern hassen diese „hohlen" Regeln und Traditionen ohne Herz und Gefühl, ohne erkennbaren Inhalt und ohne Liebe. Sie wären aber sicherlich die ersten, die Traditionen oder Regeln, die aus dem Herzen kommen, befolgen und feiern würden, wenn diese voller Liebe und Mitgefühl für die ganze Menschheit wären.

Viele neue Kinder durchlaufen die Phasen der geistigen Entwicklung und manchmal auch die der körperlichen schneller. Traditionen, die zu ihrem Alter gehören, können dann vollkommen fehl am Platz sein. Die Erwartungen der Gesellschaft passen oft nicht zur Persönlichkeit dieser Kinder. Auch kommt es vor, daß sie die Phasen der

Die Erwartungen der Gesellschaft

moralischen Entwicklung, wozu die Entwicklung des Gewissens, der Selbstverantwortung, der eigenen Autorität gehört, schneller durchlaufen. Ihre Bedürfnisse, Vorlieben und Charakterzüge sind anders, als es bisher üblich war. Das Kind wird Traditionen anfechten, während seine Altersgenossen sie ohne weiteres akzeptieren. Die neuen Kinder können Autorität nur schwer annehmen, bekämpfen sie mit allen Mitteln, wenn sie den Sinn dieser „Übermacht" oder „Kontrolle" nicht erkennen können. Manchmal scheint es, als ob sie gegen alle Regeln sind und von Fall zu Fall mit den Erwachsenen oder anderen Kindern schauen möchten, welche Regeln jeweils gültig sein könnten. Fast wie maßgeschneidert!

Sie fragen immer: Warum?

Im allgemeinen sind die neuen Kinder nicht diejenigen, die blind alles glauben, bedingungslos gehorchen oder passiv Regeln und Traditionen annehmen. Sie werden immer die Frage nach dem „Warum" stellen, und wenn keine deutliche, ernsthafte, ehrliche und dazu noch liebevolle Erklärung kommt, ist das Thema für sie erledigt. Kein Brauch, keine Regel, kein Ritual scheint an der kritischen Wertschätzung der neuen Kinder vorbeizukommen.

Folgende Fragen z.B. sind an der Tagesordnung: *„Warum sollte ich zuhören, wenn eine ältere Person mir etwas erzählt, und ich weiß, daß es nicht stimmt?"* Oder: *„Was macht es aus, wenn ich nicht so sauber schreibe, solange man es lesen kann?"* Oder: *„Warum versprechen Erwachsene so oft etwas, um es dann nicht einzuhalten?"* Oder: *„Was macht es aus, was ich anziehe, ich habe doch was an?"* Viele Gepflogenheiten sind nicht mehr als eine Gewohnheit. Viele Traditionen und Regeln, die aus einer weniger lichtvollen Zeit stammen, drohen uns zu ersticken; sie versperren unsere Entwicklungswege, die für alle offen sein sollten. Die neuen Kinder sind verbunden mit den kosmischen und universellen Lichtebenen, kennen im Inneren die kosmischen Lichtgesetze genau und zweifeln mit ihrem spirituellen Verständnis nutzlose, nichtssagende Bräuche an – sehr zum Leidwesen ihrer Eltern und Großeltern.

Traditionen brechen

Das Brechen mit Traditionen regt zu Unabhängigkeit und kreativem Denken an. Bricht ein Kind mit den Traditionen, isoliert es sich von einer Gruppe oder von seiner Familie. Für Erwachsene ist es schwer, die liebgewonnenen, manchmal unlogischen Gewohnheiten zu verteidigen. Die neue Generation bietet uns hier eine unglaubliche Chance, alles über Bord zu werfen, was in dieser neuen Zeit nicht mehr paßt oder wichtig ist. Durch die kritische Haltung Ihres Kindes können Sie plötzlich erkennen, daß Ihr eigenes Leben von überholten Ritualen und Gewohnheiten beherrscht wird.

Trotzdem sind Rituale wichtig in unserem Leben. Die Erwachsenen und vor allem die Kinder brauchen wiederkehrende Handlungen mit einer besonderen Bedeutung, Momente, die einen tieferen Sinn haben. Kinder genießen es, etwas so lange zu üben, bis es ihnen gelingt, um es dann ewig zu wiederholen. So verschaffen sie sich Sicherheit in einer Welt, die oft Neues und Unbekanntes bereithält. Diese Rituale entstehen aus dem gegenwärtigen, lebendigen Zusammenleben und sind abgestimmt auf das Kind und die Familie. Am besten erfinden Sie gemeinsam eigene Rituale, wie Aufwach- und Aufstehrituale, Abschiedsrituale, Begrüßungsrituale, Spielrituale usw., dann werden die Kinder den tieferen Sinn anerkennen.

Rituale sind wichtig

→ Mein Tip:

Sie können als Familie die Gebräuche, Traditionen, Normen, Vorurteile etc., denen Sie begegnen, gemeinsam kritisch anschauen und diskutieren. Sie zeigen Ihren Kindern damit Ihre Bereitschaft, sie in Frage zu stellen. Besprechen Sie, welche Traditionen heilig sind und nicht gebrochen werden können, ohne daß Schaden für die Familie entsteht, und welche Sie gemeinsam über Bord werfen können. Offene Diskussionen können allen Familienmitgliedern helfen, sich mitzuteilen, und Sie mehr über das Zusammenleben Ihrer Familie lehren.

• *Festgefahrene Ideen*

Festgefahrene Ideen sind meist da, um unser Handeln zu rechtfertigen, also uns selbst ins Recht zu setzen und alle anderen ins Unrecht. Eine festgefahrene Idee könnte z.B. sein: *„Keiner versteht mich."* Damit setzt sich das Kind ins Recht, und es muß sich nie groß um eine Verständigung mit anderen Kindern bemühen. Ge-

Keiner versteht mich

wöhnt es sich daran, verstärkt sich diese Idee, und das Kind findet immer mehr Gründe, nicht mit anderen Kindern zu spielen. Eine globale festgefahrene Idee erlebten wir in unserer Welt, gerade als dieses Buch fertiggeschrieben wurde: Am 11. September 2001 flogen zwei Flugzeuge in das World Trade Center in New York. Anschließend wurden von vielen, u.a. Politikern, Konzernen und Umweltgruppen, sogenannte Schemen [Angstbilder] geschaffen, die durch oftmalige Wiederholung so lange verstärkt wurden, bis sie Macht über uns gewannen. Was hat sich eigentlich abgespielt? Wissen Sie es genau? Was ist die Wahrheit?

Wir handeln genau so, wie die Schemen uns das einflößen, und ermöglichen es dadurch kollektiv Politikern, Banken und Pharmakonzernen u.a., neue und von ihnen von langer Hand geplante Gesetze einzubringen und zu verabschieden, denen wir uns in Bürgerinitiativen viele Jahre lang erfolgreich widersetzt haben. Angst und Zweifel wurden hier als Energiewelle genutzt, um dies möglich zu machen.

• *Klärung von Mustern und Überzeugungen*

Muster und Glaubenssätze

Muster sind Anhäufungen von Glaubenssätzen/Überzeugungen, die sich zu einem gewissen, Thema im Unterbewußtsein festsetzen. Sobald Sie Ihre eigenen Muster auf der persönlichen Ebene entfernen, werden Sie sich auch vom Massenbewußtsein der Erde und der Menschheit abspalten können!

• *Glaubenssätze finden und umwandeln*

Die Programme in unserem Energiesystem

Die meisten von uns reagieren auf unerwünschte Dinge in ihrem Leben, indem sie versuchen, andere Menschen oder Situationen zu verändern. Es ist fast so, als würde man sein Spiegelbild reinigen wollen, obwohl das eigene Gesicht schmutzig ist. Die Realität wird aber von innen erschaffen. Das erste, was wir uns anschauen sollten, ist das eigene Leben und das, was wir uns in unserem Leben nicht wünschen, wie z.B. Krankheit, Probleme usw. Vielleicht fallen Ihnen einige Überzeugungen ein, die Sie selbst haben? Wie sieht es aus mit den Glaubenssätzen Ihres Kindes? Wir haben alle Programme in unserem Energiesystem angesammelt, aber was man selbst erschaffen hat, kann man auch selbst wieder ändern. Das ist das Schöne an der Energiearbeit.

Wenn ihr Kind z.B. die Überzeugung *„Ich kann nicht gewinnen"* oder *„Ich bin nicht hübsch"* hat, wirkt dies sehr einschränkend auf sein Leben. Das ganze Unterbewußtsein richtet sich automatisch auf diese Überzeugungen aus, und das Kind kann nie gewinnen oder sich hübsch finden. Es gibt eine sehr wirkungsvolle Übung, um Glaubenssätze zu entkräften und wieder Harmonie und Balance herzustellen, genannt das Glaubensbuch.

Das Glaubensbuch

Übung: Glaubenssätze ändern

Bevor du anfängst, wählst du dir bestimmte Glaubenssätze aus, die du ändern möchtest. Wenn ein Glaubenssatz aufgelöst werden möchte, wirst du spüren, ob du bereit bist und die Zeit richtig ist. Es ist sehr wichtig, den Glaubenssatz so einfach wie nur möglich auszudrücken. Wenn du einen Glaubenssatz hast wie „Ich finde mich nicht hübsch und kann mich nicht leiden", kannst du besser und einfacher sagen: „Ich bin nicht hübsch." Jetzt änderst du den Satz in einen ähnlichen, aber positiven Satz, wie z.B.: „Ich bin hübsch."

Entspann dich, indem du dich bequem hinsetzt. Vor deinem inneren Auge stellst du dir eine Treppe vor, die in einen Keller hinunterführt. Dort ist es dunkel und feucht, und um dich herum befinden sich staubige Gegenstände von früher – altes Spielzeug, Kleider, Bilder usw. Du siehst eine Tür. Unter der Tür siehst du Lichtstrahlen. Geh zur Tür, und öffne sie. Du kommst jetzt in einen lichterfüllten Raum. In der Mitte des Raumes steht ein Podium, und du siehst, daß darauf ein großes wichtig aussehendes Buch liegt. Du gehst zu dem Podium und kannst jetzt einen Umschlag sehen. In schönen großen Buchstaben steht darauf geschrieben: „Meine Glaubenssätze". Du öffnest das Buch an der richtigen Stelle, genau dort, wo deine Überzeugung steht: „Ich bin nicht hübsch."

Du verzeihst dir selbst dafür, daß du diesen Glaubenssatz erzeugt hast, und nimmst mit Freude und Begeisterung einen Stift, um mit großen, fetten Buchstaben über diese Überzeugung UNGÜLTIG zu schreiben. Reiß die Seite dann heraus, und zerrupfe sie in kleine Stückchen. Du hast ein Streichholz dabei und verbrennst die Papierschnipsel. Rieche den Rauch, und schau zu, wie das Papier zu Asche wird. Wenn das Feuer erloschen ist, pustest du die Asche weg, und du weißt, daß die Überzeugung verschwunden ist.

Geh jetzt zu dem Buch zurück, öffne eine neue Seite, und schreibe langsam und wohlüberlegt deine neue Überzeugung hinein: „Ich bin hübsch." Sage den Satz dreimal laut, damit alle ihn hören können. Wenn du mehrere Glaubenssätze gewählt hast, wiederhole diesen Prozeß. Am besten schreibst du deine neue Überzeugung auf ein Blatt Papier, das du an einem gut sichtbaren Ort in deinem Zimmer aufhängst. Du kannst den Satz verstärken, indem du ihn jeden Morgen wiederholst: „Ich bin hübsch."

Übung: Dreiecke

Tief in meinem Herzen weiß ich, daß andere mich so lieben, wie ich bin

Ich kann mir nicht vorstellen, daß andere mich so lieben, wie ich bin

Ich habe angst, daß ich abgelehnt werde

Setz dich bequem hin, und verbinde dich mit der Erde. Deine Füße sind fest mit dem Boden verwachsen. Stell dir eine goldene Röhre aus Licht vor, die dich umgibt und sich aus dem Herzen der Erde bis hinauf zur Quelle erstreckt. In dieser Röhre stellst du dir ein blaues Dreieck vor. An der oberen Spitze dieses Dreiecks steht das Thema des Musters, das du überwinden willst. Unter dem Dreieck stehen die Überzeugungen, die entfernt werden sollen. Stell dir diese Sätze vor, oder, wenn dir das nicht möglich ist, sei dir bewußt, daß sie unter dem Dreieck stehen. Aktiviere jetzt dieses Muster, indem du dir blaues Licht in der Mitte des Dreiecks vorstellst, das sich im Uhrzeigersinn zu drehen beginnt. In Gedanken machst du einen tiefen Atemzug und drehst einen Schalter um. Du siehst einen Lichtblitz und eine große Vakuumpumpe, die das Dreieck durch die goldene Röhre nach oben in das strahlend weiße Licht der Quelle saugt. Spüre, wie das Muster aus dir und aus der Erde herausgezogen wird. Es wird von der Quelle gereinigt, und als weißes Licht fließt es durch die Röhre zurück, durch dich hindurch zu Mutter Erde. Es ist wichtig, die Energie immer zur Erde zurückfließen zu lassen.

Arbeite immer nur mit einem Thema gleichzeitig, und entferne das vorherige, bevor du zum nächsten gehst.

6.5 Rolle und Ohnmacht der Eltern

Die Erziehung eines Indigo-Kindes bringt Eltern in eine Lage, die ganz neu ist. Gott sei Dank gibt es immer mehr „Kinder der neuen Zeit", so daß diese Eltern ziemlich leicht andere Eltern in ihrer Umgebung finden können, die in der gleichen Lage sind. Trotzdem werden viele in ihrem Umfeld auf Schwierigkeiten stoßen, weil man ihr Verhalten und ihre Art zu erziehen nicht versteht.

Manche Menschen meinen, Eltern übertreiben völlig, wenn sie ihr Kind beschreiben, was vielleicht für Spannungen zwischen Freunden oder in der Familie sorgt. Oft hat die Mutter fürchterliche Schuldgefühle; doch wohin sie sich auch wendet, statt daß sie diese los wird, werden sie eher verstärkt. Da die Mutter in der Regel dem Kind am nächsten ist, ist sie normalerweise diejenige, die die Hauptverantwortung trägt. Der Vater ist durch seine Arbeit meist nur am Abend da und hört müde und abgespannt zu, wenn ihm berichtet wird, was sich im Laufe des Tages alles ereignete. Viele Väter geben die Erziehungsaufgaben ab, und diese Bürde ist bei einem Indigo-Kind um so schwerer. Ich habe in den letzten Jahren viele Hunderte Mütter gesprochen und viele Tausende Briefe und Emails bekommen. Die meisten Mütter fühlten sich in einer ziemlich aussichtslosen Lage.

Warum haben die Eltern oft Schuldgefühle?

Wenn ich die mir übermittelten Erfahrungen der Mütter zusammenfasse, ergibt sich folgende kurze Geschichte:

Die Mutter hat Schuldgefühle, weil alle meinen, ihr Kind sei nicht normal, es tanze aus der Reihe und sie „kriegt es nicht hin". Der erste Ansprechpartner der Mutter ist ihr Mann, der Vater des Kindes. Er sagt oft: „Es ist dein Kind (das tun Väter oft in schwierigen oder belastenden Situationen!), also schau, wie du es so hinkriegst, daß es funktioniert!"

Meist mischen sich die Eltern der Mutter und danach auch noch die Schwiegereltern ein: „Aber mein liebes Kind, in meiner Zeit hatten wir die Kinder besser im Griff. Damals, als ich dich (oder deinen Mann) erzogen habe etc. etc." Die Schuldgefühle häufen sich.

Andere mischen sich ein

Jetzt kommt die Lehrerin oder der Lehrer und meint: „Ihr Kind stört in der Schule, zappelt nur, stört den Unterricht, da müssen Sie etwas unternehmen." Auweh, noch mehr Schuldgefühle. Die Mutter schreit innerlich um Hilfe und wendet sich an ihren Arzt. Sie hört: „Das Kind ist defizitgestört. Da ist vieles nicht in Ordnung, aber da könnte man mit Therapie, psychologischer Behandlung oder Medikamenten schon helfen." Die arme Mutter, noch mehr Schuldgefühle.

Dann geht sie doch lieber zum Therapeuten. Auch der Therapeut sagt ihr nicht viel anderes, und die Situation wird nicht wirklich besser. Als letzte Möglichkeit geht sie mit dem Kind zum IQ-Test, weil sie sicher sein möchte, daß es nicht doch zu dumm und gestört ist. Sicherheit ist da weit besser als weitere Schuldgefühle. Oh Schreck, das Kind hat einen hohen IQ und ist überdurchschnittlich intelligent. Jetzt entscheidet sie sich, die vom Arzt empfohlenen Medikamente zu geben. Neue Schuldgefühle werden geweckt. Für die Mutter ist das keine leichte Situation.

Das Indigo-Phänomen

Seit 2001 sind einige Bücher über die neuen Kinder erschienen. Die Situation hat sich dadurch schon enorm verbessert, und das Indigo-Phänomen wurde weniger exotisch. Viele Eltern finden Unterstützung untereinander. Es ist eine große Erleichterung, gerade für die Mütter, zu wissen, daß sie nicht unfähig sind, ihr Kind zu erziehen, und ihr Kind nicht das einzige ist, das „aus der Reihe tanzt". Das ist der erste Schritt in ein neues Leben.

Nun fängt erst recht der Alltag mit den neuen Kindern an. Vielleicht ist der Kampf mit dem Kind und dem Umfeld zu Ende. Doch jetzt müssen die Eltern lernen, sich selbst zu vertrauen. Sie müssen lernen zu fühlen, welcher Weg der beste für sie und ihr Kind ist. Das erfordert ein offenes Sich-Einlassen auf die Situation und auf sich selbst mit den jeweiligen Programmierungen, Eigenschaften und Verhaltensmustern.

Bewußtsein und Klarheit helfen Eltern in ihrer Rolle

Ein neues Abenteuer wartet, bei dem Hilfe nicht von außen, sondern von innen kommen muß. Jede Situation bedarf ihrer eigenen Lösung und erschafft Möglichkeiten, sich geistig, emotional und spirituell schnell zu entwickeln. Bewußtsein oder sich bewußt zu werden sind Schlüsselbegriffe in diesem Prozeß. Die Rolle der Eltern wird hinterfragt und kann für unsere Zeit neu formuliert werden. Sie haben wahrscheinlich gar keine andere Wahl mit Indigo-Kindern in der Familie!

Diese Kinder fordern sehr viel von ihren Eltern, und für alle Beteiligten ist es lebenswichtig, klare Strukturen zu schaffen. Als Eltern brauchen sie Zeit, um sich zu erholen, damit sie nicht völlig „ausbrennen". Sonst halten sie es nicht aus! Oft höre ich von den Kindern den Satz: *„Wenn Mama anfangen würde, IHR Leben zu leben, könnte ich auch mein Leben leben."* Es ist alles eine Frage der Prioritäten.

Eine Mutter erzählt:

Mein Sohn ist knapp fünf Jahre alt. Ich bin völlig ausgepowert, meine ganze Umwelt zieht sich zurück, ich höre ständig irgendwelche Kommentare, die nicht gerade aufbauend sind. Meine Partnerschaft leidet darunter, meine ältere Tochter reagiert gereizt auf ihn. Er ist übersensibel, zieht sich beim Spielen völlig zurück, spielt meistens allein. Er hat keine Freunde, will alles erklärt haben, spielt sehr lautstark, ist sehr aufmerksam, verliert aber bei manchen Sachen schnell das Interesse.

Mein Kind hat keine Freunde

Ein Indigo-Kind erzählt:

Ich bin hier, um die Menschheit wachzurütteln. Ich hasse es, Regeln zu folgen, nur weil sie schon immer bestanden haben oder weil es sich so gehört. Ich mache zwar alle um mich halb wahnsinnig mit meiner Weltanschauung (vegetarische Ernährung, keine strikten Mahlzeiten, keine Schlafenszeiten, keine Familienfeste, kein Fernseher, kein Handy, Kommunikation mit Engeln), aber das will ich ja auch.

Ich mache alle halb wahnsinnig

Eine Mutter erzählt:

Als mein Sohn auf die Welt kam, weinte er nur, ich wußte nicht, daß es Kinder gab, die so viel weinten. Ich ging von Arzt zu Arzt, niemand konnte mir so recht helfen. Ich sagte immer: Medizinisch ist alles in Ordnung, es ist etwas in ihm drin, das nicht ausbrechen kann. Leider stand ich mit dieser Meinung ziemlich allein da. Ich probierte alles allein aus, bis ich nicht mehr konnte, bis ich sagte, etwas muß geschehen. Ich konnte nicht mehr, wir beide konnten so nicht überleben, ich wußte aber auch

Ich wußte nicht, wer von uns überleben würde

nicht, wer überleben würde. Plötzlich wurde ich ernst genommen. Ich entschied, daß er wegmußte. Ich mußte die Möglichkeit bekommen, neu anzufangen. Ich bekam Hilfe und fand ein super Kinderheim ganz in meiner Nähe. Diese Leute haben mir und meinem Sohn sehr geholfen. Ich erkannte das erstemal nach zwei Jahren, was mein Sohn mir die ganze Zeit mitteilen wollte! Ich sollte endlich wieder ich selbst sein, die Person, die ich war, bevor ich geheiratet habe und in ein Leben hineingezwängt wurde, das ich eigentlich nie wollte. Als ich mich von meinem Mann trennte, sagte mein Sohn (er war gerade fünf Jahre alt geworden): „Mami, es ist schade, aber du wirst sehen, es wird für uns alle viel besser werden!" Ich schenkte diesem Satz nicht viel Bedeutung, doch er blieb immer an vorderster Stelle. Heute weiß ich, daß mein Sohn schon eher als ich erkannte, daß ich so nicht alt werden würde. Es ist trotzdem sehr schwer für mich zu begreifen, daß er ein Indigo-Kind sein könnte, mein Kopf läßt es immer noch nicht ganz zu.

Eine Mutter erzählt:

Es ist für uns alle sehr schwierig, mit seinen Besonderheiten umzugehen. Als Mutter habe ich jedoch sehr früh gemerkt, daß man sich ihm gegenüber anders verhalten muß, als dies allgemein von Eltern erwartet wird. Mein Mann hat sich damit eher schwergetan, aber allmählich finden wir ein gemeinsames Konzept. Unser Sohn betont immer wieder, daß wir ihm zuwenig vertrauen und ihn nicht respektieren. Er sieht sich als „Göttliches Wesen", welches verehrt und bewundert werden soll. Wir lieben unseren Sohn mehr als unser Leben, aber diese Liebe scheint nicht zu genügen. Häufig äußert er den Wunsch, andere Eltern zu suchen, die ihn besser verstehen.

Allmählich finden wir ein gemeinsames Konzept

Eine Mutter schreibt:

Seit ich mir selbst klarmachen konnte, daß ich nicht jeden Tag den Boden schrubben muß usw., habe ich viel mehr Zeit und vor allem Ruhe, mich mit meinem Kind hinzusetzen, ihm zuzuhören oder einfach nur neben ihm zu sitzen, ohne etwas zu tun. Unser Leben hat sich dadurch sehr verbessert, und ich bin viel entspannter und glücklicher.

Ich bin viel entspannter und glücklicher

7. Leben ist Veränderung – Leben ist Fließen

Das Ziel eines Lebens ist auch hier,
die Absichten der Seele durch das Höhere Selbst
in der Persönlichkeit zu verwirklichen.
Dr. Edwach Bach

Die Natur hat es so eingerichtet, daß wir den gleichen Aufgaben und Problemen so lange immer wieder von neuem begegnen, bis wir sie angenommen, ihre Botschaft verstanden und ihren Auftrag eingelöst haben.

7.1 Alles ändert sich

Wenn wir ehrlich sind, wissen wir eins sicher: *Alles ändert sich dauernd, und wir können, obwohl wir das oft möchten, nichts festhalten.* Erscheint uns eine Situation aussichtslos, stellen wir meist fest, daß nichts mehr im Fluß ist. Ausharren hilft da normalerweise nicht viel. Am besten ergreifen wir die Initiative und versuchen, die Energie wieder in Fluß zu bringen. Das tun wir z.B. durch Aufräumen auf allen Ebenen. Vielleicht hilft auch ein Tapetenwechsel, um etwas Neues zu sehen und eine andere Denkweise zu erhalten.

Energie möchte frei fließen

Mir passiert es oft, daß ich mein Leben ganz toll finde, so wie es gerade ist, und *plupps!* ... schon ändert sich alles, und ich muß mich wieder ganz neu orientieren. Vielen Menschen macht das angst. Sie vertrauen dem Alten mehr als dem Neuen. Das Festhalten kann einen Stillstand des Energieflusses bewirken.

Die Kinder der neuen Zeit sind grundsätzlich auf den sich stetig verändernden Lebensfluß ausgerichtet, haben aber oft Angst, weil wir Angst zeigen. Sie können sich unglaublich Sorgen machen, uns zu verlieren. Manchmal scheint es mir, daß sie wie Fremde auf der Erde sind, solange sie nicht gut geerdet sind. Der Gedanke, die Eltern, vor allem die Mutter, zu verlieren, ist für sie entsetzlich und regelrecht traumatisierend.

7.2 Was findet unsere Gesellschaft wirklich wertvoll?

Möchten wir mit unseren Kindern in Mittelmäßigkeit leben?

Sind die neuen Kinder für unsere Gesellschaft wirklich wertvoll? Es scheint, als ob unsere Kultur Mittelmäßigkeit und Gleichwertigkeit fördert, vorzieht und stärkt. Menschen werden trainiert, Ideen rational umzusetzen und Gefühle zu verdecken, um nicht unangenehm aufzufallen.

Unsere Medien bieten für unsere Lebensprobleme und Lebensdramen viele oberflächliche Lösungen, die uns jene aber nicht unbedingt bewußter machen. Wir übersehen oder unterdrücken sie einfach. Intellektuelle Begabung oder Anderssein schätzt unsere Gesellschaft nicht sonderlich. Auch Kreativität oder Andersdenken sind nicht beliebt. Wir erleben eher einen Kult um den physischen Körper. Die Entwicklung von geistigen und mentalen Fähigkeiten ruft keine Zustimmung oder Begeisterung hervor. Ich erlebe überall um mich herum, wie die neuen Kinder und die Interessen der Gesellschaft, die lieber alles beim alten lassen möchte, aufeinanderprallen.

Glauben wir wirklich, daß Kinder Vorteile daraus ziehen können, die üblichen Schulinhalte über Fakten und Theorien zu erwerben, wenn sie sozial oder emotional große Schwierigkeiten in ihrem Leben haben? Es gibt siebenjährige Kinder, die versuchen, sich umzubringen, da sie keine Lust mehr haben, mit uns zu leben. Sie sehen anscheinend keinen anderen Ausweg mehr.

Jedes Kind sollte eine Chance haben, sich nach den eigenen Möglichkeiten zu entwickeln

Jedes Kind sollte eine Chance haben, sich nach den eigenen Möglichkeiten zu entwickeln. In der Schule und auch oft in der Familie werden die Kinder bewußt oder unbewußt ermutigt, sogar oft gedrängt, ihr Verhalten und ihre intellektuelle Entwicklung den Normen der Gruppe anzupassen. Wir sind schon viel zu sehr daran gewöhnt, die Kinder, wenn sie „anders" erscheinen, sofort zu therapieren, zu behandeln oder sie zurechtzubiegen, damit sie wieder in die Norm hineinpassen.

Die neuen Kinder überfordern mit ihrem Verhalten Eltern und Erzieher. Viele Eltern und Bezugspersonen halten das nicht aus. Die alten Regeln und gewohnten Maßnahmen haben oft keinen Erfolg. Diese oft hochbegabten Kinder wirken in unserem Alltag oft zurückgeblieben und können psychischen Schaden erleiden oder chronische Versagensängste entwickeln.

Es ist eine falsche Vorstellung, das Kind könne seinen Weg allein finden. Es braucht Unterstützung und Hilfe von Erwachsenen, um sich geistig, emotional, mental und spirituell entfalten zu können. Verständnis, Annahme, Begleitung, Ansporn sind sehr wichtig. Ich erlebe, daß viele Kinder gefühlsmäßig verwirrt sind, große Anpassungsschwierigkeiten und oft keine Lust auf das Leben haben, genauso wenig wie auf das bestehende Schulsystem und das Erwachsenenleben.

Ein Kind braucht die Unterstützung von Erwachsenen

Es gibt keine Menschen oder geistigen Wesen, die uns sagen können, was morgen passieren wird. Die neue Zeit lehrt uns, daß alles außerhalb eines linearen Zeitrahmens geschieht und die Menschheit die komplette Verantwortung für das Geschehen in der Welt trägt. Seit dem 11. September 2001 ist in der westlichen Welt vielen klargeworden, daß wir wirklich in einer neuen Zeit gelandet sind. Wir erleben, daß viele das alte Paradigma [Denkmuster], wie die Dinge auf der Erde funktionieren, nicht loslassen können oder wollen. Doch eine neue Weisheit hat angefangen, sich auf der Erde zu offenbaren, sie zeigt, daß der richtige Weg der der Liebe ist. Sie erinnert uns an den Spruch: *„Du sollst deine Brüder lieben wie dich selbst."*

Die Kinder sind ein Geschenk

Zu viele Menschen, vor allem Frauen und Kinder, leben im Elend, sterben Hungers oder werden wie Sklaven gezwungen, hart zu arbeiten. Es wird Zeit für die Menschheit, global und interdimensional denken zu lernen, um Frieden im Herzen zu finden und in die Praxis umzusetzen. Menschlicher freier Wille wird entscheiden, wie es mit uns weitergehen wird. Die neuen Kinder unter uns sind ein Geschenk des Göttlichen, das uns auf diesem Weg helfen möchte, stark, liebevoll, selbstverantwortlich und zufrieden zu leben.

Was Kinder zu ihren Aufgaben sagen:

1. *Ich muß neue Impulse und Ideen vermitteln. Ich muß in Mitmenschen Hoffnung und Motivation fördern, als sogenannter Lebenscoach!*

2. *Ich bin auf der Erde, um etwas zu verändern, was genau, das weiß ich noch nicht, aber ich weiß, daß es mit Harmonie und innerer Ruhe zu tun hat. Ich versuche deswegen auch, den Menschen um mich herum zu zeigen, daß man mit innerer Ruhe und Gelassenheit besser leben kann, als wenn man immer im Streß von einem Ort zum anderen hetzt.*

7. Leben ist Veränderung –
Leben ist Fließen

Teil 2 – Praxis

1. Allgemeine Vorbereitung

Wie man dieses Buch benutzt

Dieses Buch ist in erster Linie für Menschen geschrieben, die an Selbstentfaltung und Selbsterkenntnis interessiert sind. Es richtet sich an die Eltern und Begleitpersonen der sogenannten neuen Kinder oder Indigo-Kinder, die Harmonie, Frieden, Freude, Entspannung und Gemeinsamkeit im Umgang mit den Kindern finden möchten.

Das Buch ist in zwei Teile aufgeteilt, *Hintergrundwissen* und *Praxis*. Der Teil *Hintergrundwissen* möchte Ihnen die Phänomene Licht, Energie, Energiehygiene u.ä. näherbringen. Er befaßt sich insbesondere mit dem Phänomen des menschlichen Energiesystems, dessen Energiefeldern und allen Informationen, die dazugehören. Es gibt in diesem Teil eher wenig Übungen, Tips oder Erfahrungsberichte. Der Teil *Praxis* beschäftigt sich mit typischen Themen aus dem Umfeld der Indigo-Kinder: Blockaden, Verhaltensweisen, Lernthemen und energetischen Problemen. Hier finden Sie nun viele Berichte von Eltern und älteren Indigo-Kindern sowie zahlreiche Übungen, Tips und Spiele, die helfen, das Bewußtsein über den normalen Bereich hinaus zu erweitern. Die Tips sind dabei oft an die Eltern gerichtet, die Übungen an Eltern und Kinder. Obwohl meist erwähnt wird, was eine Übung bewirkt, kommt es mir vor allem darauf an, Eltern und Kinder einzuladen, ihre eigenen Erfahrungen zu machen und selbst zu spüren, was ihnen in ihrer jeweiligen Situation helfen könnte. Das ist sehr wertvoll! Erfahren ist leben und ermöglicht es Ihnen, wieder Verantwortung für Ihr Leben zu übernehmen.

Jedesmal, wenn Sie nicht weiter wissen oder in einer Situation sind, die Sie nicht mehr aushalten, kann der Ratgeber Ihnen helfen, wieder Boden unter die Füße zu bekommen.

Hilfe, wenn Sie nicht weiterwissen

Das Buch ist nicht als Ersatz für das Studium von Heilmethoden und Energieübungen unter Anleitung eines Lehrers gedacht. Im Anhang finden Sie Adressen von ausgebildeten Beratern, die Ihnen bei den verschiedenen Übungen behilflich sein können. Sie können sich natürlich auch an einen Ihnen bekannten Therapeuten wenden, wenn Sie fachkundige Hilfe brauchen.

Ich wünsche Ihnen und Ihrer Familie viel Spaß mit den zahlreichen Möglichkeiten, die dieses Buch bietet. Vor allem wünsche ich Ihnen viel Freude, Lachen, Humor und Lebendigkeit. Das sind wertvolle Kennzeichen für ein erfülltes, glückliches Leben.

Bevor Sie jetzt den praktischen Teil dieses Buches lesen, möchte ich Ihnen einige Tips geben:

Verfolgen Sie nur ein Ziel auf einmal

Es ist wichtig, daß Sie nur ein Ziel auf einmal verfolgen. Machen Sie nicht zu viele Übungen gleichzeitig oder durcheinander. Das bringt im energetischen System nur Verwirrung und verunsichert. Wichtig ist, daß Sie sich immer ehrlich prüfen, ob Ihre Ziele vollkommen im Interesse des Kindes sind und seine individuellen Gaben berücksichtigen. Warten Sie nach der regelmäßigen Anwendung einer Übung, bis Sie einen deutlichen Erfolg wahrnehmen und die Situation stabil bleibt. Fangen Sie erst dann an, mit einer weiteren Übung zu arbeiten. Ihr Kind wird Ihnen zeigen, wie lange es die Übungen braucht und machen möchte. Sie werden von ihm ein deutliches Zeichen bekommen, wenn es genug hat. Vertrauen Sie sich selbst und Ihrem Kind! Es ist wichtig zu wissen, daß manche Übungen einige Wochen brauchen, um auf der physischen Ebene in unserem menschlichen System „anzukommen". Unser Energiesystem braucht einfach Zeit, um die Umstellung integrieren zu können.

Bevor Sie mit den Übungen beginnen

Bevor Sie nun mit den Übungen beginnen, sollten Sie sich erst geistig auf die Übungen einstellen und sich entspannen. Am besten gehen Sie ohne Erwartungshaltung an die Übungen heran und lassen sich überraschen. Bei jedem können die Empfindungen, die sie auslösen, völlig verschieden sein.

• *Meine Empfehlung für alle Übungen*

Sie sollten sich immer ein ruhiges Plätzchen suchen, wo Sie ungestört allein oder mit Ihrem Kind sitzen, liegen oder stehen können. Das kann in der Wohnung sein oder im Sommer auch draußen in der Natur.

1. Allgemeine Vorbereitung

Sie sollten am besten nicht vom Telefon, von der Türklingel, von Familienmitgliedern oder anderen Personen gestört werden können.

Um sich leichter entspannen zu können, setzen Sie schöne Musik ein, am besten Meditationsmusik. Nach Bedarf können Sie Räucherstäbchen oder Aromaessenzen verwenden. Wählen Sie sich eine schöne Kerze, und zünden Sie sie an. Wenn es Ihnen möglich ist, gestalten Sie eine kleine Ecke, wo Sie Ihren Duft, die Kerze und einige schöne Gegenstände hinstellen (fast wie ein Altar). Dieses kleine, täglich wiederkehrende Ritual und dieser feste Platz helfen Ihrem Energiesystem, sich zu entspannen. Wenn Sie sich täglich für Ihre Übung dorthin setzen, entspannen Sie sich immer leichter und schneller. Wählen Sie auch immer dieselben Kissen, Stühle, Meditationsmatten usw. Vergessen Sie nicht: Auch diese Dinge speichern die Energien! (Später entspannen Sie sich dann schon, wenn Sie nur an Ihr Kissen denken.)

- *Was ist Visualisation?*

Die Technik des Visualisierens basiert auf der Vorstellung einer gewünschten Situation in all ihren Einzelheiten. Es ist wichtig, vollkommen in dem Erleben dieser Situation aufzugehen, indem Sie alle Sinne mit einbeziehen: Sehen, Hören, Riechen, Fühlen, Schmecken. Sehen Sie alle Einzelheiten vor Ihrem inneren Auge. Am Anfang ist das nicht so ganz leicht, aber mit ein wenig Übung und Geduld werden die Bilder kommen und beständiger werden. Für die neuen Kinder ist das Visualisieren gar kein Problem, sie sind schon als „Bilddenker" geboren. Wir Erwachsenen sind weniger visuell, eher auditiv oder kinästhetisch veranlagt. Wenn man über das Visualisieren von inneren Bildern spricht, gehören alle Sinne dazu. Manche Erwachsene können erst nach einiger Übung Bilder sehen.

Untersuchungen haben gezeigt, daß es für das Gehirn keinen Unterschied macht, ob Sie Ihren Arm heben oder sich die Bewegung nur vorstellen. Die entsprechenden Neuronen im motorischen Zentrum reagieren in beiden Fällen. Inzwischen ist es allgemein bekannt, daß sich Spitzensportler ihre Bewegungsabläufe im Spiel, in der Rodelbahn, auf der Rennstrecke neben dem körperlichen Training wieder und wieder im Geist vorstellen. Sie fahren z.B. mental vor dem

Wie machen Sie es sich leichter?

Was ist Visualisation?

Das Gehirn macht keinen Unterschied

Start exakt die Rennstrecke ab oder machen eine Übung und fühlen jeden Muskel, jede Bewegung im Körper, und dabei testen sie, ob sie die richtige Strategie gewählt haben, um gewinnen zu können.

Visualisieren ist eine weitverbreitete Technik, die, richtig angewandt, eine tiefgehende Transformation bewirken kann. Das Immunsystem reagiert sehr sensibel auf emotionale Prozesse, und wenn Sie es mit den entsprechenden positiven Bildern unterstützen, kann das ein entscheidender Beitrag zur Gesundung oder zum Gesundbleiben sein. Die Technik des Visualisierens ist sehr vielseitig einsetzbar und kennt im Grunde keine Grenzen. Sie können zu allen möglichen Themen visualisieren, u.a. auch vor Prüfungen. Machen Sie dazu eine Woche lang jeden Tag innerlich die Prüfung. Fühlen, spüren, riechen, schmecken Sie alle Einzelheiten, die aufkommen, wenn Sie sich im Prüfungsraum sehen, mit Ihren Prüfungspapieren vor sich auf dem Tisch. Sehen Sie, wie die Prüfer Ihnen gegenübersitzen, und fangen Sie an, sich dabei souverän und entspannt zu fühlen. Sie werden sehen, daß Sie dann ziemlich entspannt in die „wirkliche" Prüfung gehen können.

Ein starker Geist kann besser heilen als ein Arzt

„Ein starker Geist kann besser heilen als ein Arzt", wie ein Sprichwort sagt. Die Kraft des Geistes kann Krankheiten tatsächlich besiegen, und es werden auch immer mehr mentale Heilmethoden eingesetzt. Es wurde nachgewiesen, daß es rein geistig ausgelöste Muskelbewegungen gibt, die so fein sind, daß man sie nicht sieht. Aber sie sind da, die Muskeln bekommen durch das Visualisieren vor dem inneren Auge elektrische Nervenimpulse vom Gehirn geschickt, die ihnen befehlen: „Bewegt euch!" Die Muskeln ziehen sich dann wirklich zusammen, sie vollführen Minikontraktionen, was mit der Elektromyographie (EMG) nachzumessen ist. Das Gehirn kann aber das elektrische Signal und damit den Bewegungsbefehl so dosieren, daß die Muskeln sich nicht sichtbar bewegen, allenfalls leicht vibrieren.

Die Gedanken schicken elektrische Impulse von den Nerven im Gehirn zu den Schaltstellen von Nerven und Muskeln. Die Impulse laufen nach einigen Gedankenübungen schneller durchs Nervensystem, benutzen dann plötzlich eine Autobahn statt einer Landstraße. Dieses Phänomen kann man noch nicht vollständig erklären, es wird aber Nervenimpulsbahnung genannt.

1. Allgemeine Vorbereitung

- *Was sind Phantasiereisen?*

Was sind Phantasie-
reisen?

Phantasiereisen sind offene Geschichten, bei denen Bilder aufge-
rufen werden, in die ein Kind sich mühelos führen lassen kann. Es ist
dabei vollkommen frei, eigene Bilder und Vorstellungen zu entwikkeln. Aus der Tiefe des Unterbewußtseins steigen diese dann hoch,
geformt von den persönlichen Erfahrungen und Gefühlen des Kindes.

Das Unbewußte verwendet Symbole, um sich erkennbar zu machen, und diese Symbole sind immer sehr persönlich. Es ist ganz
wichtig, daß Sie Ihrem Kind völlig freie Hand lassen, die Bilder anzunehmen, die natürlich und spontan entstehen. Oft bekommt man dadurch einen guten Einblick in die Erlebniswelt eines Kindes, denn
tief versteckte Erfahrungen und Gefühle können so an die Oberfläche kommen.

Phantasiereisen dienen meist dazu, einem Kind mehr Selbstvertrauen und Selbstbewußtsein zu geben, damit es lernt, seinen inneren
Quellen zu vertrauen, und seine Wirklichkeit kreativ und innovativ
erschaffen kann. Beobachten Sie als Begleiter gut alle körperlichen
oder emotionalen Regungen, die das Kind zeigt. Sorgen Sie dafür, daß
es nicht anfängt zu „denken" (Einsatz der linken Gehirnhälfte!), das
blockiert nur den Zugang zum Unbewußten (rechte Gehirnhälfte), zu
Intuition und Kreativität.

Bevor ein Kind eine Phantasiereise antritt, ist es wichtig, daß es
sich gut erdet und sich gut „im Körper angekommen" fühlt (die Erdungsübungen, S. 117ff., und Bewegung helfen dabei). Wenn Sie
sich davon überfordert fühlen, suchen Sie sich fachkundige Hilfe.

- *Körperhaltung*

Bei manchen Übungen können Sie sich, wenn Sie möchten, auf
den Rücken legen, wobei die Beine leicht gespreizt sind (etwas weniger als schulterbreit) und die Hände locker neben dem Körper liegen.

Die Körperhaltung
unterscheidet sich bei
den Übungen

Bei Erdungsübungen oder bei Übungen, die Konzentration verlangen,
nehmen Sie hingegen eine aufrechte Haltung ein. Dazu setzen Sie
sich mit gerader aufgerichteter Wirbelsäule auf einen Stuhl, stellen
beide Füße nebeneinander fest auf den Boden und legen die Arme
mit den Handflächen nach unten auf die Oberschenkel.

Phantasiereisen auf
Kassette sprechen

➔ **Mein Tip:**

Möchten Sie eine Übung, ein Mentaltraining oder eine Phantasiereise öfter gemeinsam mit Ihrem Kind machen, so können Sie den Text auf eine Kassette aufnehmen. Sprechen Sie langsam, und denken Sie dabei daran, an den durch Absätze gekennzeichneten Stellen ausreichend lange Pausen zu machen, um dem Kind (und sich selbst) die Zeit zu geben, die es braucht.

Wenn Sie bereit sind, eine Übung zu machen, setzen Sie sich zusammen hin, und entspannen Sie sich bei schöner Musik und angenehmen Aromen. Sie brauchen dann nur noch die Kassette einzuschalten.

Um es Ihnen zu erleichtern, die Übungen mit Ihren Kindern oder Familienmitgliedern zu machen, habe ich alle Übungen, Phantasiereisen und geführten Meditationsreisen in der Du-Form geschrieben, so daß Sie sie einfach ablesen können.

2. Die neuen Kinder brauchen Erdung

Während die Energie auf unserem Planeten Erde angehoben wird, werden sich immer mehr Menschen bewußt, daß die Energie durch sie hindurchfließt. Sie fließt durch unser Energiesystem und erleuchtet alles, was sich dort befindet, auch alle Programmierungen, Überzeugungen, Muster und Blockaden. Der Prozeß der Bewußtseinsentwicklung beschleunigt sich dadurch, und das kann einfach oder schwierig sein, je nachdem, wie bereit man ist, seine Glaubenssysteme anzuschauen und zu klären. Es ist dabei sehr wichtig, mit Mutter Erde in Verbindung zu bleiben – oder zu kommen! Wer nicht ausreichend geerdet ist, wird mit diesen neuen Energien nicht gut umgehen können und sich in der Regel ausgelaugt fühlen. Die ganze Energie bleibt dann im Kopf stecken und kann nicht in die Erde abfließen.

Obwohl die neuen Kinder ein hochschwingendes Energiesystem mitbringen, ist es auffällig, wie schlecht sie geerdet sind. Die Eltern brauchen Erdung, um ihre Programmierungen, Überzeugungen u.a. auflösen zu können, die Kinder brauchen Erdung, um sich hier auf der Erde entfalten zu können. Sind sie nicht gut geerdet, so können sie nicht vollständig in ihren Körper inkarnieren, ihn nicht völlig in Besitz nehmen, was bedeutet, daß sie dann nie wirklich hier „ankommen". Dann können sie ihre Gaben und Eigenschaften nicht entfalten und sich nicht wirklich entwickeln. Daher ist aus meiner Sicht die Erdungsübung eine der ersten Übungen, die Sie mit Ihrem Kind durchführen sollten. Erdung gibt seinem System Stabilität und legt eine Basis für das irdische Leben, außerdem unterstützt sie die Integration der Seele im Körper.

Warum ist es so wichtig, sich zu erden?

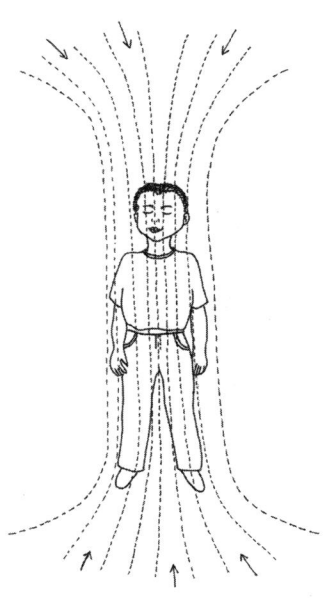

Ist der Mensch richtig geerdet, steht er in einer energetischen Lichtsäule

2.1   Ein Kind kommt zur Erde

Die Seele verbindet sich mit dem Körper

Nach der Geburt eines Kindes findet ein langsamer Prozeß des Zusammenschmelzens von Körper und Seele statt. Sie können es sich so vorstellen, daß der feinstoffliche, energetische Körper sich durch die Geburt mit dem stofflichen, physischen Körper verbindet. Im allgemeinen wird angenommen, daß dieser Prozeß etwa sechs bis sieben Jahre dauert und daß ein Kind erst dann richtig „im Körper angekommen" ist.

Die neuen Kinder haben bedeutend mehr Probleme als die „normalen" („normal" i.S.v. „der Norm entsprechend") noch sind die Indigo-Kinder nicht die Norm], diese Verschmelzung zu vollziehen. Viele von ihnen haben große Schwierigkeiten, sich an ihren physischen Körper zu gewöhnen. Der Unterschied zwischen ihrer hohen feinstofflichen Schwingung und der Schwingung des neuen grobstofflichen physischen Körpers ist ziemlich groß; das macht es ihnen nicht sehr angenehm, ihn „überzustülpen". Oft fühlen sie sich nicht geborgen und zu unsicher, um sich endgültig an ihren Körper zu binden. Wenn die Kinder nicht gut geerdet sind, sind sie natürlich schon mit ihrem Körper verbunden (sonst wären sie nicht auf der Erde!), aber sie bleiben immer in einer gewissen Distanz, verharren mit ihrem Bewußtsein ein bißchen außerhalb ihres Körpers. Wird die Verschmelzung und Erdung nicht in der Jugend vollzogen, kann es sein, daß es einigen bis ins Erwachsenenalter nicht gelingt, die Integration von Körper und Seele zu erreichen.

Nicht gut geerdet sein

Dieses „nicht gut geerdet sein" hat Folgen für ein Kind. Es fühlt sich vielleicht innerlich nicht im Gleichgewicht oder nicht in seiner Mitte. Abhängig vom Grad der Integration, die schon vollzogen wurde, kann es mentale, emotionale oder physische Probleme bekommen. Je geringer die Integration, desto weniger Gefühl für den eigenen Körper hat so ein Kind, und es kann dadurch oft seine Sinneserfahrungen nicht in sinnvolle Reaktionen umsetzen – Sinneserfahrungen müssen optimal verarbeitet werden, damit das Kind auf richtige Art und Weise reagieren kann. Dieser Prozeß wird sensomotorische oder sensorische Integration genannt. Das Nervensystem hat dabei die Aufgabe, die sensomotorische Integra-

tion zu steuern. Ist das Kind nicht gut geerdet, hat das einen un-
günstigen Einfluß auf die Funktion des Nervensystems (siehe Kapitel „Nervensystem", S. 63).

Welche Probleme
entstehen, wenn ein
Kind nicht geerdet ist?

Zusätzlich haben weniger gut geerdete Kinder oft Probleme mit
einem oder mehreren Sinnessystemen (Hören, Sehen, Gleichgewicht, Muskelgefühl oder Tastsinn). Diese Systeme bekommen entweder zu wenige oder zu viele Impulse. Hat ein Kind zu wenige Impulse, sucht es automatisch nach körperlichem Kontakt. Es zeigt ein
großes Bedürfnis nach auditiven und visuellen Impulsen oder möchte
sich dauernd bewegen, um durch seinen Körper in Verbindung mit
der Erde und der Welt zu kommen.

Bekommt das Kind zu viele Impulse, ist es übersensibel. Es kann
dann keinen Lärm ertragen, ihm wird beim Autofahren schlecht, es
verträgt bestimmte Kleidungsstoffe nicht oder mag die Erde lieber
nicht mit seinen Händen berühren. Auch ist es möglich, daß das
Kind mit der Umsetzung von visuellen Impulsen Schwierigkeiten hat.
Es kann dann die verschiedenen Teilchen der visuellen Information
nicht gut miteinander verbinden, was zu Lese- und Rechtschreibproblemen führen kann.

2.2 Psychische Beschwerden

Die neuen Kinder sind sehr anfällig für psychische Beschwerden.
Viele dieser Beschwerden erfolgen aus ihrer mangelnden Erdung. Wenn
Kinder sich nicht sicher fühlen oder Angst haben, wird es für sie
schwieriger, sich zu erden. Ist ein Kind mit sieben nicht genügend geerdet, so entwickelt es auch weniger Gespür für seine eigene Identität.
Heute erleben wir immer mehr Kinder mit ganz unterschiedlichen psychischen Beschwerden, die von Erfolgsangst, Einsamkeit, Begierden
oder Unsicherheit bis zu Depression, Aggression, Angst, Dissoziation,
Schizophrenie oder paranoiden Störungen reichen.

Führt schlechte Erdung
zu psychischen Beschwerden?

Kinder mit Phobien [krankhaften Ängsten] beispielsweise haben
das Vertrauen in das Leben verloren. Ihre Angst drückt sich als Phobie oder vielleicht auch als Depression aus. Manische [krankhaft ver-

Ein starkes Gefühl der Verbundenheit

änderte] Kinder denken, daß sie alles machen können, und verlieren dabei ihre Grenzen aus den Augen. Sie haben oft ein so starkes Gefühl der Verbundenheit mit allem, was ist, daß für sie die Übergänge fließend werden. Wenn sie nicht gut geerdet sind, können Kinder mit paranormalen Fähigkeiten oft ihre Psyche vor den außergewöhnlichen Erfahrungen, die sie machen, nicht verschließen. Sie werden davon gebeutelt und überfordert.

Manche der nicht geerdeten Kinder denken gar an Selbstmord, da sie sich so hoffnungslos fühlen hinsichtlich ihrer Rolle in der Welt und des Zustands der Welt. Sie wissen nicht, was sie tun können, um unsere Welt besser zu machen, und verzweifeln. Ich bin verschiedenen Eltern begegnet, die diese Erfahrung durchmachen mußten. Die Kinder, die sich so entschieden, waren alle unter zehn Jahre alt (manche waren gerade sieben). Stellen Sie sich vor, daß ein Kind von sieben keinen anderen Ausweg sieht, als sich selbst umzubringen! Das ist eine absolute Horrorsituation und doch in unserer Zeit leider nur zu realistisch! Angesichts dessen müssen wir uns wirklich ernsthaft

Körper und Seele

Gedanken machen, was für eine Welt wir geschaffen haben.

Kinder, bei denen Körper und Seele aus dem Gleichgewicht geraten sind, können vielerlei Krankheiten bekommen (es gibt genügend Literatur über die Beziehung zwischen Körper und Seele; siehe Bücherliste im Anhang oder auf der Website des Indigo Kinder Lichtrings). Kinder die nicht gut geerdet sind, verstehen oft ihre eigenen Emotionen und Gefühle und die von anderen nicht gut. Sie haben dadurch Schwierigkeiten im Umgang mit Menschen. Manche Kinder wissen nicht, was andere brauchen, um sich in einer Beziehung gut zu fühlen. Verstehen die anderen ihre Emotionen nicht, können sie schnell enttäuscht sein. Wut oder Abweisung verletzen sie tief, weil sie nicht wirklich spüren können, daß diese Emotionen für andere eine weniger tiefgehende Bedeutung haben. Sie fühlen sich dann in ihrem Daseinsrecht angegriffen. Dadurch leben sie oft in „Alles oder nichts"-Situationen und -Beziehungen. Sie verbinden sich intensiv mit Menschen, bei denen sie sich sicher fühlen, lehnen aber andere völlig ab, wenn sie von ihnen enttäuscht wurden.

2.3 Was hilft beim Erdungsprozeß?

Es gibt verschiedene Möglichkeiten, Kinder beim Erden zu unterstützen:

- durch ein liebevolles und sicheres Umfeld
- durch die Übung „Verbindung mit Mutter Erde"
- durch Schmusen, Umarmen, Anfassen und Liebhaben
- durch Verbinden mit ihren Gefühlen
- durch Schutz- und Ruheräume
- durch körperliche Bewegung
- durch Hilfestellung bei der Entwicklung der eigenen Identität
- durch Hilfestellung, in der Realität zu bleiben
- durch therapeutische Hilfe

Wie können sich die Kinder erden?

Wachsen die neuen Kinder in einer sicheren, liebevollen Umgebung auf, so ist es für sie leichter, sich mit ihrem Körper zu verbinden. Sie können sich dann einfacher auf die irdische Wirklichkeit einlassen. Als Eltern können Sie Stabilität und Sicherheit eine Form geben, indem Sie Klarheit in Ihr Verhalten bringen, einen regelmäßigen täglichen Rhythmus einhalten und deutliche Grenzen ziehen.

Emotional sensiblen Kindern kann man helfen, indem man sie lehrt, wie man feinfühlig miteinander umgeht, so daß keiner überreagiert. Überempfindliche Kinder kann man ganz konkret unterstützen, indem man sie gegen zu viele Impulse schützt. Sind sie zu schnell verwirrt, z.B. von zu grellem Licht oder Lärm, können sanftes Licht und leise Musik Wunder wirken. Es gibt Schulen, in denen man lärmempfindlichen Kindern empfiehlt, Ohrstöpsel in die Ohren zu tun.

Feinfühliger Umgang

Ein Kind, das noch sehr offen für visuelle Eindrücke ist, kann unruhig werden, wenn es sich oft in einem unordentlichen Raum befindet. Auch schnell aufeinanderfolgende Fernsehbilder, plötzliche Veränderungen im Leben oder die vielen Energien in einem Kaufhaus erzeugen bei ihm Unruhe. Schützen Sie das Kind vor zu vielen Impulsen, so daß es immer wieder Momente der Ruhe finden kann. Ruhe ist für alle Menschen sehr wichtig. Manche Kinder ziehen sich selbst zurück, aber andere kennen, wenn sie müde sind, ihre eigenen

Grenzen nicht mehr. Diese Kinder sind gegen die vielen schnell aufeinanderfolgenden Eindrücke ungenügend geschützt.

Erden durch Umarmen

Eltern können ihren Kindern auch helfen, sich durch körperliche Spiele und häufiges Umarmen zu erden. Sie werden in diesem Teil des Buches eine Fülle an Ideen dazu vorfinden. Für manche Kinder kann es trotz alledem ein Problem sein, sich zu erden, und sie brauchen mehr Unterstützung. Dann ist es wichtig, daß sie einen geeigneten Therapeuten aufsuchen.

2.4 Verbindung mit Mutter Erde und Vater Sonne

Mutter Erde hilft allen Kindern und Erwachsenen

Die Wurzeln frei zu machen ist eine sehr einfache, aber intensive Übung, um einen Menschen gut zu erden. Sie ist einfach auszuführen und mit ein wenig Praxis sehr leicht auch mit fremden Kindern oder Erwachsenen zu machen. (Aufpassen! Bei Erwachsenen kann diese Übung heftige Reaktionen erzeugen, da diese schon viele emotionale Programmierungen angesammelt haben und es für das Energiesystem eines Menschen anstrengend sein kann, sie loszulassen oder überhaupt anzuschauen.)

Diese Erdungsübung sollten Sie unter Umständen in zwei Sitzungen durchführen. Sie erscheint schlicht und einfach, hat aber eine nicht zu unterschätzende Kraft; häufig löst sie einen starken

Transformationsschub aus. Wenn Sie unsicher sind, ob Sie Ihr Kind bei der Übung richtig betreuen können, können Sie sich an einen der Berater wenden, die viel Erfahrung mit diesen Übungen haben (siehe im Anhang dieses Buches).

Übung: Verbindung mit Mutter Erde

Setzen Sie sich Ihrem Kind gegenüber, am besten nehmen Sie zwei gleich hohe Stühle. Wichtig ist, daß Sie bequem und vor allem mit geradem Rückgrat sitzen können. Ein Kissen im Rücken hilft dabei. Der, der durch die Meditation führt (in dem Fall die Mutter oder der Vater), sitzt dem Kind so nah gegenüber, daß sich die Knie gerade nicht berühren.

Jeder Mensch hat Wurzeln

Wenn Sie möchten, kann Ihr Kind in jeder Hand eine ca. 2–3 cm lange Quarzkristallspitze halten. In der linken Hand schaut die Spitze des Kristalls in Richtung Arm und Körper, in der rechten Hand in Richtung Finger (der Stein hilft, die Gefühle und Emotionen zu beruhigen). Zur Unterstützung einer harmonischen Erdung können Sie Ihrem Kind einen Tropfen roten Pomander von Aura-Soma auf die Kristalle geben.

Im Grunde werden Sie das Kind führen, indem Sie eine „Reise" mit ihm machen und dabei laut sprechen. Manchmal hilft leichte, meditative Musik, um die Emotionen zu beruhigen, aber sie soll nur leise im Hintergrund zu hören sein.

Spüren Sie innerlich (intuitiv!), ob Sie mit dem linken oder rechten Fuß anfangen „müssen". *Achtung!* Das erste Zeichen, das Sie bekommen, ist IMMER das richtige. Sie sprechen dann laut, aber in sanftem Ton:

Das erste Zeichen ist immer das richtige

„Geh mit deiner Aufmerksamkeit zu deinem linken Fuß. Unten an der Fußsohle befindet sich eine Blüte .... Stell dir vor, die Blüte öffnet sich ganz langsam ...."

Fragen Sie sanft nach, ob Ihr Kind dies spürt oder sieht, und bitten Sie es, Ihnen immer ein klares Zeichen zu geben, ob geschieht, was Sie ihm beschreiben, und wann es fertig ist. Sie können z.B. sagen: Bitte gib mir ein Zeichen, wenn die Blüte ganz geöffnet ist. Oder: Wenn du die Blüte gefunden hast, gib mir kurz ein leises Ja. Oder: Wenn du spürst, daß die Blüte sich öffnet, gib mir kurz ein Zeichen mit dem Kopf.

Mit offenen Augen arbeiten

➜ Es ist wichtig, daß Sie als Begleiter bei dieser Übung mit offenen Augen arbeiten, damit Sie alles mitbekommen, was in Ihrem Kind abläuft. Sein Körper reagiert – vor allem zeigt sich das im Gesicht, aber auch an anderen Stellen – extrem deutlich auf die verschiedenen Situationen und Blockaden. Wenn Sie das sehen können, hilft es Ihnen dabei, Ihre Fragen zu formulieren, und bei Ihrer Einschätzung, ob Sie jetzt pausieren oder weitermachen sollen.

Haben Sie das vereinbarte Zeichen bekommen, sprechen Sie weiter:

„Von der Blüte geht eine Wurzel nach unten in die Erde. Sie ist mit der Blüte durch den Stengel verbunden ...“

Führen Sie das Kind sanft in die Wurzel hinein, und bitten Sie es, Ihnen ein Zeichen zu geben, wenn es dort die Wurzel wahrnimmt. Dann fahren Sie fort:

„Geh jetzt durch deine Wurzel nach unten, und schau dir dabei die Wurzelwände ganz genau an ... . Beweg dich in deiner Wurzel langsam nach unten, durch die Erdschichten hindurch. Gib mir ein Zeichen, wenn du an eine Stelle kommst, an der du nicht weitergehen kannst, die dich nicht durchläßt. Eine Stelle, die nicht in Harmonie ist, eine Stelle, die Heilung braucht.“

Sich am Tempo des Kindes ausrichten

➜ Hier ist es wichtig anzuhalten! Geben Sie Ihrem Kind Zeit, sich in der Wurzel zu orientieren. Es kann länger dauern, bevor es an die erste blockierte Stelle kommt und sich auch traut, es auszusprechen. Achten Sie auf seine Körpersprache, sie sagt enorm viel aus über das, was in seinem Inneren passiert.

Sie warten, bis Ihr Kind soweit ist; das kann am Anfang sehr lange dauern. Haben Sie Geduld!

Bekommen Sie ein Zeichen, dann fragen Sie nach, wie die blockierte Stelle in der Wurzel sich zeigt, wie sie ausschaut oder sich anfühlt. Lassen Sie sich überraschen, wie deutlich Ihr Kind die Stelle wahrnimmt und beschreiben kann. Dann bitten Sie es, diese Stelle zu fragen, was sie braucht, um Heilung zu finden. Ihr Kind soll Ihnen laut erzählen, was es von der Stelle erfährt.

Das Empfinden des Kindes ist richtig

➜ Hier kann Ihnen Ihr Kind alles mögliche schildern. Die Stelle kann sich z.B. als Grasfläche zeigen, die NUR mit einer roten Gießkanne Wasser bekommen möchte. Oder die Stelle ist z.B. dunkel und möchte, daß erst die Sonne ihr Licht und ihre Wärme auf sie scheinen läßt und danach der Mond. Es ist wirklich alles möglich, und es ist wichtig, daß Sie es so, wie es sich zeigt, annehmen.

Dann bitten Sie Ihr Kind, genau das zu machen, was diese Stelle möchte, und Ihnen ein Zeichen zu geben, wenn es fertig ist. Erst nachdem Sie dieses Zeichen bekommen haben, dürfen Sie weitermachen.

Gehen Sie immer weiter, durch die ganze Wurzel, bis Sie am Ende der Wurzel angekommen sind. Hier fragen Sie, wie es dort aussieht und ob das Kind Mutter Erde sieht oder erkennt. Es soll Mutter Erde bitten, ihm zu helfen, seine Wurzel hier ganz fest zu verankern und richtig festzubinden.

→ Auch hier können Sie Überraschungen erleben. Mutter Erde wird z.B. genau mitteilen, wie das Kind die Wurzel festbinden muß, und es ist sehr, sehr wichtig, es dann auch genau so zu machen. Das Kind muß danach zweihunderprozentig sicher sein, daß seine Wurzel es ab jetzt hält!

200% feste Wurzeln

Das Kind wird ein Zeichen von Mutter Erde bekommen, wie die Wurzel zu verankern ist, und Sie warten und bitten Ihr Kind um ein Zeichen, wenn die Wurzel ganz fest verankert ist.

→ Hier ist es wichtig, daß Ihr Kind noch einmal ganz ruhig prüft, ob auch wirklich alles in Ordnung und die ganze Wurzel gut und sicher verankert ist. Bitten Sie es um ein Zeichen, wenn es soweit ist.

Wenn es zeitlich möglich ist, können Sie das andere Bein in der gleichen Sitzung erden. Meistens ist es jedoch nicht möglich, da das Kind erschöpft ist. Dann vereinbaren Sie mit ihm eine weitere Sitzung.

Beide Beine müssen verankert werden

→ Es ist nicht sinnvoll, mehr als eine Woche zwischen dem Erden der beiden Beine verstreichen zu lassen. Das Kind ist dann nur einseitig geerdet und fühlt sich „komisch".

Übung: Verbindung mit Vater Sonne

Sie setzen sich Ihrem Kind gegenüber, am besten nehmen Sie zwei gleich hohe Stühle. Wichtig ist, daß Sie bequem und vor allem mit geradem Rückgrat sitzen können. Ein Kissen im Rücken hilft dabei. Der, der durch die Meditation führt (in dem Fall Sie als Mutter oder Vater), sitzt dem Kind so nah gegenüber, daß sich die Knie gerade nicht berühren.

Wenn Sie das möchten, kann das Kind in jeder Hand eine ca. 2 bis 3 cm lange Quarzkristallspitze halten. In der linken Hand schaut

Jeder Mensch hat eine
Lichtschnur

die Spitze des Kristalls in Richtung Arm und Körper, in der rechten Hand in Richtung Finger (der Stein hilft, die Gefühle und Emotionen zu beruhigen). Zur Unterstützung einer harmonischen Erdung können Sie dem Kind einen Tropfen roten Pomander von Aura-Soma auf die Kristalle geben.

Im Grunde werden Sie Ihr Kind führen, indem Sie eine „Reise" mit ihm machen und dabei laut sprechen. Manchmal hilft leichte, meditative Musik, um die Emotionen zu beruhigen, aber sie soll nur leise im Hintergrund zu hören sein.

Achten Sie auf die Zeichen, die Sie im Laufe der Reise selbst oder von Ihrem Kind bekommen, und denken Sie daran: Das erste Zeichen, das Sie bekommen, ist IMMER das richtige.

Wenn die Wurzeln von beiden Beinen frei gemacht und fest mit Mutter Erde verbunden sind, können Sie anfangen, an der Verbindung mit dem Kronen-Chakra, in der Mitte der Schädeldecke, zu arbeiten.

Ausgangspunkt ist das
Kronen-Chakra

Sagen Sie Ihrem Kind, wo das Kronen-Chakra oben am Kopf sitzt. Dort visualisiert es dann eine Blüte, die sich öffnet. Von dieser Blüte führt eine Schnur, eine Lichtlinie oder ein Faden in das höchste Licht, in das Vater-Mutter-Licht, zu Vater Sonne, die Quelle, das Göttliche Licht.

Sie gehen hier genauso vor wie bei der Wurzelübung, nur daß diesmal die Widerstände in der Lichtschnur aufzulösen sind.

Ist das Ende der Lichtschnur erreicht, so ist es wichtig, diese Schnur so tief wie nur möglich im Licht zu verankern. Sagen Sie Ihrem Kind:

„Stell dir vor, am Ende der Schnur befindet sich ein goldener Anker, wirf ihn so weit und so hoch in das Licht zu Vater Sonne, wie du kannst, und spüre, ob der Anker gut und fest sitzt."

➔ Gehen Sie an dieser Stelle vor, wie oben bei der Wurzelübung bei der Begegnung mit Mutter Erde beschrieben. Lassen Sie das Kind die Verankerung im Licht lieber einmal zuviel nachprüfen. Es sollte wirklich vollkommen davon überzeugt sein, daß die Lichtschnur hundertprozentig fest verankert ist.

Wenn Wurzeln und Lichtschnur frei von Hindernissen sind, arbeiten Sie einige Male mit dem Kind, und lassen Sie Licht durch die

Kanäle, sein Energiesystem, die Wurzeln und die Lichtschnur fließen. Das sollten Sie mindestens 30 Tage mit Ihrem Kind üben, damit die Wurzeln und auch die Lichtschnur ganz offen werden und
bleiben.

Zwischen Himmel und
Erde strahle ich Licht

Manchen Kindern fällt es leichter als anderen, sich sicher zu sein,
daß die Wurzeln gut geerdet, frei sind und sich nicht wieder losgeris-
sen haben. Nach einiger Zeit kann Ihr Kind das allein überprüfen,
ohne Ihre Hilfe.

Worauf Sie achten
müssen

→ *Worauf muß man bei der Übung „Verbindung mit Mutter Erde"
besonders achten muß:*

- *Spüren, wann das Kind erschöpft ist.*
- *Diese Übung nicht unterschätzen, sie ist sehr anstrengend.*
- *Sich Zeit nehmen.*
- *Vorsichtig sein, die Übung kann auf den Kreislauf gehen!*
- *Nicht weitermachen, wenn das Kind es nicht erlaubt.*

Um beim Erden wirklich Erfolg zu haben, muß man beide Füße
erden und sicher sein, daß beide Wurzeln ganz fest verankert sind!

Weitere Erdungsübungen:

Übung: Werde wie ein Baum

Wenn Sie wie ein Baum werden, können Sie für einen Moment die
Welt anhalten, still werden und zu Ihrer Mitte finden. Es kann besonders erdend und ausgleichend, heilend und energiespendend auf uns
wirken, den Bäumen zu begegnen – sei es ganz real, indem wir sie besuchen, ihnen unsere Aufmerksamkeit zuwenden, sie berühren oder indem wir uns in unserer Gedankenwelt mit ihnen verbinden. Besonders
schön ist es natürlich, wenn Sie die Möglichkeit haben, dabei draußen
zu sein und die Erde unter Ihren Füßen zu spüren.

Erde unter den Füßen
spüren

*Stell dir vor, daß dein Körper der Stamm des Baumes ist und daß du
an den Füßen die Wurzeln spürst, die in den Boden hineingehen ... .
Deine Arme und dein Kopf sind Äste und Krone des Baumes ... . Sie
strahlen Licht aus und bewegen sich im Wind ... . Der Baum steht ganz
fest in der Erde verwurzelt und ist trotzdem sehr beweglich und flexibel*

... . *Stell dir vor, du seist wie ein Baum, wenn du schwierigen Situationen begegnest.*

Übung: Den Raum erden

Eine Lichtsäule einrichten

Wenn du den Raum erden möchtest, in dem du viel Zeit verbringst, kannst du folgende Übung machen:

Setz dich bequem hin, die Füße flach auf den Boden. Visualisiere einen strahlenden goldenen Kreis, der den Raum umgibt. Laß von diesem nun eine Lichtspirale sich in die Erde hineindrehen, bis zum Kern der Erde. Von hier aus dreht sich die Spirale wieder nach oben und verbindet sich mit dem Kreis und deinem Herzen. Laß die Lichtspirale jetzt nach oben gehen, wo sie sich ins Unendliche ausdehnt. Danach kehrt die Lichtspirale wieder zu dir zurück. Sie bringt einen strahlenden goldenen Energiestrahl mit sich, der durch dein Herz in deinen Kreis fließt und sich in der Erde verankert. Dieser energetische Wirbel wird dieses ganze Gebiet abgrenzen, aufladen und bringt positive Heilenergie in die Erde.

Jetzt weist du diese Lichtsäule an, welche Qualitäten sie hervorbringen soll, z.B. Sicherheit, Frieden, Liebe, Klarheit oder Reichtum. Du kannst diese Übung als Manifestationstechnik einsetzen, um die Realität so zu programmieren, wie du sie dir wünschst. Du kannst dich immer auf diese Lichtsäule einstimmen und diese Energie zu dir herziehen.

Ein strahlender goldener Energiestrahl

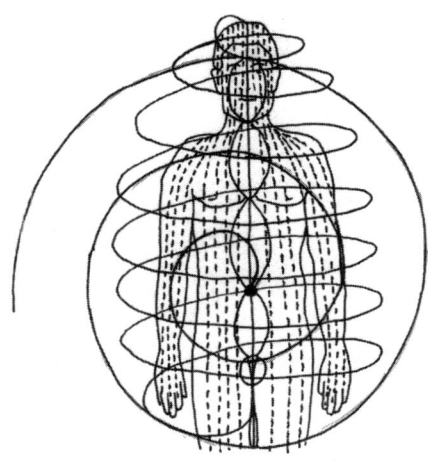

Die Spirale des Lebens

2. Die neuen Kinder brauchen Erdung

3. Blockaden und Zusammen-hänge erkennen und auflösen

3.1 Die Schwierigkeit, die neuen Kinder zu therapieren

Um als Therapeut erfolgreich zu sein, braucht man eine Grundla-ge, die sich aus persönlicher Erfahrung, Wissen, Verständnis, Verän-derung und Reife zusammensetzt. Um Trauer, Wut, Angst, Schmerz, Leistungsunfähigkeit, Lernstörungen usw. bei anderen zu verstehen, muß der Therapeut in der Lage sein, sich, basierend auf seiner per-sönlichen Erfahrung, in Bezug zu diesen Problemen zu setzen.

Leider sind viele überfordert, wenn es um die neuen Kinder geht. Diese lassen sich nicht in irgendeine Kategorie einordnen, obwohl es sich zunächst ganz gut und leicht anhört: „Indigo-Kinder"! Man könnte meinen, daß es sich um eine neue Gruppe handelt; daß alle diese Kin-der gleich sind und gleich reagieren. Doch nichts ist weniger wahr! Die neuen Kinder möchten uns kollektiv zeigen, daß es um das geistige Göttliche Wesen geht, das im Inneren jedes Menschen wohnt. Sie passen sich keiner Norm an und lassen sich sicher nicht in Schubla-den stecken. (Ich bekomme viel Post von Jugendlichen, die oft völlig irritiert sind, weil sie von einem Experten nach dem anderen in im-mer wieder andere Schubladen gesteckt werden. Sie würden so ger-ne mal als das anerkannt werden, was sie sind, nämlich individuelle Lichtwesen, die gemeinschaftlich „Licht und Liebe" verkörpern.)

Die neuen Kinder zeigen uns, daß es keine allgemeingültige Behandlungstechnik gibt. Es scheint, als ob jedes Kind eine für es speziell entwickelte Behandlung, Begleitung, Nahrungsergänzung, Fürsorge oder energetische Hilfe braucht. Vor allem möchten alle ihre Eltern dazu auffordern, im Bewußtsein zu wachsen. Sie können Verhaltensweisen, Krankheiten u.a. entwickeln, um ihre Eltern zu zwingen, Verantwortung für sich und die Situation, in der sie sich be-

Sie lassen sich nicht leicht in irgendeine Kategorie einordnen

Die Eltern müssen im Bewußtsein wachsen

finden, zu übernehmen. Die Krankheit der Kinder verschwindet, oder ihr Verhalten ändert sich sofort, wenn die Eltern die Herausforderung annehmen!

Ein Fallbeispiel:

Verantwortung übernehmen

Ein Vater hat einen Sohn mit Neurodermitis im Gesicht. Von medizinischer Seite haben die Eltern, die sich sehr um das Kind bemühen, u.a. einige Diäten empfohlen bekommen, doch ohne Erfolg. Der Vater erzählte: „Wenn der Ausschlag nur in der Windel wäre, wäre es ja nicht so schlimm, aber der Bub hat ihn ja im Gesicht, und jeder spricht mich darauf an." Es wurde mit dem Vater erarbeitet, daß es seine Scham ist, die das Kind spürt, und daß es wichtig ist, daß er zu seinem Kind steht, auch mit Hautausschlag. Es „schlägt so lange aus", bis der Vater sich hinter seinen Sohn stellt und die Verantwortung für sich und den Sohn übernimmt. Der Vater gab zu erkennen, daß er so etwas schon vermutet hatte. Aber er habe sich nicht getraut, es zu sagen.

Energiehygiene und Übungen

In diesem Buch finden Sie zahlreiche Tips sowie neue Ideen und Übungen, mit deren Hilfe Sie in der Familie für eine entspannte Atmosphäre sorgen können. Indem Sie verschiedene Übungen mit Ihren Kindern ausprobieren, können Sie gemeinsam an der Entwicklung Ihres Bewußtseins arbeiten. Wenn Sie bewußt auf Ihr Kind eingehen und mehr über Energie und Energiehygiene lernen, werden Sie sehen, daß alles nicht so „schrecklich schwierig" ist, wie es manchmal aussieht. Zu mir in die Beratung kommen oft Eltern, die nicht weiterwissen. Sie haben vieles versucht, und manche sind am Ende ihrer Kräfte. Wenn es mir gelingt, ihnen das „Spiel des Lebens" zu erklären, finden sie meist einen neuen Zugang zu ihrem inneren Selbst, können ihre Ansicht über Dinge ändern und voll Vertrauen und Freude an ihre bis dahin als aussichtslos eingeschätzte Situation herangehen.

Übung: Das Spiel des Lebens

Das Spiel des Lebens, so wie ich es verstehe, möchte ich Ihnen hier erklären:

Wir haben miteinander Seelenverträge

Wir haben sogenannte Seelenverträge mit allen Personen, mit denen wir leben. Sowohl mit unseren Familienmitgliedern (Schwe-

stern, Brüdern, Eltern, Großeltern und unseren Kindern), als auch
mit einem größeren Kreis von Menschen (eigentlich mit allen, denen wir im Leben begegnen). In der Numerologie oder Astrologie
kann man oft feststellen, daß Eltern und Kinder unterstützende
oder gerade herausfordernde Zahlen oder Planetenstellungen zueinander haben. Hat die Mutter z.B. die Aufgabe zu lernen, selbständig oder geduldig zu sein, kann es passieren, daß eines ihrer
Kinder sie durch sein Verhalten regelrecht dazu zwingt. So kann
sie in der Praxis des Lebens durch ihr Kind lernen.

In der Aura-Soma-Beratung erkläre ich immer die Bedeutung
der ersten zwei Flaschen (Aura-Soma deutet Farben, Lebensziele,
Begabungen und Blockaden anhand von vier farbigen Flaschen,
die aus einer Reihe verschiedenfarbiger Flaschen gewählt werden)
in Verbindung mit der Person so:

**Aura-Soma:
Die ersten zwei Flaschen**

Stellen Sie sich vor, Sie sind eine Seele und wollen auf die Erde.
Sie möchten, wie man das nennt, dort inkarnieren. Sie überlegen, was
Sie in diesem Leben erreichen wollen, und erstellen eine Liste mit Eigenschaften, Fähigkeiten und Themen, die Sie tiefer erforschen, erlernen und auch aufarbeiten möchten (letzteres fällt unter das Gesetz
des Karma). Sie stellen ein ganzes Programm auf. Mit Ihrer Liste in
der Hand (hier könnte man vielleicht besser „unter dem Flügel" sagen) gehen Sie danach auf die Suche nach Eltern, die mit ihrem Programm Ihres unterstützen können. Sie sollten wissen, daß die Ebene,
auf der Sie diese Entscheidungen fällen, die des Lichts der reinen Liebe ist. Sie befinden sich auf der rosa Frequenz der bedingungslosen
Liebe und suchen dort die Seelen Ihrer zukünftigen Eltern.

**Die rosa Frequenz der
bedingungslosen Liebe**

Dann rufen Sie zwei Seelen. Diese haben das richtige Programm, das Ihres ergänzt, und bieten an, Ihre Eltern zu sein. Mit
diesen Seelen machen Sie einen Vertrag, der auf bedingungsloser
Liebe basiert. Dann werden Sie geboren und sind in der dichten
Schwingung der Erde, und weder Sie noch Ihre Eltern erinnern
sich an diesen Vertrag. Aber er ist da!

Ich kann mich an eine Frau erinnern, die vor vielen Jahren ihre
Flaschen wählte und nach dieser gleichnishaften Geschichte folgendes erzählte: *„Wissen Sie, ich bin jetzt achtundfünfzig, und erst jetzt ver-*

3.1 Die Schwierigkeit, die neuen Kinder
zu therapieren

Der Knoten platzt

stehe ich. Ich fühle, wie ein riesiger Knoten platzt und ich Frieden mit meinem Vater finden kann. Er hat mich gezeugt und ist dann auf und davon. Er hat mich schon vor meiner Geburt verlassen. Ich habe es ihm immer übelgenommen und mich allein gelassen gefühlt. Jetzt spüre ich aber, welches Geschenk er mir geben wollte und auch gegeben hat.“ Sie hatte Tränen in den Augen, und ich bin mir sicher, sie ist danach nie mehr dieselbe gewesen. Sie hatte angefangen, eine riesige Blockade aufzulösen. So etwas verändert das ganze Leben.

→ Mein Tip:

Versuchen Sie herauszufinden, welche Verträge Sie auf der Seelenebene mit Ihren Kindern, Ihrem Ehemann/Ihrer Ehefrau oder anderen Familienmitgliedern haben. Welche Eigenschaften müssen Sie lernen, und welches Handeln fordern Sie von ihnen? Für mich ist es so etwas ähnliches **Wellenreiten** wie Wellenreiten: Erwischen Sie die Welle, macht es riesigen Spaß, sogar wenn es schwierig ist. Erwischen Sie die Welle nicht, liegen Sie immer unten und werden durchgeschüttelt, verletzt und sind am Ende wund. Und das macht auf keinen Fall Spaß! Wenn Sie wissen, warum gerade Ihre Kinder zu Ihnen gekommen sind, können Sie sich leichter auf die Lebensprozesse einlassen. Ihre Kinder können dann auch leichter ihr eigenes Leben leben!

• *Die neuen Kinder sind wahre Energiearbeiter*

Die neuen Kinder sind sehr schnell im Verstehen, wenn es um Energiearbeit geht. Können Sie mit den gebotenen Hilfsmitteln und energetischen Übungen dafür sorgen, daß Ihr Kind ein weitgehend harmonisches Energiefeld hat, wird es im Alltag kaum unlösbaren Problemen begegnen. Das Kind kann sich dann immer wieder selbst „reparieren“ und „in Fluß“ bringen – ohne Hilfe von außen. Es lernt, sich selbst zu helfen und seinen Energiefluß zu stabilisieren.

Mein Sohn bringt die ganze Familie durcheinander

Eine Mutter erzählt:

Mein Sohn ist jetzt 14 Jahre alt. Daß er ein Indigo-Kind ist, weiß ich seit drei Wochen. Seitdem er auf der Welt ist, habe ich das Gefühl, etwas

3. Blockaden und Zusammenhänge
erkennen und auflösen

falsch gemacht zu haben. Er nimmt keine Ratschläge an; keine Belehrungen, keine Aufforderungen – auch sehr lieb gemeinte – bringen ihn dazu, irgend etwas zu tun, das er nicht will. Es gibt stundenlange Diskussionen; das fing an, als er zwei Jahre alt war. Mit acht Monaten fing er an zu reden, mit 15 Monaten sprach er ganze Sätze grammatikalisch richtig. Er bringt die ganze Familie durcheinander und hat schon 12 Psychologen verschlissen, von denen ihm keiner helfen konnte.

Eine andere Mutter erzählt:

Das Verhalten meines Kindes ist schrecklich, sehr nervenaufreibend und anstrengend. Verhaltensweisen und Eigenschaften: Hyperaktivität, mangelnde Konzentration, Lernschwierigkeiten, Intelligenz, Fürsorglichkeit, Naturverbundenheit, Hilfsbereitschaft. Wenn er will, ist er selbstbewußt, hat keine Höhenangst, auch keine Angst vor Gefahren (er erkennt diese auch nicht als solche), Esoterikverständnis (Buddha), zeigt einen guten Umgang mit Kranken. Er meint, er wäre nicht von dieser Welt, sondern von einem anderen Stern. Er ist kaum krank, groß gewachsen und in der Pubertät schon weit fortgeschritten, wird oft auf 14 Jahre geschätzt (ist zwölf) und benimmt sich auch so (raucht häufig und trinkt gelegentlich Alkohol). Er hat kein Schuldbewußtsein. Therapien, die wir versucht haben waren z.B. Krankengymnastik, Ergotherapie, sogar Unterbringung im Erziehungsheim; nichts war erfolgreich, weil er nicht kooperierte.

Mein Kind ist nicht von dieser Welt

3.2 Emotionale Blockaden

• *Die Kraft der Emotionen*

Ein großer Teil unseres Lebens wird von unseren Emotionen bestimmt. Wie viele Kinder leben ein Leben voller Streß? Sie müssen früh aufstehen, und der Morgen ist oft von Hektik begleitet; im Winter ist es noch dunkel, wenn sie zur Schule gehen. Sie müssen aufmerksam die Stunden in der Schule überstehen. Dann müssen sie schnell nach Hause und Aufgaben machen. Dann wieder schnell zum Judo, Tanz-, Gesangs- oder Klavierunterricht oder zum Therapeuten. Ihr Alltag ist heutzutage vollgepackt mit Aktivitä-

Hektik und Streß bestimmen unser Leben

ten, die oft nicht einmal Spaß machen. Sie haben häufig einen so vollgestopften Terminplan, daß unserer dagegen leer erscheint. Sogar das Spielen mit anderen Kindern kommt als Terminabsprache in den Kalender. Ihre wirkliche Freizeit verbringen die Kinder dann am liebsten vor dem Fernseher oder dem Computer. Es ist eher eine Seltenheit, daß sie Ruhe und Leere erfahren lernen.

Warum machen wir uns
soviel Streß?

Außerdem leben wir in einer Zeit, in der ein immer höheres Maß an Leistungsfähigkeit und Belastbarkeit gefordert wird. Viele Kinder kommen an ihre Grenzen. Streß ist dann die Folge. Manche Kinder bekommen Bauchschmerzen, anderen sitzt der Streß in Form von Verspannungen im Nacken oder in den Schultern. Wieder andere können nicht mehr ein- oder durchschlafen, weil ihnen die Gedanken unaufhörlich im Kopf kreisen.

Aber was ist Streß? Es sind nicht nur die Anforderungen von außen, die zu Schwierigkeiten führen. Die Ursachen für Streß sind vielfältig, und was den einen krank macht, ist für den anderen völlig in Ordnung. Abhängig von unserer Persönlichkeitsstruktur reagieren wir sehr individuell auf Situationen. Diese emotionale Reaktion oder das Muster dieser emotionalen Reaktionen sind maßgebend für unseren Streß und werden in der Jugend entwickelt.

Bringt man das Kind wieder in Verbindung mit schönen Gefühlen oder Freude, verschwindet der Streß sofort. Sie kennen ja alle Situationen, in denen Sie Angst haben, niedergeschlagen oder eben einfach gestreßt sind. Geschieht etwas, das Ihre Aufmerksamkeit voll in Anspruch nimmt, verändern sich Ihre Gefühle und Gedanken sofort vollkommen, und der Streß, die Niedergeschlagenheit fallen wie eine Hülle von Ihnen ab.

Emotionen ändern

Wie können Sie nun gezielt Emotionen ändern und Ihrem Kind helfen, sich selbst helfen zu lernen? Oft hat man das Gefühl, daß Gefühle ein Eigenleben führen, in Wirklichkeit können sie allerdings sehr gut gelenkt werden. Obwohl wir oft spüren, daß unsere Gefühle uns überschwemmen, reicht meist schon eine neue Einsicht in unsere Situation oder deren neue Bewertung, und uns geht es sofort besser. Wir bestimmen also, wie wir uns fühlen und wie wir die Situation sehen möchten.

Dazu gibt es dieses bekannte Beispiel: Ein Glas wird zur Hälfte

3. Blockaden und Zusammenhänge
erkennen und auflösen

mit Wasser gefüllt. Beschreiben Sie das Glas mit seinem Inhalt. Der eine wird sagen: *„Das Glas ist halb voll."* Der andere: *„Das Glas ist halb leer!"* Es ist einfach eine Frage der Sichtweise.

Eine Frage der Sichtweise

Jedes Gefühl, das wir im Körper erzeugen, wird von einer chemischen Reaktion begleitet. Negative Gedanken mit den sie begleitenden Gefühlen produzieren z.B. Streßhormone, die unsere Energie blockieren und das Immunsystem schwächen. Positive Gedanken mit den sie begleitenden Gefühlen bringen Glückshormone, die Streß abbauen und das Immunsystem stärken.

Unser Unterbewußtsein ist immer bemüht, unseren Körper gesund zu halten. Nahrung wie Schokolade oder Speiseeis produzieren sofort Glückshormone, d.h., in unserem Gehirn werden Endorphine (siehe Glossar) ausgeschüttet, und wir fühlen uns wieder gut. Auch Joggen, Inline-Skaten, Fallschirmspringen oder Verliebtsein produzieren dieses Gefühl von Glückseligkeit. Viele Menschen, die Drogen nehmen oder eßsüchtig sind, sind nicht süchtig nach Drogen oder Nahrung, sondern nach Glücksgefühlen.

Bei Erwachsenen ist es schwieriger, die alten Programme des Unterbewußtseins zu ändern. Bei Kindern könnte man vorbeugen, indem man sie lehrt, ihre Gefühle und Gedanken bewußt einzusetzen und, wenn nötig, zu verändern. Das Essen von etwas Süßem z.B. verbindet ein Kind oft mit Freude, Fest, Feiern, Belohnung für gutes Verhalten. Verknüpfen Sie diese Gefühle mit etwas anderem, z.B. damit, daß eine Geschichte vorgelesen wird, Sie zusammen schöne Musik hören, oder mit guten Gerüchen, einem Buchgeschenk, einer Umarmung, dann wird das Kind nach diesen letzteren Erlebnissen suchen, um die Glücksgefühle zu reproduzieren. Die Eltern erzeugen unbewußt selbst eine Abhängigkeit ihrer Kinder von materiellen Dingen, Süßem oder chemischen Stoffen.

Das Unterbewußtsein umprogrammieren

Die Kinder sehen unsere Welt mit anderen Augen als wir Erwachsene und sind oft traurig, wütend, desillusioniert und unmotiviert. Sie brauchen in ihrem hektischen Alltag viele Momente mit glücklichen Gefühlen, Freude, Spaß und Lebendigkeit. Aber wie schaffen wir es, ihnen das zu geben? Wenn wir ihnen helfen könn-

Glückliche Gefühle machen glücklich

3.2 Emotionale Blockaden

ten, ihre Situation aus einer anderen Perspektive zu erfahren und viele Glücksgefühle zu erleben, könnten sie streßfreier durch ihre Kindheit und Jugend segeln.

Das mentale Training, in dem die Kinder geführte Phantasiereisen erleben, bringt sie in Kontakt mit ihrer inneren, heilen Welt. Die Zahl der Möglichkeiten, die diese Reisen bieten, ist unendlich, und die Kreativität während der Phantasiereisen kennt keine Grenzen.

Warum aktiviert ein Kind Streß- und Angstprogramme?

Zunächst ist es wichtig, daß Sie Ihr Kind beobachten, um herauszufinden, welche Schutzprogramme es aktiviert, wenn es Angst bekommt oder in Streß gerät. Sein Unterbewußtsein wird dann sofort reagieren, um die Streßhormone wieder abzubauen und den Körper vor Schaden zu bewahren. Es wird also automatisch seine Angst-, Streß- oder Schmerzprogramme aktivieren. Um dies zu ändern, ist es wichtig, den Weg in das Unterbewußtsein zu finden, indem Sie oder Ihr Kind lernen, mit dem Unterbewußtsein zu kommunizieren. Es folgen zwei Beispiele.

➜ Mein Tip:

Das Unterbewußtsein speichert Erfahrungen

1. *Testen Sie mit Ihrem Kind Ihr Unterbewußtsein*

Setzen Sie sich beide bequem hin, und atmen Sie langsam ein und aus. Konzentrieren Sie sich. Stellen Sie sich vor, daß jeder von Ihnen in eine Zitrone beißt. Schauen Sie sich dabei an, und beobachten Sie, wie Ihre Gesichter sich verziehen, weil die visualisierte Zitrone so sauer schmeckt. Ihr Unterbewußtsein hat die Erfahrung mit der Zitrone gespeichert, und diese Erfahrung wird jetzt aktiviert. In wenigen Sekunden wird das „saure" Bild an Ihr Gehirn weitergeleitet, das dafür sorgt, daß der Speichelfluß in Gang gesetzt wird, um die Säure zu verdünnen. Diese Übung zeigt Ihnen, daß es für Ihr Unterbewußtsein keinen Unterschied macht, ob Sie wirklich in eine Zitrone beißen oder es nur „in Gedanken" tun.

2. *Gehen Sie gedanklich mit Ihrem Kind im Meer baden*

Wenn Sie spüren, daß Ihr Kind sehr gestreßt ist, können Sie folgende Übung machen:

3. Blockaden und Zusammenhänge erkennen und auflösen

Setzen Sie sich beide bequem hin, und atmen Sie dreimal tief in den Bauch. Stellen Sie sich vor, daß Sie gemeinsam am Strand entlanggehen. Es ist warm, die Sonne scheint, das Meer rauscht, und die Wellen machen Ihre Füße naß. Legen Sie sich auf den warmen Sand im warmen Wasser, und genießen Sie die Sonne im Gesicht. Genießen Sie einen Moment die Stille des Strandes und das Rauschen der Wellen. Öffnen Sie dann wieder die Augen. Haben Sie die Entspannung gefühlt? Sie haben es sich nur vorgestellt, und trotzdem fließt die Spannung aus Ihrem Körper hinaus. Auf diese Weise können Sie Anspannung in Entspannung umwandeln. Erklären Sie Ihrem Kind, daß es jedesmal, wenn es sich gestreßt fühlt, in seiner Vorstellung schnell zum Strand gehen kann, um sich von der Sonne, dem warmen Sand und den Wellen berühren zu lassen und sich wieder wohl und entspannt zu fühlen.

Spannungen aus dem Körper fließen lassen

- *Positive Gefühle machen gesund*

Wissenschaftliche Studien haben gezeigt, daß positive Gefühle Menschen vor Krankheit schützen können. Menschen, die die Verantwortung für ihr Leben übernommen haben, das Leben als Entwicklungsprozeß sehen, in dem sie nicht das Opfer, sondern der Dirigent sind, es mit positiven Gedanken und Impulsen füllen, sind weniger anfällig für Krankheiten. Glückliche, erfüllte Menschen erkranken weniger oft als unglückliche, gestreßte Menschen.

Viele Krankheiten sind psychisch bedingt, und Ursache ist meist, daß die Lebensenergie nicht fließt, daß sie von Blockaden, wie sich ungeliebt, nutzlos, wertlos oder bedrängt fühlen, behindert wird. Schaffen wir es, unsere Lebensenergie, z.B. durch positive Gefühle, wieder in Fluß zu bringen, kann Heilung geschehen und Harmonie wieder einkehren.

Fließt die Lebensenergie harmonisch, sind wir gesund und glücklich

Um uns glücklich zu fühlen, muß die Lebensenergie harmonisch fließen, so daß alle Angst und unsicheren Gefühle weggeschwemmt werden. Normalerweise leben die Kinder noch ganz in ihren Emotionen, sie können den einen Moment voller Freude sein, um einige Minuten später traurig oder wütend weinend in einer Ecke zu sitzen. Sie können aber meist schnell wieder aufgeheitert werden und vergessen ihre Trauer. Leider zwingen wir unsere Kinder allzu oft, keine Emotionen zu zeigen. Die Mädchen dürfen nicht herumschreien, wenn sie wütend sind, und die Buben dürfen nicht weinen, wenn sie unglücklich sind.

Ermutigen Sie Ihr Kind, seine Gefühle ehrlich zu leben und zu zeigen. Vor allem die Indigo-Kinder spüren sofort, ob ein Kind oder Erwachsener seine Gefühle ehrlich zeigt oder sie nur vorspielt.

Wenn Sie ein Kind haben, das viel tagträumt, können Sie sich vielleicht vorstellen, wie es sich seine Glücksgefühle in diesen Träumen holt. Es erholt sich dabei vom Streß der rauhen, harten Wirklichkeit und bringt sein Energiesystem wieder ins Gleichgewicht.

Viele Kinder sind Tagträumer

→ Mein Tip:

Sprechen Sie mit Ihrem Kind über sein Tagträumen. Bitten Sie es, Ihnen zu erzählen, was es bei ihm bewirkt und wann es das Träumen am liebsten einsetzt. Bewußtes Tagträumen kann sehr positiv sein. Nur für ein Kind, das damit ständig aus der Realität flüchtet und sich im täglichen Leben nicht „halten" kann, weil es völlig abwesend ist, ist Tagträumen negativ.

Übung: Tagträumen

Überlegen Sie zusammen mit Ihrem Kind, worüber Sie jetzt träumen möchten. Sie werden entdecken, daß es unglaublich viele Themen gibt. Am besten planen Sie feste Zeiten in Ihren Tagesablauf ein, zu denen Sie gemeinsam tagträumen. Lassen Sie Ihr Kind anfangen, den Traum laut zu träumen. Sie können nach einigen Sekunden oder Minuten übernehmen, und zusammen „weben" Sie den Traum wie einen bunten Teppich weiter. Wechseln Sie regelmäßig ab, und träumen Sie den Traum gemeinsam zu Ende. Mit dieser Übung knüpfen Sie ein sehr enges und intimes Band; es ist fast, als ob Sie gemeinsam bestimmte Schätze teilen.

→ Mein Tip:

Wenn Sie erkennen, daß Ihr Kind zuviel tagträumt, können

3. Blockaden und Zusammenhänge
erkennen und auflösen

Sie es dazu anregen, einige Tagträume am Tag in ein Tagebuch aufzuschreiben. Wenn es sich auf ein bis drei Träume am Tag konzentrieren kann, werden diese konkreter. Die restliche Zeit sollte es versuchen, sich nicht in Träumen zu verlieren. Mit ein wenig Übung wird das gelingen, und wenn die Träume richtig geträumt und aufgeschrieben werden, können sie in der Zukunft zur Realität werden.

Übung: Traumspiel

Spielen Sie dieses Spiel mit der ganzen Familie. Jeder bekommt ein Blatt Papier und schreibt darauf fünf aktuelle Träume. Wenn alle fertig sind, wählt jeder aus seinen fünf Träumen einen aus. Dann versuchen alle gemeinsam, auf einer großen Pappe aus allen Träumen eine bunte Kollage zu gestalten (Sie sollten dazu ein richtig großes Stück nehmen, z.B. aus einem Umzugskarton). Dazu brauchen Sie buntes Papier, Zeitungsfotos, Ausschnitte aus Zeitschriften usw. Die Kollage verbindet anschließend alle Träume der verschiedenen Familienmitglieder miteinander und läßt sie zu einem gemeinsamen Traum werden.

Träume und Ideen kreativ umsetzen

3.3 Gefühle zeigen

Warum darfst du deine Gefühle nicht zeigen?

Wir fühlen uns immer schwach, wenn wir unsere Gefühle zeigen. Wir stehen nicht zu unseren Gefühlen, obwohl es wunderbar ist, sie auszudrücken. Einfach Gefühl zu sein ist so schön, daß es sonderbar ist, daß wir es uns nicht trauen. U.a. hindern uns unsere Muster oft daran, unsere Gefühle zu zeigen, da wir damit „negative" Erfahrungen gemacht haben, die in unseren Zellen gespeichert sind. Die Botschaft, die aktiviert wird, lautet: *„Achtung, Gefahr, drücke deine Gefühle lieber nicht aus! Denn die anderen warten nur, bis sie bei dir eine Schwachstelle entdecken, um dich verletzen zu können."*

Gefühle werden von den Menschen, aber auch vom Massenbewußtsein oft sehr stark abgewertet. In unserer Kindheit übernehmen wir oft die Verhaltensweisen der Eltern. Viele Kinder haben so

Warum zeigen wir unsere Gefühle so selten?

oft psychische Abmahnungen bekommen, daß sie sich nicht mehr trauen, sich gefühlsmäßig zu äußern, und haben dann auch keine gute Verbindung mehr zu dem Teil in ihnen, der fühlt. In dem Moment, in dem wir unsere Gefühle verstecken und sie nicht leben, berauben wir uns einer wunderbaren Wahrnehmung, die uns zu uns selbst führt.

Teilen wir unsere Gefühle anderen mit, werden diese auch positiv darauf reagieren (Gleiches zieht Gleiches an!), und im Grunde bekommen wir mehr Liebe zurück.

Gleiches zieht Gleiches an

Übung: Im Brunnen

Verbinde dich mit der Erde. Mutter Erde wird dir helfen, die Widerstände oder Muster loszulassen, die dich hindern, deine Gefühle frei fließen zu lassen. Konzentriere dich auf dein drittes Chakra, den Solarplexus. Dieses Zentrum sammelt alle Eindrücke, die von außen kommen, und alle Mitteilungen, die vom fühlenden Teil deines Energiesystems kommen. Stell dir die Farbe Grün vor, und geh tief in dieses Zentrum hinein. Das ganze Zentrum wird Grün und strahlt wie die Blätter der Bäume im Frühjahr. Stell dir vor, es gibt einen tiefen Brunnen und auf dessen Boden liegen alle Gründe, warum du deine Gefühle nicht zeigen magst. Warum verdrängst du sie? Warum lebst du sie nicht? Bitte jetzt die goldene Energie, den Brunnen mit ihrem Licht zu reinigen und alle Widerstände und Blockaden mitzunehmen. Beobachte, wie sie sich in dem goldenen Licht umwandeln und ins Licht zurückkehren. Bedanke dich bei Mutter Erde, dem grünen und goldenen Licht und … erlaube dir den Ausdruck deiner Gefühle!

Den Brunnen reinigen

Übung: Spiralwirbel

Diese Übung kannst du immer wieder machen, wenn du das Gefühl hast, emotional aus dem Gleichgewicht geraten zu sein, oder wenn in dir alles durcheinander ist. Auch kannst du diese Übung anwenden, wenn z.B. ein Ereignis Gefühle in dir wachruft, die du nicht haben möchtest. Diese Energiewirbelübung wird viele Überreste, die mit diesen Gefühlen zusammenhängen, beseitigen. Es ist ein sehr kraftvolles Mittel, um sich der Seele zu öffnen. Die energetische Kommunikation zwischen der Persönlichkeit und der Seele auf der Seelenebene erzeugt sehr viel Kraft. Je

3. Blockaden und Zusammenhänge
erkennen und auflösen

mehr Energie durch den Spiralwirbel durchgelassen wird, desto kräftiger wird der Klärungsprozeß.

Setzt dich bequem hin, und entspann dich. Stell dir vor, daß ein Energiewirbel wie eine Spirale aus Licht von ungefähr zwei Meter über deinem Kopf im Uhrzeigersinn wie ein Tornado nach unten fließt. Die Spirale hat einen Trichter am unteren Ende und fließt durch das Zentrum an deiner Schädeldecke in dich herein. Dieser Energiewirbel dreht sich wie eine Spirale und bewegt sich durch den ganzen Körper hindurch. Die Breite dieses Wirbels sollte mindestens deinen gesamten Körper umfassen. Vielleicht siehst du ihn als weißes oder als goldenes Licht.

Ein Energiewirbel durch den ganzen Körper

Verbinde dich bewußt mit deiner Seele, und erlaube dem Energiewirbel, durch deinen Körper tief in die Erde hineinzufließen. Hier verschwindet er, und du erschaffst jetzt einen neuen. Auch dieser Wirbel fließt drehend durch dein Energiesystem und so weiter. Diesen Prozeß kannst du so beschleunigen, daß du einen Punkt erreichst, an dem viele dieser Spiralwirbel nacheinander durch dein Energiesystem hindurchgehen und durch die entstandene Geschwindigkeit eine Lichtsäule erscheint. Du bleibst einige Minuten in dieser Lichtsäule sitzen, während du mit deiner Seele verbunden bist. Du kannst diese Lichtsäule in der Erde verankern, damit du sie immer schnell wieder aufbauen kannst.

Übung: Gefühle aussprechen

Das Kehl-Chakra ist der Vermittler, über den wir mittels der Sprache unsere Gefühle ausdrücken. Wenn wir bewußt eine Verbindung zwischen Kehl- und Solarplexus-Chakra aufbauen, können die Gefühle freier fließen und ausgedrückt werden.

Stell dir vor, du bist mit der Erde verbunden. Konzentriere dich auf dein Energiezentrum im Solarplexus und bitte die grüne Energie hineinzufließen. Das Zentrum wird langsam von der grünen Farbe durchdrungen und erweitert sich, bis es ganz groß ist. Mit der grünen Energie legst du eine Verbindung zu deinem Kehlzentrum, und du spürst, wie die grüne Energie langsam dort hinein fließt. Leg jetzt eine Verbindung vom Kehlzentrum nach unten ins Solarplexuszentrum. Erlaube der Energie, frei zu fließen, zuerst nach oben und danach wieder nach unten usw. Deine Gefühle können mit der Farbe Grün harmonisch fließen und von dir ausgedrückt werden. Bedanke dich bei Mutter Erde und der grünen Energie.

Den Kanal für die Gefühle freiräumen

3.3 Gefühle zeigen

135

4. Verhalten

4.1 Motivation

Aus den Erfahrungen der Praxis ist deutlich zu erkennen, wie wichtig es ist, den Kindern zu helfen, ihre eigenen Gefühle zu erkennen und sie zu benennen, sie wie Werkzeuge für ihr Wachstum zu nutzen. Kann ein Kind nicht erkennen, daß es seine Gefühle annehmen und lernen muß, damit umzugehen, wird es sehr schwierig oder sogar unmöglich, ein gesundes Konzept seiner selbst zu entwickeln, was sehr wichtig ist, um sich als vollwertiger Mensch zu erfahren. Sind die Kinder nicht gut geerdet, so sind sie oft nicht mit ihren Gefühlen in Verbindung und haben es dadurch in der Familie oder Schule nicht leicht. Sie müssen lernen, daß Gefühle an sich nicht „richtig" oder „falsch" sind. Die Art und Weise, wie Gefühle ausgedrückt werden, kann gut oder falsch sein, aber die Gefühle selbst sind automatische Reflexe und wichtiger Bestandteil unseres Menschseins.

Die Art und Weise, wie das Kind Gefühle zeigt, sollte im Laufe seiner Jugend wie ein Edelstein geschliffen werden, ein Prozeß, der zur „Sozialisierung" dazugehört. Schon jung müssen Kinder lernen, daß Gefühle nicht logisch und oft nicht leicht mit Worten auszudrücken sind. Lernen die Indigo-Kinder nicht, ihre Gefühle zu interpretieren, könnten sie ihre Motivation, ihre innere Antriebskraft, verlieren, besonders wenn sie dauernd entmutigende Bemerkungen hören und Abweisung und Kritik erfahren.

Ein Kind braucht ein offenes Ohr, um seine Reaktionen, Sorgen, Meinungen oder Beschwerden mitteilen zu können (meist, wenn es aus der Schule kommt, oder gerade dann, wenn Sie gerade keine Zeit haben!). Es ist erschreckend zu erleben, wie viele Kinder, die ich beobachte, innerlich aufgeben. Sie sind in ihrem Inneren zutiefst entmutigt durch die Reaktionen und Vorbilder, die sie in ihrer Umgebung erleben. Sie tauchen ein ins Mittelmaß, ziehen sich in ihr Schneckenhaus zurück oder rebellieren gegen alles.

Sind die Kinder einmal „unmotiviert", so ist es an den Erwachsenen zu schauen, was sie tun können, um sie bei der Entwicklung einer positiven Motivation zu unterstützen. Ein gewünschtes Verhalten muß abgestimmt werden, und das Kind braucht Hilfe bei der Entwicklung eines gesunden Selbstbildes. Dieser Prozeß wird erschwert, wenn das Kind erst einmal unmotiviert ist. Sie brauchen dann sehr viel Geduld und Liebe. Es kann Ihnen helfen, sich bewußt zu machen, daß die neuen Kinder extrem motiviert sind, Dinge zu tun, die sie *selbst* wollen, sie weigern sich aber Dinge zu tun, deren Sinn sie nicht erkennen können.

- *Selbstmotivation, Selbstbild, Selbstdisziplin*

Es ist wichtig für Ihr Kind zu erkennen, daß es lernen muß, sein Leben selbst zu bestimmen, sich eigene Ziele zu setzen und an sich selbst zu glauben. Das Ziel darüber hinaus ist, daß es sich an seinem Platz in der Welt gut fühlt und die Welt, wie andere sie sehen, schätzen kann. Es muß sich Selbstdisziplin, Geduld und Verständnis für das Verhalten und die Gefühle von anderen aneignen. Kinder wollen dazugehören und Selbstachtung haben. Wir müssen uns immer wieder klarmachen, daß es Kinder sind und wir nicht von ihnen erwarten dürfen, daß sie alles selbst „finden". Sie brauchen Hilfe von uns Erwachsenen.

Wir leben in einer widersprüchlichen Welt, die uns glauben läßt, daß das Individuum sehr wichtig ist. Unsere Gesellschaft lebt aber vom Ausgrenzen von Gruppen und behandelt ihre Mitglieder eher wie austauschbare Teile. Wir erfahren, daß soziale Unterschiede gar nicht so leicht angenommen werden und viele den neuen Kindern skeptisch gegenüber stehen. Einer der Punkte, die wir lernen sollten zu berücksichtigen, ist, daß die Indigo-Kinder nicht wie „normale" Kinder sind, die einige Eigenschaften besitzen, die wir nicht kennen. Sie sind fundamental anders.

Wenn wir das anerkennen und ihnen helfen, soziale und persönliche Fähigkeiten zur Entwicklung ihrer selbst zu lernen, so daß sie mit anderen Menschen umgehen können, werden sie sich natürlich entfalten können. Es ist an den Eltern zu lernen, die Identität des Kindes anzunehmen, ohne es mit der Norm, die üblicherweise als Maßstab angelegt wird, zu vergleichen. Nur wenn Eltern diese Identität sehen und bedingungslos annehmen, wird es möglich sein, dem Kind den Mut zu geben, sich selbst anzunehmen. Unterstützung und positive

Wie kann das Kind Ziele setzen und an sich glauben?

Was findet unsere Gesellschaft wichtig?

Aufmerksamkeit seitens der Eltern, Lehrer und andere Erwachsene spielen eine wichtige Rolle in der Bestimmung des Selbstkonzeptes des Kindes, sowie auch in der kognitiven [das Denken betreffend] und kreativen Entwicklung.

Wir sind unseren Kindern ein Vorbild

Wir geben immer weiter, was wir selbst sind. Wir sind immer Vorbild und bestimmen somit, wie ein Kind sich entwickelt. Die Indigo-Kinder brauchen vor allem ein sicheres Zuhause, in dem sie ihre Batterien aufladen können. Sie brauchen Menschen, die ihnen helfen, ihre Erfahrungen mit allen fremden Verhaltensweisen in der Welt zu verstehen, zu ordnen und zu akzeptieren. Haben die Kinder dieses sichere Umfeld plus mindestens einen Erwachsenen, der sie versteht, wachsen die Kinder gesund und ausgeglichen auf.

Leben die Eltern ihren Kindern positive Verhaltensweisen vor, so werden die Kinder sie automatisch als Vorbild annehmen. Ideal ist, wenn ein Kind noch eine gute Beziehung zu einer Person außerhalb der Familie hat. Das kann ihm helfen, besser mit Streß umzugehen, der durch Kritisieren, Schuldzuweisungen und Ärger entsteht oder weil es lächerlich gemacht wird.

Ist Ihr Kind nicht motiviert?

Ursachen, die zu mangelnder Motivation führen:
- Es ist leichter, mit etwas ganz aufzuhören, als die Erwartungen anderer zu erfüllen.
- Nicht motiviert sein hilft, Distanz zwischen Kind und Eltern oder Lehrern zu bewirken.
- „Un"motiviertsein ist ein starkes Mittel, um zu gewinnen. Die Niederlage der Eltern ist dadurch sicher.
- Anerkennung von anderen Kindern, die auch nicht motiviert oder „normal" sind
- Ausdruck von Depression oder des Gefühls, nicht verstanden zu werden
- Hilfeschrei nach Aufmerksamkeit

Was steuert eigentlich unser Verhalten?

Es ist wichtig zu wissen, was unser Verhalten steuert:
Nach meiner Erfahrung als Farbtherapeutin sind folgende Farbzuordnungen zu den Bedürfnissen stimmig.

- *Physiologische Bedürfnisse:* Farbe Rot
  Ist ein Kind müde oder hungrig, sind seine Grundbedürfnisse am wichtigsten, und es kann sich auf nichts anderes konzentrieren.
- *Bedürfnis, sich sicher zu fühlen:* Farbe Gelb
  Fühlt ein Kind sich nicht sicher, hat es nur ein lebenswichtiges Bedürfnis, nämlich sich wieder sicher zu fühlen. Ein Kind, das sich nicht unterstützt, angestarrt oder verletzt fühlt, kann sich auf nichts anderes konzentrieren.
- *Bedürfnis dazuzugehören:* Farbe Grün
  Fühlt ein Kind sich körperlich gut und dazu in Sicherheit, wird es sich vor allem darum bemühen, dazuzugehören. Es kann ein Kind viel Energie kosten, sich so zu verhalten, daß es von der Gruppe, die es ausgewählt hat, angenommen und geschätzt wird.
- *Bedürfnis nach Selbstachtung und Liebe:* Farbe Blau
  Wenn ein Kind sich körperlich gut fühlt, sich sicher fühlt und in der Gruppe einigermaßen dazugehört, wird es seine Aufmerksamkeit nach innen richten und es wichtiger finden, was es selbst über sich denkt, als was andere über es denken. Es bildet seine eigenen Werte und möchte diese mit der Welt teilen und auch ausprobieren.
- *Bedürfnis nach Verständnis des Lebens:* Farbe Türkis
  Wenn alle Bedürfnisse, die oben aufgeführt sind, im Laufe der Jahre erfüllt werden, wird das erwachsen gewordene Kind anfangen, sich zu fragen: „Wer bin ich?" „Was ist der Mensch?" „Was bedeutet es zu leben?" Es ist sich dann seiner eigenen Möglichkeiten bewußt und möchte sich entwickeln und in der Welt verwirklichen. Die Kinder der neuen Zeit können, wenn sie in Harmonie mit sich selbst sind, diese Stufe der Motivation schon sehr jung erleben.

Für die neuen Kinder ist es ganz wesentlich, daß die primären Bedürfnisse erfüllt werden, damit sie ruhig, sicher, bewußt und voller Liebe ihre eigenen Möglichkeiten im Leben entwickeln können. Diese Basis ermöglicht ihnen, ihren Lebensauftrag früh zu entdecken und ihn der Welt zu schenken.

→ **Mein Tip:**
Sprache kann Wunder wirken, wenn wir sie gut und gezielt einsetzen. Wählen Sie Ihre Worte bewußt, überlegen Sie sich ihre Bedeutung und wie sie bei Ihrem Kind ankommen könnten. Kinder spüren, ob man sie achtet. Sprechen Sie mit Ihren Kindern bitte nur mit Respekt und Achtung.

Wie kann sich das Kind erreichbare Ziele setzen?

- *Zielsetzung*

Es ist sehr wichtig, sich gute Ziele zu setzen. Steckt sich ein Kind seine Ziele zu hoch oder zu niedrig, kann es leicht versagen. Wenn sein Ziel unklar ist, wird es nie erfahren, ob es erreicht wurde. Um sich eindeutige Ziele setzen zu können, braucht ein Kind Ihre Begleitung.

Es gibt Ziele auf Kurzzeitbasis und Ziele auf Langzeitbasis. Versuchen Sie herauszufinden, was erreichbare Ziele sind. Natürlich fordert das auch von Ihnen eine klare Zielsetzung. Eltern setzen oft unglaublich hohe Ziele für ihre Kinder, die diese nie, aber auch wirklich nie, erreichen können – oder wollen (da gibt es durchaus Extremfälle: Kinder, die seit ihrem dritten Lebensjahr Tennis spielen oder Schlittschuh laufen müssen, damit die Eltern durch ihre Kinder berühmt werden). Aber es ist wohl menschlich, daß viele Eltern ihre eigenen unerfüllten Ziele und Wünsche nachträglich durch ihre Kinder verwirklichen möchten.

→ **Mein Tip:**

Wenn Sie mit Ihrem Kind seine Ziele besprechen, machen Sie einen Plan mit Einzelschritten, mit denen es sein Ziel erreichen kann. Dieser Stufenplan gibt dem Kind das Gefühl, den Weg zum Ziel kontrollieren zu können. Werden die kleine Schritte erfolgreich gemeistert, gewinnt das Kind ein Gefühl von Sicherheit und Geschicklichkeit; das fördert seine Motivation. Wichtig ist, ihm zu zeigen, daß es nicht um Perfektion geht, sondern darum, einen Schritt nach dem anderen zu machen, der in Richtung Ziel geht, und in ihm das Vertrauen zu bestärken, daß ihm das gelingt. Wird dieser Prozeß mit Liebe und Akzeptanz begleitet, ist der Erfolg sicher. Vermitteln Sie Ihrem Kind, daß es immer, auch wenn es nur langsam vorwärtsgeht, akzeptiert wird, immer geliebt und angenommen ist. Der Leistungsdruck kann für die Kinder zu groß sein, wenn für Eltern die Leistung wichtiger ist, als es die Gefühle ihres Kindes sind.

Wie können Sie Ihrem Kind helfen, sich selbst zu motivieren?

Wie im ersten Teil des Buches dargelegt, bestehen wir aus Energie. Wenn Sie sich das klarmachen, können Sie sich vorstellen, daß ein Zustand guter Motivation dann besteht, wenn die Energie frei fließt. Wenn Sie konzentriert an einer Aufgabe arbeiten, sich selbst und die Zeit vergessen, die Herausforderung lieben, dann können Sie an sich selbst feststellen, daß die Energie frei durch Ihr Energiesystem fließt. Wie erreichen wir das?

Bedingungen, die dieses Fließen bewirken:
- Ein klares Ziel haben
- Angepaßte Forderungen (nicht zu einfach, nicht zu schwer)
- Konzentration und Fokussierung
- „Herr" der Situation sein
- Zeit vergessen
- Mühelos arbeiten

Wie erreichen wir das für unsere Kinder?
1. Ein Kind braucht einen Platz, an dem es sich konzentrieren kann.
2. Legen Sie mit Ihrem Kind eine bestimmte Zeit für Aufgaben fest.
3. Helfen Sie Ihrem Kind, langweilige Aufgaben interessant zu machen.
4. Lehren Sie Ihr Kind, eine Aufgabe abzuschließen.
5. Helfen Sie Ihrem Kind, sich zu freuen, wenn es seine Aufgabe erledigt hat.

→ Mein Tip:
Nutzen Sie immer die Interessen Ihres Kindes als Ausgangsbasis für weiteres Lernen. Ist Ihr Kind z.B. nur an Physik interessiert, dann schlagen Sie ihm vor, schriftlich mit Physikern zu kommunizieren (so lernt es, Deutsch zu schreiben und Fragen zu stellen ebenso wie auf Antworten zu reagieren); oder im Internet in einen Chatroom zu gehen (so lernt es, mit anderen zu kommunizieren, die vielleicht mehr oder nicht soviel wissen);oder über verschiedene Physiker zu lesen (so lernt es, schnell zu lesen, vielleicht sogar Englisch, da viele Fachbücher in Englisch geschrieben sind) usw.

→ Mein Tip:
Kleine Rituale können helfen, sich zu konzentrieren und sich wohl zu fühlen. Ein Kind konzentriert sich z.B. immer erst darauf, den Tisch aufzuräumen und dann sein Lieblingsspielzeug darauf zu stellen. Es spielt leise Musik, setzt sich aufrecht auf seinen Stuhl und fängt mit einer einfachen Aufgabe an. Dieser Platz der Konzentration sollte niemals ein Platz zum Träumen usw. sein, da das Unterbewußtsein alles speichert und beim nächstenmal vielleicht denkt, ah, jetzt bin ich zum Träumen hier, was dazu führt, daß das Kind die Aufgabe völlig vergißt. Wird

Kleine Rituale helfen

an diesem Platz nur konzentriert gearbeitet, speichert das sein Unterbewußtsein, und es fällt dem Kind von Mal zu Mal leichter, sich zu konzentrieren.

Übung: Welche Motivation steht hinter meiner Aufgabe?

Setz dich hin, und schließe die Augen. Wenn du möchtest, kannst du dich auch bequem hinlegen. Verbinde dich in deiner Vorstellung mit Mutter Erde. Sie ist ein Lebewesen, das in ständigem Austausch mit jedem von uns ist. Verbinde dich jetzt mit deinem Herzzentrum, denn alles, was du tust, sollte aus deinem Herzen kommen. Über das Herz führt der Weg zu dir selbst. Geh aus deinem Kopf und durch den Hals zu deinem Herzen ... Schau dir dein Herz nun einen Augenblick von außen an. Sieh dann, wie du in dein Herz hineingehst. Entspann dich, und laß deinen Alltag hinter dir. Spüre die Liebe, die in deinem Herzen ist, und entspann dich mehr und mehr. Hier im Herzen kannst du deiner Motivation und deiner Aufgabe begegnen und dich auf sie konzentrieren. Laß dir ein wenig Zeit ...

Wenn du bereit bist, kehrst du zurück ins Jetzt und öffnest die Augen. Sei dir bewußt, daß du immer schnell in dein Herzzentrum gehen kannst, um dich erneut mit diesem Weg zu verbinden

4.2 Streß

• *Umgang mit Streß*

Warum haben wir soviel Streß im Leben?

Indigo-Kinder erleben sehr viel häufiger Streß, da sie sich in vielen Situationen nicht am richtigen Platz fühlen. Das Gefühl, nicht dazuzugehören, ist einerseits persönlicher Natur, andererseits auch abhängig vom Umfeld. Viele der Kinder beschreiben immer wieder, wie sie sich in vielen verschiedenen Situationen als Fremde fühlen.

Das Thema Streß kann unter unlogischen Umständen auftreten, da gerade Indigo-Kinder Streß oft gerade wegen ihrer großen Fähigkeiten erzeugen. Sie sind sehr schnell, sehr beweglich und entwickeln rasch bestimmte Fähigkeiten. Wenn eine Aufgabe zu leicht oder die Welt da draußen zu langsam ist, kann das zu Tagträumen, Faulheit oder Demotivierung führen. Zum einen kennen die Kinder die Antworten auf Fragen, ohne den üblichen „richtigen" Weg zu dieser Antwort zu kennen. Das bringt für Kinder und Erwachsene viele Frustsituationen. Zum anderen kann man aber auch zuviel von den Kindern erwarten und sie damit überfordern.

Allgemein gesehen sind Frust und Streß ganz normale Lebensthemen für Kinder. Lernen sie, Streß gegenüber geduldig zu werden, so entsteht ein gesundes Durchsetzungsvermögen. Erfährt das Kind einmal, daß es schwierige Situationen bewältigen kann, dann hat es kein Problem mehr, wenn es auf eine Schwierigkeit trifft, die es nicht sofort beseitigen kann.

Für uns alle ist ein gewisses Maß an Spannung und Entspannung im Leben notwendig. Dieses Maß aber ist für jeden verschieden. Um ein Ziel zu erreichen, braucht es immer eine gewisse Anspannung. Ohne Ziele ist es schwer, zufrieden zu sein. Der Streß einer Herausforderung kann positiv wirken.

Gehören Streß und Frust zum Leben?

Das Erreichen von Zielen, die wir uns selbst gesteckt haben, kann sehr viel Freude bereiten. Erzieher stellen oft fest, daß Kinder nicht wissen, was sie wirklich schaffen oder bewältigen können, bis sie herausgefordert werden und dann Motivation entwickeln. Das Wichtigste dabei ist, daß ein Kind die richtigen Fähigkeiten erlernt, um Herausforderungen einschätzen zu können, und ein Selbstbild von sich formt, mit dem es diese bewältigen kann. Selbstachtung und Selbstschätzung dürfen nicht abhängig sein von äußerlichen Faktoren, das hat negativen Streß zur Folge.

→ **Mein Tip:**

Spannen und Entspannen

Entspannung fällt leichter, wenn man sie gezielt mit vorheriger Anspannung verbindet. Am besten spannen Sie verschiedene Muskelpartien an und lassen sie nach 6 bis 10 Sekunden wieder los. Fühlen Sie dabei, wie die Ruhe förmlich durch Ihren Körper strömt.

Entspannen ist leichter, wenn das Kind vorher eine anspannende Übung macht

→ Mein Tip:

Blitzschnelles
Entspannen über
die Augen

Entspannung durch Sehen

Zu den schnellsten Entspannungsübungen überhaupt gehört die blitzschnelle Entspannung über die Augen. Wer etwas betrachtet, ohne es dabei zu bewerten oder zu analysieren, kann ausgesprochen schnell in einen rechtshirnigen Denkzustand hinüberwechseln. (Diese Übung wird sogar als Mittel zur Abwehr von Panikattacken bei Asthma eingesetzt.)

Übung: Der Garten deiner Wünsche

Schließ die Augen, und atme dreimal tief ein und aus. Stell dir vor, du verläßt dein Haus, gehst die Straße entlang und steigst hinab in ein Tal. Dort findest du eine so schöne Wiese, daß du dich in den Garten deiner Wünsche versetzt fühlst. Du gelangst ins Zentrum des Gartens, wo ein goldener Staubwedel für dich bereitsteht. Mit diesem Gerät reinigst du dich schnell und gründlich von oben bis unten.

Beobachte, wie du jetzt aussiehst und wie du dich fühlst. Mach dir bewußt, daß du dich äußerlich von allen abgestorbenen Zellen und innerlich von aller Schwermut und Verwirrung gereinigt hast. Leg den Staubwedel beiseite, und lausche auf das Geräusch eines Baches, das du jetzt von rechts vernimmst.

Du gehst dorthin und kniest am Ufer nieder. Schöpfe mit der Hand das frische, kristallklare Wasser aus dem Bach, und benetze dein Gesicht in dem Bewußtsein, daß du damit alle Unreinheiten vom Äußeren deines Körpers abwäschst. Dann schöpfst du noch einmal mit den Händen das frische, kristallklare, kühle Wasser und trinkst es. Du trinkst es in dem

Innen und außen
reinigen

Bewußtsein, daß es alle Verunreinigungen aus deinem Körper wäscht. Du spürst, wie erfrischt, energiegeladen und wach du wirst.

Nun stehst du auf und gehst zu einem Baum am Rande der Wiese. Setz dich unter diesen Baum. Die grün belaubten Äste des Baumes hängen tief herab. Du lehnst dich mit dem Rücken gegen den Stamm und atmest den reinen Sauerstoff ein, den die Blätter abgeben. Du atmest auch den Sauerstoff ein, der in Form von blau-goldenem Licht aus Sonne und Himmel durch die Blätter dringt. Atme Kohlendioxyd in Form von grauem Rauch aus, den die Blätter dann aufnehmen und in Sauerstoff umwandeln. Die

4. Verhalten

Blätter geben den Sauerstoff wieder ab, er fließt durch den Baumstamm und strömt durch die Poren in deinen Körper ein. Auf diese Weise verschmilzt dein Atemrhythmus mit dem des Baumes. Deine Finger und Zehen graben sich wie Wurzeln in die Erde und nehmen deren Kraft in sich auf. Verweile dort, und hol dir so viel Energie aus der Erde, wie du brauchst. Dann stehe auf, und beobachte, wie du aussiehst und wie du dich fühlst.

Verlasse den Garten deiner Wünsche in dieser entspannten Stimmung, und kehre in deine Straße zurück. Geh auf demselben Weg wieder nach Hause, den du gekommen bist, atme noch einmal aus, und öffne die Augen, um dich im Hier und Jetzt ganz wach und erfrischt zu fühlen.

Erhole dich im Garten deiner Wünsche

4.3 Selbstwertgefühl

Kinder reagieren völlig unterschiedlich auf dieselbe Erziehung. Manche Kinder sprechen auf die negative Energie in ihrer Umgebung an, indem sie liebevoll und sanft werden. Andere sind so sensibel, daß sie die Empfindung dieser negativen Energie nicht ertragen können und den Teil in ihnen, der fühlt, völlig verschließen. Wieder andere begegnen einer solchen Situation mit dem Gefühl, daß sie hart bleiben müssen, und setzen eine Maske der Unverwundbarkeit auf.

Jedes Kind reagiert anders auf dieselbe Erziehung

Selbstwertgefühl entsteht durch die Bereitschaft, anzuerkennen, wer man ist, und sich selbst so zu lieben, wie man gerade ist! Jeder ist ein wertvolles Wesen, ist das Leben selbst, das wächst und sich ausdehnt. Wenn wir mit anderen Menschen in einer Weise kommunizieren, die unser inneres Wesen achtet, sind wir auch mit uns im Einklang.

Affirmationen bewirken kleine Wunder

Oft können Sie wahre Wunder bewirken, wenn Sie Ihre Kinder mit positiven Gedanken und mit positiven Gefühlen bereichern. Affirmationen werden in vielen therapeutischen Richtungen eingesetzt. Die amerikanische Schriftstellerin und Therapeutin Louise Hay („Gesundheit für Körper und Seele") ist damit sehr bekannt geworden.

Wie können wir Affirmationen einsetzen?

Affirmationen sind Sätze, die in der Gegenwart formuliert sind und ein Ziel oder eine innere Haltung deutlich und klar formulie-

➔ **Mein Tip:**
Wenn Sie unsicher sind, ob die Affirmation die richtige für Ihr Kind ist und genug Kraft hat, um es im Unterbewußtsein umzuprogrammieren, können Sie sie kinesiologisch testen (siehe kinesiologischer Muskeltest S. 267).

ren, wie z.B.: *„Ich bin zufrieden."* Oder: *„Ich bin stark und gut, so wie ich bin."* Affirmationen dürfen keine Verneinung enthalten, z.B.: *„Ich bin nicht unzufrieden."* Oder: *„Ich habe keine Angst, und es ist nicht schlecht, wie ich bin."* Am wichtigsten ist es, die Aussage oder Affirmation gleichzeitig zu fühlen, wenn man sie spricht. Wenn Sie sich sagen: *„Ich bin gut, so wie ich bin",* und dabei denken, *„ich glaube das nicht, die lieben mich doch nicht, die nehmen mich nie an."* Dann untergraben Sie die Wirkung Ihrer positiven Affirmation mit negativen Gefühlen. Das Unterbewußtsein registriert alles, und die Affirmation kann so nicht wirken.

Eine kleine Auswahl wirkungsvoller Affirmationen für Kinder:
- Ich darf so sein, wie ich bin.
- Ich bin ein Kind der neuen Zeit, und das ist okay.
- Ich liebe mich, so wie ich bin.
- Ich bin aufmerksam und konzentriert.
- Das Leben auf der Erde ist okay.
- (bei Depression:) Ich erschaffe mein Leben selbst.
- (bei Angst:) Ich bin in Sicherheit.
- (bei Allergie:) Die Welt ist sicher und freundlich. Ich bin in Frieden mit dem Leben.

Ich bin, wer ich bin, und das ist gut so!

- (bei Krankheit:) Alle Zellen meines Körpers nehmen jetzt heilende Energie auf.

➔ **Mein Tip:**
Eine Affirmation sollte möglichst konkret sein (das beinhaltet auch den Zeitpunkt, zu dem das Gewünschte eintreten soll). Der, der sie ausspricht, muß ganz fest daran glauben, daß es ihm möglich ist, das damit gesteckte Ziel zu erreichen, und er muß es auch ganz sicher wollen. Es bringt nicht viel, die Affirmation einfach monoton abzuspulen. Je mehr Sie eine Affirmation oder ein Gebet mit Leben und Gefühl füllen, um so effektiver sind sie. Sobald Sie eine Affirmation ganz mit Leben füllen, wird sie sofort zu Ihrer Realität! Verwenden Sie zu Anfang Affirmationen nur für einfache Dinge. Dies bringt Ihnen die positive Erfahrung,

zusätzliche Motivation und Sicherheit, um damit später auch komplexere Angelegenheiten aufzulösen.

Ihre Affirmation sollte stets „zum Wohle aller" sein. Wichtig ist zu wissen, daß Sie nur sich selbst ändern können. Aber weil Sie sich ändern, werden sich ganz automatisch Ihre Umwelt, Ihr Umfeld und Ihre Beziehungen ändern.

Übungen aus dem BrainGym®, die bei mangelndem Selbstwertgefühl helfen: Hook-Ups und Balanceknöpfe (siehe S. 197).

Eine Jugendliche mit einem klar ausgebildeten Selbstwertgefühl schreibt:

Ich bin kein Indigo-Kind wie die anderen, sondern ein inkarnierter Engel. Aber meine Erfahrungen sind die gleichen. Ich bekomme wundervolle Unterstützung von meiner Mutter, Tante und Cousine. Sie wissen darüber Bescheid und freuen sich, von mir Anregungen zu bekommen. Vielen ist aufgefallen, daß ich anders bin. Sie können es nur nicht richtig einordnen. Sie sagen, ich wäre einfach sehr tolerant für mein Alter (17), still, eher schüchtern oder manchmal auch verrückt. Damit kann ich leben. Ich versuche auch, den Leuten lieber im stillen Themen näher zu bringen, als mir das möglich wäre, wenn sie genau wüßten, wer wirklich vor ihnen steht. Manchmal überkommt mich aber ein wahnsinniges Heimweh. Dann überwältigt mich eine tiefe Traurigkeit, die auch meinen Mitmenschen auffällt. Sie glauben mir aber, wenn ich ihnen sage, ich sei übermüdet.

> Ich bin ein inkarnierter Engel

Was ein Indigo über sich selbst sagt:

Ich bin kreativ, arbeite auch kreativ und bin freischaffend. Ich bin unkontrolliert in meinen Emotionen, habe sehr große Schwierigkeiten mit Autoritäten. Seit ich drei Jahre alt war, lehne ich es ab, irgendeine Form von Gemüse zu mir zu nehmen, bevorzuge hingegen oft halbrohes oder ganz rohes Fleisch. In der Schule wurde ich von den Lehrern als antriebsarm eingestuft, als Kleinkind wollte ich nie schlafen. Ich baue wenige tiefe emotionale Kontakte zu Menschen auf, ich argumentiere ständig und setze mich über Konventionen hinweg. Ich höre auf kaum jemanden. Ich erlebe und erspüre Dinge und vor allem andere Menschen intuitiv,

> Ich höre auf kaum jemand

weiß meist durch ihre Emotionen, was sie in einem Moment fühlen und denken. Meine Eltern konnten mir schon seit dem Kleinkindalter ihren Willen nicht aufzwingen. Ich erinnere mich an Gedanken und Emotionen, die ich hatte, als ich ein neun Monate altes Baby war.

4.4   Aufmerksamkeit

Was bedeutet Aufmerksamkeit eigentlich?

Was ist Aufmerksamkeit eigentlich genau? Beobachten wir Kinder, so erleben wir häufig, daß sie „super" aufmerksam sind. Es gelingt ihnen, über weite Strecken des Tages aufmerksam zu sein, vor allem wenn man sie machen läßt und sie Dinge tun, die sie lieben.

In der Schule bekommen Schüler oft zu hören: „Sei aufmerksamer! Sei konzentrierter!" Stillschweigend wird dabei vorausgesetzt, daß sie, wenn sie es wären, den Schulstoff auch lernen würden. Keiner prüft nach, was es tatsächlich für den einzelnen heißt, aufmerksam zu sein.

Alles wird gut, Hauptsache ist, daß wir unsere Gedanken auf die erforderlichen Dinge richten. Aber was passiert, wenn wir unseren Blick auf ein Objekt halten? Bewiesen ist, daß, wenn man seine Aufmerksamkeit länger auf ein Objekt richtet, es sich verändert oder verblaßt. Halten wir unsere Gedanken auf eine Idee fixiert, so schweifen wir nach einiger Zeit automatisch ab. Für unser Denken ist es nur natürlich, nach Abwechslung zu suchen! Ist etwas neu, wie ein Spiel, dann haben wir keinerlei Schwierigkeiten, aufmerksam zu bleiben.

Die Suche nach Neuem

Der Mensch sucht immer ganz von allein die Neuartigkeit. Veränderungen bewirken, daß wir diese Neuartigkeit wahrnehmen und aufmerksam bleiben. Der Schulstoff ist leider für die meisten Kinder ziemlich langweilig und nicht genug an den Anforderungen des Alltags orientiert (das empfanden wir selbst auch schon so, wenn wir uns erinnern). Aber das wird wohl ein Problem bleiben, solange das Schulsystem sich nicht ändert. Schaffen wir es, immer wieder eine Reizsituation zu erzeugen, so können die Kinder sich dem Stoff vielleicht mit mehr Aufmerksamkeit hingeben.

Es gibt inzwischen Hunderte von Büchern über ADS, ADHD; nach langem Überlegen habe ich mich bewußt dafür entschieden, in diesem Buch wenig über Aufmerksamkeitsstörungen und Hyperaktivität zu schreiben. Ich möchte Sie lieber einführen in die energetischen Systeme, die, einmal integriert, auf ganzheitliche Art dafür sorgen, daß Hyperaktivität und Unaufmerksamkeit sich nicht weiterentwickeln werden. (BrainGym®-Übungen, die in solchen Fällen helfen können, siehe S. 185.)

Aufmerksamkeitsstörungen und energetische Systeme

➜ Mein Tip:

Versuchen Sie, zusammen mit Ihrem Kind herauszufinden, wann es sich als sehr aufmerksam empfindet und wann nicht. Es sollte eine Situation sein, die Sie auch kennen und die auch positive Ergebnisse hervorgebracht hat. Sprechen Sie mit Ihrem Kind darüber, wie es sich dabei fühlt, wie es schaut, hört, atmet. Dann kann es versuchen, in die Situationen hineinzugehen, in denen es ihm nicht gelingt, aufmerksam zu sein, und die Aufmerksamkeitsgefühle, -haltung usw. in einer solchen Situation zu kopieren. Wenn ihm das einmal gelingt, wird es Spaß daran bekommen, und es kann die Erfahrung integrieren.

Wann hat Ihr Kind Spaß und ist aufmerksam?

4.5 Aufgaben erkennen –
Warten, bis ich älter bin

Das Indigo-Kind weiß oft, was seine Lebensaufgabe ist, obwohl es sie nicht in allen Einzelheiten kennt. Ich habe viele Jugendliche wörtlich sagen hören: *„Ja, ich weiß, was meine Aufgabe ist, aber sie wird mir erst zur richtigen Zeit offenbart, und ich muß mich jetzt nicht darum kümmern."* Auch passiert es häufig, daß Kinder ganz jung, mit vielleicht erst zwei oder drei Jahren, ihre Eltern ernst anschauen und sagen: *„Du bist gar nicht meine Mama! Ich habe eine andere Mama, und sie heißt [Name]. Ich lebe eigentlich in [Ortsangabe], und dort sind auch meine anderen Familienmitglieder. Ich komme, um Frieden zu brin-*

Ich habe eine andere Mama!

gen [oder etwas anderes] ..." Sie erzählen Einzelheiten über den Wohnort, verschiedene Familienmitglieder, die Lebensumstände usw. Das ist für viele Mütter ein Augenblick, der schwer zu verdauen ist. Das Kind scheint sich an einen anderen Ort im Weltraum, an Mutter, Vater und Familienmitglieder zu erinnern und stellt das einfach klar und deutlich in den Raum. Die Kinder sprechen in solchen Fällen meist von ihren Licht- oder Seelenfamilien. Eltern überhören solche Botschaften gerne, weil sie damit nicht viel anfangen können, aber dem Kind ist es damit Ernst.

Die neuen Kinder fordern von uns, ihre Aussagen und Botschaften ernst zu nehmen

Die Kinder erzählen auch oft über ihre Aufgaben auf der Welt, warum sie zur Erde und in diese Familie gekommen sind und wann sie wieder gehen werden. Das ist nicht gerade etwas, das Eltern hören möchten, also ist es leichter, es nicht zu beachten. Das ist verständlich, aber ich glaube, daß diese Kinder unsere Unterstützung brauchen. Es würde ihnen helfen, wenn wir ihre Aussagen und Botschaften ernst nehmen würden.

Es gibt viele neue Kinder, die total gelangweilt warten, bis sie endlich älter werden, da sie sich wie Gefangene in ihrem kleinen Kinderkörper fühlen! Ich habe dabei immer ein Kind von ungefähr acht Jahren vor Augen, das genau weiß, warum es hier ist. Es sitzt am Tisch, trommelt mit den Fingern auf der Tischplatte und denkt sichtbar: *„Noch so viele Jahre in diesem kleinen Körper, bis ich achtzehn bin, wie schaffe ich das bloß!"*

➜ Mein Tip:

Wenn wir zuhören, geben die Kinder meist ganz klare Antworten mit vielen Einzelheiten

Gehen Sie einfach immer auf Ihr Kind ein, wenn es über diese Themen redet. Ergreifen Sie aber NIE selbst die Initiative! Warten Sie, bis es von selbst darüber spricht. Manchmal spricht es nur wenige Minuten über etwas, und dann hören Sie monatelang nichts mehr davon. Aber wenn es Ihnen etwas in dieser Richtung sagt, hören Sie intensiv zu, und fragen Sie so neutral und klar wie möglich, woher es kommt, was seine Aufgabe ist, wie die Mutter aussieht usw. Sie werden staunen, welch klare Antworten Sie bekommen werden. Nutzen Sie das Wissen, das Ihnen Ihr Kind vermittelt hat, NIE im Alltag, schon gar nicht zum Strafen, zum Spotten oder ähnlichem! Diese Mitteilungen sind sehr ernst und vertraulich zu nehmen. Das Kind möchte mit Achtung behandelt werden, sonst wird es seine Aussagen in Zukunft für sich behalten.

Ein 24jähriger Indigo erzählt:

Seit ich 14 bin (so ungefähr um die Zeit), interessiere ich mich mit großer Neugierde für spirituelle Themen. Ich habe, seit ich mich erinnern kann, Kontakt mit, wie soll ich das nennen, meiner „Seele" oder meinem Höheren Selbst, oder wie auch immer man das bezeichnen mag. Ich habe mich „ständig", also die ganze Zeit, mit Jesus unterhalten. Das hört sich jetzt vielleicht komisch an, aber es war so, und Jesus war mein „bester Freund", auch wenn er für andere überhaupt nicht sichtbar war. Meine Mutter hat all das immer als Phantasie und Spinnerei abgetan, und als ich dann schließlich erzählt habe, daß ich Engel und Ufos und auch meine verstorbene Oma sehe (was alles den Tatsachen entspricht), kam es, wie es kommen mußte: Meine Mutter sah sich aufgrund meiner „anderen Entwicklung" (also anders als die anderen Kinder in meinem Alter) veranlaßt, einen Kinder- und Jugendpsychiater zu Rate zu ziehen. Am Gymnasium habe ich mich meistens gelangweilt, und die Art, wie die meisten anderen miteinander umgegangen sind, war einfach gräßlich für mich. Also ich hatte wirklich den Eindruck, daß die meisten in meinem Umfeld nicht sehr weit entwickelt waren (im geistigen Sinne).

Wie auch immer, meine Vorstellungen von einer friedlichen und ehrlichen Welt, in der die Menschen in Wahrheit mit sich und der Welt leben, werden immer noch als Naivität belächelt. Aber es ist nun mal meine Aufgabe als Indigo, genau diese Welt zu verwirklichen, auch wenn die meisten das sowieso nicht verstehen (diese Menschen sind ohnehin nicht imstande, das zu tun. Genau deshalb sind wir Indigos ja hier).

Seit ich 14 bin interessiere ich mich für spirituelle Themen

4.5 Aufgaben erkennen –
warten, bis ich älter bin

4.6   Sich nicht verstanden oder anerkannt fühlen

Ein Indigo-Kind erzählt:

Ich komme mir im Leben wie ein Fremder in einem fernen Land vor. Früher war es schwer, nichts Vertrautes zu haben, alles war so anders und verwirrend. Inzwischen habe ich meine Identität gefunden und fühle mich weniger als Fremder, mehr als Tourist.

Fühlt sich Ihr Kind verstanden?

Reden Sie mit Ihren Kindern über das Thema „Ich fühle mich nicht verstanden, ich bin anders". Alle menschlichen Wesen sind im Grunde gleich. Jedes menschliche Wesen ist ein kleines Puzzle-stückchen des Ganzen und ein Teil Gottes. Oder wie ein Indigo-Ju-gendlicher sagt: *„Ich glaube an die Einheit all dessen, was ist. Gott ist alles, was ist, ergo bin ich in Gott. Ich bin nicht Teil von Gott! Denn als Teil begebe ich mich in eine Abgrenzung und dieses ist nicht der Wahrheit ent-sprechend. Es gibt keine Abgrenzung im eigentlichen Sinne."*

Ohne den bunten Blumenstrauß verschiedener „Arten" von Menschen könnten wir nicht so viele Erfahrungen machen. Lehren Sie Ihr Kind, die Menschen als Spiegel zu sehen, der nur etwas von einem selbst zurückspiegelt. Fühlt ein Kind sich nicht angenommen oder nicht als Teil der Gesellschaft, dann verhält es sich auch so und möchte nicht wirklich Teil sein. Versuchen Sie herauszufinden, wo-durch es blockiert wird und was es sich wirklich wünscht.

Wissen Sie, was Ihr Kind sich „wirklich" wünscht?

Ich glaube, daß die Kinder tief in ihrem Inneren genau wissen, wer sie sind. Ein „nicht verstanden werden" trifft sie nicht in ihrer Es-senz, verletzt sie nicht. Sie stehen im wahrsten Sinn des Wortes über diesem Nichtverstehen. Sie erkennen, daß sie ihrer Zeit voraus sind. Sie wissen, wie schwierig es ist, von ihren Mitmenschen zu erwarten, daß sie sie verstehen. All das hat natürlich einen Einfluß auf ihr „Funktionieren" als Mensch!

Wenn Kinder sich von einer bestimmten Person nicht verstanden oder angenommen fühlen, können sie folgende Übung machen.

Übung: Begegnung mit der Seele

Gehen Sie mit Ihrem Kind auf eine Phantasiereise:

Stell dir erst die Person vor (am besten nur eine gleichzeitig), von der du dich nicht angenommen fühlst. Dann läßt du ihr Bild vor deinen Augen erscheinen ... Schau es dir gut an ... Laß dieses Bild wieder gehen, und schließ die Augen. Du sitzt bequem, dein Rücken ist gerade. Atme einige Atemzüge tief in deinen Bauch, ganz tief unten in den Bauch ... Ein, aus, ganz rhythmisch ... Wenn du ruhig bist, läßt du das Bild der Person vor deinem inneren Auge erscheinen. Dann suchst und findest du die Energie der Person (es geht nicht darum, sich die Person in ihrem physischen Körper vorzustellen!). Du brauchst diese Energie nicht zu sehen, aber du wirst sie fühlen oder spüren ... Du begegnest der Person auf der Seelenebene ..., und deine Seele wird zur Seele der anderen Person sprechen ... Wenn du die Energie der anderen Person spürst, sagst du: „Ich verzeihe dir, und ich verzeihe auch mir", und du wartest, was passiert ... Welche Bilder siehst du? Welche Gefühle spürst du? Was sagt die andere Person dir in deinen Gedanken? ... Danach fragst du, warum die andere Person dich nicht annehmen kann, was du tun kannst, um eure Beziehung zu ändern ... Achte immer auf die ersten Hinweise, das sind IMMER die richtigen ... Bedanke dich bei der Person, bedanke dich bei dir selbst, bei deiner Seele, und öffne langsam wieder deine Augen. Überprüfe, ob du etwas erkennen konntest, was dir hilft, diese Beziehung zu ändern, und dann TU ES!

Kiriako schreibt über sein Leben:

Als Kind konnte ich mich hinsetzen und in eine Art Starre oder Trance geraten. Dann saß ich da wie eine Statue, völlig regungslos, bis mein Bewußtsein aus meinem Körper ging und im Raum umherschwebte. Ryan Maluski, einer der Co-Autoren des Buchs („Die Indigo-Kinder" von Lee Carroll) hat das gut beschrieben. Manchmal nahm ich seltsame Körperhaltungen ein und formte mit meinen Fingern Zeichen, wobei ich mich einfach nur wohl fühlte. Jahre später fand ich heraus, daß das Yoga-Übungen waren und diese Fingerstellungen Hilfsmittel bei Meditationen. Damals wußte ich aber noch nichts über Yoga oder ähnliches. Mit der Zeit merkte ich dann, daß ich manchmal hellsichtig bin oder medial empfänglich. Auch spielen sich meine Gedankengänge mit einer ra-

Mein Bewußtsein ging aus meinem Körper, und Jahre später fand ich heraus, was das bedeutete senden Geschwindigkeit ab, was es mir schwermacht, mit Menschen zu kommunizieren, die nicht so schnell sind. Ich denke eher in Bildern als in Wörtern, und die menschliche Sprache ist nicht so gut geeignet, meine Ideen oder Vorstellungen auszudrücken. Als Kind beschäftigte ich mich gerne mit anderen Dimensionen, dem Universum, Taoismus, Philosophie usw. Es war mir damals eigentlich schnell klar, daß ich mit niemandem in meinem Alter (ca.10–12) über so etwas reden konnte. Wenn ich den Sternenhimmel betrachtete, spürte ich, daß ich ein Sternenkind war und daß es noch weitere Kinder wie mich auf diesem Planeten gab. Ich konnte fast schon mit ihnen reden (im Geiste). Außerdem war da immer eine tiefblaue Lichtenergie in mir, und ich hatte Träume, in denen ich ein Lichtwesen aus dieser Energie war. Ich kann mich an Visionen erinnern, bei denen wunderschöne Wesen aus diesem Licht bei mir waren und ihre Augen leuchteten wie verrückt. Vielleicht ist das die Energie, die in dem Buch erwähnt wird?

Ich träumte, daß ich ein Lichtwesen bin

Ich kann mit den wenigsten Leuten etwas anfangen und fühle mich in großen Menschenmassen fremd und eigenartig. Als ob ich von einem anderen Planeten kommen würde. Dabei will ich gar nicht anders oder besonders sein, sondern nur Gleichgesinnte finden, die so sind wie ich. Es tat mir immer sehr weh, so anders zu sein, und ich hatte jahrelang Paranoia [Verfolgungsangst], wodurch ich sehr verschlossen wurde und mich zurückzog. Womit ich große Probleme hatte, war, daß angeblich irgend etwas mit meinen Genen nicht „normal" ist. Ich war extrem frühreif, sowohl körperlich wie geistig. Mit 12 oder 13 war ich schon ein halber Mann, ich fing an, mich zu rasieren, meine Beine wurden behaart, und ich sah Jahre älter aus (dafür bekam ich immer die älteren Mädels ab, ätsch!). Mein Bewußtsein explodierte förmlich, und ich verschlang alles über Philosophie, Energie (im Sinne von „Chi" oder „Reiki", also geistige Energie), den Sinn des Lebens und existentielle Fragen.

Ich war meinen Klassenkameraden um Jahre voraus

Ich war meinen Klassenkameraden um Jahre voraus, und das entfremdete mich ihnen sehr. Ich konnte mit niemandem über meine Interessen reden. Irgendwo im Internet hab ich mal gelesen, daß Indigo-Kids tatsächlich veränderte Gene haben, daß zwei von den Genen bei den meisten Menschen schlafen, aber bei uns aktiviert sind.

Ich mache gerne Blödsinn und flippe viel herum, habe wenig Respekt vor meinen Eltern und anderen Autoritätspersonen, vor allem Lehrern, höre gerne laute Musik und ziehe kaputte Jeans an. Ich hatte oft dieses „Null Bock auf gar nix"-Gefühl und betrank mich des öfteren, um mit anderen Jugendlichen Spaß zu haben. Eine Zeitlang habe ich auch geraucht und Drogen genommen. So destruktiv sich das auch anhören mag, es half mir wenigstens für kurze Zeit, irgendwo dazuzugehören und eine Gemeinschaft mit Gleichaltrigen zu haben, wobei ich die Drogen aber ausklammere. Auch fuhr ich mit 15 leidenschaftlich gerne mit meinem frisierten Mofa durch die Gegend, wie alle Jugendlichen, die ein Mofa haben, und versuchte, mein Glück bei den Mädchen. Wir feierten jedes Wochenende Partys, und im Sommer gingen wir nachts ins Freibad und schwammen herum. Ich war nicht immer ein Außenseiter, es gab Zeiten wie diese, die mir halfen, über alles hinwegzusehen.

Null Bock auf gar nix

Kiriako kümmert sich auf der Website des „Indigo Kinder Lichtrings" (siehe Anhang) um die Kontakte zwischen älteren Indigos, sie können ihm dort schreiben oder Fragen stellen.

Eine Mutter erzählt:

Er war von Anfang an sehr eigenständig, hat fast nichts von mir angenommen. Bis zu seinem 1. Geburtstag hat er kaum geschlafen, weinte nur, wenn er ins Bettchen gehen sollte. War aber sonst immer gut drauf und fröhlich. Hat alles besser gewußt; hatte auch immer das letzte Wort und dies auch lautstark mitgeteilt. Wollte viel zu früh immer alles wissen. Ich habe sicher nicht die dümmsten Ideen gehabt, doch ich kam mir neben meinem Kind sehr oft „blöd" vor (ich habe ein Studium in Pädagogik gemacht).

Mein Kind wußte immer alles besser

In der Schule das gleiche Bild. Es war ihm langweilig, er störte den Unterricht, bekam immer wieder Ärger mit den Lehrpersonen. Er wollte sich einfach nie an die Regeln halten, in der Schule wie auch zu Hause. Daraus ergaben sich diverse Schulwechsel etc. Ein richtiger Spießrutenlauf, um die richtige Schule für ihn zu finden. Ich ließ meinen Sohn dann auch hinsichtlich seines IQ testen. Dabei kam ein Wert von über 130 heraus. Doch das nützte ihm in der Schule nicht viel.

Einmal war er so weit, daß er nicht mehr leben wollte. Bei einem guten Psychologen besserte es sich dann wieder. Jetzt macht er eine Lehre im Detailhandel, Schwerpunkt Computer, seine Leidenschaft! Seine auch im Musischen große Begabung hat er bis jetzt nicht umgesetzt. Neuer-

dings hat er angefangen, Schlagzeug zu spielen; er kann schon alles, der Lehrer ist erstaunt.

Als er klein war, so etwa fünf Jahre alt, hat er ein UFO gesehen, was ich ihm sofort glaubte. Aber die anderen Kinder, denen er es erzählt hat, haben ihn nur ausgelacht. Da hat er geweint und war sehr traurig. So ähnliche Situationen hat es viele gegeben. Er hat sich oft unverstanden gefühlt von den anderen, auch von uns Eltern. Seine Ideen waren einfach ganz anders als die von anderen.

Ich zeige mich anders, als ich bin, ist wohl ein Schutzmechanismus

Eine ihrer selbst bewußte Jugendliche schreibt:

Ich bin sehr mitfühlend und äußerst kreativ. Innerlich bin ich weich wie warme Butter bin, obwohl ich nach außen oftmals den Eindruck erwecke, ein ablehnender und rauher Mensch zu sein. Ich denke, das ist ein reiner Schutzmechanismus, den ich mir angeeignet habe, weil ich leider oft Ablehnung und Enttäuschung erfahren mußte. Dieser Mechanismus setzt meist ein, wenn ich mich im Umfeld größerer Gruppen bewege. Bei Einzelgesprächen bin ich ganz anders. Ich weiß meist schon, was mir mein Gegenüber sagen möchte, und falle demjenigen öfter ins Wort und beende die Sätze, was oft als Unhöflichkeit mißverstanden wird. Meine engen Freunde schätzen mich, weil ich ihre Gedanken, ihr Verhalten und damit ihren Charakter in- und auswendig kenne und ihre Probleme erkenne, bevor sie sich mir anvertrauen.

Ich spüre die Gedanken und Gefühle meiner Mitmenschen

Jede kleinste Änderung des Verhaltens bei Menschen bemerke ich sofort, und jedem Handeln kann ich sofort eine Ursache zuordnen. Ich höre dann von diesen Menschen, oftmals im Scherz, daß ich doch Psychologin werden sollte. Außerdem spüre ich sofort Ablehnung, egal wie gut sich ein Mensch verstellen kann. In diesem Punkt kann mir keiner etwas vormachen.

Außerdem fallen mir an jedem Menschen, egal ob ich ihn kenne oder nicht, sofort die Eigenarten auf, ob es eine Bartstoppel ist, die morgens beim Rasieren vergessen wurde, oder einfach nur ein kleines Muttermal. Das betrifft aber auch sein Verhalten.

Manchmal kommt es mir so vor, als wären verbale Unterhaltungen überflüssig. Hört sich irgendwie doof an, ist aber so. In meinem Zimmer hängt ein Filmposter von einem aktuellen Stummfilm („Dolphins"). Es ist ziemlich groß und zeigt eine Unterwasseraufnahme eines tauchenden

Menschen. *Das ganze Poster ist in Blau gehalten, was ein Grund ist, warum ich es aufgehängt habe. Der Hauptgrund liegt aber darin, daß auf dem Poster eine kleine weiße Schrift gedruckt ist, in der es heißt: „Liebe braucht keine Worte."*

Eine Mutter erzählt:

Mein Indigo-Kind (bin mir aber immer noch nicht sicher, ob es wirklich eines ist) ist derzeit sieben Jahre alt. Erfahren habe ich von den Indigo-Kindern, als mein Sohn sechs Jahre alt war und in die Schule gekommen ist. Sein Verhalten in der Schule hat mich ratlos gemacht, und ich habe eine befreundete Psychotherapeutin um Rat gebeten. Sie hat sich meine Geschichte angehört und mir das Buch „Die Indigo-Kinder" (siehe Anhang) empfohlen. Was ich schon immer wußte: Mein Sohn ist anders, nur wußte ich nicht, warum. Er war nie wie Gleichaltrige, er fiel mit seinem Verhalten immer auf. Er braucht besonders viel Zuwendung. Er interessierte sich immer schon für Dinge, die seine Alterskollegen oft gar nicht kennen, möchte alles wissen. Er hat aber Probleme mit Autorität und damit mit den Lehrern in der Schule. Er kann Dinge nicht nur akzeptieren, weil sie halt so sein müssen, er braucht Begründungen. Er möchte gerne beim Lernen selbst bestimmen, was drankommt. Er nimmt auch kein Blatt vor den Mund und sagt immer, wenn ihn etwas stört. Von Mitschülern wird er belächelt, er weiß selbst auch, daß er anders ist, fühlt sich von der Umwelt oft unverstanden.

> Mein Kind fällt mit seinem Verhalten immer auf

4.7 Kontakt mit anderen Kindern

Es gibt unter den neuen Kindern einige, die sehr „in" sind, aber auch viele, die Schwierigkeiten haben dazuzugehören. Sie empfinden sich als anders, aber, was noch wichtiger ist, sie werden von anderen auch als anders empfunden. Sie erleben oft Enttäuschungen, wenn sie entdecken, daß andere nicht die gleichen Interessen und Einstellungen haben wie sie selbst. Sie müssen sich auch dauernd an eine Norm anpassen, die sehr weit von ihnen entfernt ist. Ihr Wunsch, sich anzupassen, steht fast immer in Konflikt mit ihrem eigentli-

> Indigo-Kinder empfinden anders

chen, natürlichen Verhalten. Das ist nicht leicht für diese Kinder. Passen sie sich an, so geht das oft auf Kosten ihrer Fähigkeiten, Bedürfnisse und Talente. Es kann sein, daß ihre ganze Energie in diesen Anpassungsprozeß fließt und sie sogar trotz Hochbegabung schlechte Schulnoten mit nach Hause bringen.

Dazugehören, mitmachen und akzeptiert werden

Dazugehören, mitmachen und akzeptiert werden sind drei wichtige Kriterien. Fühlen die Kinder sich dazugehörig, dann können sie die anderen lieben und ihnen Vertrauen schenken. Bleiben sie Außenseiter, staut sich Energie, und es entstehen schwierige Situationen. Aber muß man wirklich dazugehören? Und zu wem muß man gehören?

Eltern wollen meist, daß ihre Kinder „normal" sind und sich den gesellschaftlichen Normen möglichst problemlos unterordnen. In unserer Gesellschaft wird soziales Verhalten hoch bewertet. Eltern beeinflussen hiermit ihre Kinder meist unbewußt. Sie erinnern sich an die Momente voller Schmerz, in denen sie in ihrer Jugend selbst ausgeschlossen waren. Das führt dazu, daß sie sich Sorgen um ihr Kind machen.

Aber viele der neuen Kinder möchten nicht so viele Freunde haben, oft genügen ihnen schon ein oder zwei. Die Kinder haben manchmal gar kein Bedürfnis danach, „in" zu sein, wenn das gleichbedeutend damit ist, seine Zeit mit oberflächlichen Kontakten zu verschwenden. Sie lieben intensive, ehrliche, fordernde Beziehungen, lieben es, die Dinge zu hinterfragen oder einfach telepathisch miteinander zu kommunizieren. Am besten lassen Sie sie in Ruhe. Sprechen Sie mit Ihrem Kind über die Freunde, die es gern hat, und darüber, wie wichtig diese für es sind. Lieber zwei Freundschaften aus dem Herzen, als viele, die oberflächlich sind!

Hat ihr Kind nur wenige Freunde?

Probleme, die beim Finden von Freunden auftauchen können:
- *Mangelnder Glauben an die eigenen Fähigkeiten*
  Indigo-Kinder werden oft hin- und hergerissen zwischen Vertrauen und Mißtrauen in ihre eigenen Fähigkeiten. Sie haben kein Selbstvertrauen.
- *Das Gefühl haben, etwas tun zu müssen*
  Wenn die Kinder als anders empfunden werden, haben sie oft

das Gefühl, etwas „tun" zu müssen, wissen aber nicht, was.

- *Perfektionismus*
  Die neuen Kinder haben extrem hohe Anforderungen an sich.
  Sie sind dadurch oft enttäuscht von sich, und diese Enttäuschung
  kann sehr tief gehen!

Die neuen Kinder haben
extrem hohe Anforde-
rungen an sich

- *Risikoscheu*
  Sie möchten sich nicht an Aktivitäten beteiligen, die nur wieder
  zeigen (könnten), daß sie anders sind.
- *Erwartungen der anderen*
  Die Erwartungen, die andere an sie stellen, decken sich meist
  nicht mit ihren eigenen Idealen und Erwartungen. Sich verständ-
  lich zu machen ist schwierig. Oft sind sie deshalb Zielscheibe des
  Spotts.
- *Ungeduld*
  Sie sind ungeduldig, wenn es darum geht, Lösungen zu finden.
  Sie erwarten und fordern klare Antworten, am besten sofort!
- *Frühe Identität*
  Schon früh können sie reif erscheinen, was für Probleme sorgt.

Eltern nehmen sich am besten viel Zeit für ihre Kinder und besprechen diese Themen mit ihnen von Herz zu Herz. Hat ein Kind einige
gleichgesinnte Freunde, kann es sich mit diesen auf gleicher Ebene aus-
tauschen. Es gibt keine allgemeingültigen Lösungen, die Kinder sollten
einfach Raum bekommen, ihre Probleme aussprechen zu können, um
zu lernen, mit schwierigen Situationen klarzukommen.

Für Eltern kann es sehr erleichternd sein, sich mit anderen Eltern auszutauschen, die ebenfalls ein Indigo-Kind haben, dann fühlt
man sich nicht so allein in seiner Situation.

Eltern nehmen sich am
besten viel Zeit für ihre
Kinder

Eine Mutter erzählt:

*„Das erste Jahr mit ihm war der blanke Horror, weil er unheimlich
viel schrie (und sehr laut!), und ich nicht immer wußte, was er jetzt
schon wieder hatte. Ich schleppte ihn ständig mit mir herum, obwohl er
sehr schnell an Gewicht zunahm. Er wollte nicht krabbeln (wir hatten
damals einen Hund) – das war offenbar unter seiner Würde, er war
schließlich kein Vierbeiner. So übersprang er die Krabbelphase fast völlig,*

Mit eineinhalb Jahren
sprach mein Kind ganze
Sätze

d.h., er krabbelte etwa fünf Wochen lang, bis er mit zwölf Monaten laufen konnte. Dann lernte er so wahnsinnig schnell sprechen, daß ich nicht mitkam, seine Zwischenschritte festzuhalten! Jedes Wort, das er hörte, wiederholte er sofort völlig fehlerfrei und integrierte es in seinen Wortschatz. Mit anderthalb Jahren sprach er einfache Sätze, mit zwei Jahren war seine Sprachentwicklung abgeschlossen, ohne daß er auch nur den geringsten Artikulations- oder Grammatikfehler machte. Danach begann er sofort, mit der Sprache zu spielen und zu experimentieren. Für andere Kinder interessierte er sich überhaupt nicht.

Mit zwölf Monaten war er in einer Krabbelgruppe – damit er nicht nur unter Erwachsenen aufwuchs – aber dort saß er nur unbeteiligt und allein herum. Er wollte nicht mit den anderen spielen, und die reagierten teilweise sehr aggressiv auf ihn, weil sie mit der Sprachentwicklung so weit hinterher hingen. Er war viel jünger und konnte sich mühelos ausdrücken, während sie z.T. noch nicht einmal verständliche Wörter bilden konnten. Deshalb bekam er damals öfter Prügel und Bisse ab, die er allerdings mit ziemlicher Gelassenheit ertrug. Nur einmal rastete er total aus und schlug auf seinen schlimmsten Peiniger ein – aber wie!

Seine Einzelgängerstellung war, wie beschrieben, von Anfang an klar, und daran hat sich wenig verändert. Er hat nur einen Freund, den er seit dem zweiten Schuljahr kennt und mit dem er in geradezu bedingungsloser Liebe verbunden ist. Wenn er merkt, daß man ihn sowieso nicht versteht, macht er den Mund überhaupt nicht auf. Anders, wenn er auf Interesse stößt – dann kann er einen gnadenlos mit irgendwelchen technischen Details, die kaum einer verstehen kann, totquasseln.

Andere Kinder reagierten teilweise sehr aggressiv auf ihn

4.8 Depressionen

Warum haben so viele Kinder Depressionen?

Viele der neuen Kinder, die ein außergewöhnlich offenes Energiesystem haben, paranormale Fähigkeiten aufweisen, mehr zwischen Himmel und Erde sehen, als wir es können, ziehen sich extrem zurück und isolieren sich. Bei diesen Kindern lauert die Gefahr von *überwältigenden Gefühlen der Niedergeschlagenheit*. Depression entsteht oft aus einem Gefühl heraus, auf tiefster Ebene etwas zu vermissen. Sie haben ein enormes Bedürfnis nach Harmonie, die aber nicht vorhanden ist. Ihre unbewußten Erinnerungen an das „Paradies", aus dem die Seele hierher gekommen ist, kann lähmend wirken.

Depression deutet auf intensive Gefühle von Ratlosigkeit, Schuld, Hoffnungslosigkeit und Wertlosigkeit hin. Eine depressive Person spürt, daß die Dinge nicht so sind, wie sie sein sollten, kann aber nichts tun, um die Situation zu verbessern. Es ist dieses Gefühl von Hoffnungslosigkeit, dieses Gefühl, daß „alles verloren ist", was es so schwer macht, eine Depression zu überwinden. Ein depressiver Mensch hat weder die Energie noch den Wunsch, etwas zu unternehmen. Es ist bekannt, daß nicht nur Erwachsene, sondern auch Babys und Kleinkinder depressiv sein können. Eine von Depressionen geplagte Person zieht sich meist zurück, verliert jedes Interesse am Leben, hat wenig Energie, schläft schlecht und hat meist Eßstörungen (ißt viel zuviel oder zuwenig!).

Mögliche Gründe für Depressionen:
1. Eine Reaktion auf zu hoch gesetzte Erwartungen und auf Normen
2. Das Gefühl, von anderen Menschen abgeschnitten zu sein, nicht angenommen und anerkannt zu werden
3. Tiefe innere Sorgen um „das Leben an sich"
4. Nicht ausgelebte Gefühle, unterdrückte Gefühle

Wir alle kennen z.B. Wutgefühle. Wut zu unterdrücken kann zu tiefen Depressionen führen. Man sagt auch: *„Depression ist Wut, die nicht auf etwas gerichtet werden kann."* Depressive Menschen bestrafen sich auch oft selbst. Über die Wut kann das Kind den Weg aus der Depression finden. Hier braucht es allerdings Hilfe von einem erfahrenen Therapeuten.

* *Selbstzerstörung*
Der Gedanke, daß schon Kinder an Selbstmord denken, ist für Eltern eine direkte Bedrohung. Es scheint uns unbegreiflich, daß ein kleines Kind sein Leben beenden möchte. Selbstmordgefühle können durch immer wiederkehrende Streßsituationen entstehen, für die

Depression bedeutet, daß die Dinge nicht so sind, wie sie sein sollten

Was führt zu einer Depression?

Selbstzerstörung und Selbstmord, Phänomene unserer Zeit

das Kind keine Lösung findet. Die Wut in der Depression wächst und wird schließlich so gewaltig (gewalttätig), daß sich das Kind selbst oder jemand anderen straft. Dieses Strafen wird meist auf sehr dramatische Art vollzogen. Selbstmord kann das Ziel haben, nicht nur sich selbst umzubringen, sondern auch einen oder mehrere Menschen „kaputtzumachen". Es ist eine sehr kraftvolle Waffe! Wichtig ist es, diesen Schrei nach Hilfe nicht zu überhören.

Den Schrei nach Hilfe nicht überhören

Mark, Lehrer in der Schweiz, erzählt:

Enno (14 Jahre alt) galt als Schulschreck schlechthin. Seine Eltern haben einen Lehrer erfolgreich aus seinem Amt gedrängt; darauf war die ganze Familie stolz, sie hatte sich an der Schule rächen können. Gestärkt von diesem Erlebnis, versuchte Enno, seine Position in der Klasse, in die er und ich neu geraten war, auszubauen. Er rauchte schon früh, kam auch regelmäßig mit Cannabis und Alkohol in Kontakt. Sein Schulalltag und auch seine Freizeit bestand im wesentlichen darin, andere Kinder fertigzumachen, Sachen zu beschädigen und an allem und jedem herumzumotzen. Kein einfaches Kerlchen. So war es klar, daß der Weg zu ihm nur über das Verhalten seiner Eltern führte. Bei einigen Gesprächen, in denen ich versuchte, ihnen darzulegen, wo das wahre Potential ihres Kindes wohl liegt, gelang es mir, seine Mutter auf meine Seite zu ziehen. Gemeinsam spiegelten wir für Enno alles, was in der Gesellschaft gut war, wider. Er bekam die Aufgabe, mindestens eine schöne Sache pro Tag zu erkennen.

Ich habe meinen Körper nicht gern

Bei unseren Meditationen konnte er sich nicht entspannen. Zu groß war seine Angst, sich von einem andern führen zu lassen. Ständig mekkerte er herum. Sein Konsum an Cannabis nahm zu. Er hatte begonnen, sich mit seinem Sackmesser zu verzieren, und kam immer neonazihafter daher. Da half nur noch Schocktherapie. Vor der ganzen Klasse sagte ich ihm: „Enno, lerne endlich, dich und deinen Körper gerne zu haben. Was wir von dir bekommen, ist der Müll in deinem Innern. Du lädst ihn hier ab und gehst nach draußen, um dein ganzes System wieder mit Müll zu versorgen. Du übst dich in Selbstzerstörung – schau bloß deine zerschnittenen Arme an – zerstörst deine Lungen und zerstörst Freundschaften. Du würdest über Leichen gehen."

Mit großen Augen schaute er mich an. Er war dem Weinen nahe. Geweint hat er einige Tage später – endlich!

4. Verhalten

Bei einer der nächsten Phantasiereisen konnte er zum erstenmal visualisieren. Er nahm Energieflüsse in seinem Körper wahr. Langsam fand er Vertrauen zu sich. Er wurde hilfsbereit und konnte auch Freude zeigen. Sein Outfit veränderte sich, seine Stimmlage wurde ruhiger, und er empfand sich nicht mehr als auf der Flucht vor sich selbst. In den letzten Monaten konnte sich so ein echtes Selbstwertgefühl entwickeln. Wenn ich ihn heute sehe, reden wir meistens ein paar Worte. Wir können über unseren Kampf lachen. Mit einem Augenzwinkern sagt er dann: „Weißt du, die Schule bei dir war für mich recht happig. Doch ich bin dir dafür dankbar.

Ein Indigo schreibt:

Ich denke nur immerzu: Warum lernen die Menschen nicht, daß das Wichtigste im Leben die LIEBE ist, zu Menschen, zu Tieren. Es ist nicht das Geld und nicht die Macht und nicht, immer der Erste zu sein. Warum leben sie nicht so, wie man es tun würde, wenn man wüßte, daß man immer wieder auf diese Erde kommt? Wieso tun Menschen anderen weh, wo wir doch alle den gleichen Ursprung haben? Dort existieren wir als Energiewesen und kennen uns alle, dort gibt es kein Gut und Böse; dort verabreden wir uns für das nächste Leben, um gemeinsam Erfahrungen zu sammeln und zu lernen! Die Menschen sind über all die Zeit immer mehr an der Oberfläche hängengeblieben, haben das Mittel zum Zweck gemacht und darüber den eigentlichen Grund vergessen!

Das Wichtigste im Leben ist die Liebe

4.9   Vertrauen

Was bedeutet es eigentlich, zu vertrauen?

Was ist eigentlich Vertrauen? Im Internet habe ich verschiedene aber ähnliche Bedeutungen wie die folgende gefunden: „*Vertrauen ist eine von Wertempfinden und Zuversicht bestimmte Haltung, die eng mit Hoffen und Glauben zusammenhängt. Vertrauen kann auf die eigene Person (sich selbst vertrauen), auf Sachen, andere Menschen (zutrauen, anvertrauen), auf die Umwelt und auf Gott gerichtet sein. Die Notwendigkeit von Vertrauen ergibt sich aus der Unsicherheit des Lebens und der Abhängigkeit des einzelnen von seiner Umwelt und seinen Mitmenschen. Alles, was das Leben wertvoll und schön macht, setzt Vertrauen*

*voraus. Es befreit von Sorge und Angst. Die Fähigkeit zu vertrauen ent-
wickelt sich durch die Erfahrung zuverlässiger Beziehungen und liebevol-
ler Fürsorge, insbesondere in früher Kindheit. Sie wird durch Enttäuschungen und Mißbrauch des Vertrauens vermindert. Aus dem Vertrauen
auf Gott erhalten viele Menschen Kraft, anderen auch dort Vertrauen
entgegenzubringen, wo es nicht ,verdient' ist. Der Glaube macht sensibel
für die Verantwortung, die mit Vertrauenhaben und Vertrauenschenken
entsteht. Das Problem der Vereinbarkeit von kritischer Wachsamkeit und
Vertrauen stellt sich immer wieder neu."*

Die neuen Kinder haben großes Vertrauen in das Leben an sich

Ich erlebe im Umgang mit den neuen Kindern, daß sie ein starkes
Vertrauen in Gott, Engel und das Leben als Phänomen an sich haben.
Sie verlieren jedoch schnell ihr Vertrauen, wenn sie einmal mit der ganzen großen Welt (Kindergartenalter) in Verbindung kommen und sehen, wie wir Erwachsenen mit dem Phänomen Leben umgehen. Da sie
Menschen und Situationen „scannen" [das Energiefeld abtasten] und
energetische Abläufe wahrnehmen können, müssen sie oft feststellen,
daß Wort und Tat für uns nicht Hand in Hand gehen. Wir sagen mit
dem Körper etwas anderes aus als mit dem Mund. Auch stellen sie fest,
daß wir Versprechungen nicht so wichtig nehmen und oft nicht einhalten. Ein wahres Verbrechen für Indigo-Kinder! Sie entziehen uns ihr
Vertrauen, und es kann so weit kommen, daß sie nichts, nicht mal
mehr sich selbst vertrauen. Eine unschöne Vorstellung! Sind doch Vertrauen und ein gesundes Selbstwertgefühl Voraussetzungen, um das Leben mit Neugier und Offenheit umarmen zu können.

Unsere Welt ist voller Dekadenz und Abge-stumpftheit

Von einem Indigo, der zu vertrauen versucht:
*Unsere Welt ist, um offen zu sein, für einige ein ziemlich hoffnungs-
loser Fall von Dekadenz [kultureller Niedergang] und Abgestumpftheit.
Es würde mich nicht wundern, wenn es einen dritten Weltkrieg gäbe, in
dem sich noch einmal alles so ähnlich abspielt wie in den ersten beiden,
nur mit anderen Parteien und gefährlicheren Waffen. Aber da gibt es
noch die Träumer, die die Welt verbessern wollen, an Christus und einen
barmherzigen himmlischen Vater glauben, den Heiligen Geist zur Gabe
haben und Dinge erspüren. Sie werden versuchen, uns zu lehren, wieder
auf den Geist zu hören und dorthin zu gehen, wohin unser Herz uns
führt, dann kann uns nichts passieren!*

4. Verhalten

→ Mein Tip:

Tun Sie immer, was Sie sagen. IMMER! Wenn Sie etwas versprechen, überlegen Sie x-mal, ob es sinnvoll ist, und überlegen Sie ganz genau, ob Sie es halten können. Reden Sie nie, nur um etwas zu sagen. Die Kinder werden alle Diskrepanzen, Unstimmigkeiten, gegen Sie einsetzen und sie als Vertrauensbruch erleben. Stellen Sie sich vor der Außenwelt hinter Ihr Kind, und vertrauen Sie ihm. Die neuen Kinder sind sehr besorgte und liebevolle Kinder, sie werden Ihr Vertrauen meist nicht mißbrauchen.

Für die neuen Kinder ist es wichtig, daß Sie tun, was Sie sagen

4.10 Urteilen

Zu urteilen ist eine Angewohnheit, die in den Menschen tief verwurzelt ist. Die neuen Kinder scheinen diese Angewohnheit nicht zu haben, sie urteilen kaum, haben eher ein liebevolles Verständnis für die Welt und ihre Bewohner. Sie versuchen alles aus verschiedenen Blickwinkeln zu erklären und einzuschätzen. Das ständige Urteilen der Erwachsenen macht sie ganz krank und traurig. Sie können mit dieser harten, lieblosen Art nicht viel anfangen. Wenn wir uns die positiven und negativen Eigenschaften der Farbe Indigo (siehe nachfolgende Aufstellung) anschauen, finden wir auf der einen Seite: urteilen, auf der anderen Seite: bedingungslos annehmen. Die Indigo-Kinder bringen einige Eigenschaften mit, die uns anspornen, Verhaltensweisen, Eigenschaften oder Lehren zu bewältigen, die anstehen. Sie bringen uns die Möglichkeit der Entwicklung und Entfaltung direkt ins Haus, somit wird es überflüssig, es draußen lernen zu müssen.

Warum verurteilen wir uns selbst und andere?

Zur Farbe Indigo gehören folgende Eigenschaften:
Positiv:
- *Freiheit und Einfachheit.* Der Wunsch nach Unkompliziertheit; fortschreitende, gedankliche Freiheit; Unabhängigkeit; Natürlichkeit; Gelassenheit

Positive Eigenschaften, die der Farbe Indigo zugeordnet werden

- *Friedensliebe.* Erkennen der kosmischen Gesetze; Streben nach urteilsloser Liebe in allen Situationen
- *Vorstellungskraft, Visualisation.* Die Fähigkeit, Bilder mit dem inneren Auge zu sehen; höhere Wahrnehmung, Urteilskraft
- *Universelle Liebe.* Vorbehaltlose, selbstlose Freundlichkeit; Wohlwollen ausstrahlen und anziehen
- *Die Kunst des Ver- und Übermittelns.* Die Fähigkeit, andere zu beeinflussen und zu inspirieren; taktvolle Rücksichtnahme
- *Zärtliche und mitfühlende Kameradschaft zum anderen Geschlecht*
- *Kommunikation.* Die Fähigkeit höhere Ideale auszudrücken; tiefe Gefühle und Ideen entwickeln

Negative Eigenschaften, die der Farbe Indigo zugeordnet werden

Negativ:

- *Chaos und Unsicherheit.* Verwirrtheit über die eigene Stellung und das eigene Wissen; zögerndes Verhalten; sich nicht entscheiden können; Unordnung; Mangel an Klarheit, um neue Ideen zu verarbeiten und die Wahrheit zu erkennen
- *Verurteilung.* Diskriminierung; negative Wahrnehmung; Isolation
- *Selbstgerechtigkeit.* Das Ergebnis der Verurteilung und des Hoch-Niedrig-Denkens; Unmäßigkeit; auch Egoismus; Engstirnigkeit; das Bedürfnis, sich zu rechtfertigen; die Schattenseite von Jupiter.
- *Rigidität.* Das Ergebnis selbstgerechter Verurteilung; zuviel von sich und anderen erwarten; keine Kompromisse machen können; repressives Verhalten.

Mein Kind reagiert sehr stark auf Ungerechtigkeiten

Eine Mutter erzählt:

Meine Tochter ist sehr selbstbewußt, auch schon als ganz kleines Kind. Sie hat die Menschen immer wieder angesprochen und gefragt, wenn sie etwas wissen wollte, auch fremde Menschen. In der Schule wurden immer wieder Schwierigkeiten im Sozialverhalten angegeben, weil sie sich nicht anpassen oder unterordnen wollte. Oft wurde sie sehr laut oder war bei der kleinsten „Sache" zu Tode beleidigt. Aber auch bei offensichtlichen Ungerechtigkeiten reagierte sie sehr stark. Ihre Lehrerin sagte, mittlerweile kenne die ganze Klasse ihr Verhalten und habe sich nun darauf eingestellt. Sie ist sehr wißbegierig, aber schnell wieder gelangweilt. Sie will sich nichts sagen lassen, sie weiß alles besser. Sie muß im-

mer irgend etwas tun, muß immer alles anfassen, ihre Hände wollen immer alles überprüfen. Mittlerweile ist sie neun Jahre alt, und ihr Verhalten hat sich verändert, nun kommt langsam noch die Pubertät dazu.

➔ Mein Tip:

Vereinbaren Sie mit Ihrem Kind ein Zeichen oder ein Wort, das es machen oder sagen kann, wenn Sie selbst oder jemand anderes urteilt. Es sollte etwas sein, das nur Sie und Ihr Kind kennen. Sie können es dann in Gesellschaft einsetzen. Sie werden sehen, wieviel Sie dadurch lernen und wie oft Sie, ohne es zu bemerken, über andere, sich selbst oder Ihre Kinder urteilen!

Vereinbaren Sie mit Ihrem Kind ein Zeichen

Ein Indigo über positives Urteilen:

Der größte Unterschied [zwischen mir und anderen] liegt wohl in dem Wissen, was ich will und brauche und was nicht. Andere verstehen nicht, warum ich bestimmte Sachen nicht ausprobiere, ehe ich ein Urteil abgebe. Ich brauche das nicht, ich weiß, was ich will und was nicht. Andere mißverstehen das und interpretieren meine Ablehnung als Berührungsangst.

4.11 Geduld – Ungeduld

Wenn das Kind sehr ungeduldig ist und dringend Abstand von belastenden Ereignissen und Entspannung braucht, kann es folgende Übung machen.

Sind die neuen Kinder zu ungeduldig?

Übung: Einfach zur Entspannung

Leg dich mit dem Rücken, flach auf den Boden, Körper und Kopf gerade, das Kinn gelöst, die Beine leicht gespreizt und die Hände mit den Handflächen nach oben neben dem Körper. Entspann dich, und laß deine Gedanken emporsteigen wie bunte Luftballons; langsam verschwinden sie im Blau des Himmels ... Wende nun deine Aufmerksamkeit dem Körper zu ..., und wandere in deiner Vorstellung vom Kopf durch den ganzen Körper zu den Füßen ... Löse dich von allen Spannungen ... Spüre, wie die Entspannung zunimmt ... Hebe beim nächsten Einatmen die Arme über den Kopf und dehne den ganzen Körper ... Beim Ausatmen bringst du die Arme zurück zur Seite ... Wiederhole das zweimal ... Rolle dich dann zur Seite und setz dich wieder auf.

4.12 Ehrlichkeit

Ich bin innen so wie außen.
Ich kann nicht mit Menschen umgehen,
bei denen das nicht so ist!

Ehrlichkeit und Aufrichtigkeit ist für die neuen Kinder lebenswichtig

Die neuen Kinder sind sehr empfindlich, wenn es um Lügen, Ehrlichkeit und Aufrichtigkeit geht. Sie scheuen sich nicht, in der Schule oder zu Hause ehrlich ihre Meinung zu sagen. Das ist nicht immer erfreulich, es kann sogar sehr ärgerlich sein. Auch in Gesellschaft können sie sehr undiplomatisch mit etwas herausplatzen. Diese Ehrlichkeit wird oft gegen sie eingesetzt. Wenn Ihr Kind die Wahrheit sagt, nutzen Sie das nie aus, um es zu bestrafen oder in Verlegenheit zu bringen. Das hat katastrophale Auswirkungen. Auch sollten Sie das Ereignis nicht alle paar Wochen wieder hervorholen. Bestrafen Sie Ihr Kind gerade dann, wenn es auf Ihr Verständnis hoffte, dann wird es Ihnen nur schwer wieder vertrauen können.

Familien- und Seelenkonferenz

→ Mein Tip:

Vereinbaren Sie mit der ganzen Familie, sich alle einmal die Woche zu einem festen Termin zusammenzusetzen. Es sollte ein Termin sein, den alle einhalten können. Das Telefon und die Klingel werden abgestellt, damit niemand stören kann. Jedes Mitglied der Familie bekommt 15 Minuten Zeit zu erzählen, wie es ihm geht, wie seine Woche war, wie er dies oder das erlebt hat. KEINER kommentiert das Gesagte, jeder hält sich mit Urteilen, Feedback, Fragen oder Antworten zurück. Diese Zeit können Sie nutzen, einander vorbehaltlos kennenzulernen. Sie werden überrascht sein, wie unterschiedlich die verschiedenen Familienmitglieder Ereignisse erleben, einstufen und verarbeiten. Verabreden Sie vorher, daß nichts, was gesagt wird (Sie, die Eltern, erzählen ja auch offen über sich selbst!), zu Strafe führt, weitererzählt oder zum Nachteil des Erzählers eingesetzt werden darf. Es ist Ihre Stunde der Liebe und des bedingungslosen Teilens miteinander.

Geschichte einer Mutter, die versucht, offen und ehrlich mit ihren Kindern zu leben:

Alle drei können sich in der Schule nur schwer unterordnen. Sie haben einen ausgeprägten Gerechtigkeitssinn, finden es unsinnig, sich mit dem vermittelten Schulwissen zu beschäftigen, wenn die Erklärung der Zusammenhänge fehlt. Sie sehen keinen Sinn darin, sich jemandem unterzuordnen, der ihrer Meinung nach keine Ahnung vom Sinn des Lebens hat. Sie beschäftigen sich lieber mit der Konstellation der Gestirne und der Funktion der einzelnen menschlichen Zellen. Bei meinen Kinder hilft es, wenn ich ihnen erkläre, daß sie auf andere Rücksicht nehmen müssen. Ich versuche, ihnen begreiflich zu machen, daß nicht alle Menschen so viel wissen und verstehen können, auch wenn ich damit Gefahr laufe, die Autoritätsprobleme in der Schule noch zu steigern.

Nach einem Termin beim Schulpsychologen wurden alle drei als hoch begabt eingestuft (geholfen hat das in der Schule aber auch nicht). Laut Gutachten einiger Ärzte sind alle drei hyperaktiv mit ADD-Symptomen und sollten mit Beruhigungsmitteln behandelt werden. Ich habe entschieden, sie nicht zu therapieren. Wir belassen es bei gemeinsamer Meditation (falls es gewünscht wird), und ich versuche immer, für ihre Fragen/ ihre Kritik offen zu sein.

> Meine Kinder haben einen ausgeprägten Gerechtigkeitssinn

4.13 Verantwortung übernehmen

Es ist wichtig, sich bewußt zu machen, daß jeder Mensch energetisch und materiell immer in der Situation ist, die er selbst ge-

Verantwortung für
Lebenssituationen
übernehmen

schaffen hat. Also ist es wichtig, im Leben zu lernen, Situationen neutral, ohne große Emotionen zu betrachten, um erkennen zu können, warum man sich in dieser Situation befindet. Verantwortung für sein Leben zu übernehmen bedeutet, sich bewußt zu sein, daß sich Gedanken materialisieren und jeder seine eigene Welt erschafft!

* *Sein und Tun*

Wenn Sie für die Situation, in der Sie mit Ihrem Kind leben, Verantwortung übernehmen möchten, empfehle ich Ihnen, sich viel Zeit zu nehmen, um Ihr Kind zu beobachten und ihm zuzuhören. Leider gönnen sich in dieser hektischen Zeit wenige, einfach Beobachter zu sein, ganz leise und still neben dem Kind zu sitzen und wahrzunehmen. Ohne konkrete Ergebnisse empfindet man diese Zeit vielleicht als verloren – das haben wir so gelernt, und schließlich gibt es ja noch so viel zu tun! Wir lassen uns aus Gewohnheit gerne von allen wartenden Dingen, die noch erledigt werden müssen, ablenken.

Aber Kinder wollen, daß man für sie da ist. Ihnen ist es egal, ob die Küche sauber geputzt ist oder der Boden gewischt wurde. Kinder lieben es, wenn die Eltern einfach ruhig in ihrer Nähe sind. Sein und Tun sollten sich, wie Entspannung und Spannung, im richtigen Gleichgewicht abwechseln.

Kinder wollen, daß man
für sie da ist

4.14 Sich Sorgen machen

Wenn die Kinder ihre Gefühle und Sorgen nicht aussprechen, häufen sie sich in ihrem Inneren auf. Die Kinder, die angespornt werden, sich zu äußern, werden ihr Umfeld weniger oft Wut- und Zornausbrüchen aussetzen. Sorgen über das Morgen können die Kinder ruhelos machen oder sie nicht einschlafen lassen. Sind die Kinder gut geerdet, so werden einige dieser Ängste und Sorgen verschwinden. Aber Ihr Kind wird am meisten davon profitieren, wenn Sie es über das Energiesystem, die Schichten und Farben der Aura, Engel usw. aufklären und damit in der Familie „normal" umgehen. Ist das

Indigo-Kinder können
sich große Sorgen
machen und sehr leiden,
ohne daß Sie es
bemerken

Kind sich sicher, daß Sie es ganz annehmen und ihm glauben, dann kann es auch sorgenfreier leben.

Übung: Hilfe durch die Engel

Wenn du schlafen gehst, oder in jedem anderen Moment, kannst du dich hinsetzen oder hinlegen und die Augen schließen. Atme einige Male ruhig ein und aus ... Entspann dich ... Dann bitte deinen Engel, dir deine Sorgen und Ängste abzunehmen. Schau, wie er all deine Ängste und Sorgen aus deinem Energiesystem herauslöst ... Beobachte, wie dein Engel deine Ängste zurückgibt an Mutter Erde ... Mutter Erde wird sie für dich vollkommen auflösen und wieder schöne Energie daraus machen ... Diese Energie strömt jetzt aus der Erde als Wasser heraus, wächst aus ihr als Pflanzen und wunderschöne Blumen ... Vielleicht kannst du sie riechen? ... Bedanke dich bei deinem Engel und bei Mutter Erde und schlafe ruhig ein.

Ein Engel befreit von Sorgen und Ängsten

Übung: Übervoller Schrank

Das Anhäufen von Groll, Gefühlen oder Sorgen können Sie sich vorstellen wie das Vollstopfen eines Schrankes. Schnell eine Tür aufmachen, das „Ding" hineinschmeißen und die Tür wieder zu. Aber wenn Sie Pech haben, fliegen irgendwann beide Türen von allein auf, da der Schrank zum Bersten voll ist. Alle Probleme, verletzten Gefühle, Ängste, emotionalen Verwundungen fallen aus dem Schrank heraus auf den Boden. Alles liegt in großer Unordnung über den Raum verteilt, und das ist ziemlich unangenehm.

Alles fliegt raus auf den Boden

Sie können gemeinsam mit Ihrem Kind schauen, was es alles in seinen Schrank gesteckt hat. Räumen Sie zusammen auf. Manche Sachen, die das Kind noch nicht verarbeiten kann, bleiben einfach weiter im Schrank, das ist okay. Aber sie liegen jetzt gut sichtbar und wohlgeordnet darin, und das Kind kann die Tür öffnen, um dann weiter „aufzuräumen", wenn es möchte oder bereit dazu ist.

Mark, ein Lehrer, erzählt:

Isabell (14 Jahre alt) war eine Schülerin, die das Schwänzen entdeckt hatte. Mein Vorgänger hatte ihr deswegen auch kein Semesterzeugnis geschrieben: Ich kann ihre Leistungen nicht bewerten, weil sie ja nie in

→ **Mein Tip:**
Ein einfaches altes Rezept aus Peru hilft, wenn Sie viele Sorgen und Probleme haben, die sich in Alpträumen zeigen. Stellen Sie ein Glas Wasser in die Mitte unter Ihr Bett, die negativen Energien sammeln sich dann im Wasser. Bei ganz schlimmen Problemen nimmt man vier Gläser Wasser und stellt sie unters Bett, in jede Himmelsrichtung eines (so daß ein Kreuz entsteht). Die Gläser bleiben dreißig Tage stehen und das, was vom Wasser verdunstet, wird nachgefüllt. Danach werden die Gläser ausgeleert (eventuell wiederholen).

Angst vor dem Tod der Großmutter

der Schule war.

Isabell wuchs bei ihrer Großmutter und einem leicht behinderten Onkel auf. Ihre Mutter lebt schon seit Jahren in einer Nervenklinik, und den Vater kennt sie nicht. Was mag wohl in einem pubertierenden Mädchen vorgehen, das ein solches Schicksal zu meistern hat? Ob sie Angst hat, einmal allein zu sein? Oder Angst, so zu werden wie ihre Mutter? Was spürt dieses Kind?

Mir war Isabells häufiges Fehlen bekannt. In der ersten Woche wollten wir freitags gemeinsam Mittag essen und anschließend in die Badi (Freibad) gehen. Jedes Kind hatte einen Beitrag für das gemeinsame Mittagessen beizusteuern. Als wir beim Grillplatz ankamen, fehlte Isabell. Schon jetzt, dachte ich bei mir, und das bei einem Ereignis, das ja nicht der graue Schulalltag war. Wir aßen zu Mittag. Die Schüler berichteten mir, daß Isabell immer wieder fehle. Man könne da auch nichts machen. Die ganze Familie sei ein wenig verrückt.

Nach dem Essen stieg ich in mein Auto, fuhr zu ihr heim und läutete an der Hausglocke. Eine Frau zwischen siebzig und achtzig öffnete mir. Das war Isabells Großmutter. Sie wirkte aufgeschlossen und sympathisch. Die Wohnung war schön aufgeräumt und strahlte Nestwärme aus. „Ja, Isabell ist krank", begann sie. Ich schaute sie nur an. Sie fragte mich plötzlich, ob ich nicht mit ihr reden könne. Ich trat ein. Isabell kam im Nachthemd aus ihrem Zimmer. „Hallo", begrüßte ich sie, „es ist noch ein bißchen zu hell für das Nachthemd, und draußen in der Badi wäre es sicher angenehm." Isabell widersetzte sich kurz, entgegnete, daß sie einen Migräneanfall habe. „Nun gut", meinte ich, „zieh dich an, fahr mit mir mit, und in der Badi kannst du im Schatten liegen." Zwei Minuten später stand sie da.

Im Auto sprachen wir. Isabells Angst war, daß ihre Großmutter sterben könnte, da sie krank sei. Ich erzählte ihr von meinem Bruder und meinem Vater, die in derselben Woche gestorben waren. Mein Bruder hatte einen Arbeitsunfall und mein Vater war schwer krank. Ich erzählte ihr auch, daß Gott mich am Leben ließ, weil ich noch Aufgaben zu erledigen hätte. Eine dieser Aufgaben sei wohl, jetzt mit ihr über die Angst vor dem Tod anderer zu sprechen.

Es gelang uns gemeinsam anzuerkennen, daß jeder für sein Leben andere Karten bekommt. Wir müssen unsere Entscheidungen in bester

Absicht und im Einklang mit unserem Herzen fällen. Ihrer Großmutter
würde es wohl bessergehen, wenn sie sich weniger um Isabell sorgen
müßte. Das Schuleschwänzen ist etwas, das nicht nötig ist, wenn Isabell
die Schule als geschützten Ort betrachten kann, an dem sie Abstand zu
ihren Ängsten bekommt, um einfach sein zu können.

Isabell fehlte in den folgenden Jahren kein einziges Mal mehr. Heute
steht sie kurz vor dem Abschluß als Einzelhandelskauffrau. Wenn ich in
dem Geschäft einkaufe, in dem sie arbeitet, kommt sie hinter den Gestel-
len hervor und nimmt sich immer Zeit für einen Schwatz.

Schule als geschützter
Ort

4.15 Von der Mutter abnabeln

Mir fällt auf, daß es in Familien, bei denen es Schwierigkeiten mit
Kindern im Alter zwischen zehn und zwölf Jahren gibt, oft die
Abnabelung des Kindes von der Mutter ist, die sie verursacht. Das ist
vor allem bei Jungen der Fall.

Früher gab es Rituale und Einweihungen, die den Übergang von
der Kindheit zum Erwachsenenalter einleiteten. Bei Jungen z.B. ging
man davon aus, daß sie bis zum zwölften Lebensjahr in die Verantwortung der Mutter gehörten. Danach sollten sie unter die Obhut ihres Vaters kommen.

Ich habe mehrere Jungen kennengelernt, die intelligent, offen, un-
problematisch im Umgang usw. waren und extreme Schwierigkeiten bekamen und verursachten, als sie in die Pubertät kamen. Jungen dieses
Alters wollen sich von der Mutter entfernen, haben aber viele Schuldgefühle, wenn sie dies tun. Sie meinen, es würde die Mutter verletzen,
und sie lieben sie doch so sehr. Sie wissen nicht, wie sie es anstellen sollen, und verstärken die Bindung im Grunde noch, z.B. durch schlechte
Noten in der Schule, flegelhaftes und auffälliges Verhalten usw. Sie fühlen aber unbewußt, wie diese Mutterliebe sie erstickt. Die Welt draußen
wartet auf sie, möchte entdeckt werden, aber die Bindung an die Mutter ist zu groß, um das zuzulassen. Hier ist es sehr wichtig, daß die Eltern sich klarmachen, wie sie mit dem Kind leben möchten. Ist der
Vater bereit, mehr Zeit (es muß nicht wirklich quantitativ mehr sein,
qualitativ würde es auch tun!) mit seinem Sohn zu verbringen?

Schuldgefühle, sich von
der Mutter abzunabeln

→ Mein Tip:

„Quality"-Zeit für Vater und Kind

(Dieser Tip ist an den Vater oder an den männlichen Partner in der Beziehung gerichtet.) Fangen Sie an, mit Ihrem Kind nach Aktivitäten Ausschau zu halten, die Sie beide spannend und interessant finden oder von denen Sie träumen. Nur Sie beide fangen an, diese Aktivitäten zu erlernen oder auszuüben, damit es etwas ist, was nur der Vater mit dem Sohn teilt. Natürlich können Sie der Mutter davon erzählen, auch den anderen Kindern, aber es bleibt etwas ganz Spezielles zwischen Ihnen beiden. Das knüpft ein enges Band zwischen Vater und Sohn, und das braucht das Kind in diesem Alter auch.

Der Vater kann sich z.B. auch um Elternabende kümmern, mit zum Arzt gehen oder ähnliche Dinge mit seinem Sohn erledigen. Zusätzlich eine Ferienwoche nur für Vater und Sohn kann Wunder bewirken und dem Kind genug Sicherheit bieten, sich von der Mutter zu entfernen.

Als Mutter können Sie sich auch auf diesen langsamen Abnabelungsprozeß einstellen und ihn Ihrem Sohn erleichtern. Zeigen Sie Ihrem Kind, daß Sie es nicht weniger lieben, wenn Sie ihm erlauben, immer mehr seine eigenen Wege zu gehen.

Wenn Sie nur wenig Zeit haben, nutzen Sie die vorhandene richtig!

Ein Kind muß eigene Wege gehen dürfen

4.15 Konfliktbewältigung – Win/Win-Ergebnisse

Konfliktbewältigung ohne Niederlage

In der englischen Sprache wird die Konfliktbewältigung, bei der es keinen Verlierer gibt, „Win/Win"-Lösung genannt. Niemand siegt und niemand unterliegt, beide Parteien gewinnen, weil die Lösung für beide annehmbar ist. Man könnte auch sagen, daß es eine Konfliktbewältigung ist, die zur beiderseitigen Zufriedenheit führt. Am Ende wird eine Abmachung getroffen, mit der beide Teile einverstanden sind.

BEISPIEL: Ein Elternteil und ein Kind stehen in einer Konfliktsituation. Der Elternteil bietet dem Kind an, sich gemeinsam mit ihm auf die Suche nach einer annehmbaren Lösung zu machen. Dabei kann jeder mögliche Lösungen vorschlagen. Jeder beurteilt die Vorschläge kritisch, und schließlich entscheiden sich beide zusammen für eine für beide Seiten annehmbare, endgültige Lösung. Am Anfang ist diese Methode ungewohnt und verlangt von allen Parteien ein Gefühl der Gleichberechtigung, Achtung für den anderen und Experimentierfreudigkeit. Aber die Methode wirkt und macht das Leben bedeutend einfacher. Da die Indigo-Kinder Ehrlichkeit und Gleichwertigkeit gegenüber sehr offen und sensibel sind, werden sie schnell mitmachen und sich an die Absprachen halten. Von Haus aus lieben und würdigen sie diese Umgangsform.

Gemeinsam Lösungen entwickeln

4.17 Entscheidungen treffen

Übung: Entscheidungen treffen

Wir kennen alle die Waage. Sie ist ein Symbol, das uns bei Entscheidungsschwierigkeiten helfen kann.

Bevor du mit der Übung anfängst, stellst du dir zwei Symbole vor, die die beiden möglichen Lösungen für dich verkörpern. Vielleicht möchtest du sie kurz aufzeichnen oder benennen?

Die beste Entscheidung finden

Dann setz dich bequem hin, schließe deine Augen und entspann dich … Stell dir jetzt eine große Waage vor. Sie hat einen großen Balken mit zwei Armen und zwei Waagschalen, die an diesen Armen befestigt sind. Leg jetzt das Symbol für eine der beiden Lösungen in die eine Waagschale und das Symbol für die andere Lösung in die andere Waagschale. Bitte die Waage, dir zu zeigen, welches Symbol mehr wiegt. Wende dich für einige Momente ab. Schau dann wieder zur Waage hin, und du wirst sehen, welche Waagschale schwerer wiegt als die andere. Die tiefere Waagschale steht für die bessere Lösung, sie hat einfach mehr Gewicht. Sollten die beiden Schalen ausbalanciert sein, sind beide Entscheidungen in Ordnung.

4.18 Grenzen setzen

Alle Kinder brauchen Grenzen, und die neuen Kinder brauchen sie fast noch dringender. Deutlich formulierte und beiderseits verstandene Regeln, Grenzen und Erwartungen an das Verhalten geben ein Gefühl von Sicherheit und Stabilität. Für die jüngeren Kinder ist das sehr wichtig, die älteren haben schon ihre eigenen Werte und Erwartungen in ihr Verhalten integriert.

Die neuen Kinder brauchen klare Grenzen und Regeln

Grenzen helfen dem Kind, mehr Kontrolle über sich selbst und die verschiedenen Situationen in seinem Leben zu haben. Oft haben Eltern Angst, Grenzen zu setzen, oder sind der Meinung, daß es nicht nötig ist, sie zu setzen, weil das Kind vielleicht begabt ist, die Sprache gut beherrscht, alles weiß oder älter erscheint, als es ist. Aber dann setzen sie ihre Kinder unvorbereitet den Gefahren aus, die zum Leben gehören.

Wenn Sie Grenzen deutlich stecken, schaffen Sie damit ein sicheres Gebiet für Ihr Kind, in dem es sich verhalten kann, wie es möchte. Es braucht dann nicht ununterbrochen darauf aufzupassen, wo die Grenzen sind!

Es ist nur natürlich, daß alle Kinder dann und wann über die Stränge schlagen. So lernt man im Leben. Die neuen Kinder sind aber auch sehr empfindlich, was Grenzen anbelangt. Einerseits brauchen sie deutliche Grenzen, andererseits dürfen diese nicht zu einengend sein, sonst kommen sie sich wie Gefangene vor. Sprechen Sie mit Ihren Kindern über die bestehenden Grenzen, wenn Sie bemerken, daß etwas falsch läuft. Die neuen Kinder müssen immer erst den Grund und die Richtigkeit einer Regel einsehen. Sie sollte auch immer glaubwürdig sein und eingehalten werden können, ohne dabei starr und unflexibel zu sein.

Kinder lernen, indem sie immer wieder Grenzen übertreten

Indigo-Kinder lieben es, Sie darauf zu testen, ob Sie konsequent sind und auch tun, was Sie sagen!! Da die Kinder verbal oft enorm ausdrucksfähig sind, werden sie versuchen, Sie „unter den Tisch zu reden", und ihre Interessen mit logischen Argumenten verteidigen. Auffällig ist, daß die neuen Kinder schon früher als andere lernen, ihre eigenen Grenzen zu setzen. Sie können sie immer wieder darauf hinweisen, wie wichtig Grenzen auch für ihre

Mitmenschen sind. Die Kinder haben großes Verständnis für ihre Mitmenschen. Sie werden es verstehen, nachdem sie über das Energiesystem und den Energieaustausch aufgeklärt wurden.

Regeln und Grenzen für die neuen Kinder müssen sehr deutlich und erklärbar sein

→ **Mein Tip:**

Berühren Sie Ihr Kind körperlich, wenn Sie mit ihm über eine Begrenzung reden. Dieser physische Kontakt verstärkt die Begrenzung, die Sie setzen, während er dem Kind gleichzeitig zeigt, daß Sie es lieben.

5. Lernen

Ich habe Probleme, Menschen als Vorgesetzte
zu respektieren,
die ich auch so schon nicht respektieren kann.
Ein Indigo

5.1   Ganzheitliche Erziehung

Eltern müssen ihre Verantwortung wieder zurückholen

Leider erleben wir momentan die meisten Schwierigkeiten mit den neuen Kindern in der Schule. Hier prallen zwei Welten frontal aufeinander, die wenig füreinander übrig haben und sich auch gar nicht verstehen können. Es scheint mir manchmal so, als wäre die Zeit abgelaufen, in der wir die Verantwortung für unsere Kinder an Institutionen abgeben konnten. Wir haben uns daran gewöhnt, die Kinder am Tage „abzugeben" – die „anderen" (Lehrer, Kindergartenbetreuer u.a.) erledigen das schon, das ist ihr Job, dafür werden sie schließlich bezahlt. Aber wollen wir das eigentlich wirklich? Macht es uns tatsächlich Freude, die Kinder jeden Tag fast in die Schule „zu prügeln"? Finden wir es wahrhaftig in Ordnung, ihnen Ritalin zu geben, nur damit sie „den Unterricht nicht stören"? Vielleicht sollten wir einmal darüber nachdenken, ob wir möglicherweise am Ende einer Epoche angelangt sind.

Es gibt viele medial begabte Kinder, die in speziellen Schulen betreut werden

• *„Neue" Schulen in Bulgarien, Rußland, Mexiko, China und vielen anderen Ländern*

In verschiedenen Ländern der Welt gibt es mittlerweile unterschiedliche Schulen, wo spirituell offene und medial begabte Kinder eine gründliche spirituelle Erziehung erhalten. Diese Schulen sind nicht allgemein bekannt, aber sie sind da! Es gibt immer mehr Kinder, die über große paranormale Fähigkeiten verfügen, und sie brauchen Begleitung und Verständnis für den Umgang mit diesen Fähigkeiten.

Es scheint so, als ob die Indigo-Kinder (nicht zu verwechseln mit den medial begabten Kindern!) hauptsächlich in der westlichen Welt, der „Computerwelt", geboren werden, während die medial begabten Kinder eher in den östlichen und südlichen, weniger technisierten Teilen der Welt geboren werden. Es gibt zu diesem Thema ein Buch von James Twyman, das von diesen Kindern erzählt: „Emissary of Love, The psychich Children speak to the world" (Ersterscheinung voraussichtlich Frühjahr 2002)

- *Spirituelle Erziehung*

Eine Frau, die den Mut gehabt hat, ein völlig neues Schulsystem aufzubauen, ist Chris Griscom. Sie gründete 1989 die Nizhoni-Schule und -Universität in Amerika, die Kindern (und Erwachsenen) eine spirituelle Ausbildung ermöglicht. Im Prolog ihres Buches „Der Weg des Lichts, Spiritualität und Erziehung" (siehe Anhang) sagt sie:

Die heutige Erziehung ist ein Einweihungsweg, der zu lange dauert und deshalb schal wird. Der Körper ist schon längst erwachsen und herangereift, aber das Verlangen dazuzugehören wird nicht befriedigt, während der mit Fakten vollgestopfte Verstand vergeblich nach Sinn sucht. Zur Mittelmäßigkeit verurteilt, verschlafen wir den anbrechenden Morgen und versäumen die Realisierung unseres Potentials. Die öffentliche Erziehung folgt einem Irrweg. Bildung, die einst allgemein und umfassend sein sollte, ist oftmals zu innerer Bedeutungslosigkeit verkümmert, degeneriert zur bloßen Angewohnheit des distanzierten, uninteressierten modernen Menschen. Erziehung hat vielfach ihren eigentlichen Zweck verloren und ist auf die Seite einer reinen Konsumhaltung gerutscht. Sie verkörpert die Illusion, daß mehr besser ist, statt die Einsicht zu pflegen, daß ein fruchtbarer Same zu einem „ganzen" Baum heranwächst. Mit einer unersättlichen Völlerei technologischen Konsums haben wir den Verstand vom Körper getrennt, schlimmer noch, wir haben einen Fortschrittswettlauf ohne den Geist begonnen – der einzige Teil in uns, der weiß, wohin wir gehen. Die Menschheit erleidet eine akute Krise, weil ihr nicht beigebracht wurde, sich selbst zu entdecken. Selbsterkenntnis ist das einzige wertvolle Wissen, über das wir verfügen können. Solange wir nicht wissen, wer wir sind, können wir unser wahres Potential nicht aktivieren, uns nicht als Teil des Kosmos begreifen und keinen Sinn in dem entdecken, was wir lernen oder suchen.

Wäre spirituelle Erziehung möglich?

Sind wir alle zur Mittelmäßigkeit verurteilt?

Wir sind Kinder des Universums und mit allem verbunden

5.1 Ganzheitliche Erziehung

Durch die Verbindung mit dem Höheren Selbst, mit dem Göttlichen, kann den Kindern beigebracht werden, Wissen aus dem Selbst zu gewinnen und dieses Wissen anzuwenden. Sie sollten lernen, sich selbst als Teil eines globalen Hologramms zu sehen; denn wir sind alle miteinander verknüpft, und der eine bedingt den anderen. Lernen die Kinder, daß alles Energie ist, daß es um das freie Fließen von Energien geht und um das Empfangen und Senden von Energien, so bekommen sie eine andere Grundeinstellung zum Leben. Aber die meisten Erziehungssysteme vernachlässigen den Einfluß der Seele auf uns, weil sie nicht wissen, wie sie die unsichtbare Welt sichtbar machen können. Es wäre jetzt, nach dem Millenniumswechsel, an der Zeit, jedes Kind als voll entwickelte Seele anzuerkennen, die aufgrund ihres universellen Bewußtseins, die Kultur, ihre Eltern und ihr Schicksal bewußt ausgesucht hat, in das sie sich durch ihre Inkarnierung begeben hat.

Wir verlieren viele Jugendliche an Drogen und Alkohol

Wir verlieren viele Jugendliche an Drogen und Alkohol, an Entfremdung, an den Tod, weil wir versäumen, sie zu fragen, was ihre Fähigkeiten sind, was sie mögen und wer sie eigentlich sind!! Wir sagen ihnen immer nur, was WIR wissen, und da ist ein Umdenken erforderlich. Ist es wirklich möglich, daß wir seit Millionen von Jahren aus Energie bestehen, und niemand darüber spricht oder wir davon manchmal nicht einmal wissen? Ist es wirklich möglich, daß wir seit Millionen von Jahren klare Naturgesetze haben und niemand mit diesen Gesetzen arbeitet? Schlafen wir alle noch, oder was hält uns in den alten Gesetzmäßigkeiten?

Warum sind Schulsysteme in anderen Ländern frei?

Wir brauchen dringend neue Erziehungsmodelle, um den neuen Kindern dabei zu helfen, ihr Potential leben zu können, von dem wir alle profitieren können, weil dadurch unser Leben wertvoller wird.

→ Mein Tip:

Ab Sommer 2002 wird der Indigo Kinder Lichtring verschiedene erfolgreiche Alternativen zum mitteleuropäischen Schulsystem auf seiner Website ausführlich vorstellen! Es gibt in Holland, England, der Schweiz und Nordamerikas Schulen, die neue Wege beschreiten. Auch die

Systeme Home-Schooling und Un-Schooling werden dort beschrieben. Es wird ein Forum aufgebaut, in dem Sie Lehrern Fragen stellen und nachlesen können, welche Erfahrungen andere Eltern gemacht haben.

Linda Redford aus Santa Monica, Kalifornien, hat ein spirituelles Lernprogramm, genannt „The Adawee Teachings", entwickelt. Ihre Vision war: *„Statt die Schäden zu heilen, möchte ich dafür sorgen, daß es sie gar nicht mehr gibt!"* Das Programm wurde in vielen Schulen getestet und hat gute Resultate erbracht (siehe Website: www. honorkids.com).

Wie werden die Kinder Weltbürger?

Die Prinzipien, die Linda Redford den Kinder-Weltbürgern beibringt, sind:

- *Demut:* Ich kann vom Himmel, von einem Felsen, einem Baum, von meinen Freunden, von meiner Mutter und meinem Vater lernen.
- *Verantwortung:* Wenn jemand traurig ist, kann ich ruhig dasitzen und mit ihm sprechen, bis seine Traurigkeit sich auflöst, oder ich kann ihn ärgern, und er wird noch trauriger.
- *Respekt:* Ich lerne, daß auch der Baum einen lebendigen Geist hat, den ich respektieren muß.
- *Ehrlichkeit:* Wenn ich ehrlich mit anderen bin, lernen sie, mir zu trauen.
- *Freigebigkeit:* Wenn ich mit anderen teile, fühle ich mich im Inneren gut.
- *Verzeihung:* Wenn ich sage: „Es tut mir leid", zeige ich, daß ich verstehe, daß ich dich verletzt habe. Wenn ich dich verletze, verletze ich mich selbst.
- *Weisheit:* Ich lerne, daß es in mir einen weisen Teil gibt, der weiß, was am besten ist.

Ein Mädchen erzählt:

Ich war meistens eine recht gute Schülerin, außer in Mathematik. Ich habe immer sehr kompliziert gedacht und deshalb immer länger gebraucht. Ich habe mich sehr gelangweilt, und ich habe immer nur auf die Uhr geschaut oder habe geschaukelt oder Briefchen geschrieben oder aus

Ich wünsche mir Schulen ohne Tische und Bänke und ohne Hefte, ohne Tafel und ohne Lehrer

Uhu kleine Bällchen geformt oder unauffällig Walkman gehört oder bin zeitweise eingeschlafen. Ich wünsche mir für die Zukunft Schulen ohne Tische und Bänke und ohne Hefte, ohne Tafel und ohne Lehrer. Achtzig Prozent von dem, was der Unterricht zu bieten hat, ist Schrott, den man Gott sei Dank eh wieder vergißt – also wozu ihn lernen? Wenn ich mit Allgemeinbildung glänzen möchte, dann mach ich bei der Millionen-Quiz-Show mit. Ich wünsche mir eine Schule im Freien, auf Bänken und Hängematten, ohne Benotung, sondern mit viel Musik, Tanz, Basteln, Töpfern, Sport, Malen, Spiritualität. Der Rest (Lesen, Schreiben, Rechnen) wird spielerisch erlernt (Montessori etc.). Es sollen auch Tiere dabeisein. Schule auf einem Bauernhof mit vielen Kindern aller Altersklassen. Kleidung soll keinen Machtstatus an Schulen haben. Kinder sollen sich ihre Schulkleidung selbst nähen, schön bunt.

Ich wünsche mir eine Schule, in der jeder Mensch so akzeptiert wird, wie er ist

Eine junge Frau schreibt:

Ich wünsche mir eine Schule, in der ein jeder Mensch so akzeptiert wird, wie er ist. Ich habe eine pädagogische Ausbildung, und meine Art, mit Kindern umzugehen, wurde immer kritisiert. Ich habe mich zurückgezogen, wurde depressiv, habe mich für nichts mehr interessiert, konnte oft meine Ideen und Gedanken nicht in Worte fassen und habe massive Probleme bekommen. Schule im herkömmlichen Sinn ist unproduktiv; zu sitzen und Wissen zu lernen macht keinen Sinn. Ein jeder Mensch birgt das Wissen in sich, das er für seinen Weg auf dieser Erde braucht. Dieses Wissen soll gefördert und gestärkt werden, doch die Lehrer sind noch nicht soweit. Es gibt auch kein Schüler-Lehrer-Verhältnis, der Lehrer lernt vom Schüler und der Schüler vom Lehrer – so ist es natürlich, und alles geht ohne Zwang, Regeln, Normen. Gesetze sind selbstverständlich und müssen nicht niedergeschrieben oder von Hütern bewacht werden. Mehr Verständnis und Individualität, mehr Vertrauen und Zuversicht in das Wissen der Kinder; in den jetzigen Schulen wird es ihnen genommen und nicht gegeben.

Ein Fünfundzwanzigjähriger schreibt:
(Dieser Text wurde mit Absicht nicht korrigiert.)

Ich kann Charakter lesen

Ich kann Charakter lesen. Ich bin Überdurchschnittlich intelligent. Eine weise alte Frau sagte mal zu mir ich sei ein Sonnenkind könnt ihr damit was anfangen? Allerdings habe ich mich vor kurzem was mir erst *jetzt einleuchtet eine wahl getroffen. Kurz danach ist mein Vater gestor-* *ben der mit seiner Freundin im Ausland gelebt hatte zu der Zeit. Ich* *weiss das mein Geburtsdatum etwas mit mir zu tun hat und meinem El-* *tern und ich weiss jetzt was , nur kann ich das nicht schreiben. ICh* *kann das nicht in Worte kleiden/fassen. Mein Vater ist vor kurzem ge-* *storben seitdem Überschlaegt sich meine Geistige Entwicklung förmlich.* *Wobei die meiner Mutter auch, sie ist jetzt komischerweise total Klar im* *Verstand und hat sich TOTAL verändert. Mein Leben verging recht fix* *die ersten Jahre aber ich kann mich an fast alles erinnern nur komischer-* *weise habe ich immer das gefühl irgendwas ist nicht vorhanden was da* *sein sollte Irgendwas ist mir Vorenthalten worden.... naja mal sehn ich* *will es zummindest rausfinden was es ist. Ich weiss das ich für Irgend-* *etwas bestimmt bin was in mir Trauer Furcht und Wut gleichzeitig aus-* *löst aber ich komme nicht drauf ... noch nicht Da ich immer wieder ko-* *mische Phasen durchmache die in letzter zeit sehr häufig wechseln denke* *ich irgendwas wird passieren bald. Ich gehe nichmehr zur Schule .... aber* *Schule war witzig Ich habe NIE gelernt, da hatte ich immer was anderes* *vor. Ich hatte gute noten in der Hauptschule ne zeit lang bin auf die Re-* *alschule dann und hatte ab da schlechte Noten , 1x sitzengeblieben,* *Abschluss so mit 3... aber das ist jetzt egal hehe Rechtschreibung klappt* *auch nicht ganz aber man versteht mich!!*

Meine Mutter hat sich totat verändert

Ein Indigo sagt:

Ich muß in irgendwas eingeweiht werden und mich mit einer Person *unterhalten, die mir eine tiefe neue Erkenntnis liefert. Ich brauche auch* *die nötigen Kontakte und Unterstützung, daß mir Wissenschaftler aus* *vielen Bereichen zuhören. Wobei mich keine Leute interessieren, die nicht* *offen für neue Ideen sind, sprich eigentlich gar keine Wissenschaftler* *sind.*

Ich brauche keine Einweihung

Mark, ein Lehrer, erzählt:

Adrian ist ein wohlerzogener 14jähriger Teenager. Wie die meisten *seiner Altersgenossen ist er noch nicht so richtig von der Pubertät erfaßt* *worden. In der Schule fällt er durch aktives Interesse im mündlichen Un-* *terricht auf. Als Lehrer ist man froh, wenn es Kinder wie Adrian in der* *Klasse gibt.*

5.1 Ganzheitliche Erziehung

Als die Klasse ihren ersten Aufsatz schrieb, stockte mir der Atem. Was Adrian mir anbot, war die Arbeit eines Drittkläßlers, was die Menge, die Korrektheit und sprachliche Ausdrucksfähigkeit anbelangte. Wie konnte so etwas nur geschehen? Adrian erhielt von mir den Auftrag, in den nächsten Wochen täglich mindestens eine halbe bis eine ganze DIN-A4-Seite zu schreiben. Er sollte sich seine Gedanken als Bilder vorstellen und diese anschließend einfach in den Text fließen lassen.

Gedanken als Bilder in Text fließen lassen

Anfänglich klappte alles gut. Einige Zeit später traf ich seine Mutter. Sie berichtete mir, daß sie besorgt sei, weil ich ihrem Kind nicht alle Fehler anstriche und daß meine Bewertung der Arbeiten viel zu gütig sei. Na ja; das war der Grund, weshalb die Aufsätze in letzter Zeit weniger farbig daherkamen. Ich wußte, daß die Mutter Angst um ihr Kind hatte. Sie versuchte, es mit den Mechanismen zu schützen, welche sie für angemessen hielt. Alte Muster drückten bleischwer durch. Ich bat sie anzuerkennen, daß ihr Kind endlich schreibt. Ich sagte ihr, daß ihr Kind die Blockade, die Angst vor den Fehlern schon abgelegt habe und daran sei, alles loszulassen, was es in den letzten Jahren an Strategien aufgebaut hatte, um seine Schwäche geheimhalten zu können. Adrian befinde sich jetzt in einer Zone, in der er sehr verletzbar sei. Der Panzer sei weg, das neue Fell noch nicht gewachsen. – Die Mutter betrachtete mich mit großen Augen und fragte, ob ich selbst an das glaubte, was ich ihr gerade erzählte. Natürlich, denn in jedem von uns steckt ein Adrian. Nur hat nicht jeder die gleiche Schwäche zu verstecken.

Zwei Jahre später hatte Adrian Freude am Schreiben gefunden. Seine Fehler hatten sich auf wunderbare Weise ausgewachsen. Er begann dann eine Lehre als Elektriker. Sein Vater besuchte mich ein Jahr später und berichtete, daß Adrian der beste seines Lehrganges sei, obwohl er nur Realschulabgänger sei und sich gegen viele Sekundarschüler zu behaupten habe. Er sagte: „Adrian hat bei dir gelernt, wie es geht, Vertrauen in sich zu finden und dank der besten Strategien Ziele und Wünsche konkret anzugehen."

→ **Mein Tip:**

Gedächtnistraining

Wir erinnern uns besser an gefühlsgeladene Erzählungen

Zwei Versuchspersonen sollen sich an zwei Varianten eines Berichts über einen Unfall erinnern. Eine Version war besonders emotional geschildert, die andere sehr nüchtern. Aufgefordert, beide Varianten nachzuerzählen, erinnern sich die Versuchspersonen besser an die gefühlsgeladene Erzählung.

Ein Indigo-Kind über die Schule:
Die Schule hat Schwierigkeiten mit mir. Sie können dort kaum mit mir umgehen, deswegen werden sie auch scheitern. Ich wünschte mir, daß Menschen nicht in die Schule gingen. Ich wünschte, sie wären gesund und fühlten sich leicht.

5.2 BrainGym® – Übungen zur Gehirngymnastik

Es gibt im BrainGym® (wörtlich übersetzt: Gehirngymnastik, von Paul E. Dennison und Gail E. Dennison entwickelt) eine Fülle von idealen Übungen für die neuen Kinder zum Auflösen von Lernblockaden. Die Übungen erleichtern das Lernen allgemein und sind zudem bei Schulaufgaben sehr wirksam. Zusätzlich gibt es die Educational Kinesiology oder Edu-Kinestetik (siehe Glossar) die durch bestimmte Bewegungen und Berührungen hilft, die im Körper verborgenen Potentiale und Fähigkeiten hervorzuholen und verfügbar zu machen.

BrainGym® – wirkungsvolle Übungen zum besseren Lernen

Sie finden Übungen aus dem BrainGym®-Programm für:
- Lese und Rechtschreibschwierigkeiten
- Lautes Vorlesen (Überkreuzbewegung)
- Selbständiges Lernen (Überkreuzbewegung, Balanceknöpfe)
- Leseverständnis (Liegende Acht)
- Symbolverständnis zum Entschlüsseln der geschriebenen Sprache (Liegende Acht)
- Buchstabieren & Rechtschreibung (Elefant, Balanceknöpfe)
- Gedächtnis für Frequenzen (Elefant)
- Rechnen & Mathematik (Elefant, Wadenpumpe)

Selbständiges Lernen, Lesen, Rechtschreiben ist möglich

- Kurzzeitgedächtnis (Erden)
- Schreiben (Gehirnknöpfe, Liegende Acht)
- Organisationsfertigkeiten beim Lesen (Erdknöpfe)
- Fähigkeit zu Ordnen (Erd-, Raum-, Balanceknöpfe)
- Sich auf die Aufgabe konzentrieren (Raumknöpfe)
- Kopfrechnen (Denkmütze)
- Öffentliches Sprechen, Singen oder Musizieren (Denkmütze)
- Prüfungen & ähnliche Herausforderungen besser bestehen (Hook-ups, Überkreuz-bewegung, Liegende Acht, Erdknöpfe, Wasser trinken)
- Deutliches Hören und Sprechen (Denkmütze, Überkreuzbewegung, Elefant, Hook-ups)

Warum zuviel Bemühen nicht immer hilft

Mit Hilfe der Edu-Kinestetik wurde erkannt, daß manche Kinder sich zu sehr bemühen und dabei den Gehirnintegrationsmechanismus, der für ein vollständiges Lernen erforderlich ist, ausschalten. Information wird zwar durch das Hinterhirn als Eindruck aufgenommen, ist aber für das Vorderhirn nicht als Ausdruck abrufbar. Diese Unfähigkeit, das auszudrücken, was gelernt wurde, schließt die Lernenden in den Teufelskreis des Mißerfolgs ein. Da die neuen Kinder „gehirnmäßig" anders ausgerichtet sind und ihnen das schulische Lernen oft ungemein schwerfällt, sind diese Übungen sehr gut für die neuen Kinder geeignet. Sie können recht schnell zu positiven Ergebnissen führen.

• *Lernen mit dem ganzen Gehirn*

Neustrukturierung von Bewegungen

Das Lernen mit dem ganzen Gehirn wird durch Neustrukturierung von Bewegungen und durch BrainGym®-Übungen ermöglicht. Dadurch wird ein Zugang zu den Teilen des Gehirns geschaffen, die vorher unzugänglich waren. Die Blockaden lösen sich, und Veränderungen in Lernen und Verhalten sind prompt und tiefgreifend, insbesondere wenn die Lernenden entdecken, wie sie Informationen aufnehmen und sich gleichzeitig ausdrücken können.

Ich werde hier einige einfache Übungen wiedergeben. Weitere wertvolle Übungen finden Sie in dem Buch „*EK für Kinder, das Hand-*

buch der Edu-Kinestetik für Eltern, Lehrer und Kinder jedes Alters" von Paul und Gail Dennison (siehe Anhang); oder Sie arbeiten mit einem ausgebildeten BrainGym®-Therapeuten. Manche Übungen können täglich im Klassenzimmer eingesetzt werden. Wichtig ist es, zu berücksichtigen, daß Sie Ihr Kind zwar ermutigen, aber nicht zwingen, diese Übungen zu machen (dies gilt übrigens für alle Übungen in diesem Buch!). Die Kinder werden die Übungen automatisch machen, wenn sie spüren, daß sie ihnen dabei helfen, ihre Situation zu verbessern.

Viele haben festgestellt, daß die neuen Kinder so sehr rechtshirnig eingestellt sind, daß die Kommunikation zwischen den beiden Gehirnhälften nicht sehr aktiv ist. Die Fähigkeit, Informationen mit beiden Gehirnhälften zu verarbeiten, das heißt in beiden Richtungen (von der linken zur rechten Gehirnhälfte und umgekehrt), ist für den schulischen Erfolg aber grundlegend. Zu einer bilateralen Integration – das Kreuzen der Mittellinie des Körpers – sind die Kinder oft unfähig, was zur Etikettierung als Legastheniker oder Lernbehinderter führen kann.

Ist die Kommunikation zwischen den Gehirnhälften aktiv?

(Lateralität heißt wörtlich Seitigkeit. Es bedeutet hier die Geteiltheit des Körpers in eine linke und rechte Seite. Es gibt die Möglichkeit der Dominanz einer Körperseite oder die Möglichkeit zur bilateralen Integration.)

Fokussieren

Wie fokussieren hilft

Fokussieren ist hier die Fähigkeit, die Mittellinie zu kreuzen, die Hinter- und Vorderhirn trennt. Je nach innerer Beteiligung an einem Ereignis steht man innerlich sozusagen vor bzw. hinter dieser Linie. Eine nicht abgeschlossene Entwicklung bestimmter Reflexe führt oft zu der Unfähigkeit, sich mühelos auszudrücken und sich aktiv am Lernprozeß zu beteiligen. Schüler, die nicht fokussiert sind, werden oft als unaufmerksam, sprachlich zurückgeblieben oder hyperaktiv abgestempelt. Es gibt auch Schüler die überfokussiert sind, sie bemühen sich zu angestrengt.

Zentrieren

Wie zentrieren hilft

Zentrieren ist hier die Fähigkeit, die Trennungslinie zwischen der unteren und der oberen Körperhälfte zu kreuzen, entsprechend auch diejenige zwischen den unteren und den oberen Gehirn-funktionen: also zwischen dem limbischen System (zuständig für emotionale Botschaften) und dem Großhirn (Sitz des abstrakten Denkens). Nichts kann wirklich gelernt werden, wenn es nicht mit Gefühlen und mit Sinnhaftigkeit, mit Bedeutung verbunden wer-den kann. Die Unfähigkeit, zentriert zu bleiben, führt zu irrationa-ler Furcht, zu Kampf- oder Fluchtverhalten oder zu der Unfähig-keit, Emotionen zu fühlen oder auszudrücken.

Augen, Hände und Körper koordiniert bewegen lernen

Lernen die Kinder, Augen, Hände und Körper koordiniert zu be-wegen, wird die Integration zu einem Automatismus. Die Indigo-Kin-der werden schnell verstehen, was ihnen helfen kann, und wenn sie die gewählten Übungen einige Wochen oder Monate durchführen, erfahren sie, wie sie ihre Potentiale und Fähigkeiten ausleben kön-nen. Danach können sie sie später in Streßsituationen oder bei Blok-kaden wieder einsetzen.

Jedes Kind möchte sich auf seine eigene Art bewegen und lernen

Es gibt keine faulen, bösen, aggressiven, zurückgebliebenen Kin-der. Es gibt nur Kinder, denen die Möglichkeit versperrt ist, auf die für sie natürliche Art zu lernen. Ermöglichen Sie Ihrem Kind, sich auf seine eigene Art zu bewegen, dann wird es auch in der Lage sein, die Schule zu Ende zu bringen. Bekommt es die Erlaubnis, sich in positiver Weise im Klassenzimmer oder zu Hause bei den Aufgaben zu bewegen, so wird es seine einzigartige und vollständi-ge Intelligenz auf natürliche Art entfalten können. Es wird dann nicht mehr blockiert sein, sondern frei, um wirklich zu lernen.

Für viele Indigo-Kinder ist es schwierig vorzulesen. Das Kind ent-deckt beim Lesen, daß es die Geschichte lesen muß und dabei auch noch den Inhalt verbal und gedanklich vermitteln sollte. Um richti-ges Lesen möglich zu machen, muß es verstehen, die Sprache auditiv, visuell und motorisch zu entschlüsseln.

Sprache möchte auditiv, visuell und motorisch entschlüsselt werden

Alle drei Ebenen müssen gleichzeitig angesprochen werden und zusammenwirken, damit diese Entschlüsselung, das Verstehen des in Worte Gefaßten, stattfinden kann. BrainGym® lehrt, daß die Entwicklung der visuellen Fertigkeiten für das Lesen mit der

Fähigkeit beginnt, beide Augen (nach dem Muster eines Tandems) von links nach rechts über die Mittellinie der Seite – quer durch das visuelle Mittelfeld – zu bewegen. Beim Lesen muß ein Auge für die Fokussierungsfunktion dominant sein und das andere Auge für die Fertigkeit der Verschmelzung.

Die Mittellinie:

Die Mittellinienbewegungen zielen auf Fertigkeiten, die erforderlich sind, damit uns Bewegungen, bei denen die Körpermittellinie gekreuzt wird, leichtfallen. Die senkrechte Mittellinie des Körpers ist die Bezugslinie für alle diese „bilateralen" Fertigkeiten. Das Mittelfeld ist der Bereich, in dem das Gesichtsfeld des linken und das des rechten Auges einander überlappen. Dieses Überlappen erfordert, daß die beiden Augen und ihre auf beiden Seiten einander entsprechenden Muskeln so gut als Team zusammenarbeiten, daß sie wie eine Einheit funktionieren.

Die Entwicklung bilateraler Bewegungsfertigkeiten ist Bedingung für die Koordination des ganzen Körpers und für leichtes Lernen im visuellen Nahbereich. Die Mittellinienbewegungen helfen, binokulares Sehen (mit beiden Augen zusammen), binaurales Hören (mit beiden Ohren zusammen) sowie die rechte und die linke Gehirn- und Körperseite zu integrieren.

> *Mittellinienbewegungen im BrainGym®*

→ Mein Tip:

Manche Kinder sind bei Spiel und Sport koordiniert, jedoch im Nahbereich „ausgeschaltet" (d.h. unfähig zum gleichzeitigen Gebrauch beider Augen, Ohren, Hände und Gehirnhemisphären), wenn es um Lesen, Schreiben und die gesamte feinmotorische Koordination geht. Andere sind bei schulischen Fertigkeiten oder Nahbereichsaktivitäten koordiniert, dafür ist ihre Ganzkörperkoordination auf dem Spielfeld „ausgeschaltet". Die BrainGym®-Übungen helfen, die Koordination von Ober- und Unterkörper zu verbessern, und zwar für grobmotorische ebenso wie für feinmotorische Fertigkeiten. Zur Aktivierung des dafür zuständigen Gehirnbereichs werden Überkreuzbewegungen angewendet.

> *Überkreuzbewegungen zur Ganzkörperkoordination*

Übung: Überkreuz

In dieser (kontralateralen) Übung bewegt das Kind abwechselnd seine Arme zusammen mit dem jeweils gegenüberliegenden Bein wie beim Gehen auf der Stelle. Es legt dabei die linke Hand auf das rechte Knie und umgekehrt. Dies aktiviert beide Gehirnhemisphären gleichzeitig. Die Übung aktiviert das Gehirn für das Überkreuzen der visuellen, auditiven, kinästhetischen [kinästhetisch: die Bewegung steuernd] und taktilen [taktil: die Berührung verarbeitend] Mittellinie. Es verbessert beidäugiges Sehen, Buchstabieren, Schreiben, Zuhören und Lesen und Verstehen. Dadurch treten Verbesserungen in Haltung und Verhalten auf, wie z.B. bei der Atmung und der Ausdauer, beim Raumbewußtsein und bei der Koordination wie auch beim Hören und Sehen. Die Übung regt sowohl den expressiven [sich ausdrückenden] als auch den rezeptiven [empfangenden] Gehirnbereich an.

Sollten Sie spüren, daß Ihr Kind am Anfang Schwierigkeiten hat, die Übung zu machen, weil es Beine und Arme verwechselt, kleben Sie ihm bunte Aufkleber an Hände und Beine, wobei die Hand und das ihr gegenüberliegende Bein die gleiche Farbe bekommen.

Übung: Liegende Acht

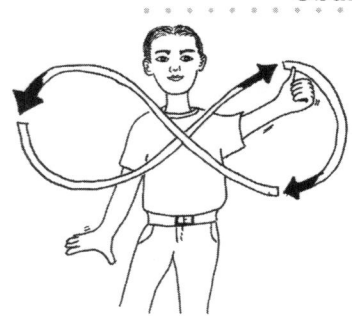

Das Zeichnen der liegenden Acht (die Lemniskate: das Unendlichkeitssymbol!) befähigt Ihr Kind, die visuelle Mittellinie ohne Unterbrechung oder Stocken zu kreuzen. Es aktiviert dadurch sein rechtes und sein linkes Auge und integriert das rechte und das linke Gesichtsfeld. Eine auf der Seite liegende Acht hat links und rechts vom Mittelpunkt je eine Kreisform, die durch eine ununterbrochene Linie miteinander verbunden sind.

Du richtest deinen Blick auf einen in Augenhöhe liegenden Punkt aus. Dies wird der Mittelpunkt der Acht sein. Stell dich bequem hin, damit du die liegende Acht in die Luft malen kannst. Male die liegende Acht nach deinem Gutdünken, nutze aber dein gesamtes Gesichtsfeld und die volle Reichweite der Arme. Du fängst das Zeichnen mit der linken Hand an, so daß die rechte Gehirnhälfte sofort aktiviert wird. Beginne an der Mittellinie und beweg dich zunächst gegen den Uhrzeigersinn aufwärts, zur linken Seite und im Kreis wieder zurück. Dann, beim Mittelpunkt angelangt, bewegst du dich im Uhrzeigersinn aufwärts, zur rechten Seite und im Kreis zurück zum Start- und Mittelpunkt. Deine Augen folgen dem Zeichnen, dein Kopf bewegt sich leicht mit, aber dein Hals bleibt entspannt. Am besten machst du drei Runden mit der linken, dann drei mit der rechten Hand. Wenn du dich mehr entspannen möchtest, kannst du dabei summen.

Diese Übung aktiviert das Gehirn für das Kreuzen der Mittellinie, wodurch die Hemisphärenintegration, das binokulare und periphere Sehen [Erkennen und Verarbeiten der Wahrnehmungen im äußeren Gesichtsfeld] und die Augenmuskelkoordination (um etwas mit den Augen zu verfolgen) verbessert werden. Die Übung hilft bei der Mechanik des Lesens, beim Symbolverständnis zum Entschlüsseln geschriebener Sprache und beim Leseverständnis. Die Übung hilft dem Kind, sich beim Fokussieren leichter zu entspannen. Balance, Koordination und Zentrierung verbessern sich. Die Bewegung beseitigt Umkehrungen und Verdrehungen beim Lesen und Schreiben.

Paul Dennison übernahm die liegende Acht als Teil seines Sehtrainings, nachdem er Schüler Achten an eine Tafel hatte zeichnen lassen. Die Augen folgten dabei der Handbewegung. Daraufhin verbesserte sich bei seinen Schülern sofort die Fähigkeit, Symbole auseinanderzuhalten und deren linke Seite von der rechten zu unterscheiden.

Erweiterung der Übung:

Um die Verarbeitung über das Gehör mit einzubeziehen sowie die linke und rechte Gehirnhälfte gleichzeitig anzusprechen, kannst du, während du die liegende Acht zeichnest, deine Bewegung mit folgenden Worten begleiten:

Aktivierung der Hemisphärenintegration

Symbole auseinanderhalten

Aufwärts, nach links und im Kreis zurück. Mittellinie kreuzen und aufwärts. Rechts herum, abwärts und zurück zur Mitte.

Übung: Elefantenrüssel

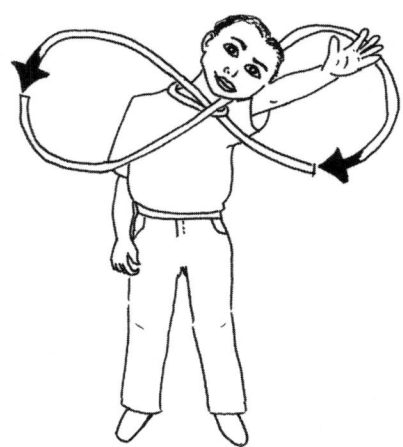

Die Elefantenübung aktiviert das Innenohr für ein besseres Bewahren des Gleichgewichts und integriert die Gehirnhälften für das Hören mit beiden Ohren. Sie löst Nackenverspannungen, die oft als Reaktion auf laute oder auf übertriebenen Lippenbewegungen beim stillen Lesen entstehen. In der Elefantenübung arbeiten Oberkörper, Kopf, zeigender Arm und Hand als Einheit. Diese Einheit bewegt sich entlang einer weiter entfernt vorgestellten Acht, wobei die Augen über die Hand hinaus fokussieren. Der ganze Körper bewegt sich mit!

Du lehnst deinen Kopf an deine linke Schulter. Wenn dir das schwerfällt, kannst du ein Blatt Papier zwischen Kopf und Schulter legen und dort halten. Mit deiner linken Hand zeichnest du eine liegende Acht und schaust dabei über die Hand hinaus in die Weite (die Hand wird dabei doppelt erscheinen oder nicht im Fokus sein, wenn beide Augen die Informationen korrekt verarbeiten).

Diese Übung aktiviert das Gehirn für das Kreuzen der auditiven Mittellinie und fördert folgende Fertigkeiten: auditive Aufmerksamkeit, Merkfähigkeit, Wahrnehmung, Unterscheidungsfähigkeit und Speicherung, Hörverständnis; Sprechen; Buchstabieren (Entschlüsseln: Verbinden von außen empfangener Silben zu ganzen Wörtern; Verschlüsseln: Verbinden im Inneren vorhandener Silben zu ganzen Wörtern und der einzelnen Wörter zu Gedanken); Gedächtnis für Sequenzen, zum Beispiel in Mathematik.

Die Übung aktiviert weiterhin das Kurz- und Langzeitgedächtnis, das Denken in Worten, die Integration von Sehen, Hören und Bewegung des ganzen Körpers sowie der Tiefenwahrnehmung, das Innenohr für ein besseres Gleichgewichtsgefühl und die Fähigkeit der Zusammenarbeit beider Augen. Sie fördert die Fähigkeit, den Kopf nach links oder rechts zu drehen, den Nacken beim Fokussieren zu

Aktivierung von Kurz- und Langzeitgedächtnis

entspannen sowie Ober- und Unterkörper zu koordinieren. Auch hilft sie ausgezeichnet bei Reise- oder Seekrankheit.

• *Längungsübungen*

Ein Kind muß jene Nervenbahnen ausbilden, die es ihm ermöglichen, Verbindungen herzustellen, zwischen dem, was es bereits weiß (im Hinterhirn), und der Fähigkeit, diese Informationen zu verarbeiten und auszudrücken (im Vorderhirn).

Der menschliche Überlebensmechanismus – angesiedelt im Stammhirn – wird während der ersten fünf Monate mit dem Zweck ausgebildet, Sinneswahrnehmungen aus der Umgebung aufzunehmen. Wenn der Organismus neuartigen Situationen ausgesetzt wird, die ihn mit einem Übermaß an Informationen überschwemmen, pflegt er mit Rückzug oder mit Zurückhaltung zu reagieren, bis er wieder mit ausreichender Leichtigkeit voranschreiten kann.

Viele der neuen Kinder erfahren die Schule und das Erlernen der üblichen Kommunikationsfertigkeiten wie Lesen, Schreiben, Zuhören und Sprechen als direkte Bedrohung. Wie schon im ersten Teil gesehen, ist die physiologische, reflexhafte Reaktion auf Gefahr, das Zusammenziehen der Muskeln, wodurch die Sehnen an der Rückseite des Körpers (vom Kopf bis zu den Fersen) verkürzt werden. Das verwirrt die Wahrnehmungen des Gleichgewichtsorgans (im Ohr) und des Sinns für räumliche Beziehungen.

Diese Muskelkontraktion kann zu einer Gewohnheit werden und ist dann kaum ohne Training aufzulösen. Was von dem Kind jeweils als Gefahr angesehen wird (und den Reflex aktiviert), hängt von den Reaktionsmustern ab, die in der Kindheit erlernt wurden. Die Neigung zur Kontraktion läßt in dem Maße nach, wie der Betroffene ein Gefühl der „Teilnahmebereitschaft" empfindet.

Der vordere Teil des Gehirns, insbesondere der Stirnlappen, ist beteiligt an Begreifen, motorischer Steuerung und rationalen Verhaltensweisen, wie sie für die Teilnahme an sozialen Situationen erforderlich sind. Die sogenannte Längungsübungen des BrainGym® erweisen sich als sehr entspannend für jene Muskeln und Sehnen, die aufgrund des Stammhirnreflexes hart und verkürzt werden, sobald wir in Lernsituationen geraten, die uns nicht vertraut sind. Diese

Längungsübungen im BrainGym®

Lernen als direkte Bedrohung

Entspannung in Lern-situationen

Entspannung reaktiviert die „Gehirnzellen in den Muskeln", die uns darüber informieren, an welchem Ort im Raum wir uns befinden; dies verschafft uns Zugriff auf unseren gesamten Organismus.

Zugriff auf den gesamten Organismus

Übung: Wadenpumpe

Diese Wadenpumpübung ist ein Verfahren zur Neu- oder Umschulung einer Bewegung, durch das die natürliche Länge der Sehnen in Füßen und Unterschenkeln wiederhergestellt werden soll. In Augenblicken der Gefahr verkürzen sich diese Sehnen, um das Individuum auf das Wegrennen vorzubereiten. Durch das Hinunterdrücken der Ferse und das Strecken der Sehne in der Wade entlädt man diesen Angstreflex, und der Muskel kann in seinen normalen Spannungszustand zurückkehren.

Stütze dich mit beiden Händen an einer Wand oder an einer Stuhllehne ab. Strecke ein Bein nach hinten und lehne dich nach vorn, wobei du das Knie des vorderen Beines beugst. Das gestreckte Bein und der Rücken sollen eine Linie bilden.

In der Ausgangsposition ist die Ferse des hinteren Beins vom Boden abgehoben, während das Körpergewicht auf dem vorderen Fuß liegt. In der zweiten Position ist das Gewicht auf das hintere Bein verlagert, dazu wird dort die Ferse allmählich auf den Boden gedrückt. Während du die Ferse nach unten drückst, solltest du ausatmen. Mit dem Einatmen läßt du diesen Druck wieder los. Am besten wiederholst du diesen Ablauf dreimal oder öfter.

Bessere Ausdrucksfähigkeit durch die Wadenpumpe

Diese Übung hilft bei der Hinterhirn/Vorderhirn-Integration und unterstützt einen fließenden sprachlichen Ausdruck. Fertigkeiten, die durch sie gefördert werden, sind: Hör- und Leseverständnis; die Fähigkeit, kreativ zu schreiben und Arbeiten zu Ende zu bringen; sie verbessert das soziale Verhalten und verlängert die Aufmerksamkeitsspanne; sie verhilft zu einer besseren Kommunikation und verbalen Ausdrucksfähigkeit.

Paul Dennison entdeckte bei seiner Arbeit mit Jugendlichen, die sich weder verbal ausdrücken noch mit eigenen Worten sinnvolle

Aussagen über eine bekannte Thematik niederschreiben konnten, daß diese Wadenpumpübung helfen konnte. Bei diesen Jugendlichen waren die Knie blockiert, der Sehnenkontrollkomplex aktiviert und die Wadenmuskulatur verspannt – dort „sitzt" der Reflex, etwas/sich zurückzuhalten. Wird dieser Reflex zum Zurückhalten gelöst, finden die Kinder Zugang zu ihren sprachlichen Fähigkeiten.

Übung: Erden

Diese BrainGym®-Übung ist eine Längungsübung, die die Iliopsoas-Muskelgruppe (siehe Glossar) entspannt. Diese Muskeln verspannen sich bei zu langem Sitzen (Schule!) oder Streß in der Beckenregion, was zur Beeinträchtigung der Lebhaftigkeit und Flexibilität führt. Diese Muskelgruppe ist eine der wichtigsten im ganzen Körper und die stabilisierende und erdende Muskelgruppe schlechthin. Ihre Flexibilität ist unentbehrlich für das Gleichgewicht und die Koordination des Körpers als Ganzes.

Stell deine Füße etwas mehr als schulterbreit auseinander, und zwar im rechten Winkel zueinander. Die Ferse des zu beugenden Beines soll auf den Rist des gestreckten Beines ausgerichtet sein. Wenn du das Knie beugst, soll es in gerader Linie bis über den Fuß gleiten, aber nicht über dessen Rist hinaus. Oberkörper und Becken bleiben gerade und nach vorn gerichtet, während Kopf, gebeugtes Knie und dazugehöriger Fuß zur Seite ausgerichtet werden.

Der Stärkung dieser Muskeln wird auch in der Tanztherapie und allen Sportarten große Bedeutung beigemessen. Diese Erdungsübung aktiviert zuverlässig Muskelsysteme, die Ober- und Unterkörper sowie die Links-Rechts- und Hinten-Vorn-Ebenen des Körpers verbinden, bewegen und stabilisieren. Darüber hinaus aktiviert sie das Gehirn für das Kreuzen der Mittellinie zur Steigerung der Beteiligung, das Zentrieren und Erden, verstärktes Atmen und Raumbewußtsein. Auch hilft sie, den gesamten Körper zu entspannen und entspannt zu sehen.

Verbesserte Muskelkoordination durch Erdung

Durch diese Übung geförderte Fertigkeiten sind: Auffassungsvermögen, verbessertes Kurz- und Langzeitgedächtnis, Organisationsfähigkeit beim Denken in Worten und für das Mitsprechen beim Rechnen, Selbstverständnis und Selbstausdruck. Sie verhilft zu größerer Stabilität und Balance, verbessert Konzentration und Aufmerksamkeit, hilft, Ober- und Unterkörper als Ganzes zu bewegen, und bringt die Hüften in Symmetrie.

Übung: Gehirnknöpfe

Die Gehirnknöpfe (die Akupressurpunkte im weichen Gewebe unterhalb des Schlüsselbeins, gleich links und rechts neben dem Brustbein) werden mit den Fingern der einen Hand intensiv massiert, während man die andere Hand auf dem Bauchnabel hält. Die Gehirnknöpfe liegen unmittelbar über den Halsschlagadern und regen diese an, das mit frischem Sauerstoff angereicherte Blut dem Gehirn zuzuleiten. Das Auflegen einer Hand auf den Nabel aktiviert unseren Körperschwerpunkt, indem es die Impulse ins Gleichgewicht bringt, die von den Bogengängen im Innenohr ausgehen oder auf diese Bogengänge einwirken. Beachten Sie bitte, daß diese Punkte am Anfang sehr empfindlich sein können, doch nach einigen Tagen verschwindet diese Empfindlichkeit. Zeigen Sie Ihrem Kind, wie es mit einer Hand bei einem der Punkte am Schlüsselbein anfängt und dann die Hände und Seiten wechselt, nachdem es einen Punkt für etwa zwanzig bis dreißig Sekunden massiert hat.

Schalter im Gehirn aktivieren

Diese Übung aktiviert das Gehirn für das Aussenden von Botschaften der rechten Gehirnhemisphäre zur linken Körperseite und umgekehrt, verstärkt die Aufnahme von Sauerstoff, stimuliert die Halsschlagadern für verstärkte Blutzufuhr zum Gehirn und bewirkt ein stärkeres Fließen der elektromagnetischen Körperenergie.

Die durch diese Übung geförderten Fertigkeiten sind: Kreuzen der visuellen Mittellinie beim Lesen, Kreuzen der Mittellinie für Körperkoordination, Vermeidung des Vertauschens von Buchstaben und Zahlen. Sie hilft, Konsonanten zu „verschmelzen" und beim Lesen „in der Zeile" zu bleiben. Sie bewirkt ein erhöhtes Energieniveau, verbessert die Zusammenarbeit der Augen, entspannt Nakken- und Schultermuskulatur und sorgt für eine ausgeglichene Links-Rechts-Körperbalance.

Übung: Balanceknöpfe

Diese Übung aus dem BrainGym® sorgt für einen schnellen Ausgleich auf allen drei Ebenen: rechts – links, oben – unten und hinten – vorn. Die Balanceknöpfe liegen direkt über der Einbuchtung, wo der Schädel auf dem Nacken ruht, in etwa 4 bis 5 Zentimeter Abstand beiderseits der hinteren Mittellinie.

„Du hältst einen Balanceknopf, während du mit der anderen Hand gleichzeitig den Nabel für etwa dreißig Sekunden hältst. Dann wechselst du die Hände, um den anderen Balanceknopf zu halten. Am besten nimmst du dazu mehrere Finger, um sicherzustellen, daß die Punkte wirklich berührt werden."

Diese Übung regt Wachheit und Konzentration an sowie die Entscheidungsfähigkeit, die Konzentration und das assoziative Denken, die Wahrnehmung körpereigener Signale und ein entspanntes Bewegen der Kiefer- und Schädelknochen. Sie fördert Fertigkeiten wie das Verstehen dessen, was zwischen den Zeilen steht; kritisches Beurteilen und Entscheiden; Fertigkeiten des (Wieder-)Erkennens (für Rechtschreibung, Buchstabieren und Mathematik). Sie bewirkt dazu ein Gefühl von Wohlergehen, eine aufnahmebereite Haltung, eine Entspannung bei einer überfokussierten Körper- oder Geisteshaltung; verbesserte Reflexe, einschließlich der Fähigkeit zu Überkreuzbewegungen.

Übung: Raumknöpfe

Diese Übung bewirkt die Stimulierung des „Gouveneursgefäßes", eines Meridians (siehe Glossar), der nach Lehre der Akupunktur mit dem Gehirn, der Wirbelsäule und dem Zentralnervensystem in Verbindung steht. Die Raumknöpfe liegen an den Anfangs- und Endpunkten dieses Meridians. Werden sie angeregt, fördern sie die Versorgung des Gehirns durch Blut und Zerebrospinalflüssigkeit, was ein entspanntes, optimales Funktionieren bedeutet.

Deine beiden Hände berühren die Mittellinie des Körpers, eine auf der vorderen Mittellinie oberhalb der Oberlippe, die andere auf der hinteren Mittellinie direkt über dem Steißbein. Du atmest Energie die Wirbelsäule hinauf und nimmst die dabei eintretende Entspannung wahr.

Die Punkte sollten mindestens dreißig Sekunden lang gehalten werden. Ein Wechseln der Hände hilft, beide Gehirnhälften zu aktivieren.

Diese Übung aktiviert das Gehirn für die Fähigkeit, im Mittelfeld zu arbeiten; sie zentriert und erdet; entspannt das Zentralnervensystem; steigert die Tiefenwahrnehmung und die Wahrnehmung des visuellen Umfelds. Sie fördert Fertigkeiten wie die Organisation der Augen (vertikales und horizontales Bewegen ohne Verwirrung); beim Lesen die Zeile zu halten; sich auf eine Aufgabe zu konzentrieren; steigert Interesse und Motivation. Sie verbessert die Fähigkeit, das „Versuchen" durch Intuition und Wissen zu ersetzen; sich zu entspannen; bequem und aufrecht auf einem Stuhl zu sitzen; länger aufmerksam zu sein.

Übung: Denkmütze

Diese Übung aus dem BrainGym® hilft, die Aufmerksamkeit auf das Hören zu konzentrieren. Sie kann auch Spannungen in den Schädelknochen lösen. Zeigen Sie Ihrem Kind, wie es Daumen und Zeigefinger benutzt, um die Ohren sanft nach hinten zu ziehen und zu entfalten. Es beginnt dabei ganz oben und gleitet mit sanfter Massage abwärts, die Rundung des Ohres entlang, bis zum Ohrläppchen. Die Übung wird dreimal wiederholt, während Ihr Kind seinen Kopf aufrecht und das Kinn geradehält.

Durch diese Ohrenübung werden in den Ohren über 400 Akupunkturpunkte stimuliert, die in Verbindung mit allen Funktionen des Gehirns und des Körpers stehen. Die Übung aktiviert das Gehirn für das Kreuzen der auditiven Mittellinie (einschließlich auditiver Wiedererkennung, Aufmerksamkeit, Wahrnehmung, Speicherung und Unterscheidungsvermögen). Sie hilft, auf die eigene Stimme zu hören, verbessert das Kurzzeitgedächtnis, das Denken in Worten, das Hören mit beiden Ohren zusammen. Sie bewirkt eine größere geistige und körperliche Fitneß. Die Bedeutung der Wörter wird besser zugänglich. (Bei manchen Menschen schalten die Ohren ab, wenn sie im Übermaß elektronischen Klängen ausgesetzt sind, wie z.B. Radio, Fernsehen, Computer, Videospielen oder Kopfhörer.)

Die durch diese Übung geförderten Fertigkeiten sind: Hörverständnis; öffentliches Sprechen, Singen und Musizieren; innerer Dialog und Buchstabieren. Durch sie verbessert sich die Atmung, Kiefer-, Zungen- und Gesichtsmuskulatur entspannen sich; sie ermöglicht eine verstärkte Konzentration und Aufmerksamkeit, verbessert das Gleichgewichtsgefühl, erweitert das Hör- und das periphere Sehvermögen.

Übung: Hook-ups

Diese Energieübung aus dem BrainGym® verbindet alle bioelektrischen Funktionskreise im Körper, sie spricht damit die Aufmerksamkeit einerseits und die energetische Desorganisation andererseits an. Leib und Seele entspannen sich, sobald die Energie wieder durch diejenigen Bereiche fließt, die durch Verspannung blokkiert waren. Das Halten der Arme und Beine in Form einer Acht (Teil 1) entspricht den Energieleitbahnen des Körpers. Das gegenseitige Berühren der Fingerspitzen (Teil 2) bringt die beiden Gehirnhälften ins Gleichgewicht und verbindet sie.

Im Sitzen legst du den linken Fußknöchel über den rechten. Strecke die Arme nach vorn aus, und leg das linke Handgelenk über das rechte. Dann legst du die Handflächen aneinander, verschränkst die Finger und drehst die Hände nach unten und weiter nach innen, vor die Brust. Schließ die Augen, atme tief und entspannt. Nach ungefähr einer Minute stellst du deine Füße wieder nebeneinander. Dann führst du die Fingerspitzen beider Hände zusammen und atmest eine weitere Minute tief ein und aus.

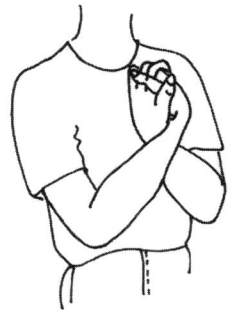

Diese Übung aktiviert das Gehirn, so daß sich emotionales Zentrieren, Erdung und vermehrte Aufmerksamkeit steigern. Sie fördert Fertigkeiten wie deutliches Hören und Sprechen, das Bestehen von Prüfungen und Herausforderungen; sie hilft bei der Arbeit an Computertastaturen. Sie verbessert die Selbstkontrolle und die Wahrnehmung von Grenzen sowie das Gleichgewicht und die Koordination. Ihr Kind wird dadurch weniger überempfindlich hinsichtlich seiner Umgebung und atmet tiefer. Sie hilft, emotionalen Streß aufzulösen und Lernschwierigkeiten zu vermindern.

5.3 Hochbegabung

Was bedeutet hochbegabt

Was ist eigentlich Begabung?

- *Allgemeine intellektuelle Begabung oder Intelligenz;* Sie umfaßt:
  - eine schnelle Auffassungsgabe
  - gute Lernfähigkeit
  - räumliches Vorstellungsvermögen
  - hohe Gedächtnisleistung
  - die Fähigkeit zu besonderen geistigen Leistungen in vielen Bereichen, wie Naturwissenschaften, Sprachen oder logischem Denken (z.B. Schachspielen)
- *Musisch-künstlerische Begabung:* außergewöhnliche Fähigkeiten beim Malen, Singen oder bei der Beherrschung eines Instruments
- *Psychomotorische Begabung:* spielt in allen Bereichen eine Rolle, in denen es auf körperliche Geschicklichkeit ankommt, also beim Sport und beim Tanzen, oder auf Beherrschung der Feinmotorik, z.B. beim Basteln
- *Soziale Begabung:* die Fähigkeit, besonders gut mit Menschen umzugehen, sich in sie einzufühlen, ausgleichend auf sie zu wirken oder ihnen zu helfen

Begabungen treten nur selten voneinander isoliert in Erscheinung

Begabungen treten nur selten voneinander isoliert in Erscheinung, meistens sind sie ineinander verwoben. Die allgemeine intellektuelle Begabung eines Kindes kann jedoch nicht als absolutes Maß wie die Länge seines Körpers mit einem Zollstock oder sein Gewicht mit einer Waage bestimmt werden. Indem man aber mehrere Kinder denselben Test mit Denkaufgaben lösen läßt, kann man relative Abstufungen feststellen. Dies wird mit dem sogenannten IQ-Test gemacht. IQ steht für Intelligenzquotient (siehe mein Buch „Das Indigo Phänomen, Kinder einer neuen Zeit").

Eine angeborene Befähigung zu besonderen Leistungen bedeutet noch nicht, daß diese Leistungen auch tatsächlich erbracht werden. Neben der Begabung ist für herausragende Leistungen die Kreativität von Bedeutung. Damit sich Begabung und Kreativität entfalten, müssen aber noch weitere Faktoren hinzukommen, nämlich: Motivation und förderliche Umweltbedingungen.

In dieser Zeit der Wandlung ist es nicht leicht zu erkennen, ob die neuen Kinder alle begabt sind oder ob alle begabten Kinder Indigo Kinder sind. Grundsätzlich ist allerdings „Indigo-Kind" nicht gleich „begabtes Kind" oder umgekehrt. Die Grenzen zwischen den Fähigkeiten, Begabungen oder Verhaltensweisen der neuen Kinder und denen der begabten Kinder sind nicht mehr so klar zu ziehen wie noch vor einigen Jahren. Auch hier werden wir herausgefordert, neue Sichtweisen und Denkweisen anzunehmen und die neuen Kinder als Individuen zu sehen.

„Indigo-Kind" ist nicht gleich "begabtes Kind" oder umgekehrt!

6. Energiesystem

6.1   Telepathische Wahrnehmung

Kommunizieren die
neuen Kinder
telepathisch?

Telepathie ist eine Kommunikationsform, die ausschließlich auf dem Übermitteln von Energien über kurze oder auch weite Entfernung beruht, ohne daß der Sender den Empfänger sehen kann – und manchmal weiß er nicht einmal, daß er überhaupt etwas tut. Viele kennen entsprechendes Verhalten von Tieren, z.B. unserem geliebten Hausfreund, dem Hund: Oft ahnt der die Heimkehr seines Herrchens oder Frauchens schon, bevor irgend jemand damit rechnet. Häufig kann man auch feststellen, daß ein Hund sogar sofort auf Gedanken reagiert und ein besonderes Verhalten zeigt. Ich habe immer üben müssen, nicht an eine Verabredung zu denken, die ich später am Tag hatte. Meine beiden Hunde legten sich nämlich sofort, wenn sie meine Gedanken empfingen, vor die Haustür, um mir den Ausgang zu versperren. Sie sagten mit ihren Augen: *„Du gehst nicht, ohne mich mitzunehmen!"* Sie zogen sich erst wieder an ihre Plätze zurück, wenn ich an etwas völlig anderes dachte.

Haben wir einen
siebten Sinn?

Wir sprechen in diesem Fall (nicht nur) bei Tieren vom sogenannten siebten Sinn (siehe Glossar). Beispiele sind: Sie spüren Probleme oder Trauer bei Herrchen oder Frauchen oder ahnen, daß jemand im Sterben liegt. Sie reagieren auf unausgesprochene Wünsche, Verbote oder in Notsituationen.

Diese paranormalen Fähigkeiten gibt es auch beim Menschen. Bis heute gibt es nur eine relativ kleine Zahl Erwachsener, immer häufiger finden wir sie allerdings bei den neuen Kindern. In der Natur erscheint dieses Phänomen als etwas völlig Normales. Die Kinder machen uns damit deutlich, daß wir diese Fähigkeiten in Zukunft als ganz selbstverständlich, sogar als normalen Bestandteil unserer Sinneswelt annehmen sollten. Für die telepathischen Fähigkeiten sind wahrscheinlich die morphogenetischen Felder (siehe Glossar) verantwortlich (vgl. Bücher von Rupert Sheldrake). Telepathische Botschaften können manchmal über Tausende von Kilometern hinweg übermittelt werden. Die konventionellen elektromagnetischen Felder kommen da als Erklärung eher nicht in Frage, da sie mit zunehmender Entfernung zu stark abnehmen.

Ein Indigo sagt:

Ich kann Gedanken lesen, ich KENNE die Menschen von dem Augenblick an, in dem ich in ihre Augen schaue: Ich kann ihre Charaktereigenschaften an den Augen ablesen. Ich habe verblüffende telepathische Fähigkeiten, z.B. kann ich in Sprachen denken (nicht aber sprechen), die ich nicht richtig erlernt habe, und bringe die tiefsten Geheimnisse und Probleme aus einem Menschen heraus, ohne daß ich ihm Fragen stellen muß.

> Ich kann Gedanken lesen

Das oberste Prinzip des Systems der inneren Kommunikation liegt darin, daß das Unbewußte auf außersinnlichem Weg Daten empfängt und uns durch „Juckreiz" an verschiedenen Stellen des Körpers auf diese Daten aufmerksam macht. Wenn Daten auf außersinnlichem Weg wahrgenommen werden, nimmt das sympathische Nervensystem die Signale auf und trägt sie auf die höheren Ebenen der bewußten Wahrnehmung. Ein Juckreiz oder ein Pulsieren in bestimmten Muskeln kann uns z.B. zeigen, daß jemand an uns denkt. Auch wenn die Person viele

> Der Körper kann sprechen

Kilometer entfernt ist, kann man den Impuls spüren. Wenn wir kurz innehalten, um uns auf diese Energie einzustellen, werden wir schnell herausfinden, wer uns da „anfunkt".

> Das Unbewußte empfängt Daten auf außersinnlichem Weg

Ich erlebe immer wieder, wie leicht es ist, an jemanden kurz, aber intensiv zu denken, um dann festzustellen, daß diese Person mich innerhalb weniger Minuten anruft. Vor allem mit Teilnehmern an den längeren Trainingsseminaren passiert mir das häufig, aber auch mit anderen. Eine Freundin sagte mir einmal: *„Es ist wirklich nicht fair, du ‚funkst' mich an, und ich muß dann immer die Telefonkosten bezahlen!"*

Leider haben die meisten Menschen keine Zeit, sich während ihres überfüllten gehetzten Alltags um diese Zeichen zu kümmern. Die neuen Kinder aber kennen diese Zeichen sehr gut. Sie haben ein empfindliches Gespür für die Reaktionen ihres Körpers und nehmen wahr, wie er auf Situationen, Menschen, Gruppen u.a. reagiert. Die meisten Kinder erinnern sich, wenn man sie danach fragt, nur an negative Signale, wie akute Bauchschmerzen, ste-

6.1 Telepathische Wahrnehmung

chendes Kopfweh u.a. Aber mit ein wenig Übung und Aufklärung nehmen sie schnell auch die anderen Signale wieder wahr.

Übungsspiel: Energie und Gedanken erkennen

Wenn Sie mit Ihrem Kind im Auto fahren und vielleicht einen längeren Weg vor sich haben, können Sie folgendes Spiel spielen. Jeder schaut, ob er z.B. Menschen mit einer grünen Farbe in dessen Energiefeld sieht. Wer die meisten sieht, darf sich etwas wünschen. Oder Sie versuchen telepathisch zu raten, welche Richtung ein Wagen vor Ihnen wählen wird oder was Menschen tun werden, die Sie z.B. am Straßenrand sehen können. Es macht Riesenspaß, so etwas mit den Kindern zu spielen, und Sie als Erwachsener können dabei ruhig immer verlieren!

Erkennen wir die Farben der Menschen?

Ein Indigo-Kind erzählt:

Wenn ich Menschen sehe, fühle ich, was sie fühlen. Ich kann Menschen telepathisch manipulieren, die Realität gestalten und sehe „transparent" durch die Schichten. Früher war das Problem, daß ich so furchtbar allein war und von meinen Lehrern fast zerstört worden wäre.

Ein älterer Indigo erzählt:

Indigo-Kinder fühlen, was anderen fühlen

Ich kann Menschen „lesen"; das klingt bescheuert, aber so empfinde ich es. Ich kann fühlen, was sie fühlen. Als Kind habe ich oft verschiedene Farben, Muster, Kugeln gesehen, außerdem habe ich, bevor ich aufwachte, gefühlt, wie ich in meinen Körper zurückschoß. Als Jugendlicher habe ich dann auch immer noch Farben wahrgenommen. Ich erinnere mich an eine Begebenheit, wo ich meditiert hatte und die Augen wieder öffnete und meine Mutter in einer riesigen Aura sah.

6.2   Was sehen sie, das wir nicht sehen?

• *Gedankenformen*

Die neuen Kinder sehen manchmal Gedankenformen, die sie ängstigen. Fröhliche Kinder, die alles Leben lieben, machen sich nicht allzu viele Sorgen deswegen. Kinder, die grübeln und eher argwöhnisch und schwermütig sind, können anfangen zu zittern, wenn sie dunkle Gedankenformen auf sich zuschweben sehen. Lernen sie nun, daß Gedanken Energie sind und Menschen schöne, gute, fröhliche, aber auch schlechte, negative, böse Gedanken haben, so lernen sie, entspannter mit ihrer hellsichtigen Wahrnehmung umzugehen. Wenn sie lernen, sich immer in eine schützende Kugel aus Licht einzuhüllen, auch wenn sie diese nicht sehen können, kann ihnen nichts passieren.

Bauen Sie diesen Schutz, die Lichtkugel, täglich konzentriert auf, so wird er undurchdringbar. Am besten stellt sich das Kind jeden Abend in seine Kugel aus weißem strahlendem Licht.

Eine schützende Kugel aus Licht

Um sich energetisch zu reinigen, kann es dann den violetten Strahl der Reinigung bitten, die Lichtkugel mit seinem Licht zu reinigen. Er befreit das Kind von allen Ereignissen des Tages, so daß es dann „leicht und lichtvoll" einschlafen kann.

Kinder, die Probleme haben oder sich einsam fühlen, können sich Phantasiefreunde ausdenken. Wenn sie mit diesen Freunden spielen, können sie ihre Spannungen abbauen. Sie üben so vielleicht auch die Regeln der Erwachsenenwelt. Es gibt aber viele neue Kinder, die diese Phantasiefreunde auch körperlich wahrnehmen. Hier handelt es sich um einen mehr oder weniger bewußten Kontakt mit Wesen anderer Dimensionen.

Brauchen Kinder Phantasiefreunde?

- *Sich zu offen und ungeschützt fühlen*

Empfindliche, intuitive und verletzliche Kinder haben oft eine Aura, die nicht gut „geschlossen" ist und Löcher oder schwache Stellen aufweist. Das Kind ist hierdurch empfänglicher für Eindrücke und Energien von außen, sowohl von der sichtbaren als auch von der unsichtbaren Welt. Grundsätzlich wäre es für alle neuen Kinder wichtig, sich zu schützen, damit sie nicht dauernd ihr Energiesystem neu ausrichten und ins Gleichgewicht bringen müssen.

Die Übung mit der weißen Kugel ist hierzu nachgerade ideal. Die Kugel, die mit weißem Licht gefüllt ist, schützt das Kind vor allen Energien, die eine niedrigere Frequenz haben, während es an die höheren Energien angeschlossen bleibt. Auch der Regenbogenmantel ist hier sehr wertvoll.

Das Energiesystem funktioniert harmonisch, wenn es gut ausgerichtet und ausgeglichen ist

Übung: Die weiße Kugel

Setz oder leg dich bequem hin. Schließ die Augen, und atme rhyth-misch ein und aus ... Entspann dich ... Stell dir vor, daß von oben eine Lichtspirale zu dir fließt ... Sie besteht aus rein weißem Licht ..., ganz reinem weißem Licht ... Langsam öffnet sich die Blüte an deinem Kopf ... Das weiße Licht fließt in deinen Kopf hinein ..., durch deinen Hals ..., in deinen Brustraum ... und weiter durch deinen ganzen Körper ... Alles ist erfüllt von strahlend weißem Licht ... Langsam formt es eine Kugel um dich herum, die dich von Kopf bis Fuß umhüllt ... Die Kugel füllt sich mit strahlendem, weißem Licht, das dich schützt ... Die Kugel ist an allen Seiten um dich herum ..., 360 Grad, nach allen Seiten ... Nichts kann diese Kugel durchdringen ..., außer reine positive Göttliche Energie, z.B. von Engeln ... Befiehl deiner Kugel, dich während des Ta-ges zu beschützen ..., und sie wird es tun ...

Du kannst diese Übung jeden Morgen machen, bevor du in die Schule gehst, und abends, bevor du schlafen gehst, ... oder, wann immer du sie brauchst.

- *Das Symbol der Unendlichkeit: Die Acht*

Phyllis Krystal schreibt in ihrem Buch „Die inneren Fesseln sprengen" (siehe Anhang) ausführlich über das Phänomen der Acht. Sie benutzt die Acht in ihrer therapeutischen Arbeit, um die Verbindungen zwischen Eltern und Kindern zu lösen. Die Acht kann jedoch für viele andere Zwecke eingesetzt werden und ist eines der nütz-lichsten Symbole. Wenn wir uns in einen der Kreise der Acht set-zen und z.B. unsere Angst, Wut, Besorgnis oder unsere Zweifel oder auch unsere Sucht nach bestimmten Nahrungsmitteln, unser be-hinderndes Selbstverständnis oder irgendwelche blockierenden Gewohnheiten in den anderen Kreis stellen, können wir unsere Verbindung damit auflösen.

Darüber hinaus ist die Acht in der Lage, Menschen von den ver-schiedensten behindernden inneren Bildern zu befreien, die sie von sich selbst haben und die sie davon abhalten, ihre Persönlichkeit voll zu entfalten. Sie müssen nur ein Symbol finden, das für sie die Sa-che, die sie behindert, überzeugend darstellt. Die Übung muß lan-ge genug praktiziert werden, um sich in das Unbewusste eines

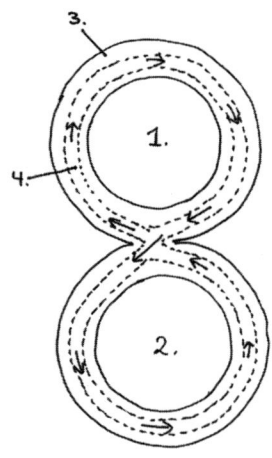

1. andere Person
2. Sie selbst
3. goldenes Licht
4. blaues Licht

Menschen einzuprägen. Wenn man die Acht eine Zeitlang visualisiert hat, kommt manchmal ein Punkt, an dem sich die beiden Kreise trennen. Das deutet immer darauf hin, daß die Mitteilung verstanden und angenommen worden ist und daß es nun an der Zeit ist, eine endgültige Trennung zu vollziehen.

Eine Trennung vollziehen

Phyllis Krystal beschreibt diese Situation so: *„Es gibt viele verschiedene Arten, eine solche Trennung durchzuführen, da jede Person darum bittet, gezeigt zu bekommen, wie sie vorgehen sollte. Einige stoßen lediglich den zweiten Kreis, in dem sich der unerwünschte, dominierende Faktor befindet, weit von sich in das Meer, über eine Klippe oder in den Weltraum. Andere jedoch verbrennen den Kreis zusammen mit seinem Inhalt, vergraben ihn tief in der Erde oder zerstören ihn mit Säure oder Laserstrahlen. Es gibt unendlich viele Methoden.“*

Am wichtigsten ist es, daß Ihnen, wenn Sie die Übung durchführen, die von Ihnen gewählte Methode die Sicherheit gibt, daß die Trennung vollzogen worden ist, und nur darauf kommt es an. Jedesmal wenn Sie die Acht auf diese Weise eingesetzt haben und „erfolgreich" waren, wächst der Glaube an ihre Wirksamkeit: So wird sie von Mal zu Mal wirksamer. Sie müssen die Acht jedoch täglich mehrmals zwei Minuten üben, zumindest im Anfangsstadium.

Die gewählte Methode muß Sicherheit geben

Übung: Liegende Acht mit Drehrichtung und Einzelheiten

Setz dich hin, und schließe die Augen. Entspann dich. Dann zeichnest du in deiner Vorstellung auf dem Boden einen Kreis um dich herum, der den Radius deines ausgestreckten Armes bei gestrecktem Mittelfinger hat (Energiefeld, siehe Sterntetraeder S. xxx). Stell dir diesen Kreis als einen Schlauch vor, der aus goldenem Licht besteht, wie das Sonnenlicht. Entspann dich, und laß den Kreis einfach vor deinem geistigen Auge entstehen.

Wenn du dich in der Mitte dieses Kreises sitzen sehen kannst, stellst du dir einen weiteren Lichtkreis neben deinem vor, der deinem ähnlich ist und ihn an einer Stelle berührt. Jetzt bittest du das vorher ausgewählte Symbol für dein Thema, in die Mitte des zweiten Kreises zu kommen. Wenn es nicht in der Mitte bleibt und immer wieder raus möchte, holst du es liebevoll zurück. Wenn du jetzt beide Kreise klar sehen kannst, stellst du dir ein blaßblaues Neonlicht vor, das in den goldenen Schlauch fließt. Das Licht bewegt sich vom Berührungspunkt der beiden Lichtkreise aus im Uhrzeigersinn zuerst um den Kreis herum, in dem sich das „Thema" befindet, bis es zu dem Punkt zurückkommt, an dem die beiden Kreise sich berühren. Schau dem blauen Licht zu, während es deinem eigenen Kreis entlang links an dir vorbei und um dich herum zurück zum Berührungspunkt fließt und somit die Zahl acht beschreibt. Verfolge die Bewegung des blauen Lichtes vor deinem geistigen Auge, solange du das Bild ohne Anstrengung sehen kannst. Dieser Zeitraum ist bei jedem unterschiedlich lang, übersteigt aber selten zwei Minuten.

Das blaue Neonlicht wird alles, was zu dir gehört, magnetisch in deinen Kreis hineinziehen und alles, was zu deinem Thema gehört, in dessen Kreis. Halte den Gedanken fest, daß du ein selbständiges, unabhängiges Individuum sein möchtest. Da das Unbewußte Bilder und Symbole gut verstehen kann, wird die Mitteilung ankommen. Nach dem Aufstehen und kurz vor dem Schlafengehen sind hervorragende Zeiten, diese Übung zu machen, da man dem Unbewußten dann am nächsten ist.

Nach dem Aufstehen und vor dem Schlafengehen

Sind Ihre Kinder etwas älter, können Sie diese Übung natürlich mit einem Kind in dem anderen Kreis machen. Sie werden überrascht sein, wie viele Verbindungen sich lösen möchten und wie oft im Leben die Eltern oder auch die Kinder unbewußt in Bereiche des anderen eindringen, und zwar in Bereiche, in denen sie nichts zu suchen haben. (Siehe Übung Reinigung mit dem violetten Strahl, Kapitel 7.1, Die Aura wahrnehmen und reinigen S. 36.)

Übung: Sonnenlicht atmen

Stell dir vor, daß du vor deinem inneren Auge die Sonne siehst. Sie ergießt ihre Strahlen über dich, und deren goldenes Licht durchfließt dich. Atme langsam ein, und zähle bis vier. Dann hebst du deine Arme hoch und öffnest deine Hände. Die Sonnenstrahlen berühren deine Handflächen. Stell dir vor, wie das Sonnenlicht über deine Handflächen, durch deine Arme in dein Herz fließt und es erfüllt. Zähle wieder bis vier, und halte den Atem an. Dann atme langsam aus, während du wieder bis vier zählst, und senke deine Arme. Beim Ausatmen stellst du dir vor, wie das goldene Licht durch jede Pore deines Körpers hinausströmt. Du bist von Kopf bis Fuß von der goldenen Strahlung erfüllt und strahlst sie aus.

Wenn du möchtest, kannst du diese Sonnenatemübung siebenmal hintereinander machen. Du wirst dich danach frei und leicht fühlen.

Übung: Regenbogenumhang

Der Regenbogenumhang schützt sehr kraftvoll vor allen unerwünschten Energien.

Stell dir vor dem inneren Auge einen Umhang vor, der aus vielen wunderschönen Regenbogenfarben gemacht ist. Er hat vorn einen Reißverschluß, und wenn du dich in den Umhang hüllst und den Reißverschluß zuziehst, bist du immer vollkommen geschützt, und dir kann nichts passieren. Keiner kann den Umhang sehen, aber du weißt, daß er da ist!

Vielleicht können Sie den Schutzengel Ihres Kindes bitten, ihm den Regenbogenumhang umzulegen (das können Sie auf einer Phantasiereise machen). Das Kind kann den Umhang dann in schwierigen Situationen, bei Angst oder wenn es Sorgen hat, schnell innerlich umlegen.

Bitten Sie den Schutzengel Ihres Kindes, ihm zu helfen

- *Sehen*

Daß Sehen nicht nur Fotografieren oder Filmen ist, sondern ein schöpferischer Vorgang, beweisen optische Täuschungen. Das erste Bild läßt sich z.B. als Vase oder als zwei dunkle Profile interpretieren. Das nächste Bild mit der berühmten Dreieckstäuschung belegt, daß das Sehsystem Fehlendes ergänzt: Der Umriß des weißen Dreiecks ist gar nicht vorhanden, das Gehirn aber fügt die Konturen hinzu.

Sie kennen sicherlich auch die dreidimensionalen Bilder, deren Motiv erst richtig zu sehen ist, wenn Sie die Schärfe und Einstellung Ihrer Augen lösen. Vor einigen Jahren wurde entdeckt, wie man diese Bilder herstellen kann, und inzwischen gibt es viele Bücher und Postkarten davon. Sie zeigen uns, daß es etwas zu sehen gibt, wenn wir es schaffen, unsere „Sicht der Welt" (wie die Schamanen es nennen) loszulassen.

Mary Summer Rain schreibt in ihrem Buch „Mutter Erde, Vater Wind und die Geheimnisse des Lebens" (siehe Anhang) folgendes:

Die Dinge, die du siehst

Wenn Menschen denken, werden ihre Gedanken so wirklich wie Ge-

genstände und können durch die Luft schwirren. Normalerweise können wir diese Gedanken, die sich um uns herum bewegen, nicht sehen, wir bemerken nicht einmal, daß sie da sind. Doch manchmal, wenn du sehr, sehr still bist, kannst du vielleicht einen Gedanken eines anderen Menschen sehen. Es kann ein schöner Gedanke sein oder einer, der dir angst macht. Falls er dich ängstigt, kannst du dich einfach in deinen Schutzkreis aus weißem Licht hineindenken, und der beängstigende Gedanke wird verschwinden. Denke immer daran, daß du nicht schlecht über andere denken sollst, denn deine eigenen schlechten Gedanken können anderen Menschen Schaden zufügen. Denke nur gute Gedanken über andere.

Die Gedanken der Menschen können zu wirklichen Dingen werden

Die Gedanken der Menschen können zu wirklichen Dingen werden. Wenn es geschieht, nennt man sie Gedankenform. Gedankenformen können durch die Luft schweben. Viele Menschen sehen diese Gedankenformen aus den Augenwinkeln, aber da wir sie nur für Bruchteile von Sekunden wahrnehmen, denken sie nicht weiter darüber nach. Vielleicht siehst du auch manchmal Gedankenformen. Es kann auch vorkommen, daß du Geistwesen siehst, die keinen menschlichen Körper haben. Doch du weißt, daß sie dir nichts anhaben können, weil du ja deinen Schutzkreis aus weißem Licht hast. Du brauchst keine Angst vor Geistwesen zu haben, denn als du selbst noch ein solches Göttliches Wesen warst, konntest du auch Menschen sehen. Sei glücklich über dein Erdenleben, und versuche, wirklich gut zu sein, denn das ist der Grund, weshalb dein Geistwesen auf die Erde kam und in ein neugeborenes Baby hineinschlüpfte. Es war dein Wunsch, hierher zu kommen und ein Leben zu führen, auf das Gott stolz sein würde.

• *Kreiselwellen sehen*

Können wir Kreiselwellen wahrnehmen?

Viele Kinder nehmen mit Leichtigkeit wahr, was Wilhelm Reich als Orgon beschrieben hat. Sie können kleine Lichtpünktchen oder Kügelchen sehen, die in der Luft umherschwirren. Diese werden auch Kreiselwellen genannt. Die meisten sehen weiße Pünktchen, aber manche sehen auch einzelne schwarze Pünktchen. Übt man sich im Sehen, wird die Wahrnehmung dieser Pünktchen immer deutlicher, und man fängt an, die energetische Welt wieder für sich zu entdecken.

Früher konnten sich die Menschen viel unkomplizierter für die Wahrnehmung von Geistwesen, Elfen, Feen und Engeln öffnen. Un-

6. Energiesystem

sere neuen Kinder haben diesen Zugang wieder. Man kann die Kreiselwellen nicht nur am Himmel, sondern auch z.B. gegen einen hellen Hintergrund, wie die Zimmerdecke oder einen weißen Lampenschirm, sehen. Die Schnelligkeit der Teilchen schwankt, und man kann sich in der Ferne oder nah darauf fokussieren.

Eine tolle Website diesbezüglich finden Sie unter www.orgon.de. Hier gibt es eine Animation und schöne Geschichten über Kreiselwellen. Dort steht u.a. folgender Text:

Kreiselwellen sind optische Energieerscheinungen, die fast alle Menschen sehen können, die jedoch immer im subjektiven Bereich bleiben. D.h., wir können zwar beschreiben, was wir sehen, den visuellen Eindruck jedoch nicht objektivieren. Deshalb „wissen" wir nicht, was ein anderer Mensch sieht und ob es mit der eigenen Wahrnehmung übereinstimmt.

> **Wir wissen nicht, was ein anderer Mensch sieht**

Kreiselwellen kann jeder sehen. Die meisten Menschen benötigen jedoch eine qualifizierte Anleitung von einer Person, die bereits Kreiselwellen sehen kann. Wilhelm Reich schrieb zwar, daß Menschen mit starker chronischer Augenblockade die Kreiselwellen nicht sehen können, das trifft meiner Erfahrung nach – ich habe es in meinen Seminaren Hunderten von Menschen erfolgreich zeigen können – jedoch nur für einen sehr geringen Anteil von Menschen zu (unter 5%).

Wilhelm Reich hat beschrieben, daß wir Kreiselwellen wahrnehmen können, wenn wir ohne Fokus in den Himmel schauen. Um es zu lernen, öffnen Sie ein Fenster, durch das Sie einen ungehinderten Blick auf den Himmel (blauer Himmel, Wolken oder auch grauer Himmel) haben. Zunächst sollten außer dem Himmel keine weiteren Objekte im Blickfeld sein (also keine Bäume, Häuser etc.), die den Blick unweigerlich auf sich ziehen würden. (Später, wenn Sie die Technik beherrschen, geht es auch mit Objekten. Sobald man auf „Dinge" blickt, d.h. auf physische Objekte, die eine eigene Existenz und Bedeutung zu haben scheinen, verschwinden „energetische Objekte" wie Kreiselwellen aus unserer Wahrnehmung.) Setzen oder stellen Sie sich nun etwa zwei Meter vor das Fenster, und stellen Sie sich dort, wo die Fensterscheibe wäre, wenn das Fenster geschlossen wäre, eine Scheibe vor. (Durch ein Fenster zu sehen ist erheblich besser, als diese Übung draußen zu machen, weil Sie, wenn Sie in den hellen Himmel schauen, die Augen nicht entspannt weit genug öffnen können. Meist ist das Licht am Himmel zu hell dafür.) Schauen Sie auf diese gedachte Scheibe,

> **Kreiselwellen sind energetische Objekte**

d.h., halten Sie den Fokus zunächst auf ca. zwei Meter eingestellt. Dann werden Sie nach wenigen Sekunden, evtl. erst nach einigen Minuten eine große Anzahl kleinster, sehr beweglicher heller Pünktchen sehen, die durcheinanderschwirren. Wenn Sie die Kreiselwellen erst einmal identifiziert haben, können Sie Ihre Position verlassen, den Fokus verändern und mit der neugewonnenen Wahrnehmung spielen.

Sie werden feststellen, daß Sie die Wahrnehmung der Kreiselwellen immer wieder abrupt unterbrechen. Dann müssen Sie sich erneut darauf konzentrieren, sie zu sehen. Diese Unterbrechung und das neue Daraufeinstellen, die Energie wahrzunehmen, ist der interessante Part an der energetischen Wahrnehmung, denn hier ist es der innere Dialog, also das Ego, was uns von der Energiewahrnehmung trennt. An dieser Stelle beginnt die lebendige Meditation.

Das Ego trennt uns von der Energiewahrnehmung

Ein Jugendlicher erzählt:
Schon als Kind sah ich Kreiselwellen, und kein Mensch hat es mir geglaubt. Na ja, jetzt sehe ich die Engel, und wieder glaubt mir kein Mensch. Ich glaube, daß in der Zukunft viele beides sehen und erfahren werden und vielleicht entdecken, daß sie es schon immer gesehen haben!

Blaue Lichter am Himmel

Leuchtende Kugeln in der Nacht

Wenn Ihr Kind in der Nacht tiefblau leuchtende Kugeln sieht, wenn Sie zum Beispiel auf einer leeren Autobahn oder übers Land fahren, machen Sie sich keine Sorgen, es können hohe Engelwesen sein (das Kind wird sich nicht erschrecken!). Normalerweise beruhigen diese Engelwesen Ihr Kind und geben ihm ein tiefes Gefühl von Frieden.

Übung: Gedankenübertragung

Es macht Spaß zu probieren, wie man Gedanken übertragen kann. Hier folgt eine Übung, die du ausprobieren kannst:

Wenn du einen Ballon an einem Faden in der Mitte des Zimmers, vielleicht an einer Lampe, hängen läßt, kannst du ihn mit deinen Gedanken bewegen. Sorge dafür, daß alle Fenster und Türen geschlossen sind und nur du im Raum bist, damit der Ballon sich nicht durch etwas anderes bewegt. Setz dich zwei Meter von dem Ballon entfernt ruhig auf einen

Stuhl. Erde dich, atme ruhig ein und aus, bis du dich entspannt hast und du dich in deiner Mitte fühlst. Dann sammle alle Energie im Kopf. Diese Energie lenkst du dann in die Mitte deiner Stirn. Von hier strahlst du sie aus auf den Ballon, während du in deiner Vorstellung siehst, wie der Ballon anfängt, sich zu bewegen.

Einfach mal ausprobieren, es macht Spaß!

Übungsspiel: Gedankenaustausch

Du kannst auch mit anderen Kindern oder Familienmitgliedern Gedankenaustausch üben. Jedes Kind setzt sich dazu in sein eigenes Zimmer. Vorab stellt ihr eure Uhren auf die gleiche Zeit ein. Dann vereinbart ihr, wer als erster Gedanken sendet und wer Empfänger ist. Wenn du „Sender" bist, denkst UND fühlst du genau zum abgesprochenen Moment etwas, das der andere unmöglich wissen kann. Halte diesen Gedanken nur für eine halbe Minute, das reicht schon. Fünf Minuten später wechselt ihr, du wirst Empfänger, und der andere wird Sender. Anschließend tauscht ihr eure Erfahrungen aus.

> **→ Mein Tip:**
> Fragen Sie im Alltag öfter einmal, was Ihr Kind sieht. Wenn das Kind reagiert, lassen Sie es, ohne sich einzumischen, ausführlich beschreiben, was es „sieht". Ich bin mir sicher, daß sich damit für Sie eine neue Welt eröffnet.

Übung: Gedanken einstellen

Du verabredest mit jemandem aus deiner Familie, daß du dich auf ihn einstellst und er sich einen Gedanken überlegt. Dann „errätst" du, welchen Gedanken er im Kopf hat. Oder er schaut in Gedanken das Bild einer Zahl, eines Gegenstands, eines Ereignisses usw., und du mußt es „sehen".

Das Spiel können Sie überall machen, und wenn Sie es spielerisch, mit viel Spaß und Heiterkeit, während der Jugendzeit Ihrer Kinder mit ihnen spielen, können diese allmählich Vertrauen zu ihren telepathischen Fähigkeiten entwickeln.

Eine Mutter erzählt:

Meine Tochter fing mit sieben Monaten zu sprechen an, und mit 15 Monaten sprach sie schon vollständige Sätze. Sie hat bereits als Säugling allopathische [Schul-]Medizin abgelehnt (sich mit Händen und Füßen gewehrt oder alles wieder ausgebrochen). Mit etwa zwei Jahren sprach sie schon von Gott und Engeln, und sie erzählte von ihrem Freund Pete, der immer mit vielen Farben zu ihr kam. Sie unterhielt sich mit Blumen und Bäumen und bedankte sich beim Wald, wenn sie etwas von dort mitgenommen hatte.

> **→ Mein Tip:**
> *Du kannst dich natürlich auch für die Menschen oder Tiere öffnen, die dir begegnen. Wenn du dich auf „ihre Frequenz" einstellst, wie ein Radio, bei dem du nach dem richtigen Sender suchst, wirst du die Gedanken spüren. Nur ist es nicht immer schön, die Gedanken von anderen dauernd zu spüren. Ich selbst bin immer froh, wenn ich den Knopf auf „Aus" eingestellt habe und nicht von all den herumfliegenden Gedanken „belastet" werde.*

6.2 Was sehen sie, was wir nicht sehen?

6.3   Angst vor dem Schlafengehen –
Ist da etwas im Raum?

Einschlafen oder wach
bleiben?

Wenn Indigo-Kinder oft nicht einschlafen können, nicht gerne allein in ihrem Zimmer bleiben, um dort einzuschlafen, ist es dringend notwendig zu prüfen, warum sie dieses Verhalten zeigen. Es ist nicht ungewöhnlich, daß sie vor etwas Angst haben, das sie sehen oder spüren, das für uns aber im verborgenen bleibt. Daß es für uns nicht sichtbar ist, heißt jedoch nicht, daß es nicht da ist.

Nervosität beim Einschlafen, Einschlaf- und Durchschlafstörungen, Reizbarkeit, Müdigkeit und Kopfschmerzen können verschiedene Ursachen haben. Wichtig ist herauszufinden, ob elektromagnetische Störungen im Zimmer Ihres Kindes sind oder ob es Dinge wahrnimmt, die wir nicht sehen. Es kann auch sein, daß es etwas gegessen hat, das sein System zu sehr verwirrt.

Elektromagnetische
Störungen verwirren das
Energiesystem

Elektrische Störungen können z.B. Anschlüsse von Handys oder andere Hochfrequenzfelder sein, wie sie bei den digitalen schnurlosen Telefonen verwendet werden. Im Umkreis von ca. sieben Metern um die Basisstation können Wirkungen auf das Gehirn festgestellt werden. Auch ein angeschlossenes Fernsehgerät, zu viele Steckdosen etc. in der Nähe des Bettes wirken störend. Das gleiche gilt für Halogenlampen, die zwar ausgeschaltet, deren Stecker aber noch in der Steckdose ist. Gehen Sie immer davon aus, daß Ihr Kind extrem empfindlich auf Strahlungen und Frequenzen reagiert und diese eine hohe Einwirkung auf sein Energiefeld haben. Schläft Ihr Kind immer in Elektrosmog und ist diesem Nacht für Nacht ausgesetzt, werden die biochemischen Einflüsse im Gehirn Schaden anrichten und Erkrankungen folgen. Bei Menschen, die längere Zeit starken Feldern im Umkreis von Sendeanlagen ausgesetzt sind, scheinen Schlafstörungen oder Krankheiten, wie z.B psychische Krankheiten, Leukämie und Krebs, verstärkt aufzutreten.

Selbst wenn die Störfelder beseitigt wurden, kann es sein, daß Kinder weiterhin während der Nacht Angst haben. Am Tag sind sie gerne in ihrem Zimmer, möchten aber lieber nicht darin schlafen und ziehen es vor, zu den Eltern ins Bett zu gehen. Manchmal sehen sie Gespenster nur durch das Anschauen der Umrisse von

Stühlen, in Kleidern oder in offenen Schränken. Auch kann es sein, daß sie Gesichter, Erscheinungen oder Formen sehen, die aus der unsichtbaren Welt stammen. Beides jagt den Kindern einen unheimlichen Schrecken ein. Vor dem Schlafengehen wäre es daher sinnvoll, einen Schutzkreis um das Kind aufzubauen. Das Kind kann seine weiße Kugel (siehe Übung: Die weiße Kugel, S. 206) aktivieren, um sich geschützt zu fühlen. Keine negative Kraft kann diese Kugel während der Nacht durchdringen.

Sollte Ihr Kind sich trotzdem noch nicht hundertprozentig sicher fühlen, können Sie einen zweiten Schutzkreis aufbauen, diesmal um sein Bett. Zeichnen Sie dazu mit einem dicken Stift (das hängt natürlich von der Art des Fußbodens ab!) im Uhrzeigersinn einen großen Kreis auf den Boden, beginnend am Fußende. Das ganze Bett sollte von diesem Kreis umschlossen sein. Wenn Sie in diesen Kreis weißes Licht hineinatmen, bleibt das Schutzfeld während der ganzen Nacht bestehen, und Ihr Kind kann gut und ruhig schlafen (fragen Sie Ihr Kind, ob es selbst ein Symbol hat oder kennt, das es schützen kann und in der Mitte des Kreises stehen soll). Ein Vorteil dabei ist, daß Sie diese Schutzkreise überall, wo das Kind schläft, ziehen können, so auch in den Ferien.

> **→ Mein Tip:**
> Wesenheiten oder Energieformen aus der unsichtbaren feinstofflichen Welt sind immer besser sichtbar, wenn es dunkler wird. Vielleicht möchte Ihr Kind eine kleine Lampe eingeschaltet haben, damit es im Raum etwas sehen kann. Es wird sich dadurch sicherer fühlen. Mit dem Licht ist ihm seine Umgebung wieder vertraut, und es kann alles erkennen.

Lehren Sie Ihr Kind, energieschonend mit dem Handy umzugehen; z.B. das Gerät auszuschalten, wenn es nicht gebraucht wird. Es sollte nicht zu lange damit telefonieren, vielleicht lieber eine Telefonzelle aufsuchen.

Manchmal gehen wir zu sorglos mit unseren modernen elektronischen Geräten um. In den letzten Jahrzehnten wurde entdeckt,

> **→ Mein Tip:**
> Können Sie nichts auf den Boden zeichnen, wäre eine Alternative, daß Sie einen Steinkreis legen. Dazu könnten Sie mit Ihrem Kind an einem Flußufer schöne kleine, runde Kieselsteine sammeln und mit diesen dann den Schutzkreis um das Bett legen.

Lernen, sorgfältig mit elektronischen Geräten umzugehen

6.3 Angst vor dem Schlafengehen –
Ist da etwas im Raum?

Leg vor dem Schlafenge-
hen immer deinen Regen-
bogenumhang um. Er wird
dir helfen, dich während
der Nacht zu schützen.

Auch die Erde sorgt für
elektromagnetischen
Streß

Die Kinder werden mit
elektromagnetischem
Streß bombardiert und
bekommen ein schwa-
ches Immunsystem

daß in unseren Körperzellen elektromagnetische Wellen entstehen
und dort vielleicht eine noch unbekannte Funktion haben. Es wäre
sinnvoll, in der Nähe Ihres Kindes auf einige der neuen technischen Geräte zu verzichten, damit sein Umfeld und sein Zimmer
nicht mit elektromagnetischen Feldern überflutet werden.

• *Elektromagnetischer Streß*

Ohnehin unterliegen wir geopathischem Streß, der sich aus Ver-
zerrungen natürlicher elektromagnetischer Strahlung der Erde ergibt.
Dem fügen wir den Streß künstlich erzeugter elektromagnetischer
Felder hinzu. Wir Menschen sind unglaublich empfindsam für elektromagnetische Wellen. Täglich werden wir mit vielen verschiedenen Frequenzen bombardiert. Vor allem unsere Kinder wissen nicht
mehr, wie es sich anfühlt, ohne diesen „Streß" zu leben, und ein Teil
des heutigen Lebensdrucks besteht darin, mit all den elektromagnetischen Signalen fertig zu werden, die uns durchdringen.

Bei langfristigem Strahlungseinfluß wird das Immunsystem geschwächt, und die Gesundheit leidet. Die Kinder werden oft mit
elektromagnetischer Strahlung übersättigt, schon weil sie sich mit
vielen Geräten umgeben: Computer, Stereoanlage, Fernseher,
Videogerät und Wecker zählen da zur Grundausstattung. Es ist
wichtig zu wissen, daß diese Geräte auch Strahlung abgeben, wenn
sie abgeschaltet sind. Die Energie zirkuliert auch dann weiter
durch die Stromkreise, an die sie angeschlossen sind.

Wenn diese Geräte auch in dem Raum stehen, in dem ein Kind
schläft (über die Störungen haben wir schon gesprochen), findet
das Kind keine Minute Entspannung. Wenn Sie erleben, daß Ihr
Kind auf nichts Lust hat, häufig in einer „Null-Bock-Stimmung"
und durch nichts zu motivieren oder zu begeistern ist, lassen sie
eine Elektrosmogmessung machen. Ihr Teenager wird Ihnen selbst
nicht gerne glauben, aber wenn er die neutralen Messungen von
schädlichen Feldern sieht, wird er Ihnen glauben müssen.

Wir alle wissen, daß Elektrizität kein Spielzeug ist, und bringen
unseren Kindern bei, nicht mit elektrischen Kabeln, Steckdosen u.a.
zu spielen, da ein elektrischer Schlag tödlich sein kann. Die Gesund-

heitsbehörden geben heutzutage – zwar zögerlich aber dennoch – zu, daß die Strahlung der vielen elektrischen Kabel in und um unsere Häuser gesundheitsgefährdend sein kann. Dabei geht es vor allem um die niedrigen Frequenzen, auch ELF (siehe Glossar) genannt, die z.B. von Hochspannungsleitungen ausgesendet werden, die mit lebensbedrohlichen Krankheiten, wie Leukämie bei Kindern, in Zusammenhang gebracht werden.

Aber am wichtigsten sind die Auswirkungen von Strahlungen, denen wir uns mehrere Stunden am Tag oder, schlimmer, in der Nacht aussetzen. Es gibt einige Untersuchungen darüber, aber Forschungsmittel stellen die Regierungen und die Industrie kaum zur Verfügung. In Amerika hat man damit angefangen, Schulen in größerer Entfernungen von Überlandleitungen zu bauen, aus der Einsicht heraus, daß Kinder auf diese Strahlungen empfindlicher reagieren als Erwachsene. Auch das Schlafen in der Nähe von unterirdischen Stromverteilern und Endtransformatoren bedeutet eine erhöhte Gefahr.

→ Mein Tip:
Gewöhnen Sie sich daran, vor dem Schlafengehen alle Stecker aus der Steckdose zu ziehen, oder besser noch, Sie installieren ein Gerät, das den Strom an der Hauptstelle abschaltet, wenn Geräte nicht benutzt werden.

→ Mein Tip:
Achten Sie darauf, daß elektronische Geräte auf jeden Fall mindestens zweieinhalb Meter vom Körper entfernt aufgestellt werden, besonders vom Kopf. Er enthält die empfindlichsten Empfänger des Körpers, nämlich die Zirbeldrüse und die Augennetzhäute. Bringen Sie Ihrem Kind einen vernünftigen (soviel wie nötig, sowenig wie möglich) Umgang mit Handy und sonstigen elektrischen Geräten bei.

6.5 Psychische Attacken

Schutz mit Hilfe des fünfstrahligen Sterns

Ein altes Symbol, das uns hervorragend helfen kann, uns gegen die verschiedensten Möglichkeiten geistigen Eindringens zu schützen, ist der fünfstrahlige Stern, auch Pentagramm genannt. Dieses Symbol hat sich über die Zeit als besonders geeignet erwiesen, um Häuser, Räume oder Grundstücke gegen ungebetene Gäste zu

Spüren es die neuen Kinder, wenn Menschen sie energetisch belästigen?

schützen. Um Eindringlinge fernzuhalten, sollte der Stern bei allen Türen und Fenstern in die Luft gezeichnet und gleichzeitig visualisiert werden. Die Spitze sollte dabei nach außen zeigen, auf diese Weise bildet er für unerwünschte geistige Besucher ein Hindernis.

Übung: Pentagramm

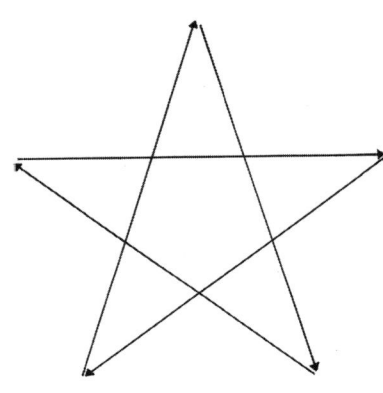

Um diesen Stern zu zeichnen, beginnst du mit der rechten Hand auf der linken Körperseite und zeichnest ein großes umgekehrtes V, das auf der rechten Körperseite endet. Jetzt zeichnest du von diesem Punkt aus weiter, so daß du die erste Linie des umgekehrten Vs durchkreuzt, und dann eine horizontale Linie, welche auch den zweiten Schenkel des umgekehrten V schneidet, und hier kehrst du aus zum linken unteren Punkt des Sterns zurück, an dem du begonnen hast (siehe Zeichnung).

Um das Haus, in dem du wohnst, oder dein Zimmer endgültig von geistigen Eindringlingen zu befreien, läßt du am besten einige Tage eine Kerze ununterbrochen brennen (Vorsicht wegen der Brandgefahr! Vielleicht stellst du sie am besten in eine Schüssel Wasser). Eine Schale mit Salz in allen vier Ecken des Zimmers unterstützt diesen Prozeß. Laß dabei ein Fenster ein wenig offen.

Übung: Weißes Licht aus dem Herzen senden

Es ist sehr wichtig, daß wir uns darüber im klaren sind, daß wir alle miteinander in Liebe verbunden sind. Wenn du dich von jemanden bedroht fühlst, kannst du deshalb folgende Übung machen:

Ich sende dir das Licht der Liebe und Reinigung

Jedesmal, wenn du an die Person denkst (das zeigt oft, daß die betreffende Person an dich denkt oder versucht, auf dich Einfluß zu nehmen), gehst du in dein Herz. Hier stellst du dir ein weißes Licht vor, das mit ganzer Kraft nach außen strahlt und die Person umhüllt. Das Bild der Person wird sich dadurch meist sofort auflösen. Wiederhole diese Übung immer, wenn die Person sich bei dir „meldet", und zwar so lange, bis es aufhört. Verzeihe der Person, und verzeihe dir selbst.

→ Es gibt immer einen Grund, warum zwei Menschen miteinander solche Erfahrungen machen! Denke an die Seelenverträge!

6.6 Die Lebensaufgabe

Die Lebensaufgabe wird jedem Menschen zur richtigen Zeit, am richtigen Ort gezeigt, abhängig von seinem Bewußtseinszustand, seinen Lebensumständen und seinen Entscheidungen. Zu diesem Abschnitt gibt es keine Übungen, aber ich möchte Ihnen folgende interessante Aufteilung zeigen, die andeuten kann, welche Lebensaufgabe Ihr Kind haben könnte. Anhand der Begabungen Ihres Kindes und daran, wo sein Herz, seine Wünsche und Freude liegen, läßt auch seine Lebensaufgabe erkennen!

Im Internet gab es einige Berichte und Geschichten eines 8jährigen Jungen (er blieb anonym), der sehr hellsichtig ist und viele Geschehnisse und Zusammenhänge gut und logisch erklären konnte. Über die unterschiedlichen Funktionen der Mitglieder der spirituellen Familien, denen wir alle angehören, sagte er folgendes:

- Wissender – Er weiß, was es zu tun gibt.
- Macher – Er kann das tun, was getan werden muß.
- Informant – Er bringt Information, sorgt für ein Informationsnetzwerk.
- Heiler – Er trägt heilende Energien in sich.
- Beschützer – Er trägt das weiße Licht des Schutzes in sich.
- Energiehalter – Er hält die Liebeskraft.
- Energiehalter – Er hält die Regenbogenenergie; durch einen kleinen Glitzer dieser Energie kann alle negative Energie aufgelöst werden.
- Energiehalter – Er hält die anderen Kräfte.
- Helfer – Er hilft den anderen in der Gruppe.
- „Wizard" (Genie-Meister) – Er baut deine Kräfte während des Schlafes auf.
- Schutzengel – Er beschützt dich.

Ein Indigo schreibt:
Ich komme aus Thailand. Meine Mutter hat einen deutschen Mann geheiratet, und so bin ich mit vier Jahren nach Deutschland gekommen. Aber in Thailand bin ich sehr, sehr arm aufgewachsen, und allen Dorfbewohnern

Jeder hat eine Lebensaufgabe

Die Seelenfamilien

war ich ein Dorn im Auge. Meine Mutter und mein Vater waren nie da, und es hat sich, auch wenn es übertrieben klingt, niemand um mich gekümmert. Ich hatte keine Liebe kennengelernt. Aber als ich nach Deutschland kam, wurde ich sehr freundlich empfangen. Ich bekam vitaminreiche Nahrung, und ich war glücklich, daß ich jetzt ein gutes neues Zuhause hatte. Meine Lebensaufgabe ist, wenn die Menschheit in die 4. Dimension aufsteigt, den Menschen zu helfen, sich in der neuen Schwingung zurechtzufinden und ihnen ihre alte Gesinnung zu erneuern und zu erweitern.

Ich helfe, wenn die Menschheit in die 4. Dimension aufsteigt

6.7   Kontakt mit der Seele herstellen

Es gibt unendlich viel Liebe –
sie ist in derselben Fülle vorhanden
wie die Luft, die wir atmen.
Orin

Haben wir ein inneres Wesen in uns?

Der Wunsch nach spirdueller Entwicklung entspringt der Seele, ebenso das Bedürfnis, höheren Zielen zu dienen und Klarheit, Liebe und Konzentration im Leben zu erfahren. Der Wunsch nach mehr Licht entstammt ebenfalls der Seele.

Wir lernen, im Leben Persönlichkeitswünsche zu entwickeln, und je mehr wir „konsumieren", desto ausgeprägter werden diese Wünsche. Sind wir bereit, die tiefere Motivation hinter unserem Wunsch zu ergründen und herauszufinden, was wir uns von seiner Erfüllung erwarten, eröffnen sich Möglichkeiten, alles in die Wirklichkeit umzusetzen. Voraussetzung ist aber immer der Kontakt mit unserer Seele oder Intuition und ein Verständnis der kosmischen Gesetze.

Wie wichtig ist der Kontakt mit der Seele?

Der bewußte Kontakt mit seiner Seele kann einem Kind helfen, viele Lösungen im Alltag zu erkennen, die es ihm ermöglichen, sein tägliches Leben harmonischer zu leben. Ohne unsere Seele kann unser physischer Körper nicht existieren, sie gibt ihm Lebensenergie und Weisheit. Wenn Sie bereit sind, den Anweisungen Ihrer Seele zu folgen, werden Sie hervorbringen, wonach Sie sich sehnen. Sie werden von ihr in die Situationen und Veränderungen geführt, die sie auf das Gewünschte vorbereiten. Vielleicht müssen Sie erst Ihre Einstellung ändern oder eine Energieblockade auflösen, bevor Sie bereit sind, das Gewünschte zu empfangen.

Die neuen Kinder sind eng verbunden mit ihrer Seele, sie wissen die Antworten auf ihre Fragen, wenn sie lernen, die richtigen Fragen zu stellen. Geben wir ihnen Medikamente wie Ritalin, so wird die Verbindung mit den höheren Ebenen blockiert, und sie müssen sich auf das verlassen, was wir sagen. Helfen Sie Ihrem Kind, Vertrauen in seine Intuition aufzubauen, indem Sie mit ihm üben und auch überprüfen, ob es stimmt, wie es eine bestimmte Situation „vorausgeahnt" hat.

Die neuen Kinder sind eng verbunden mit ihrer Seele

➔ Mein Tip:

Lernen Sie gemeinsam auf die erste Antwort, den ersten Satz oder das erste Bild zu achten, die spontan in der Mitte des Brustraumes entstehen. Fühlen Sie, was in Verbindung mit einer Frage, Situation usw. Ihre erste Reaktion, Intuition, Antwort oder Einsicht ist. Am Anfang ist das nicht so leicht, denn Sie werden es überhören, sich selbst nicht trauen und sich nicht glauben.

Der erste Impuls ist richtig

Am besten merken Sie sich diese erste Antwort oder „Empfindung", auch wenn Sie entscheiden, anders zu handeln. Schauen Sie einfach anschließend nach, ob Ihre Entscheidung, anders zu handeln, besser war, oder ob es gut gewesen wäre, Ihrer „inneren Stimme" zu folgen.

Ein Beispiel: Sie müssen umziehen und schauen sich mehrere Häuser an. Sie besichtigen ein Haus, und in dem Moment, in dem Sie es sehen, sagt Ihnen Ihr Herz, es ist zu dunkel, es liegt zu tief in einem Tal usw. Dann schauen Sie sich das Haus mit dem Makler an, reden mit anderen darüber und finden viele Gründe, es zu kaufen oder zu mieten. Sie ziehen ein. Aber nach einiger Zeit stellen Sie fest und müssen zugeben, daß Ihr erster Impuls der richtige gewesen war.

Lernen Sie mit Ihrem Kind, auf diesen ersten zarten Impuls zu hören, Sie werden sehen, Ihr Leben ändert sich vollkommen.

Übung: Verbindung zur Seele

Setz dich bequem hin, und schließe die Augen. Verbinde dich in deiner Vorstellung mit Mutter Erde, und geh dann mit deiner Aufmerksamkeit an deine Schädeldecke, in die Mitte deines Kopfes. Stell dir vor, daß sich hier eine Blume befindet, mit vielen Blütenblättern, die sich langsam eins nach dem anderen öffnen. Stell dir jetzt vor, daß violette und grüne Strahlen vom Himmel herunterkommen und durch die auf deinem Kopf entstandene Öffnung in dich hineinfließen und dich auf alles vorbereiten, was an diesem Tag geschehen könnte.

Die Farben Grün und Violett können dich in eine direkte Verbindung mit deiner Seele bringen. Laß die Strahlen eine Minute in deinen Kopf hineinfließen. Dann öffne deine Augen. Du bist jetzt bereit, den Tag zu erleben, aus deiner Mitte heraus. Alles, was auf dich zukommt, ist da, um erfahren zu werden, es ist Teil deines Lebens und da, um das Leben zu lehren.

• *Die Seele kommt auf die Erde*

Jede Seele möchte auf der Erde geboren werden

Jede Seele ist ursprünglich aus der Göttlichen Quelle entsprungen. Wenn die Seele entscheidet, zur Erde zu kommen, muß sie sich hier an die Polarität, die Welt der Gegensätze, gewöhnen. Die Erde ist polares Gebiet und erzeugt daher immer Polaritäten für jede Situation. Wo gut ist, ist auch schlecht. Wo richtig ist, ist auch falsch. Wo Freude ist, ist auch Leid usw. Das Ziel dieser Polarität ist, für Kontraste zu sorgen, damit wir mehrere Wahlmöglichkeiten haben. Wo mehr Wahlmöglichkeiten sind, kann mehr erfahren werden. Das ist der Sinn des irdischen Lebens!

Es bleibt immer ein Verlangen, ja ein Sehnen nach Einheit

Aber es bleibt auch immer ein Verlangen, ja ein Sehnen nach Einheit und der Wunsch, sich mit allem zu vereinen. Aber ohne wieder „leichter" oder energievoller zu werden, können wir nicht ins Licht zurückgehen. Die neuen Kinder zeigen ein großes Gespür für Einheit und eine große Liebe für alles. Das bewirkt, daß sie oft traurig sind, da sie diese Polarität so intensiv spüren. Diese Trennung, die sie eigentlich nicht mehr leben möchten, wird aber von den Erwachsenen gelebt und in dieser Welt müssen sie sich wohl oder übel damit zurechtfinden. Ermöglichen Sie Ihrem Kind, mit seiner Seele verbunden zu bleiben, es wird sonst innerlich langsam sterben und keinen Sinn in diesem Leben auf der Erde sehen. Sie selbst können dabei lernen, sich für Ihre Seele zu öffnen, um ein viel reicheres Leben zu führen.

Ein Indigo-Kind erzählt:

Ich wußte immer schon, daß ich etwas anders bin, weil ich irgendwie nie wußte, wie man sich „wie die anderen" verhält. Irgendwann, mit 14 oder so, habe ich in einem Gespräch mit meiner Seelenpartnerin gesagt, daß wir wohl „außerirdisch" sind.

Ich habe eine Seelen-partnerin

6.8 Engel und Erzengel

Die meisten neuen Kinder sehen Engel und andere Lichtwesen. Nun gibt es viele energetische Ebenen und daher viele Möglichkeiten, Engel wahrzunehmen. Im Grunde ist es nicht wichtig, was sie sehen, Hauptsache, sie werden von den Erwachsenen ernst genommen.

Kennt jedes Kind seinen Engel?

Jeder Mensch hat zwei Engelwesen, die immer für ihn da sind, sie gehören zu seiner Person. Wenn der Mensch sich spirituell entwickelt und anfängt, Karma abzubauen, seine Lebensaufgabe zu leben, kann es passieren, daß die Engelwesen Platz machen für drei höhere Engel, die sich ihm dann widmen. Es ist jederzeit möglich, eine bewußte Kommunikation mit den eigenen Engeln aufzubauen, denn sie sind einfach IMMER da!

Haben Sie das Gefühl, daß der Kontakt für das Kind positiv ist, d.h., es kommuniziert mit Engelwesen aus dem Licht, dann lassen Sie es ruhig. Bemerken Sie, daß Ihr Kind negativ beeinflußt wird, d.h. es kommuniziert mit Wesen aus den unteren Ebenen (vielleicht mit Seelen, die nach dem Tod die Erde nicht verlassen haben und „festhängen"), brauchen Sie Hilfe. Versuchen Sie erst, mit dem Kind über „seinen Freund" zu sprechen. Finden Sie heraus, wer, was, und woher er ist. Wenn Sie befürchten, daß es unter Einfluß eines „niederen Wesens" steht, brauchen Sie fachkundige Hilfe.

→ **Mein Tip**

Engel sagen nie:
Tu dies, tu das.

Wie Sie Energien erkennen können

Engel sagen einem NIE: Tu dies, tu das ... Sie geben Rat und zeigen dir viele, viele Möglichkeiten auf ... Sie helfen dir, selbst zu wählen ... und lassen dich dabei völlig frei ... Sie urteilen nie ... und lieben dich und nehmen dich an, wie du bist.

Wesenheiten hingegen, die in der Erdatmosphäre festhängen, sind fordernd, sagen: Tu dies, tu das. Sie können merkwürdige Geschichten erzählen und verlangen vieles von dir. Sie versuchen, deinen eigenen freien Willen zu beschränken.

Ein Indigo-Kind sagt:

Ich erkenne meine geistige Familie

Ich erkenne meine „geistige Familie", meine „Verwandten", aber ich kann nicht sagen, warum ich weiß, was ich weiß. Es ist halt nur ein Gefühl, aber ich habe gelernt, ihm zu vertrauen.

Die Indigo-Mutter eines Indigo-Kindes schreibt:

Nun möchte ich die Situation der Indigo-Kinder darstellen, wie ich sie von mir aus erlebe und wahrnehme. Als ich das Buch „Das Indigo Phänomen, Kinder einer neuen Zeit" gelesen hatte, war mir klar, daß auch ich dazugehöre, und zwar von beiden Seiten, als Mutter eines Indigo-Kindes und selbst als Indigo-Kind. Zwar dachte ich für mich immer, ich sei ein Regenbogenkind gewesen, ein „Prisma". Doch die Prägung Indigo ist sehr stark vertreten, ist Ursprung und Aufgabe. Bevor ich hier inkarniert bin, habe ich als Engel gewirkt und hatte eine Gruppe von Kindern zu betreuen. Es waren Kinder, die schon in früher Kindheit aus ihrem Menschenleben gingen und in einer Art Schule bei uns lernten, was es mit der Erde, der Natur und der materiellen Welt auf sich hat. Wir erforschten mit den Kindern die Elemente, das Leben der Pflanzen und der Tiere und was die ganzen physikalischen Gesetze und Wunder der Erde sind und wie sie miteinander verbunden sind. Dann erfolgte unsere Inkarnation auf der Erde, in das 20. Jahrhundert und in unsere Aufgabe und unser Dasein in der Zeit der Jahrtausendwende.

Ich bin eine Indigo-Mutter und lebe mit einem Indigo-Kind

Ich bin 1954 geboren und gehöre zu den Pionieren der Indigos. Schon als Kind war ich anders und erinnerte mich noch in vielem an die andere Welt. Ich war (bin) ein Paradieskind. In jungen Jahren hatte ich eine Menge sogenannter Déjà-vu-Erlebnisse und sprach mit allem (mit Steinen, Bäumen, Bergen, dem Feuer, dem Wind, dem Wasser und den Tieren). Am liebsten war ich in der Natur und bei den Tieren. Ich hatte das Gefühl, von einem anderen Planeten zu kommen, und als ich als Kind einmal von der Existenz der Wolfskinder hörte, dachte ich, ich sei wohl auch so eines gewesen in einem früheren Leben. Schon früh erkannte ich, daß ich nicht das erste Mal auf dieser Erde inkarniert und in dem Sinne schon sehr alt war. Ich erkannte aber auch, daß ich von woanders kam, d.h. meine Heimat „oben" war. Ich war schon sehr früh bewußt und wach und litt unter den Konflikten, die die Menschen untereinander hatten. Dann setzte ich mich ab und ging in die Natur (ich hatte, seit ich schreiben konnte, immer ein Heft dabei, in dem ich Tagebuch führte und Fragen und Erkenntnisse über das Leben aufschrieb). Ich hatte viele Fragen, so zum Beispiel: „Lieber Gott, warum sind die Menschen so? Warum können sie einander nicht liebhaben? Warum gibt es Kriege? Warum sind die Menschen nicht zufrieden?"

Déjà-vu-Erlebnisse

Lieber Gott, warum sind die Menschen so?

Bei Mutter Natur fühlte ich mich zu Hause und geborgen, war ein Naturkind und fühlte mich als ein Kind von Himmel und Erde, ja einfach als ein Kind Gottes. In meiner Pubertät war ich eine eifrige Friedenstaube und versuchte auch, so zu leben. Ich hatte keine Feinde und schuf mir auch keine und war der Meinung, daß Frieden bei einem selbst anfange. Ich hatte in meinem Leben immer innere Leitsätze, so wie: „Hab die Sonne im Herzen, ob's stürmt oder schneit, ob der Himmel voll Wolken und die Erde voll Streit." Oder: „Liebe deinen Nächsten so wie dich selbst." „Wenn ihr nicht werdet wie die Kinder …" Oder: „Leben und leben lassen." Diese Sprüche waren seit meiner frühesten Kindheit präsent und sind es immer noch.

Ich war ein sehr liebes Kind, sehr phantasievoll und auch etwas verträumt. Ich hatte ein sonniges Gemüt, war aber auch oft traurig, weil ich mich nicht bestätigt fühlte in dem, was ich fühlte und dachte über das Leben. Ich lebte stark in mir selbst und hatte eine große Sehnsucht nach dem Paradies und nach Gott, den Engeln, aber auch mit einem großen Wunsch: Alles um mich herum glücklich zu machen.

Ich hatte eine große Sehnsucht nach dem Paradies

Ich versuchte, alle zu verstehen und immer die Energie dazu zu geben, die es gerade brauchte, die notwendig war. Ich war sehr vielseitig begabt, und es fiel mir leicht zu vermitteln. Aber mit den Worten und vor allem mit dem Diskutieren hatte ich Probleme. So schrieb ich einfach alles auf, was mich berührte. Ich lernte von allem und jedem und versuchte, als ewiges Lichtlein zu wirken. Was an mich herankam und dunkel und unrecht war, versuchte ich, ins Licht zu wandeln. Ich fühlte mich als eine Art „Umwandlungsofen". Ich fühlte mich aber auch oft sehr einsam, denn obwohl Gott und die Engel nah waren und im Herzen ansprechbar, so waren sie doch auch fern, da ich ja ein Menschenleben lebte und mich im menschlichen Bewußtsein bewegte und mir der Trennung auch bewußt war, die damit verbunden war.

Ich versuchte, alles ins Licht zu wandeln

Innerlich war ich immer noch in der Einheit, äußerlich lebte ich in einer Welt, die mir oft fremd war und in der ich als Kind „mit einer regen Phantasie" oft nicht ernst genommen wurde. Ich verströmte meine (unsere) Liebe einfach an alle. So verlief meine Kindheit, und ich wurde erwachsen, doch im Inneren war ich immer noch ein Kind und werde es wohl auch bleiben.

Ich wurde Lehrerin (aus Opposition). Ich hatte Freude am Lernen, fand aber Schule in dem Sinne, wie ich sie erlebt hatte, nicht gut und wollte es besser machen. Dann arbeitete ich als Erzieherin und Sozialpädagogin in Kinderheimen, psychiatrischen Kindertherapiestationen und anderen Institutionen, die mit benachteiligten Kindern, Jugendlichen oder behinderten Erwachsenen zu tun hatten. Ich war immer „Anwältin" der Kinder und versuchte, den anderen Erwachsenen die Nöte der Kinderseelen nahezubringen. Von den Kindern wurde ich immer sehr gut verstanden und als ihresgleichen angesehen. Als meine Nichten und Neffen heranwuchsen, fühlte ich, daß ich mit meiner Art eher zu der nächsten Generation gehöre, die nach meiner Auffassung schon viel freier und bewußter war als die Erwachsenen meines Alters.

Von Kindern wurde ich immer sehr gut verstanden

Mit 27 begann ich eine Ausbildung im Ausdruckstanz und fühlte mich zu Hause. 1990 wurde ich Mutter und lebe seither sehr nahe und intensiv mit meinem Sohn in der Welt der neuen Generation. Mein Sohn ist ganz anders als ich und eine große Herausforderung für mich und alle, die mit ihm zu tun haben. Ich versuche, ihm zu helfen, mit seinen Mitmenschen und dieser Welt klarzukommen. Wegen seiner starken Erregbarkeit, seiner Wutausbrüche, seiner Hyperaktivität, seines hohen Intellekts und seines sehr kindlichen Sozialverhaltens kommt er immer wieder in Konflikt mit seiner Umwelt.

Da ich selbst verbunden bin mit meinen Engeln, mit meinem höheren Selbst und auf der Suche nach dem, was meinem Sohn und auch mir helfen kann, in dieser Welt klarzukommen, bin ich auf die Lichtwesen und den Lichtring gestoßen. Für mich war dieser Fund wie ein „nach Hause kommen". Endlich weiß ich, wo die anderen gelandet sind und daß ihr auch da seid. Ich glaube, daß wir Indigos ein gemeinsames Bewußtsein haben, das heißt für mich, daß innerhalb des menschlichen Bewußtseins noch eine Art Familie oder Gemeinschaft existiert. Ich denke, miteinander geht es noch besser, und es kann uns viel Kraft und Mut geben für unsere gemeinsame Aufgabe, mit uns selber und mit Mutter Erde wieder ins klare zu kommen.

> Wir Indigos haben ein gemeinsames Bewußtsein

Ein Indigo-Kind erzählt:

Ich brauche mir nie im Leben Sorgen wegen Geld, Essen, etc. zu machen. Wenn ich mich für etwas begeistern kann, dann finde ich immer Mittel und Wege, dies auch umzusetzen, da ich meine Engel damit beauftrage.

Eine Mutter erzählt:

Es ist gar nicht so einfach, weil mein Kind früher sehr oft Gespräche mit Wesen geführt hat, die ich nicht gesehen habe. Es hat die Wesen auch mitgenommen, wenn wir das Haus verlassen haben. Ich mußte immer warten, bis alle draußen waren, und beim Einsteigen ins Auto durfte ich die Türen erst schließen, wenn alle drin waren. Ich konnte es in gewisser Weise verstehen, weil ich sehr medial bin und selber viele Bilder voraussehe.

> Mein Kind nahm die für mich unsichtbaren Wesen immer mit

Trotzdem kann ich mir vorstellen, daß es, auch wenn man medial begabt ist, sehr schwierig ist, diese Schritte immer wieder zu vollziehen.

- *Emotionale Reinigung*

Es gibt eine sehr wirkungsvolle Übung, die Erzengel Michael gerne weitergibt, um die Menschen und Kinder von emotionalen „Giften" zu reinigen. Sie wird von verschiedenen Lichtarbeitern die „Staubsauger-Übung" genannt.

> Erzengel Michaels energetischer Staubsauger

Übung: Erzengel Michael

Diese Übung können Sie als Mutter oder Vater in An- oder Abwesenheit des Kindes machen. Vor solchen Übungen müssen Sie immer mental um die innere Erlaubnis des Kindes bitten. Auch hier gilt wieder: Der erste Impuls ist der richtige!

Setz dich deinem Kind gegenüber, es soll die Augen schließen, und ihr beide entspannt euch …

Dann sagst du: „Erzengel Michael, ich grüße dich … Ich rufe dich an, jetzt die Auswirkungen von Angst in meinem Kind (Name des Kindes) zu klären und energetisch aus ihm herauszuziehen …"

Spüren, wie die Energie sich ändert

→ *Du wirst spüren, daß die Energie sich ändert, in dir und um dich herum. Erzengel Michael wird im Raum sein.*

Dann stellst du dir vor, daß Erzengel Michael mit Hilfe eines energetischen Staubsaugers alle negativen emotionalen Energien, die das Kind nicht mehr braucht, aus allen seinen Organen und seinem ganzen Körper herauszieht.

Engel werden diese Energien in positive Energien umwandeln. Wenn Erzengel Michael fertig und das Kind wieder „sauber" ist, sendet er heilendes weißes Licht durch den Körper deines Kindes, um alle leeren Stellen aufzufüllen.

→ Obwohl diese Übung leicht und ein wenig eigenartig erscheint, ist sie extrem wirkungsvoll!

6.9 Kommunikation mit der Natur

Warum lieben die neuen Kinder Bäume und Tiere?

Die Natur mit ihren Pflanzen, Bäumen und Tieren bietet den neuen Kindern die Möglichkeit, die Naturgesetze zu erleben und zu erkennen. Hier stimmt nach ihrem Gefühl ALLES. Geben Sie Ihrem Kind die Möglichkeit, mit Tieren groß zu werden: Katze, Hund, Kaninchen. Das Kind kann viel Trost und Ruhe im Umgang mit ihnen finden. Viele der Indigo-Kinder müssen draußen spielen, frei sein, um die Energien der Natur in sich aufnehmen und sich so regenerieren zu können. Wenn es Ihnen möglich ist, gehen Sie oft mit Ihrem Kind in die Natur: Camping, Wandern, in den Garten, in den Wald. Vielleicht kann es im Garten ein eigenes Baumhaus bauen, in das es sich zurückziehen kann. In der Natur und bei den Tieren findet es einen Zugang zu seiner eigenen Welt, die es bei uns Erwachsenen so oft vermißt!

Ein junges Mädchen schreibt:

Zuerst einmal möchte ich mich nicht in die Schublade Indigo-Kind stecken. Es ist eine Begrenzung. Fülle ist nur in der Leere. Dinge haben nur die Macht, die ich ihnen gebe. Indigo-Kind? Nur eine neue Facette der Illusion? Ich freue mich einfach zu wissen, daß ich nicht der einzige komische Kauz auf der Welt bin, seit das Buch über Indigo-Kinder mich gefunden hat. Das ist alles. Als Kind hatte ich so viel Mitgefühl mit allen Tieren, der Natur, daß ich um jedes überfahrene Tier am Straßenrand weinte.

Ich weinte um jedes überfahrene Tier am Straßenrand

Während andere Kinder Tieren Flügel ausrissen und ähnliche derartige „Späße" trieben, was mich eher sanfte Natur jedesmal ziemlich wütend werden ließ, versuchte ich schon als Kind, Tiere zu heilen, wie eiternde Katzenaugen mit selbst gepflückten Kamillen und daraus hergestelltem Aufguß zu behandeln. Immer war ich es, dem man seine seelischen Sorgen anvertraute. Später erzählten mir zum Teil Fremde sie stark belastende Dinge, die sie vorher keinem Menschen erzählt hatten, fühlten sich in meiner Gegenwart erleichtert, beschwingt, als ob alle Sorgen von ihnen abfielen, nie existiert hätten. Ich wurde, egal wohin ich kam, Regenbogen genannt (Somewhere, over the rainbow, skies are blue ... [Lied aus dem Musical „Der Zauberer von Oz"]).

Eine Mutter erzählt:

Jetzt, mit fünfeinhalb Jahren, erzählt mein Sohn voller Begeisterung von den Farben, die er an Menschen sehen kann. Er erzählt auch, daß er beim Einschlafen Farben in seinem Zimmer sieht und daß sie in der Luft herumfliegen. Er unterhält sich mit unserem verstorbenen Kater Felix – dessen Tod er schlecht verkraftet hat, da ich den Fehler begangen habe, unseren sehr kranken Kater zum Tierarzt zu bringen und ohne ihn zurückzukom-

Mein Sohn unterhält sich mit unserem verstorbenen Kater

men und einfach erklärte, er sei jetzt tot. Er weiß, daß es ihm gutgeht, das habe Max ihm erzählt, und daß er viele Freunde zum Spielen hat und zählt die Namen der Katzenfreunde auf, zwei Hunde waren auch dabei.

6.10 Die Fähigkeit zu heilen

Mama, ich werde dich
heilen

Seien Sie nicht allzu überrascht, wenn Ihr Kind eines Tages zu Ihnen sagt: *„Mama, hast du Schmerzen? Leg dich hin, ich werde dir meine Hand auflegen und dich wieder gesund machen"* – oder etwas ähnliches. Erzieherinnen im Kindergarten haben beobachtet, wie Kinder, die sie betreuten, sich energetisch um andere Kinder kümmerten, ohne etwas zu sagen oder ohne sie anzufassen. Sie setzten sich einfach im Kreis um das „kranke" Kind und gingen nach einiger Zeit wieder zurück zum Spielen.

Ob Sie es glauben oder nicht, die neuen Kinder sind geborene Heiler, geborene Energie- und Lichtarbeiter! Bekommen sie hierin eine liebevolle und beständige Begleitung und werden mit ihren Gaben anerkannt, dann können sie ihre Fähigkeiten auf natürliche Art und Weise entwickeln.

➜ Mein Tip:

Große Heiler wissen,
was Energiehalten ist

Ein „großer" Heiler ist nicht immer jemand, der sichtbar etwas tut. Viele der wichtigsten Heiler der Welt sind unglaublich „einfache" Menschen, die „nur" nebenan oder vielleicht sogar in einer armen Nachbarschaft leben. Sie wissen, was Energiehalten, Vortexe oder Gitternetze usw. sind, und ohne sie wäre die Welt ziemlich verloren. Auch große Meister in Tibet, Indien, Sibirien, Südamerika und anderswo tun ihre wichtige Arbeit, oft leise, manchmal auch mit vielen Schülern.

Übung: Heilen mit weißem Licht

Wenn du dich selbst heilen oder wieder ins Gleichgewicht bringen möchtest, kannst du mit dem Strahl des weißen Lichtes arbeiten. Du

kannst dieses weiße Licht gedanklich an die Körperteile schicken, die En-
ergie brauchen, weil sie krank, lustlos, schwach oder nicht harmonisch
sind. In unseren Gedanken steckt eine Menge Energie, und unser Geist
kann dieses weiße Licht zur Heilung einsetzen.

Setz dich bequem hin, und entspann dich ... Verbinde dich mit
Mutter Erde und Vater Sonne. Bitte sie, weißes Licht durch die Wur-
zeln und die Lichtschnüre in dein Herz zu schicken ... Strahle dieses
harmonische Licht von deinem Herzen aus wieder aus, entweder in die
Teile deines Körpers, die weh tun, oder auch zu einer Person, die
Schmerzen hat. Wenn du möchtest, kannst du das Licht auch durch
deine Arme und Hände fließen lassen und diese auf die schmerzenden
Stellen legen ...

Laß das weiße Licht aus deinem Herzen strahlen

Wir sind eigentlich eine chemische Fabrik!

Das HeartMath Institut in den USA hat mit einer Gruppe von
Männern Studien durchgeführt, die Techniken und Übungen mit
„emotionaler Selbstbeherrschung" praktizierten. Sie konnten nachweisen, daß eine höhere Produktion des Nebennierenhormons
DHEA (siehe Glossar) stattfand. Weder Eßgewohnheiten, sportli-
che Übungen oder Lebensstil wurden verändert. Die Studie besagt,
daß die Teilnehmer nach nur einem Monat Übungen durchschnitt-
lich eine hundertprozentige Erhöhung ihres DHEA-Spiegels zeigten. Diese Studien sind wichtig, weil sie uns zeigen, daß wir durch
die Qualität unserer Gedanken, Gefühle, Emotionen und Wahrnehmungen unsere Körperchemie beeinflussen können.

Können wir wirklich unsere Körperchemie beeinflussen?

6.11 Erinnerungen an frühere Leben

Es gibt immer mehr Kinder, die sich unbewußt (manchmal auch
bewußt) an Einzelheiten, Personen, Orte und Situationen eines anderen Lebens zu erinnern scheinen. In jungen Jahren bringen sie
manchmal die verschiedenen Lebenssituationen durcheinander, meinen, sie hätten sich in der Zeit geirrt, und in meiner Praxis habe
ich oft ähnlich lautende Geschichten wie die folgenden gehört:

Ein Vater erzählt:

Als meine Tochter ungefähr zwei Jahre alt war und eines Abends bei mir auf dem Schoß saß, sagte sie: „Du bist nicht mein Vater, ich bin dein Bruder, und wir sind nicht in der richtigen Zeit." Als sie etwas älter war, sagte sie mir: „Ich weiß, daß dies jetzt nicht die einzige Zeit ist, die wir miteinander verbringen, Papa. Wir waren schon viele Male zusammen."

Eine Mutter erzählt:

Unser Sohn war früher ein Mädchen

Mein Sohn ist dreieinhalb Jahre alt. Vor zirka einem Jahr erzählte er von seinem vorigen Leben. Dies machte er in immer der gleichen Weise, einmal gegenüber seiner Großmutter und einmal gegenüber seinem Vater. Er war im vorigen Leben ein Mädchen und hat in einer großen „Burg" mit vielen anderen Mädchen gelebt. Sie hatten einen großen Garten, und er hatte eine andere Mama und einen anderen Papa. Alle waren gleich gekleidet.

Geschichte einer Mutter:

Mama, ich war früher dein Vater!

Ich bin die stolze Mutter von Dennis (jetzt 9 Jahre alt), einem Kind der neuen Zeit, einem besonderen Kind, das uns viel gelehrt hat. Er war immer krank oder gerade dabei, krank zu werden, geplagt von Nahrungsallergien, Asthma usw. Jetzt geht es besser, aber es war schon schlimm! Eigenartig war, daß er dabei immer fröhlich blieb, auch bei seinen Allergien, die sehr belastend für ihn waren. Er akzeptierte es einfach. Immer kam er mit Aussagen wie: „Ich war früher dein Vater." Oder: „Du warst ein Weinbaby" – (ich!). Oder er sagte plötzlich: „Ich bin früher gestorben, als ich ein alter Mann war." Oder: „Ich habe früher in Spanien gewohnt, war damals ein Mann und hatte immer einen Hut auf" (er zeichnete die Hutform). Es gibt viele Beispiele, er sagt manchmal einfach etwas beim Spielen oder Autofahren. Oft sagt er sehr weise Dinge über andere Planeten oder wie alles funktioniert, z.B. daß wir im Körper Gottes sitzen wie Bakterien. Er hatte Schwierigkeiten, es in Worte zu fassen, und wir nannten es dann einfach so. Er meinte, es wäre ganz logisch, auch wir haben solche Dinge in unserem Körper. Also haben die Bakterien auch wieder ihre eigenen Bakterien, und wir sind Gott für unsere eigenen Bakterien, und die Bakterien sind wiederum Gott für ihre eigenen Bakterien: „Also, Mama, das geht immer so weiter im Klei-

nen, also muß es auch so weitergehen im Großen." Für ein Kind von sie-
ben war das schwierig zu beschreiben. Seit er zwei Jahren alt ist, kommt
er mit solchen Geschichten.

6.12 Materie folgt Gedanken

In ihrem Buch „Ich kam von der Venus" (siehe Anhang) erzählt
Omnec Onec folgende Geschichte:

In meinem ganzen Leben auf der Venus habe ich nie eine schlichte,
einfache Party erlebt. Wenn es zu einem Fest gekommen ist, gingen unse-
re Leute alle aus sich heraus, um Extravaganzen zu imaginieren und zu
erschaffen.

Werden unsere Gedan-
ken zu Materie?

Sie beschreibt in ihrem Buch auch, wie sie als Kinder lernen
mußten, Gegenstände oder Möbel zu visualisieren, und wie
schwierig es am Anfang war, nicht irgendwelche Teile zu vergessen.

➜ Mein Tip:

Wenn Sie etwas in Ihrem Leben realisieren oder materialisieren möchten, ist es wichtig, daß Sie Ihre Gedanken
so klar und rein wie nur möglich halten. Richten Sie Ihre
Absicht genau, bewußt und gut überlegt auf das, was Sie
verwirklichen wollen. Sie können nur für sich selbst etwas realisieren, und Ihre Absicht sollte immer zum Wohle aller sein! Denke und fühlen Sie das, was Sie erreichen
möchten, als ob es schon da, wahr oder realisiert wäre.
Dann lassen Sie alle Gedanken daran los, und vergessen
Sie sie am besten. Alle Gedanken nämlich, die negativ
oder nicht so positiv sind, wie z.B.: „Ich bin gespannt, ob
es wirklich eintrifft." „Ich habe es nicht verdient." „Du
wirst sehen, es geschieht nie!" Solches oder ähnliches
wird Ihnen unwiderruflich einen Strich durch die Rech-
nung machen, es zerstört Ihre Absicht und die darein gesetzte Energie. Sie können es sich so vorstellen, daß die
gesetzte Absicht und die Energie der negativen Gedan-

Was du gibst, kehrt zu
dir zurück!

ken zusammen zu Ihnen zurückkommen (was Sie herausgeben, kehrt zu Ihnen zurück! Können Sie sich daran erinnern?).

Die Bedeutung des „echten" Gebets

Beten wir eigentlich richtig?

Wenn wir auf eine mögliche Lösung unter vielen fokussieren, wird diese Lösung in unserer Zukunft zur Realität.

Es gibt verschiedene Arten zu beten. Wenn wir uns anschauen, wie die östlichen Kulturen das Gebet in ihrem Leben nutzen, stellen wir einen enormen Gegensatz fest zu unserer westlichen Art des Gebets. In der östlichen Art des Betens ist jeder Mitschöpfer seiner Realität, in der westlichen Art des Betens richtet der Betende eine Bitte an ein höheres Prinzip, z.B. Gott.

Wir haben in der westlichen Welt die Beziehung zwischen Mensch, Gedanke, Gefühl, Emotion und Kosmos verloren. Wir sind eine Gesellschaft geworden, die auf Logik und Intellekt basiert. Die Völker, die noch gemäß der alten Kulturen leben, haben den Kontakt mit Mutter Erde und Vater Himmel aufrechterhalten.

Gregg Braden schreibt in seinem Buch „Der Jeasaja-Effekt" ausführlich über das Wissen und den Lebensstil der alten Essener, die die schöpferische Form des Betens in Schriften festhielten. 1946 wurden Teile dieser Schriften gefunden. Diese bestätigen, daß die Essener die Qualitäten der Gedanken, Gefühle und Emotionen nutzten, um zu beschreiben, wie wir das Leben in unserer Welt erfahren.

Emotion ist das Kraftsystem, das uns jeden Tag vorwärtsbringt. Dieses Kraftsystem hat keine Richtung, bis es durch unsere Gedanken gelenkt oder geführt wird. Die Verbindung von Emotion und Gedanke ist Gefühl. Die Tibeter sagen, daß ihre Gebete keine äußerliche, sichtbare Form haben, da Beten Fühlen ist. Sie bereiten sich mit Gesängen, Mudras und Mantras auf das Gebet vor.

Die äußere Welt wird uns spiegeln, was wir im Inneren erschaffen haben

Es ist interessant zu wissen, daß die Quantum-Wissenschaft uns nahelegen möchte, daß wir durch das menschliche Fühlen alles realisieren und materialisieren könnten. Das menschliche Fühlen steht irgendwie in Zusammenhang mit dem Ergebnis, das wir individuell und kollektiv erfahren. Wenn wir verstehen, wie wir etwas machen, können wir immer das gleiche Ergebnis erwarten. Erschaffen wir bestimmte Qualitäten von Emotionen und Gedanken in unserem Körper, so bestimmen wir damit das Ergebnis, das sich verwirklicht. Das bedeutet, daß man durch das Gefühl in seinen verschiedenen Körpern (siehe S. 40) schon das Ergebnis erzeugt. Visualisierungen sind leblos, bis wir ihnen durch unsere Emotionen und Gefühlen Leben einhauchen, so, als ob sich die Visualisierungen schon vollzogen hätten. Fühlen wir unsere Welt kollektiv in Frieden und voller Liebe, erreichen wir das. Es ist aber eine Notwendigkeit, daß viele mit dem gleichen Fühlen gemeinsam beten.

Wenn Sie möchten, können Sie sich mit Ihren Kindern verschiedenen „Weltgebeten" anschließen. Sie werden regelmäßig online (per Internetverbindung – Liveübertragung) organisiert. Können wir das Gefühl erleben, so ziehen wir die dazu in Resonanz stehende Realität an. Die äußere Welt wird uns dann spiegeln, was wir im Inneren erschaffen haben.

Warum sind Massengebete erfolgreich?

Eine Mutter erzählt:

Laura begann recht spät zu sprechen, doch als sie es dann konnte, fing sie an, über die Natur, Gott und die Welt zu reden. Sie unterhielt sich mit Pflanzen, hatte einen sehr starken Bezug zu Gott und führte mich zum Glauben zurück. Ihr Wille war schon sehr zeitig stärker als meiner, und sie hat es geschafft, meinen Willen zu brechen, so daß ich damals oft geweint habe. Dies jedoch konnte sie nicht ertragen und war sehr schnell wieder lieb. Sie hat eine so große Liebe in sich, daß sie keinem böse sein kann, selbst wenn man ihr noch so sehr weh getan hat (auch seelisch). Sie verzeiht einfach alles und kommt sehr schwer damit zurecht, daß ihr nicht die gleiche Liebe zuteil wird, wie sie sie verschenkt.

Meine Tochter erzählte mir, daß sie direkt von Gott käme. Sie fängt oft an, über Sachen aus dem Universum zu reden, einfach nur so. Beispielsweise erklärte sie mir, warum es für „die Menschen" nicht möglich ist, auf dem Mars zu landen, und warum von dort keine Bilder über Lebewesen entstehen könnten. Etwas anderes ist, daß sie mir erklärte, sie könne sich an ein früheres Leben und an ihre Geburt in jenem Leben erinnern. Sie stellt mir oft Fragen, die ich leider nicht beantworten kann, über das Universum und über Engel u.v.m.

Kinder erinnern sich oft an frühere Leben

6.12 Materie folgt Gedsnken

Wie schon zuvor erwähnt, erinnern sich die neuen Kinder oft an frühere Leben. Manche Kinder reden über fremde Planeten, so als ob sie dort zu Hause wären. Oft sind sie auch im ganzen Universum zu Hause. Es gibt multidimensionale Kinder, die sich nicht erinnern können, zwischen den verschiedenen Welten hin und her zu gehen (vom Leben zur Seele, hin und zurück), obwohl sie sich einer Seelenentwicklung bewußt sind.

Mama, ich gehöre nicht hierher, ich bin von einen anderen Planeten!

Diese Kinder verhalten sich so, als ob sie noch nie auf diesem oder einem anderen Planeten gewesen wären. Sie finden ihren Körper ziemlich nutzlos, empfinden ihn eher als unpraktisch. Sie hängen nicht an Familienthemen oder persönlichen Beziehungen. Was sie wirklich bewegt, ist, wie sie unsere Welt retten und die verursachten Schäden wieder „reparieren" können. Diese Kinder interessieren sich für alternative Medizin, Umweltthemen, Radionik, medizinische Reformen usw. Alles hat für diese Kinder eine Seele und ist lebendig. Sie erinnern sich vor allem, daß sie hier sind, um die „großen Veränderungen, die stattfinden werden" einzuleiten und die Menschheit in diesem Prozeß zu unterstützen. Sie meinen, daß sie durch ein bestimmtes Zeichen zur Erde „gerufen" wurden, sie kommen aus einem größeren Universum als unserem, und sie sind nicht gekommen, weil die Eltern es wünschten. Das sind die Kinder, denen sie unbedingt ein Tier schenken sollten, damit sie die Möglichkeit bekommen, eine Beziehung von Geben und Nehmen aufzubauen. Es gibt dazu ein wunderbares Buch von Flavio und Marco: „Ich komm' aus der Sonne" (siehe Anhang).

Haben wir mehrere Leben?

Carol Bowman aus Amerika hat jahrelang mit Kindern gearbeitet, die Nahtod-Erfahrungen gemacht hatten und sich an viele Gefühle, Situationen und Erlebnisse aus anderen Leben erinnern konnten. Sie beschreibt in ihrem Buch „Children's Past Lives" (siehe Anhang) verschiedene Situationen, in denen Kinder spontan über Einzelheiten aus ihren vorigen Leben sprachen. Es kann passieren, daß Kinder, die panische Ängste kennen, diese aus früheren Leben mitgebracht haben, und in diesem Fall wäre eine Rückführung in dieses traumatische Leben unter Anleitung eines ausgebildeten Therapeuten sinnvoll. Kann das Kind die Gefühle, Emotionen, Empfindungen in eine klare Beziehung zu einem anderen Leben setzen, so wird es die Ängste schnell verlieren.

Carol Bowman schreibt: „*Stellen Sie sich vor, Sie fahren in Ihrem Wagen und reden mit Ihrer dreijährigen Tochter. Plötzlich wird deren Stimme ernst, sie wird ungewöhnlich still und sagt: Als ich bei meiner anderen Mama war, war ich ein Junge.*" Carol Bowman berichtet über einen Jungen, der seiner Mutter von fünf verschiedenen Leben erzählen konnte. Er schilderte ihr in allen Einzelheiten die Angst, Folterung, Frust und Härte, die er in der Vergangenheit erleben mußte. Er konnte Menschen, die er geliebt oder gehaßt hatte, genau beschreiben. Sein letztes Leben unterschied sich dann völlig von den ersten vier Leben, es war erfüllt von wunderbarem Frieden und großer Ruhe.

➜ Mein Tip:

Unternehmen Sie nur etwas mit Ihrem Kind in Richtung Reinkarnationstherapie, wenn Sie den Eindruck haben, daß Schwierigkeiten in diesem Leben durch schreckliche Erinnerungen an ein anderes Leben ausgelöst werden. In diesem Fall brauchen Sie fachkundige Hilfe von jemandem, der Sie bei diesem Prozeß begleiten kann. Lesen Sie zunächst das Buch von Carol Bowman und auch das von P.M.H. Atwater: „Children of the New Millennium" (siehe Anhang) – und gewöhnen Sie sich an den Gedanken, daß wir offensichtlich mehr als ein Leben haben!

Gewöhnen Sie sich an den Gedanken, daß wir offensichtlich mehr als ein Leben haben!

6.13 Gebundene Energie

Krempel ist gebundene Energie

Der Krempel von Kindern scheint sich immerzu zu vermehren und auf alarmierende Weise ihr Zimmer zu überwuchern, falls er nicht kontrolliert wird. Wenn sich Kinder aber ganz und gar geliebt, sicher und glücklich fühlen, sind sie nicht so sehr auf materielle Dinge angewiesen.

Wir haben zu viel Krempel

Aufräumen macht frei, und die Energie fließt wieder harmonischer

→ Mein Tip:

Alles, was herumliegt, ist, so schön es sein mag, gebundene Energie und kostet Kraft, wenn es keine Ordnung hat oder einfach überflüssig ist. Am besten fangen Sie gleich damit an, Ihrem Kind beizubringen, hinter sich aufzuräumen. Wenn es ein neues Spielzeug bekommt, entscheiden Sie gemeinsam, wo es aufbewahrt wird. So wissen Sie genau, wohin Sie es tun müssen, wenn Sie das Zimmer aufräumen. Sprechen Sie regelmäßig mit Ihrem Kind, um gemeinsam zu entscheiden, ob Sie ein bestimmtes Spielzeug behalten oder wegwerfen wollen. Die endgültige Entscheidung sollte Ihrem Kind selbst überlassen bleiben. Was für Sie so ausschaut, als sei es gestorben und im Himmel, kann für Ihr Kind sehr wichtig und noch jahrelang von Nutzen sein (vgl. auch S. 30).

Schlafzimmer

Krempel im Schlafzimmer ist absolut verboten, für Kinder wie für Erwachsene. Alles im Energiefeld wirkt sich auf die Qualität des Schlafes aus. Deshalb sollten Sie auch unter dem Bett oder in den Ecken kein Gerümpel verschwinden lassen. Wer ein Bett mit Schubladen hat, sollte am besten nur Bettzeug oder Kleidung darin aufbewahren. Da die Kinder ein sehr offenes Energiesystem haben, ist es vor allem wichtig, alles aus ihrem Schlafzimmer zu verbannen, was nicht unbedingt dahin gehört.

Krempel gehört nicht ins Schlafzimmer

→ Mein Tip:

Gerümpel allgemein

Gerümpel macht allen in der Familie zu schaffen. Sie stolpern darüber, können nichts finden, die Kinder nerven, wenn sie unbedingt das rosa Kleid mit den violetten Strümpfen anziehen möchten und es verschwunden

238

scheint. Unrat und Krempel ist immer ein Ausdruck dafür, wie es im Inneren der Familienmitglieder aussieht. Falls Ihr Nachwuchs nicht zu bändigen ist, sollten Sie wissen, daß alle Kinder das Unterbewußtsein ihrer Eltern ausleben. Sie spüren haarscharf, was ansteht. Anstatt andauernd an ihnen herumzunörgeln, wäre es besser, Sie beginnen bei sich selbst und fangen an, die Probleme in Ihrem eigenen Inneren und äußeren Unrat aufzuarbeiten. Das ist eine Methode, mit der Sie hundert Prozent mehr und schneller Erfolg haben werden.

Unordnung ist immer ein Ausdruck dafür, wie es in einem Menschen aussieht

6.14 Rasende Gedanken

Es kann sein, daß Ihrem Kind die Gedanken in einer solchen Geschwindigkeit durch den Kopf rasen, daß es Schwierigkeiten hat, zu sprechen oder zu schreiben. Es redet wahnsinnig schnell, um diesen gewaltigen Strom von Bildern bewältigen zu können. Meist versteht man kein Wort, wenn man das Kind nicht kennt. Es stolpert über die Wörter, bricht Sätze ab, weil da schon wieder ein neuer Satz aus seinem Mund hervorquellen möchte. Die Kinder sind total im Streß. Schreiben ist für sie schrecklich, denn es geht so langsam, daß es weh tut. Das Kind schreibt unsauber, läßt Buchstaben oder Wortenden weg, weil es dann einfach schneller geht. Hauptsache, man kann es verstehen. In der Schule führt das natürlich zu Problemen, aber für das Kind ist es nicht leicht, sich ruhig und konzentriert auf diesen Informationsfluß einzustellen. Die zuvor geschilderten BrainGym®-Übungen können hier helfen, auch die Erdungs- und Gehirnhälftenübungen (Hirnhälften verbinden). Nachdem Sie diese Übungen über längere Zeit mit Ihrem Kind gemacht haben, können Sie gemeinsam üben, die Bilder, die Ihr Kind empfängt, entspannt „einzufangen" und in ruhige Sprache umzusetzen. Das Kind fühlt sich sicherlich besser, wenn es verstanden wird und das Seine anderen mitteilen kann.

Redet Ihr Kind so schnell, daß Sie nichts verstehen?

Ein älterer Indigo schreibt:

Meine ganze Weltanschauung scheint eine völlig andere zu sein!! Ich trage Gefühle in mir, die ich kaum in Worte fassen kann. Und zudem ist es auch so, daß ich meiner Umwelt vor allem verbal meist kaum begreiflich machen kann, was ich im eigentlichem Sinne meine!! Die Gedanken sind zu schnell und zu chaotisch oder einfach viel zu viele. Ich kann mich sehr gut in Menschen hineinversetzen, nenne es einfach „menschlich" Denken!! Bin nicht dumm, aber bekomme aus mir noch unbekannten Gründen meine Schullaufbahn NICHT in normale BAHNEN!!?? (Schule schwächt mich!) Es ist so viel, und ich bin total unsicher, was davon wichtig ist zu berichten, was eher nicht? Es gehört ja ALLES zu mir und ist somit für mich „NORMAL"!! Es gibt mittlerweile zum Glück Menschen, die mich verstehen, und umgekehrt!! Das ist das Wichtigste!!

Kinder möchten verstanden werden

Ein älteres Indigo-Kind erzählt:

Die menschliche Sprache ist zu langsam und zu wenig ausdrucksstark. Das hab ich schon als Kind so empfunden. Auch die Themen der anderen Kinder (Menschen) waren mir so egal, so unwichtig. Ich meide große Menschenansammlungen (zuviel Energievampirismus und zuviel telepathisches Gebrabbel). Ich wurde als Kind immer als Weltverbesserin beschimpft. Ich habe (aufgrund früherer schlimmer Erlebnisse) fast meine gesamte Kindheit in einem Traumzustand erlebt, ich war nicht anwesend. Ich bin als Kind mit den Delphinen geschwommen. Als ich mich jetzt bewußt wieder bei ihnen gemeldet habe, haben sie sich gefreut. (Ich finde Schwimmen blöd.)

Die menschliche Sprache ist zu langsam und zu wenig ausdrucksstark

7. Energiefeld

7.1 Die Aura wahrnehmen und reinigen

Übung: Das Energiefeld Ihres Kindes sehen

Stellen Sie Ihr Kind mit dem Gesicht zu Ihnen in ungefähr eineinhalb Meter Abstand vor eine dunkle Wand (z.B. vor einen dunklen Vorhang). Das Licht im Raum sollte gedämpft sein, ohne direkte Lichtquellen in der Nähe.

Positionieren Sie sich selbst in etwa fünf Meter Entfernung von Ihrem Kind. Mit entspannten Augenmuskeln, ein wenig schielend, fokussieren Sie Ihren Blick nun auf eine Kontur Ihres Kindes, z.B. auf den Umriß seines Kopfes oder seiner Schulter. Nach einiger Übung können Sie schillernde Lichtschwaden erkennen, die aus dem Kopf oder der Schulter zu kommen scheinen.

Versuchen Sie danach diese Übung mit Musik. Die Töne bewirken, daß die Farben und Energiefäden sich in der Aura bewegen, dadurch werden sie für Sie deutlicher sichtbar. Tauschen Sie den Platz auch einmal mit Ihrem Kind. Es macht Spaß, einander näher kennenzulernen und mehr voneinander wahrzunehmen.

→ Mein Tip:
Tragen sie einfarbige, nicht zu grelle Kleidung, dann läßt sich die Aura besser erkennen.

• *Die Aura reinigen*

Unter „Aura reinigen" versteht man, die Aura von „belastenden" [negativen] Energien zu befreien. Es gibt viele Methoden, die Ihnen und Ihrem Kind helfen können, schnell eine energetische Veränderung in dem Energiefeld zu bewirken. Essenzen und Düfte sind hierzu gute Hilfsmittel, auch Visualisieren ist sehr wirkungsvoll. Sie können Ihrem Kind, bevor es in die Schule geht, z.B. mit Aura-Soma (etwa mit dem weißen Pomander) die Aura ausstreichen und, wenn es aus der Schule kommt, denselben Prozeß wie-

Die Aura von belastenden Energien befreien

→ **Mein Tip:**
Denke einfach, daß alle negativen „Energieflecken" ganz schwer werden und aus deiner Aura herausfallen auf den Boden. Dort wartet Mutter Erde, um sie dir abzunehmen. Bitte Mutter Erde, sie für dich wieder in Licht umzuwandeln, und danke ihr (das ganze dauert nur 1–2 Minuten!).

derholen. Auch die Energieduschen-Übung (S. 36) wirkt schnell. Wenn Sie möchten, können Sie auch mit Anrufungen arbeiten, sie sind sehr kraftvoll, und Sie benötigen keine sonstigen Hilfsmittel. Eine klärende, kraftvolle Anrufung, die Sie dreimal wiederholen sollten, ist:

Ich rufe das innere Christlicht an,
ich bin ein klarer und offener Kanal,
Licht führt mich.

Auch die nachfolgend beschriebene Übung mit der violetten Flamme oder die Klärungsübung von Erzengel Michael (S. xxx) sind schnell und wirkungsvoll. Es gibt viele Möglichkeiten, wichtig ist bei der Auswahl der Übung, daß sie Ihrem Kind Spaß macht.

→ **Mein Tip:**

Energiedusche

Energiedusche

Du kannst dir die Übung mit dem Wasserfall (S. xxx) auch beim Duschen vorstellen. Du visualisierst das Wasser, das über dich strömt, als Wasser, das deinen Körper mit reiner Liebe berührt und wäscht. Das reinigt die Aura hervorragend. Du kannst dein Energiefeld auch sehr effektiv reinigen, indem du dich in der Badewanne ganz ins Wasser legst und einfach zehn- bis zwanzigmal kurz den ganzen Körper und den Kopf unter Wasser hältst. Das reinigt dein Energiefeld von Emotionen!

• *Die violette Flamme*

Was ist die violette Flamme?

Die violette Flamme der Vergebung und Umwandlung reinigt unser Energiesystem. Wenn wir die violette Flamme anrufen, wird sie durch und um die atomar-zellulären Strukturen unserer physischen, ätherischen, mentalen oder emotionalen Körper lodern und unsere nicht mit LIEBE umhüllten Elektronen umwandeln. Altern und Krankheit gibt es nur, weil der Liebesmangel in unserem Leben – in Form unserer vergangenen Gedanken, Worte, Handlungen und Gefühle – die molekulare Struktur so stark verschmutzt hat,

daß unsere Blaupause innerhalb der DNS-Kodierung nicht ausgedrückt werden kann.

Wenn wir die violette Flamme täglich anrufen, dann wird sie
unser System von allen negativen Partikeln reinigen. Die spezifische
Frequenz der Umwandlung, die dieses violette Feuer enthält, ist ein
Geschenk des Lichtes und arbeitet wie ein Atombeschleuniger.
Durch die Anrufung durchdringt es die teerartige Substanz unserer
negativen Energien. Machen wir diese Übung regelmäßig, sehen wir
bald den Beweis unserer eigenen Transformation in unserem Alltag.
Die Lebensqualität verbessert sich, und unser physischer Körper
wird gesünder. Die violette Flamme ist das Symbol für den Strahl
der Umwandlung, Vergebung und Freiheit und Reinigung.

Übung: Die violette Flamme

*Setz oder leg dich bequem hin. Visualisiere dich umgeben von einem
Kraftfeld aus Frieden und Schutz. Sieh jetzt, wie sich ein Kreis um dich
bildet ... und bitte dein Christus-Selbst, jede Erfahrung, die deine Umwandlung verhindert und dich mit Blockaden gefangenhält, in diesen
Kreis zu bringen ... Sei bereit, dich zu ändern ...*

*Stell dir vor, daß Erfahrungen von vergangenem Ärger und Haß in
diesen Kreis kommen, auch Gefühle von Angst, Neid, Eifersucht und
Zweifel. Spüre alle Erfahrungen aus der Vergangenheit, bei denen du
Schmerzen, Verletzung und Traurigkeit gefühlt hast. Rufe jetzt die violette
Flamme herbei. Deren Kraftfeld und heilige Essenz breiten sich jetzt in
deinem Herzen aus ... Sie bewegen sich durch deinen Körper ..., durch
alle Organe ... Laß sie dann in den Kreis fließen, bis der ganze Kreis mit
der ganzen Kraft der Gnade, Vergebung, Umwandlung, Gerechtigkeit,
Freiheit und dem Mitgefühl erfüllt ist. Der Kreis strahlt und glüht ... Die
violette Flamme verwandelt und verbrennt alle Blockaden. Fühle, wie
dich die violette Flamme im Kreis von den negativen Energien sowie von
den daran beteiligten Personen befreit.*

*Rufe jetzt das Gesetz der Vergebung für dich und alle Lebewesen an.
Fühle, wie du frei wirst ... Sage: „Ich bin Licht! (3mal) – Ich bin Göttliches Licht! Ich bin geschützt im Göttlichen Licht! Ich bin umgeben von
Göttlichem Licht! Ich bin eins mit dem Göttlichen Licht! Ich schaffe mir
jetzt ein neues Bewußtsein. Ich bin eins mit allem, und alles ist eins mit mir.*

Die violette Flamme der
Transformation

7.2   Ist Ihr Kind „hellsichtig"?

Sieht Ihr Kind mehr, als Sie denken?

Möchten Sie herausfinden, ob Ihr Kind hellsichtig ist oder „paranormal" wahrnehmen kann, dann können Sie das am besten prüfen, während Sie mit ihm spielen, denn dann geschieht es meistens ohne Leistungszwang. Sie haben beide einfach Spaß und Freude beim Spielen, und Sie können so leicht entdecken, ob Ihr Kind mehr „sieht", als Sie denken.

Übung: Blind sehen

Ihr Kind bekommt einen Schal oder ein Tuch vor die Augen gebunden (später können Sie die Plätze wechseln, und dann sind Sie der/die „Blinde"). Setzen Sie sich gegenüber, ohne sich zu berühren. Ihr Kind sollte physisch nichts sehen können. Halten Sie Ihre Hände in Augenhöhe des Kindes und machen Sie mit Ihren Fingern eine Zahl zwischen 0 und 10. Probieren Sie das zehnmal hintereinander, während Sie Ihrem Kind immer 30 Sekunden Zeit lassen, um zu „sehen", welche Zahl Sie zeigen. Sagen Sie nichts, zählen Sie nur, wie oft Ihr Kind die Zahl richtig sieht. Sieht es die Zahlen mehr als fünfmal richtig, können Sie davon ausgehen, daß es ziemlich begabt ist.

Übung: Mit dem Finger spüren

Wenn Sie etwas abfragen möchten, können Sie diese Übung ausprobieren.

Mit deinem Finger kannst du spüren, ob bestimmte Handlungen oder Antworten für dich aktiv oder nicht aktiv sind. Weißt du z.B. in einer Sache nicht genau, was du tun sollst, schreibe dir drei Möglichkeiten auf ein Blatt Papier. Jetzt kannst du mit dem Finger erspüren (ohne daß du etwas dabei denkst!), welche Antwort dein Körper vorzieht.

Um die Energien zu erspüren, verwendest du den Mittelfinger der linken Hand. Beweg den Finger etwa einen Zentimeter vom Papier entfernt an den Möglichkeiten entlang langsam abwärts. Laß dabei deinen Gefühlen und Empfindungen freien Lauf ... Bei inaktiven Antworten (Energien) wirst du nichts spüren ... Bei aktiven Antworten wirst du Empfindungen wie Kälte, Hitze oder vielleicht ein Kribbeln spüren. Das ist deine Antwort!!

7.3 Verbindungen lösen

Energetische Verbindungen mit anderen Menschen oder Kindern sind relativ leicht aufzulösen und zu durchtrennen. Wenn Sie das Gefühl haben, daß zu viele Menschen an Ihrem Kind „kleben" oder es zu stark unter dem Einfluß eines anderen Kindes steht, können Sie folgende Übung machen.

„Kleben" zu viele Menschen an Ihrem Kind?

Übung: Verbindungen lösen

Stellen Sie sich und Ihr Kind auf zwei einander gegenüberstehende gleichhohe Stühle. Wichtig ist, daß Sie beide bequem und vor allem mit geradem Rückgrat sitzen können; dabei hilft ein Kissen im Rücken. Die durch die Übung führende Person (in dem Fall Sie als Mutter, Vater oder ein anderer Erwachsener) sitzt vor dem Kind, so, daß die Knie sich gerade nicht berühren.

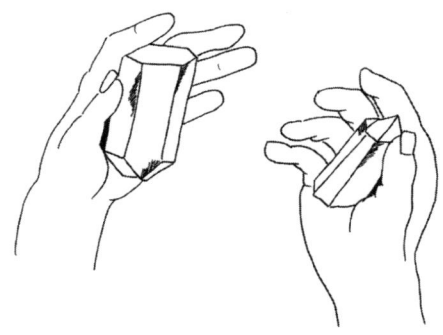

Wenn Sie möchten, kann das Kind in jeder Hand eine ca. 2–3 Zentimeter lange Quarzkristallspitze halten. In der linken Hand schaut die Spitze des Kristalls in Richtung Arm und Körper, während die Kristallspitze in der rechten Hand in Richtung Finger zeigt.

Im Grunde werden Sie das Kind führen, indem Sie eine „Reise" mit ihm machen und dabei laut sprechen. Manchmal hilft leichte, meditative Musik, um die Emotionen zu beruhigen, aber sie soll nur leise im Hintergrund zu hören sein. Beachten Sie hier wieder, daß das erste Zeichen, das Sie bekommen, IMMER das richtige ist. Sprechen Sie deutlich in sanftem Ton:

Schließ die Augen und entspann dich … Geh mit deiner Aufmerksamkeit zu deinem Körper … Spüre deine Fußsohlen, sie berühren den Boden … Verbinde dich mit Mutter Erde … Verbinde dich mit Vater Sonne … Dann schau dir deinen Körper an, und versuch, den Raum in ca. drei Zentimeter von deiner Haut entfernt zu sehen … Hier kannst du Fäden oder ähnliches wahrnehmen …

➔ Ab hier gibt es zwei Wege:

**Emotionale
Verbindungen lösen**

Ihr Kind möchte sich von dem Einfluß eines bestimmten Kindes oder einer Person lösen. Diese Verbindung stellt sich in Form eines bestimmten Fadens dar.

Ihr Kind schaut sich die Fäden allgemein an und durchtrennt die Fäden, die jetzt durchtrennt werden möchten.

Fragen Sie sanft nach, ob es die Fäden spürt oder sieht ..., und bitten Sie es immer um ein deutliches Zeichen. Wenn Sie eine Antwort erhalten haben, sprechen Sie weiter:

Jetzt schaue nach, welchen Faden du durchtrennen willst ... Frage den Faden, wie du das tun sollst ... und, wenn du es weißt, gib mir ein Zeichen ...

Lassen Sie sich hier überraschen: Der Faden braucht vielleicht eine Schere, einen Hammer u.a., um durchtrennt werden zu können. Wenn Ihr Kind weiß, wie es vorgehen muß, sprechen Sie weiter:

Trenne den Faden so durch, wie er es dir sagt ... Gib mir ein Zeichen, wenn du fertig bist ..., und danke der Person, mit der du verbunden warst, für die Verbindung ...

Ihr Kind möchte jetzt vielleicht weiterschauen; lassen Sie es ruhig. Fahren Sie wie zuvor beschrieben fort, und begleiten Sie es. Es kann sein, daß es genau sieht, welche Menschen zu einem bestimmten Faden gehören; das ist in Ordnung. Wenn es etwas erzählen möchte, lassen Sie es das tun. Bleiben Sie neutral, aber geben Sie Ihrem Kind genügend Raum und Zeit, etwas zu sagen.

**Bleiben Sie neutral,
aber geben Sie Ihrem
Kind genügend Raum
und Zeit**

Ist ein Faden einmal durchtrennt, wird Ihr Kind sich mit der Person anders fühlen (was nicht heißt, daß sich die Verbindung wieder aufbaut und später vielleicht wieder durchtrennt werden muß).

Beobachten Sie Ihr Kind während dieser Übung sorgfältig. Beim leisesten Anzeichen von Erschöpfung oder Unruhe oder dafür, daß es nicht mehr weitermachen möchte, beenden Sie die Übung wie folgt:

Wenn du keinen Faden mehr siehst, den du durchtrennen möchtest, dann visualisiere deine weiße Kugel, sieh, wie sie dich umhüllt. Sie schützt dich ... Dann öffne die Augen, und fang an, dich sanft zu bewegen ...

7.4 Essenzen in die Aura bringen

- *Aura-Soma – Du bist die Farbe, die du wählst*

Sind wir alle Farbwesen?

Die schönen Ölflaschen von Aura-Soma sind eine wundervolle Licht- und Farbquelle für Kinder und Jugendliche. Diese wissen meist genau, welche Farben ihnen guttun und was sie mit den Flaschen machen möchten. Man könnte sagen, daß sie eine ganz spezielle Beziehung zu ihnen haben. Es ist immer wieder spannend zu sehen, wie schnell Kinder ihre Flaschen finden und daß sie genau wissen, was sie damit machen wollen. Die Eltern hingegen waren oft verunsichert, mahnten die Kinder zur Geduld und sagten: „Schau doch bitte mal genau hin, und überlege, welche Flasche du wirklich willst." Immer, aber dann auch wirklich immer, verunsicherten sie damit ihr Kind. Es kann so schnell wählen, weil es seinen Verstand bzw. die linke Gehirnhälfte nicht eingeschaltet hat, es braucht das auch gar nicht, es wählt intuitiv aus über hundert Flaschen ebendie Flasche, die es jetzt braucht.

Die neuen Kinder wählen Farben und Essenzen intuitiv

Eins ist sicher, die neuen Kinder lieben Aura-Soma, und wenn Sie die Möglichkeit haben, bringen Sie Ihr Kind damit in Kontakt.

Aura-Soma geht davon aus, daß eine körperliche Erkrankung nie isoliert betrachtet werden kann, da bei einer Erkrankung immer seelische Ursachen eine Rolle spielen. Viele alternative Heilmethoden widmen sich den Alarmzeichen, die sich schon lange vor der Erkrankung zeigen. Werden diese Zeichen frühzeitig erkannt, so kann das innere Gleichgewicht einfacher wiederhergestellt werden, und die Krankheit muß nicht unbedingt ausbrechen. Es ist allgemein bekannt, daß Farben eine große Wirkung auf unseren unbewußten, emotionalen Zustand haben (nicht umsonst werden sie in der Werbung, den Medien u.ä. so stark eingesetzt, um uns zum Einkauf „einzuladen" und zum Geldausgeben zu bewegen).

- *Was können Sie mit der gewählten*
  Aura-Soma-Ölflasche tun?

Die Kinder entscheiden am besten selbst, was sie mit einer Essenz machen

Lassen Sie auf jeden Fall Ihr Kind entscheiden, was es mit der Flasche machen will.

Meine Anregungen:

→ Mein Tip:
Wenn Ihr Kind das Aura-Soma-Öl nicht auf die Haut möchte, kann es ein „Lichtbad" nehmen (Beschreibung siehe oben). Machen Sie das aber nur, wenn Ihr Kind es auch wirklich möchte!

- Stellen Sie Ihrem Kind die Flasche ans Bett, oder legen Sie sie ihm ins Bett.
- Stellen Sie eine Flasche vor eine Lichtquelle, so daß Ihr Kind ein richtiges Farblichtbad bekommt (nicht länger als zehn Minuten!).

Sie können ihm die Flasche auf den Körper legen.

- Natürlich können Sie das Öl auf den Körper auftragen. Wichtig ist, daß Ihr Kind selber spürt, an welcher Stelle es das Öl aufgetragen haben möchte.
- Sie können das Öl ins Badewasser Ihres Kindes tun oder es unter die Farbe mischen, wenn Sie das Kinderzimmer streichen.

Übung: Pomander für die Aura

Aura-Soma-Farben und -Düfte in die Aura geben

Hier haben Sie zwei Möglichkeiten: Entweder Sie wedeln die gewählte Essenz „oberflächlich" in die Aura, oder Sie arbeiten sie tiefer in die Aura ein.

Es ist schon sehr wirkungsvoll, die Essenz kurz mit den Händen in die Aura zu wedeln. Nimm dazu drei Tropfen des Pomanders auf die linke Hand (die Verbindung zur rechten Gehirnhälfte fördert Intuition!), und verteile ihn über beide Hände. Während du deine Hände wie Fächer bewegst, wedelst du die Essenz von Kopf bis Fuß in deine Aura.

Um die Essenz tiefer in die Aura einzuarbeiten, gehst du wie folgt vor: Du nimmst drei Tropfen deines Pomanders auf die linke Handfläche und reibst dann deine Händflächen gegeneinander, um die Essenz zu verteilen. Streiche auch etwas auf den Puls (= Verbindung zur Blutbahn!).

Strecke dann deine Arme und deine Hände dem Sonnenlicht entgegen. Verbinde dich mit dem Sonnenlicht, dem universellen Licht, und atme einige Male tief ein. Danach bringst du deine Handflächen langsam über deinen Kopf und stellst dir dabei vor, daß das Aura-Soma-Licht auf deinen Körper strahlt. Du bewegst deine Hände bewußt über den Hinterkopf, deine Schläfen, dein Drittes Auge und vorn herunter zum Hals-Chakra (Chakras siehe S. 42).

Sei immer ganz offen, und fühle dich mit deinen Chakras verbunden

Sei immer ganz offen, und fühle dich mit deinen Chakras verbunden, während das Aura-Soma-Licht in sie hineinfließt und sie harmonisiert. Beweg deine Hände zum Herz-Chakra und weiter zum Solarplexus-Chakra, Nabel-Chakra und Wurzel-Chakra, und spüre, wie das Licht

aus deinen Händen strahlt. Dann bringst du das Aura-Soma-Licht über die Beine und über den Rücken wieder hoch zum Kopf. Vor deiner Nase bringst du deine Handflächen wieder zusammen, öffnest sie ein wenig und atmest dreimal ganz tief den Duft des Pomanders ein.

➔ Mein Tip:

Geben Sie Ihrem Kind die Aura-Soma-Ölflasche Nummer 20 (Sternenkind) in der kleinen Plastikflasche mit in die Schule. Es ist das Heilöl für Kinder und kann Ihrem Kind bei psychischen oder körperlichen Schmerzen helfen.

Die Sternenkind-Flasche ist ideal für Kinder

7.5 Farben

Das intuitive Wissen um Farben liegt als Veranlagung in uns allen. Schon im Mutterleib haben wir die ersten Farbwahrnehmungen. Im frühen Kindesalter tragen Farbassoziationen wesentlich zum Bewußtwerdungsprozeß bei. Gefühle, Erinnerungen und Bedeutungen verbinden sich mit den Erfahrungen von Farben und werden Bestandteil unseres Unbewußten. Die Farbpsychologie geht von der Annahme aus, daß jede Farbe physische, psychisch-emotionale und geistig-spirituelle Auswirkungen auf uns hat. Farben umgeben uns täglich, wir kleiden uns, je nach Stimmung, in Farben oder in Schwarz. Unsere Zimmer sind, je nach Stimmung, bunt oder neutral weiß. Farben beeinflussen uns positiv oder auch negativ. Wir sollten also behutsam und vor allem bewußt mit ihnen umgehen.

Die Farbsprache ist unsere erste Sprache

➔ **Mein Tip:**

Farbvisualisation

Wenn du eine andere Stimmung im Raum, zwischen zwei Menschen (hier beschreiben), in einem Gespräch usw. schaffen möchtest, kannst du die Farbe Rosa, die Farbe der bedingungslosen Liebe, „Farbatmen und -denken".
Stell dir die Farbe Rosa vor ... Sie ist überall um dich her-

Farbatmen und Farbdenken bewirken Wunder

Bedeutung der Farben

um ... Bei jedem Einatmen nimmst du sie durch deine Lungen in deinen Körper auf ... Durch jedes Ausatmen gibst du sie an die Luft um dich herum ab ... Sieh, wie die andere Person diese Luft einatmet ..., wie auch ihre Lungen rosa werden und das Rosa, die Kraft der bedingungslosen Liebe, durch ihren Körper fließt ... Denke weiter an nichts ... Laß einfach geschehen, was geschehen möchte.

➜ Die Farbe Rosa kannst du immer einsetzen, es ist die Farbe der bedingungslosen Liebe und tut immer allen gut.

Farbdeutung Farbatmen

- *Rot:* steigert Vitalität, Energie und Willenskraft
- *Orange:* steigert Freude, Spaß und Glück
- *Gelb:* steigert die Objektivität und die Kräfte des Intellekts
- *Grün:* reinigt innerlich und sorgt für Ausgeglichenheit
- *Türkis:* lindert Entzündungen und Fieber, stärkt das Immunsystem
- *Blau:* entspannt, gibt Frieden, lindert Schlaflosigkeit
- *Violett:* steigert die Selbstachtung, vermittelt das Gefühl von Schönheit
- *Magenta:* hilft, sich von zwanghaften Vorstellungen und Bildern zu lösen
- *Rosa:* bringt bedingungslose Liebe in den Raum

Übung: Farbatmen

Lassen Sie Ihr Kind intuitiv eine Farbe auswählen, von der es meint, daß sie ihm guttun wird. Dann setzen Sie sich mit ihm an einen schönen ruhigen Platz, an dem Sie nicht gestört werden. Erklären Sie Ihrem Kind die Übung ausführlich, und führen Sie sie gemeinsam aus.

Entspann dich, und atme einige Male tief, bis in den unteren Bauchraum hinein ... Verfolge bewußt den Weg des Atems, und halte ihn kurz im Bauch. Dann atme bewußt aus ... Lerne erst den Rhythmus des Atems kennen. Wenn du das langsame und bewußte Atmen beherrschst, wirst du dich entspannt fühlen und dich auf die Farben konzentrieren können.

Atme jetzt die gewählte Farbe ein: Stell dir vor, wie die Farbe in deinen Mund und deine Luftröhre streicht, durch dein Zwerchfell, durch den Solarplexus (er liegt oberhalb des Nabels) in den Bauchraum. Halte jetzt die Atmung kurz an ... Du kannst dabei bis vier zählen ... Atme dann die Farbe langsam und bewußt wieder aus.

Du kannst die Farbatmung auf alle Organe ausdehnen. Schließ das Herz, die Leber, die Nieren, die Milz und den Darm mit ein. Auch zur Wirbelsäule solltest du die Farbe lenken.

Nachdem Sie diese Übung gemacht haben, sprechen Sie mit Ihrem Kind über seine Erfahrungen. Sie können es auch anregen, mit der gewünschten Farbe kreativ umzugehen. Sie können z.B. sagen: „Die Farbe macht eine Reise durch deinen Körper und besucht alle Stellen, die nicht glücklich sind." Oder: „Stell dir vor, daß die Farbe in deinem Körper alle Stellen, die krank sind, bunt anmalt, damit sie sofort gesund werden." Lassen Sie sich von Ihrer Phantasie führen, und sorgen Sie dafür, daß Ihr Kind Spaß an dieser Übung bekommt. Es wird dann imstande sein, die Übung schnell selbst zu machen, wenn es sich unglücklich fühlt.

> Sprechen Sie mit Ihrem Kind über seine Erfahrungen.

7.6   Bachblüten

Das System der 38 Bachblüten von Dr. Edward Bach dient dazu, einem Menschen die Möglichkeit zu geben, vorübergehende negative Gemütsstimmungen selbst in den Griff zu bekommen. Durch seelische Reinigung und Selbsterkenntnis wird es möglich, eine größere Stabilität der Persönlichkeit zu gewinnen. Daraus folgt dann indirekt auch eine hohe Widerstandsfähigkeit gegenüber seelischen und psychosomatischen Störungen. Dr. Bach sagte einmal: *„Krankheit ist weder Grausamkeit noch Strafe, sondern einzig und allein ein Korrektiv; ein Werkzeug, dessen sich unsere eigene Seele bedient, um uns auf unsere Fehler hinzuweisen."*

Jedes Krankheitssymptom, sei es körperlich, seelisch oder geistig, gibt uns eine spezifische Botschaft, die es zu erkennen, zu akzeptieren und für unsere Lebensreise zu nutzen gilt. So wurden Bachblüten in den letzten Jahren von vielen Menschen, die bewußt an ihrem seeli-

> Braucht mein Kind Blütenessenzen?

schen Wachstum und an ihrer spirituellen Entfaltung arbeiten, zur seelischen Reinigung eingesetzt. Heilung bedeutet immer, daß der Mensch seine Ganzheit bejaht. Das System der Bachblüten birgt die Aufforderung: „Heile dich selbst!" Man kann es deshalb als „Heilung durch Reharmonisierung des Bewußtseins" bezeichnen.

Heile dich selbst!

Die Bachblüten haben eine bestimmte Wesensverwandtschaft mit der Homöopathie. Sie wirken zunächst über die feineren energetischen Schwingungsebenen und auf Umwegen dann auch auf den physischen Körper. Sie wirken also direkt auf das menschliche Energiesystem ein!

Glück bedeutet, unseren eigenen Überzeugungen treu zu sein und unser eigenes Leben zu führen

Judy Howard schreibt in ihrem Buch „Bachblüten für Kinder und Jugendliche" (siehe Anhang) über die Begleitung von Kindern mit Bachblüten. Sie teilt das Buch in die verschiedenen Lebensphasen ein und gibt viele wertvolle Informationen. Nach ihrer Meinung ist folgende Aussage wesentlich für Dr. Bachs Philosophie: *„Können wir wir selbst sein und tun, was uns glücklich macht, dann können wir nicht nur die Erfüllung eines befriedigenden Lebens erfahren, sondern sind auch gleichzeitig Herr über unsere Bestimmung. Glück bedeutet, unseren eigenen Überzeugungen treu zu sein und unser eigenes Leben zu führen."*

Bachblüten werden aus ungiftigen Bäumen und Pflanzen hergestellt und machen nicht abhängig. Bestimmte Bachblüten werden bestimmten Charaktereigenschaften oder Verhaltensweisen zugeordnet. Sie werden „Typ-Blüten" genannt. Andere gehören mehr zu allgemeinen Stimmungen und Emotionen, sie werden „Stimmungs-Blüten" genannt. Bei Erwachsenen muß man in der Regel im Gespräch herausfinden, warum sie in den unharmonischen Zustand geraten sind, um zu bestimmen, welche Blüten gebraucht werden. Kinder wissen oft intuitiv, welche Blüten richtig für sie sind, besonders die neuen Kinder. Lesen Sie verschiedene Bücher über die Blütenessenzen, und wenn es Ihnen notwendig erscheint, können Sie einen Bachblüten-Berater aufsuchen.

Eigene Essenzen herstellen

➔ Mein Tip:

Die neuen Kinder spüren glasklar, was ihnen hilft. Wenn sie alle 38 Bachblüten im Haus haben, können Sie Ihr

Kind selbst wählen lassen, welche es braucht. Außerdem können Sie nach Buchanleitung Ihre eigene Essenz mischen. Dies ist eine besonders gute Methode, um sich selbst zu helfen. Besorgen Sie sich dafür eine braune Glasflasche in der Apotheke.

7.7 Kristalle und Energie

Die Zellen und Moleküle unseres Körpers, die unser Energiesystem bilden, schwingen normalerweise in Harmonie miteinander. Wenn all diese Materie in Dissonanz schwingt, ist das Ergebnis Disharmonie im ganzen System. Zellen, die nicht mehr im Einklang schwingen, beginnen, sich gegenseitig in ihren Funktionen zu behindern, wodurch sich Gesundheit (harmonische Schwingung) zurückzieht und Krankheit (Disharmonie) ausbreitet.

Kristalle und Mineralien können uns helfen, in Einklang zu kommen und zu bleiben. Jede Art von Kristall oder Mineral beinhaltet Moleküle von Elementen und Elementverbindungen, die im Einklang miteinander schwingen. Bringen wir jetzt einen Kristall in unser energetisches Feld und stimmen uns auf ihn ein, so fangen wir an, mit der Schwingung des Kristalls übereinzustimmen und in der gleichen Frequenz zu schwingen. Dies erzeugt eine energetische Veränderung in unserem Energiesystem, die oft als harmonisch empfunden wird. Dadurch werden die Selbstheilungs- oder Selbstharmonisierungskräfte des Körpers aktiviert und beschleunigt.

Kristalle helfen uns, in Einklang zu kommen

Kristalle sind konzentrierte Formen von Lichtenergie. Sie haben sich wunderbarerweise in völliger Dunkelheit in Kohle-, Lehm- und Gesteinsablagerungen gebildet. Aufgrund ihrer besonderen

Kristalle sind eine konzentrierte Form von Licht

Struktur eignen sie sich z.B. auch zur Datenübertragung in Computern. Unter Einwirkung von Licht (und evtl. von Farbe) können Quarzkristalle für Heilzwecke eingesetzt werden. Sie dienen dem Ausgleich des Chakra-Systems. So wie die Chakras als Energiezentren des Körpers angesehen werden, gelten Kristalle als die Kraftkonzentrationen der Erde. Wenn Kristalle zu Heilzwecken eingesetzt werden, wird der Körper auf die heilenden Kräfte des Planeten eingestimmt.

→ Mein Tip

Wenn Sie die Farbqualitäten nutzen möchten, jedoch keine Edelsteine oder farbigen Kristalle zu Hause haben, können Sie gut mit einem klaren oder milchigen Quarzkristall arbeiten. Reinigen Sie den Kristall gut unter fließendem Wasser. Danach geben Sie einen Tropfen Aura-Soma-Pomander in der Farbe Ihrer Wahl auf den Kristall. Kristalle sind Botschafter des weißen Lichts, das alle Farben enthält (denken Sie an ein Prisma, das das Licht in die Farben des Regenbogens auffächert). Der Quarzkristall nimmt die Eigenschaft des gewählten Pomanders an und projiziert dessen Farbe verstärkt nach außen.

7. Energiefeld

8. Körperliche Verfassung

8.1 Körperliche Schmerzen

Die neuen Kinder sind in ihrer Jugend auffällig oft krank. Das wird einerseits durch die Integration von Seele und Persönlichkeit verursacht, die nicht besonders glatt und optimal verläuft. Weiterhin gibt es Integrationsprobleme in Verbindung mit den Chakras, was wiederum körperliche Probleme verursachen kann. Bei den neuen Kindern ist das Herz-Chakra weiter geöffnet als bei den anderen Menschen, die mehr aus dem Solarplexuszentrum leben. Auch sind bei den neuen Kindern das Hals-Chakra und das Dritte Auge dabei, sich zu öffnen. Energetische Verschiebungen, die damit einhergehen, verursachen Beschwerden, wie z.B. asthmatische Probleme, Allergien, Störungen im Nervensystem, Nervosität, Kopfweh oder schnelles Ermüden. Die neuen Kinder reagieren außerdem extrem empfindlich auf Erdstrahlen und elektromagnetische Einflüsse, ebenso wie auf industriell hergestellte Nahrung und Lärmreize! Umweltstörungen und „die vielen negativen Gedanken" von Menschen wirken gleichfalls belastend.

Sind die neuen Kinder häufiger krank?

Übung: Programmierung der Zellen

Unsere Körperzellen sind durch viele Muster in unseren feinstofflichen Bereichen programmiert, die sich auf den physischen Körper auswirken. Jeder von uns ist in der Lage, mit seinen Zellen zu kommunizieren und sie zu programmieren. Vielleicht stellen Sie sich Ihren Körper vor wie ein Mosaik, das aus vielen kleinen Bausteinen aufgebaut ist. Jeder Baustein hat eine spezifische Information, auf die er reagiert, die er auslebt. Diese Bausteine reagieren auf Befehle, die wir ihnen geben. Daraus wird ersichtlich, daß wir unseren physischen Körper in seiner Gesamtheit steuern und lenken können.

Wir können mit unseren Zellen sprechen lernen

Verbinde dich mit der Erde, denn sie wird diesen Prozeß mit ihrer Energie unterstützen. Außerdem hilft Mutter Erde, Programmierungen zu erkennen, die von der Erde kommen und aus früheren Leben stammen. Öffne die Blüte an deiner Schädeldecke weit. Stell dir vor, daß von dort eine goldene Energie durch deinen Körper fließt. Diese Energie wird dich auf die Erneuerung vorbereiten, die durch die Änderung deiner Programmierung erfolgen kann.

Stell dir jetzt vor, daß in der Mitte deines Körpers das Wort Frieden entsteht und sich wellenförmig durch deinen Körper ausbreitet. Folge diesen Wellen, um bewußt zu erleben, was diese Energie in deinem Körper bewirkt. Danach stellst du dir das Wort Heilung vor. Heilung bedeutet ganz sein, vollkommen sein. Die Energie der Heilung fließt wellenförmig durch deinen Körper; folge ihr in alle Organe, Zellen bis in die kleinsten Teilchen deines Körpers. Spüre, was sie in deinem Körper bewirkt. Verbinde dich wieder bewußt mit der goldenen Energie, und laß sie durch dich hindurchfließen.

Bedanke dich bei Mutter Erde für ihre Unterstützung, bedanke dich bei dem goldenen Licht für seine Hilfe, und erlaube deinen Zellen, die neue Energie voll anzunehmen und auszuleben. Öffne deine Augen.

- *Gesundheit und Bewegung*

Die Kinder brauchen viel Bewegung!

Der Körper befindet sich auf allen Ebenen in ständiger Veränderung. Gesundheit hängt von der Fähigkeit ab, diese Wandlungsprozesse in die Gesamtentwicklung zu integrieren. Bewegung ist die natürliche Voraussetzung für Gesundheit und Entwicklung. Körper und Geist verfügen über eine innere Erinnerung an einen Idealzustand, die tief im Unbewußten eingegraben und auch im höheren Bewußtsein vorhanden ist. Durch die nachfolgende Übung können Sie Zugang zu diesen Bereichen finden und Ihre Bedürfnisse und Energieblockaden erkennen, was Heilung zur Folge hat.

Übung: Reise durch den Körper

Bei der Reise durch den Körper lassen sich alle Spannungen lösen

Leg dich bequem hin, und schließ die Augen. Atme einige Male tief in den Bauch, und fang an, dich zu entspannen. Mit deinem Gewahrsein bringst du deine Aufmerksamkeit zu deinen Füßen. Alle Muskeln und Sehnen entspannen sich dort ... Deine Füße werden schwer und immer schwerer ... Dann bringst du deine Aufmerksamkeit zu deinen Beinen, erst zu den Unterschenkeln, dann zu den Schenkeln und erlaubst allen Muskeln und Sehnen dort, sich ganz tief zu entspannen ... So gehst du durch deinen Körper, immer weiter, dein Bauch entspannt sich, dein Ge-

8. Körperliche Verfassung

säß entspannt sich … Spüre, wie mehr Raum entsteht … zwischen deinen Zellen … zwischen deinen Organen … Sie bekommen jetzt mehr Sauerstoff … Dein Rücken entspannt sich …, dein Brustraum entspannt sich …, dein Hals und dein Kopf entspannen sich …

Erlaube allen Gedanken, die durch deinen Kopf schwirren, wegzugleiten, wie Wolken, die vorüberziehen …

Bitte jetzt die Heilenergie, überall in und durch deinen Körper zu fließen … Überall bringt sie Entspannung und Wärme …

Ruhe dich zehn Minuten aus, bevor du wieder aufstehst.

8.2 Allergien

Leider reagieren viele der neuen Kinder auf unterschiedliche Produkte unserer Umwelt verstärkt allergisch. Wir leben in einer Zeit, in der (wie u.a. im Kapitel 8.5 beschrieben wird) viele Nahrungsmittel so stark denaturiert sind, daß es unseren Körper Kraft kostet, sie zu verdauen, dabei sollten sie uns eigentlich Kraft geben! Außerdem sind wir umgeben von Produkten, die negative Energien ausstrahlen (Elektrosmog). Am besten stärken Sie das Immunsystem Ihres Kindes durch gesunde, natürliche Nahrungsmittel, Nahrungsergänzungen und indem Sie so wenig Medikamente wie möglich verabreichen (z.B. Antibiotika bei Grippe usw.). Die vielen Übungen und Tips aus diesem Buch können Sie dabei unterstützen.

Die neuen Kinder reagieren verstärkt auf Umweltgifte

Eine Mutter erzählt:

Als Kleinkind ging er in Richtung Autismus und war ein Angstkind. Gestern habe ich zum erstenmal etwas über Indigo-Kinder gehört, und ich bin mir sicher, daß Joshua dazugehört. Er leidet nicht unter ADS, hat aber allergisches Asthma, und seine Verhaltensweisen stimmen mit denen eines Indigo-Kindes überein. Einerseits bin ich stolz auf ihn, aber er verletzt mich damit häufig auch sehr. Sein größtes Ziel ist, groß zu werden und dann in eine eigene Wohnung zu ziehen, er würde auch schon gerne allein zu Hause bleiben, z.B. wenn er keine Lust hat, in den Kindergarten zu gehen. Bezüglich seines Asthmas kann ich mich immer

Sein größtes Ziel ist, groß zu werden

darauf verlassen, was er mir zu seinem Zustand sagt, und das mit dem Inhalieren managt er annähernd selbständig. Im Sommer kam dann noch eine Erdbeerallergie dazu, was mir sehr leid tut, er sagt da ganz einfach, daß er keine Erdbeeren essen möchte, da es ihm sonst im Hals juckt. Er ist stolz, daß er inhaliert, schließlich kann das sonst kein Kind im Kindergarten.

8.3   Kopfweh

Übung: Kopfschmerzen lindern

Um Kopfschmerzen zu lindern, gibt es eine hervorragende Übung, die überall, wo man sich gerade befindet, leicht und einfach durchführbar ist.

Der Kopf macht nicht immer mit

Wenn möglich und griffbereit, nimmst du von Aura-Soma den weißen Pomander oder die weiße Meisteressenz (Serapis Bey). Du nimmst drei Tropfen und verteilst sie gut über deine Handflächen. Dann legst du eine Hand mit der Handfläche auf die Stirn und die andere Hand an den Hinterkopf, genau gegenüber auf gleicher Höhe mit der Hand auf der Stirn. Im Grunde machst du auf diese Weise eine liegende Acht, und die Energie fließt über deine Arme und dein Herz durch den Kopf und transportiert die Energie durch ihn hindurch. Bleibe so lange so stehen oder sitzen, bis du fühlst, daß dein Kopf leichter wird und der Schmerz vergeht.

➜ Mein Tip:

Massiere deine Kopfhaut so fest mit deinen Nägeln, wie du es ertragen kannst. Es soll richtig weh tun! Am besten bewegst du die Nägel der einen Hand in die entgegengesetzte Richtung zu der der anderen Hand. So werden die Nerven, die unter der Kopfhaut liegen (Tausende kleine Nervenbahnen) aktiviert und fangen an, stärker zu arbeiten, der Kopfschmerz löst sich dann schnell auf.

8.4 Essen für das Wohlbefinden

Alle Menschen haben Lust auf etwas Bestimmtes, wenn sie sich unglücklich, unausgeglichen oder nicht in ihrer Mitte fühlen – auch die Kinder! Oft ist es etwas zum Essen. Essen befriedigt den Emotionalkörper und hilft dem physischen Körper, im Gehirn Glückshormone (Endorphine) auszuschütten. Unsere Stimmung verändert sich dadurch blitzartig, und wir fühlen uns wieder wohl und im Gleichgewicht!

Wenn wir traurig sind, brauchen wir manchmal etwas „Heilendes" zum Essen

➔ Mein Tip:

Um „Frustessen" zu vermeiden, können Sie versuchen, zusammen mit Ihrem Kind (es ist auch für Sie sinnvoll, zu wissen, was es braucht) herauszufinden, was ihm guttut, wenn es in einer solchen Stimmung ist. Vereinbaren Sie, daß es diese „emotionale Nahrung" zu sich nehmen darf, wenn es sich unglücklich fühlt – aber immer bewußt und in Maßen. Es soll lernen zu spüren, wieviel es davon braucht. Oft genügt ganz wenig, um die „Glückshormone" im Gehirn zu aktivieren und auszuschütten. Das Kind fühlt sich dann in wenigen Augenblicken wieder wohl. Typische solcher Nahrungsmittel sind Schokolade und Eis.

Wie aktiviere ich meine Glückshormone?

8.5 Nahrung

Ein Problem, mit dem unsere Körper seit Jahren zu kämpfen haben, ist die Nahrung. Behandelt mit Pestiziden [Chemikalien zur Vernichtung von Krankheitserregern], Insektiziden [Insektenvernichtungsmittel], Herbiziden [Unkrautvernichtungsmittel] und vor allem Fungiziden [Pilzvernichtungsmittel] werden ihre natürlichen Prozesse außer Kraft gesetzt. Was wir essen, ist so bearbeitet, daß wir nicht mehr wissen, ob es überhaupt noch eßbar ist. Wenn ich heute im Supermarkt einen Salat kaufe und ihn in einer Ecke meines Kühlschrankes vergesse, stelle ich, wenn er mir wieder in

Warum ist unsere Nahrung nicht mehr „natürlich" und inzwischen sogar ziemlich ungesund?

die Hände fällt, meist fest, daß er sich nicht verändert hat. Das normale biologische Verfallsdatum ist sicher schon lange abgelaufen, aber sehen oder riechen kann ich es nicht. Früher konnte ich einen Salat nur zwei Tage aufbewahren, dann waren die Blätter ohne Lebenskraft, und das war deutlich sichtbar. In unserer Nahrung war Pilzbefall (Schimmel) oft ein Indikator dafür, daß sie nicht mehr im besten Zustand ist. Aber durch die vielen chemischen Prozesse und Fungizide, denen unsere Nahrung heute ausgesetzt wird, entsteht für uns kein sichtbarer Pilzbefall mehr.

Wird unsere Nahrung mit zu vielen „Stoffen" behandelt?

Wissen Sie eigentlich genau, was Sie Ihren Kindern zum Essen geben? Wußten Sie, daß über 90% unserer Nahrungsmittel von den großen Ölkonzernen kontrolliert werden, da sie alle Patente besitzen?

Heute ist es möglich, daß wir Mehl aus Getreide kaufen, das bereits vor mehreren Jahren geerntet wurde. Ich als Vegetarierin habe schon oft gerätselt, wie der Lachs aus der Dose über Monate gut bleibt, wo frischer Fisch doch innerhalb eines Tages zu faulen anfängt. Durch die chemische Verarbeitung der Nahrung wurde hier ein natürlicher Vorgang gestoppt, der eine solche Haltbarkeit unmöglich machen würde: die Verrottung durch Pilzbefall.

Das bedeutet für uns, daß wir ständig Nahrung zu uns nehmen, deren innere biologische Uhr abgelaufen ist. Die natürlichen Pilze in unserem Körper bekommen dadurch zuviel Nahrung und vermehren sich entsprechend stark. Auch die häufige Einnahme von Penizillin fördert übrigens den Pilzbefall. Ein Freund, der Chirurg in einem Krankenhaus war, erzählte mir vor vielen Jahren einmal, daß die Menschen in über 90% der Fälle an Pilzbefall sterben, der ihre Organe lahmlegt. Er konnte diese durch die Schulmedizin noch verschlimmerte Situation nicht länger ertragen und wurde Arzt für ganzheitliche Medizin.

→ Mein Tip:

Ihr Kind verdient gesunde, natürliche Nahrung!

Achten Sie auf gesunde Nahrung. Kaufen Sie, wenn möglich, alles im Bioladen, bei Biobauern oder in Biovereinen. Es gibt in vielen Städten Deutschlands organisierte Lieferungen, direkt vom Bauernhof. Es wird sowohl Gemüse als auch Obst nach Saison geliefert.

8. Körperliche Verfassung

Achten Sie auch auf den Konsum von Zucker und versteckten Zusatzstoffen. Unser Essen ist vollgestopft mit Glutamat, Salz, synthetischen Geschmacksverstärkern usw. Sie schädigen die Gesundheit. So gibt es z.B. zahlreiche Getränke und Nahrungsmittel, die mit Aspartam gesüßt werden, was erschreckende Auswirkungen auf die Gesundheit haben kann (siehe Artikel im Anhang und nachfolgenden Abschnitt zum Thema Süßstoff).

Fangen Sie an, die Packungsaufschriften zu lesen, und zwar direkt im Supermarkt! Kaufen Sie keine Produkte, in denen zuviel „Zeug" drin ist. Bestellen Sie die E-Liste (Zusatzstoffe in Nahrungsmitteln, z.B. E305, E591, E609), und nehmen Sie sie mit zum Einkaufen – nicht alle E-Zusätze sind schädlich. Auch hier gilt es Bewußtsein zu entwickeln.

- *Blaugrün-Algen oder AFA*

Eine sehr wertvolle Nahrungsergänzung findet das Indigo-Kind in der Blaugrün-Alge, auch Aphanizomenon Flos Aquae oder kurz „AFA" genannt. Sie wird im amerikanischen Staat Oregon, im Klamath-See, geerntet. Dieser See ist basisch und der einzige Ort auf der Erde, wo diese Algen in natürlicher Form vorkommen. Die Algen wachsen während der Sommermonate so schnell, daß man täglich viele Tonnen einsammeln kann. Die Blaugrün-Alge hat eine starke Heilwirkung und entspricht ganz den Bedürfnissen der neuen Kinder.

Das Wertvolle an den Blaugrün-Algen für Indigo-Kinder ist nicht nur ihre gesunde Konzentration an Nährstoffen, sondern vor allem ihre Wirkung auf das Nervensystem, insbesondere auf die Hirnanhangdrüse, die Zirbeldrüse und den Hypothalamus. Menschen, die AFA zu sich nehmen (Darreichung als Tabletten- oder Pulver), berichten allgemein über eine höhere geistige Aufmerksamkeit, ein besseres mentales Durchhaltevermögen, ein besseres Kurz- und Langzeitgedächtnis; außerdem lösen sie ihre Probleme leichter, sind kreativer und fühlen sich besser und mehr in ihrer Mitte.

Die Algen gehören zu unseren Urpflanzen und sind als Quelle des Lebens auf der Erde bekannt. Sie enthalten alle Vitamine, Mi-

Blaugrün-Algen können Wunder bewirken

AFA enthält dreimal
mehr Proteine als
Fleisch, Fisch oder
Geflügel

neralien, Aminosäuren und Nährstoffe, die wir zum Leben brauchen. Sie enthalten u.a. fünfmal mehr Calcium als Milch, dreimal mehr Proteine als Fleisch, Fisch oder Geflügel und fünfzigmal mehr Eisen als Spinat.

Bei Kindern, die regelmäßig Blaugrün-Algen einnahmen, konnte man folgendes feststellen:
- Sie hatten mehr Energie, Vitalität und Durchhaltevermögen.
- Sie konnten besser mit Streß umgehen.
- Ihr Immunsystem war stärker, so daß bei ihnen weniger Krankheiten auftraten oder sie sich schneller von Krankheiten erholten.
- Sie zeigten weniger Müdigkeit, Gemütsschwankungen und Allergien.
- Sie hatten eine bessere Verdauung.
- Sie zeigten weniger psychosomatische Symptome.
- Es gab eine unübersehbare Verbesserung bei ihrer Fähigkeit, zu fokussieren und sich zu konzentrieren.
- Sie verhielten sich weniger diskussionsfreudig, fordernd und streitlustig.
- Sie zeigten weniger Symptome der Angst und Depression.
- Sie hatten eher eine positive Gefühlslage.

Blaugrün-Algen haben eine stark reinigende Wirkung und gehören zu den gesündesten Nährstoffen der Welt. Die weiche Zellwand der Alge und ihre ursprüngliche Molekülform sorgen dafür, daß ihre Nährstoffe sofort vom Körper aufgenommen werden können. Die Algen haben eine stärkende Wirkung auf unser Immun- und unser Nervensystem.

AFA kann bei
Aufmerksamkeits-
störungen
schnell helfen

Sie werden u.a. eingesetzt bei: Depressionen, Aufmerksamkeits-Defizit-Syndrom, schlechtem Gedächtnis, Ruhelosigkeit und allgemeinen Schlafstörungen, Autismus, chronischer Müdigkeit, Anämie [Blutarmut], Geschwüren, Hepatitis [Gelbsucht]. Wichtig ist, daß schon nach wenigen Tagen eine positive Wirkung spürbar ist.

8. Körperliche Verfassung

- *Sind Süßstoffe nur süß?*

In den letzten Jahren fanden viele Artikel, Schriftstücke und Berichte über Süßstoffe ihren Weg auf meinen Schreibtisch. Ich bin selbst auch kein „Profi" auf diesem Gebiet. Trotzdem möchte ich Ihnen ans Herz legen, sich bewußt zu machen, was wir unseren Kindern und unseren Körpern täglich an Nahrungsmitteln zumuten. Wir lassen uns von der Werbung und aus Unwissen alles mögliche andrehen und denken oft: „Es wird schon gutgehen."

Aber stimmt das auch wirklich? Warum wird Nahrung zu über 90% von den Ölgesellschaften kontrolliert? Was tun die mit all den Patenten, die sie besitzen? Warum bestimmen gerade die Multis über unsere Nahrung? Das sind alles Fragen, die wir uns stellen sollten und aus deren Antworten wir Konsequenzen ziehen müssen, wenn wir möchten, daß unsere Kinder gesund aufwachsen!

Aus einem Artikel von Martin Becker, der mir per Email zugeschickt wurde (zu lesen unter www.augenauf-germany.de/oder als Ganzes im Anhang):

Im allgemeinen verursachen Nahrungsmittelzusätze keine Hirnschäden, Kopfschmerzen, Multiple-Sklerose(MS)-ähnliche Symptome, Epilepsie, Parkinsonsche Krankheit, Alzheimer, Stimmungswechsel, Hautwucherungen, Blindheit, Hirntumore, Umnachtung und Depressionen oder beschädigen das Kurzzeitgedächtnis oder die Intelligenz. Aspartam verursacht das und noch ca. 90 weitere, durch Langzeituntersuchungen bestätigte Symptome. Aspartam, auch bekannt als Nutra-Sweet, Equal, Spoonfull, Canderel, Sanecta oder einfach E951 ist ein sogenannter Zuckerersatzstoff (E950-999). Aspartam besitzt die 200fache Süßkraft von Zucker und hat 4 kcal/g (16,8 kJ/g). Nicht nur bei Diabetikern, sondern auch bei Körperbewußten beliebt wegen seines im Vergleich zu Saccharin oder Cyclamat sehr natürlichen „Zuckergeschmacks", ist Aspartam in mehr als 90 Ländern (seit das Patent der Firma „Monsanto" [Chemiekonzern] bzw. deren Tochterfirma „Kelco" ausgelaufen ist) weltweit in mehr als 9000 Produkten enthalten.

Schauen Sie bitte beim Einkaufen immer auf den Verpackungen der Lebensmittel bei den Inhaltsstoffen nach, und machen Sie sich klar, wie oft Sie Ihren Kindern „Zusatzstoffe" verabreichen!

Geben wir unseren Kindern zu viele ungesunde Süßstoffe?

Ist Aspartam gut für mein Kind?

8.6 Ritalin & Co

Warum gibt man den neuen Kindern so oft Ritalin?

Niemand ist glücklich, wenn er sich gezwungen sieht, seinem Kind Medikamente zu geben, schon gar nicht solche „Hämmer" wie Ritalin (im Anhang finden Sie einen Artikel über Ritalin). Natürlich gibt es viele andere Möglichkeiten, unter denen Sie wählen können. Aber wenn Sie Ihrem Kind Medikamente geben „müssen", ist der Tip „Medikamente energetisch verabreichen" vielleicht etwas für Sie. Es kann nicht schaden, es zu probieren, da es keine Nebenwirkungen hat. Wenn es hilft, brauchen Sie die Medikamente nicht mehr.

Ich bin der Meinung, daß wir uns viel zu schnell und leicht mit Medikamenten wie Ritalin abspeisen lassen! Viele Ärzte, Therapeuten, Lehrer, Eltern u.a. greifen vielleicht aus Hilflosigkeit zu Ritalin oder ähnlichen Präparaten, da sie von den Verhaltensweisen der neuen Kinder völlig überfordert sind. Leider sind diese Menschen meist nicht gut informiert, fühlen sich aber gezwungen, etwas zu unternehmen. Oft haben sie keine Zeit oder nicht die Möglichkeit, die Situation tiefgehend zu „untersuchen", um sie zu verändern, damit das Kind auf anderen Wegen zu Harmonie, innerem Gleichgewicht und „Heilung" findet.

→ Mein Tip:
Medikamente energetisch verabreichen

Sie können mit den Informationen der Medikamente arbeiten, d.h. mit dem, was die Medikamente bewirken sollen. Dabei haben Sie den Vorteil, daß die Nebenwirkungen einer Einnahme von vielen zusätzlichen chemischen Stoffen ausbleiben. Viele Kristall- oder Blüten-Essenzen werden durch Informations- oder Energie-Übertragung hergestellt. Über viele Jahre habe ich die Information homöopathischer und natürlicher „Kräutermedizin" für meine Tiere in Wasser gespeichert und sie mit dem Wasser mit sehr gutem Resultat behandelt. Oft war ich, obwohl ich an diesen Vorgang gewöhnt war, total überrascht über die schnelle Wirkung (vgl. Kapitel 9.4: Wasser speichert Gedanken und Gefühle).

Es gibt verschiedene Möglichkeiten, diese „neue Medizin" zu machen.

Können wir Medikamente gedanklich geben?

Stellen Sie das Medikament (Flasche, Dose, Schachtel) einfach auf einen Zettel, auf den Sie den Namen Ihres Kindes geschrieben haben (oder das Kind schreibt selbst seinen Namen darauf), dadurch wird die Informationsübertragung aktiviert. Es ist wichtig zu spüren, ob das Medikament den ganzen Tag auf dem Zettel stehen sollte (was bei natürlichen Mitteln der Fall ist) oder ob Sie es einige Male am Tag für eine bestimmte Zeit darauf stellen. Lernen Sie, Verantwortung für sich und Ihr Kind zu übernehmen, indem Sie selbst herausfinden, wie Sie am besten damit umgehen.

Nehmen Sie das Medikament in die linke und ein Glas Wasser in die rechte Hand. Fangen Sie an, rhythmisch zu atmen, bis Sie ruhig werden und in Ihrer Mitte sind. Dann stellen Sie sich vor, daß die Information (Energie) des Medikamentes über Ihre Arme und Ihr Herz in das Wasserglas fließt. Warten Sie, bis Sie ein Zeichen bekommen, daß der Vorgang beendet ist. Wenn möglich fragen Sie innerlich, wie viele Tropfen und wie oft Ihr Kind dieses Wasser zu sich nehmen sollte. Meist genügen einige Tropfen des „informierten" Wassers, die Sie wiederum in ein Glas Wasser geben.

Medikamente verhindern nicht, daß Kinder ihre Erfahrungen machen und sich entwickeln. Sie sind, im Gegenteil, ein Handikap, deshalb sollten Sie immer einen Weg ohne sie suchen.

Folgende Geschichte von Mark, Lehrer in der Schweiz, beschreibt ausführlich, wie man einem Jugendlichen wirklich helfen kann:

Das Energiefeld des Ritalinkindes ist sehr schwach

Janis (14 Jahre) ist ein Schüler, der erst seit diesem Jahr die hiesige Oberstufe besucht. Als ich die Schüler das letzte Mal während des Arrestnachmittags betreute, erhielten sie von mir einen Text von Lee Caroll aus deren Buch „Indigo-Kinder" zur Abschrift. Dabei hatten wir uns auch Zeit genommen, über den Inhalt zu diskutieren. Irgendwo fiel das Wort Ritalin. Janis meldete sich und sagte, daß er auch Ritalin zu sich nehme. Auf die Frage nach Nebenwirkungen meinte er, daß er oft unter Migräneattacken leide und Nasenbluten habe. Seine Konzentration sei besser; er empfinde sich auch als ruhiger. Janis machte auf mich allerdings den Eindruck eines Medikamentensüchtigen. Seine Augen hatten keinen Glanz, und deutliches Artikulieren fiel ihm schwer. Am Ende des Arrestes bat ich ihn, noch zu bleiben. Ich machte ihm das Angebot, mit mir Mentaltraining zu machen. Ich wäre froh, sagte ich, wenn ich ihm das bewußte Erleben und Einsetzen von Energien beibringen dürfte. Auf die Frage, ob er Energien wahrnehme, meinte er: Ja. Weiter stellte sich bei dem Gespräch heraus, daß er höchst sensitiv veranlagt war. Er hat seine Schutzengel. Seine Eltern sind auf Alternativmethoden gut ansprechbar. Für Ritalin haben sie sich entschieden, damit Janis den Schritt in die weiterführende Schule erfolgreich meistert. Nach einem Gespräch mit seiner Mutter habe ich begonnen, Janis zu coachen [trainieren]. Gemeinsam haben wir den Alphazustand als Plattform für Imagineering [Visualisieren] verankert. Zur Zeit arbeiten wir an der „Wurzelübung", am „Silberfaden" und der „Energiedusche". Aus meiner Sicht ist sein Selbstbewußtsein schon enorm gewachsen. Seine Augen leuchten nach jeder Übung. Energien bahnen sich ihren Weg durch seinen Körper und helfen ihm, die Welt mit all seinem feinen Instrumentarium wahrzunehmen. Es ist, als ob er von Fesseln befreit worden sei. Meine Kollegen stellen eine positive Veränderung fest. Er scheint einen Weg gefunden zu haben, trotz Ritalin auf sich zu vertrauen. Ich bin überzeugt, daß Janis schon in Kürze seinen Weg ganz ohne Ritalin gehen wird.

9. Alltagshilfen

9.1 Kinesiologischer Muskeltest

Was ist ein kinesiologischer Muskeltest? – Mit ihm spürt man Energieblockaden im muskulären System auf. Dabei wird mit der Information gearbeitet, die die Muskelreaktion als Hinweis auf einen momentanen Zustand des Getesteten gibt. Die Muskelreaktion zeigt, ob er im Gleichgewicht ist oder ob Streß seine Lebensenergie blockiert. Eigentlich zeigt der Muskeltest, wieviel Energie dem getesteten Muskel im Moment des Testens zur Verfügung steht.

Testen Sie Ihr Kind zu Hause selbst

Übung: Einfacher Muskeltest

➜ Wichtig: Fragen Sie immer als erstes ab, ob es irgendeinen Grund gibt, warum nicht getestet werden sollte!

Bitten Sie die Testperson, einen Arm gerade nach vorn auszustrecken. Teilen Sie der Testperson danach mit, daß Sie ihren Arm hinunterdrücken werden und sie ihr Bestes tun soll, dagegenzuhalten. Sagen Sie zu ihr: „Halten." Testen Sie dann. Wenn beide das Gefühl haben, der Arm bleibt stark, können Sie fortfahren. Bei diesem Test wird im Grunde immer abgefragt, ob „Streß" in einer Situation ist. Ist der Widerstand des Arms „stark", ist kein Streß da, ist er „schwach" (d.h., Sie können ihn leicht nach unten drücken), ist „Streß" im System.

Fragen Sie immer, ob getestet werden darf

Wie gehen Sie jetzt weiter vor? Sie möchten z.B. ein Medikament überprüfen. Geben Sie der Testperson das Präparat/seine Packung in die Hand (nicht die Testhand) – im Notfall reicht auch, daß die Testperson an das Auszutestende denkt. Testet der Arm schwach, dann kann dieses Medikament im Moment nicht helfen. Testet der Arm stark, dann kann dieses Medikament im Moment helfen. Sie können natürlich vielerlei austesten! Der Körper antwortet Ihnen immer klar und deutlich.

Was Sie austesten können:
- Welche Nahrung ist gut für Ihr Kind?

Welche Nahrung oder welche Essenzen sind gut für Ihr Kind?

- Welche Essenzen, Bachblüten usw. sind gut für Ihr Kind?
- Wo schläft Ihr Kind gut, wo nicht?
- Sind die Gegenstände oder Pflanzen im Zimmer Ihres Kindes gut für es? (Sie können alles, was im Zimmer steht, durchtesten.)
- Welche Kleidungstoffe sind gut für Ihr Kind?

9.2   Belastungen verringern

Salzkristallampen harmonisieren die Ionen in der Luft

→ Mein Tip:

Kinder sitzen gerne ganz nah am Fernseher und bekommen dabei eine unglaubliche Menge an elektromagnetischer Strahlung ab. Um nicht immer schimpfen oder kontrollieren zu müssen, könnten Sie Ihr Fernsehgerät oben in einen Schrank oder auf ein Podest stellen (wie oft in Hotels oder Krankenhäusern zu sehen). Zusätzlich können Sie eine Salzkristallampe ins Zimmer stellen. Sie gibt nicht nur ein beruhigendes, orangefarbenes Licht ab, sondern sorgt außerdem für ein ausgewogenes, gesundes Verhältnis der positiv und negativ geladenen Ionen in der Luft. Der Staub sinkt auf den Boden, und das Raumklima wird wohltuend verändert. In den USA werden Salzkristallampen übrigens bereits in 28 Krankenhäusern bei der Krebstherapie eingesetzt.

• *Mobiltelefone*

Es ist ein sehr verführerischer Gedanke, sein Kind mit einem Mobiltelefon auszustatten. Das ist sehr praktisch und gibt Ihnen und dem Kind in vielen Situationen Sicherheit. Es ist jedoch bekannt, daß häufiges Telefonieren ebenso wie das Tragen des Gerätes am Körper erhebliche Schäden verursachen können. Die Gerätestrahlung ist stark, und da es immer mehr Telefonnetzbetreiber gibt, gibt es zudem immer mehr Mobilfunkmasten, um für einen guten Empfang zu sorgen.

Ein Handy ist praktisch, kann Ihrem Kind aber auch schaden!

Wenn das Telefon an bestimmten Stellen am Körper getragen wird, kann es sein, daß seine Strahlung eine direkte Auswirkung auf den an dieser Stelle liegenden *Meridian* (siehe Glossar) hat, der dann chronische Schmerzen oder Entzündungen in dem Teil des Körpers auslöst, der mit ihm in Verbindung steht. Sprechen Sie mit Ihrem Kind über einen vernünftigen Umgang mit dem Handy (nur einschalten, wenn nötig; auslassen, wenn möglich).

- *Mikrowelle*

Da viele Eltern jeden Tag arbeiten müssen, kommen einige Kinder nach der Schule in ein leeres Haus. Dort finden sie ihre Mahlzeit bereitgestellt, sie brauchen sie „nur" aufzuwärmen und zu essen. Wenn sie aber ihr Essen in der Mikrowelle zubereiten, wird die Nahrung nach Meinung vieler Nahrungsexperten völlig nährstoffarm, ja sogar zu einem Risiko für die Gesundheit.

> Mein Essen kommt jeden Tag aus der Mikrowelle

Eine zweite Gefahrenquelle ist bereits weiter vorn angesprochen worden: der beim Betreiben des Geräts entstehende Elektrosmog. Weitere Gefahrenquellen stellen aber die Mikrowellen selbst dar, die noch nicht in letzter Konsequenz erforscht sind. Ebenso wie die Nahrungsmittel würden natürlich auch Ihre Finger von den Wellen erhitzt und verbrannt, wenn Sie z.B. bei laufendem Gerät in den Herd hineingreifen würden. Stellen Sie sich also nie dicht vor den laufenden Mikrowellenherd; in speziellen Fällen verbleibt sogar nach dem Ausschalten des Herdes noch ein Reststrahlenrisiko. Geben Sie Ihren Kindern tagsüber lieber etwas Frisches zu essen, und kochen Sie am Abend, wenn alle da sind, gemeinsam auf einem Gas- oder Elektroherd. Verwenden Sie die Mikrowelle allenfalls als zusätzliches Gerät.

- *Piercing*

Beim Piercing ist es sehr wichtig, sich zu vergewissern, daß dadurch keine Meridiane oder Akupunkturpunkte berührt werden. Wenn dies der Fall sein sollte, werden diese Punkte durch das Tragen von Schmuck an diesen Stellen dauernd stimuliert, was Unwohlsein oder auch Krankheiten auslösen kann.

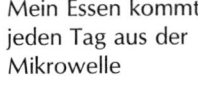

➜ Mein Tip:
Teenager lassen sich nicht gerne zur Kontrolle zum Akupunkturarzt schleppen. Vielleicht können Sie erst einmal selbst anhand eines Buches überprüfen, ob Akupunkturpunkte oder Meridiane vom Piercing beeinträchtigt werden könnten (dazu können Sie in eine Buchhandlung oder Bibliothek gehen und kurz nachschauen). Ist es zu schwierig, können Sie mit einer Skizze der Piercingstellen zum Akupunkturarzt gehen und ihn fragen.

➜ Mein Tip:
Wenn Ihr Kind zu oft Kleidung aus synthetischen Stoffen trägt, die sich statisch aufladen, kann dies das elektromagnetische Gleichgewicht des Energiesystems im Körper beeinträchtigen. Natürlich ist es wichtig, daß Ihr Kind das geliebte Shirt oder die „In"-Hose anziehen kann, aber beschränken Sie es auf eine bestimmte Zeit.

Wählen Sie am besten Kunst- oder Spektrallicht?

Positive und negative Ionen

• *Beleuchtung*

Unsere Körper nehmen auch Licht durch die Haut auf. Halten wir uns tagelang in Räumen auf und sind ausschließlich Kunstlicht ausgesetzt, dessen Frequenz nicht dem natürlichen Tageslicht entspricht, so hat dies oft eine negative Auswirkung auf uns. Kinder spüren intuitiv, daß ihnen fluoreszierende Beleuchtung, wie in Leuchtstoffröhren, nicht guttut. Nasennebenhöhlenprobleme, Angespanntheit, Augen- und Hautreizungen, Kopfschmerzen sowie heftige Verhaltensänderungen können als Folge auftreten. Gewöhnliche Glühbirnen oder, noch besser, Tageslichtbirnen oder Spektralbeleuchtung wären in Schulen, Kindergärten oder Tagesräumen wie Wohnzimmer, Eßzimmer und Arbeitsplatz geeigneter. Natürliches Tageslicht ist die beste Beleuchtung, aber leider in den dunklen Wintern z.B. Mittel- und Nordeuropas nicht ganzjährig verfügbar.

Schulen, die Spektralbeleuchtung installiert haben, berichten von postiven Verhaltensänderungen bei den Schülern: Die Gewalttätigkeiten nahmen ab, und schwierige Schüler wurden Musterschüler mit höheren Schulleistungen. Vielleicht besuchen Sie einmal die Schule Ihrer Kinder und schauen, ob es Leuchtstoffröhren in den Klassenräumen gibt. Klären Sie die dort Verantwortlichen über die Auswirkungen von Kunstlicht auf, und zeigen Sie ihnen als Alternative das Spektrallicht. Tun Sie sich mit den anderen Eltern zusammen, und fordern Sie „natürliches" Licht für Ihre Kinder.

• *Positive und negative Ionen*

In den Ferien auf dem Land oder am Strand fühlen wir uns pudelwohl, rundum gesund und kommen wieder in Kontakt mit unserer Freude und inneren Lebendigkeit. Das Geheimnis heißt: *negative Ionen.* In der Natur ist der Anteil an negativen Ionen viel höher als in den Städten, wo Autoabgase, Rauch, elektrische und elektronische Geräte, Kunststoffe und Beleuchtung die Luft verschmutzen und die Atmosphäre mit positiven Ionen füllen. Jeder kennt es, daß er, wenn er länger in der Stadt ist, gereizter oder aggressiver ist als auf dem Lande.

Um die Atmosphäre angenehmer zu machen, können sie einen sogenannten Negativ-Ionisierer im Zimmer aufstellen; aber kaufen

Sie ein Gerät, das gut isoliert ist. Viele Geräte bringen Ihnen, statt weniger, mehr elektromagnetische Felder, und das ist eher ungünstig.

• *Die Luft, die wir atmen*

In den Ländern Mittel- und Nordeuropas leben wir, klimabedingt, meist mit geschlossenen Fenstern und Türen. Die Luft in unseren Häusern enthält dadurch viele chemische Substanzen. Wenn Räume schlecht belüftet werden, vermischen sich Materialien wie Lösungsmittel, Haushaltsreiniger, Putzmittel, Sprays, Farben oder Kleber, Plastik und synthetische Stoffe. Diese Mischung atmen wir ein und gefährden damit unsere Gesundheit.

Kinder sind viel empfindlicher als Erwachsene. Es ist für sie lebensnotwendig, daß Sie vor allem in ihrem Schlafzimmer die Luft reinigen. Seit einigen Jahren ist bekannt, daß Formaldehyd einer der Hauptverschmutzer der Luft in unseren Häusern ist und für Kopfschmerzen, Übelkeit, Schlafstörungen und viele andere Symptome verantwortlich ist. Es gibt Pflanzen, die Formaldehyd und andere Schadstoffe umwandeln, und damit die Luft wieder „gesund" machen. Dies sind u.a.: Friedenslilien, Pepermien, Gänsefußpflanzen, Zwergbananenpflanzen, Goldener Pothos. Sie helfen sogar, auch den Sauerstoffgehalt zu erhöhen, und sorgen für eine angenehme Luftfeuchtigkeit.

→ **Mein Tip:**
Feng-Shui-Berater arbeiten oft nach der Regel: „Jedem Gerät seine Pflanze." Stellen sie also neben jeden Fernseher oder Computer eine Pflanze, und zwar so nah wie möglich an das Gerät.

Pflanzen können Formaldehyd und andere Schadstoffe umwandeln, damit die Luft wieder „gesund" wird

9.3   Raumklärung

Raumklärung ist ein kraftvolles Hilfsmittel, um das Leben wieder in Fluß zu bringen. Leider haben wir in Europa keine nennenswerte Tradition hinsichtlich Klärung und Energetisierung unserer Häuser, wie Asien sie z.B hat.

Feng Shui, die chinesische Kunst, Räume zu beleben, wird aber auch im Westen immer bekannter. Feng Shui lehrt, daß jedes Partikel der Schöpfung mit Lebenskraft erfüllt ist und unsere ganze Aufmerksamkeit erfordert, wollen wir in Harmonie mit uns selbst, unserer Umgebung und in unseren Häusern oder Wohnungen leben.

Jedes Partikel der Schöpfung ist mit Lebenskraft erfüllt

Obwohl jeder Ort anders ist, gibt es einige Prinzipien der Raumklärung, die immer gleich sind. Die beste Zeit für eine Raumklärung
ist nach einer intensiven Aufräumaktion. Eine Raumklärung besteht
aus verschiedenen Schritten und sollte möglichst bewußt sowie in
großer Ruhe ausgeführt werden. Karen Kingston hat sehr viel Erfahrung mit Raumklärungen und beschreibt in ihrem Buch „Heilige
Orte erschaffen mit Feng Shui" (siehe Anhang) ausführlich, wie man
das Ritual mit ruhiger Atmung und Energiewahrnehmung beginnt.

**Wie wird eine Raum-
klärung durchgeführt?**

Wie eine Raumklärung durchgeführt wird:

1. Durch Klang (z.B. Singen, Manrassprechen), Klatschen, Glok-
   kenläuten, Trommeln; durch das Anbringen von Schutzschilden
2. Durch Erde (Blumen, Steine, Salz), Wasser (heiliges Wasser,
   Meerwasser), Luft (Weihrauch, Ölessenzen) und Feuer (Ker-
   zen, Feuerzeremonien)
3. Durch Intention: Licht und Liebe runden die Raumklärung ab
   und ermöglichen es, daß Ihr Energiesystem wieder in Fluß
   kommt und Sie frei und harmonisch leben können.

9.4   Wasser speichert Gedanken und Gefühle

**Wasser lebt und spei-
chert Gedanken und
Gefühle**

Was Menschen, die z.B. meditieren, heilen oder hellsehen,
schon lange wissen, aber nicht sichtbar machen konnten, wurde in
den letzten Jahren von einem Japaner namens Masaru Emoto in
Bildern dargestellt: Wasser speichert Gedanken!

Wir wissen, wie wichtig reines Wasser für unsere Gesundheit und
für den Planeten ist. Wenn wir an Wasser denken, müssen wir
zwangsläufig an Umweltprobleme denken und daran, wie wir die
weltweite Verschmutzung verhindern können. Aber wie erfahren wir,
ob unser Wasser rein und gesund ist? Es gibt Tests, mit denen sich das
feststellen läßt, aber sie sind sehr teuer. Also sind wir abhängig von
dem, was die „Hersteller" uns erzählen.

Emoto hat sich gefragt, ob es Methoden gibt, die die unterschiedliche Beschaffenheit des Wassers ausdrücken können. Nach jahre-

langem Experimentieren hat er es geschafft, von gefrorenen Wasserkristallen Bilder zu machen. In seinem Buch „Die Botschaft des Wassers" (siehe Anhang) zeigt er anhand seiner Bilder, wie Wasser sich verändern kann, wenn wir ihm bestimmte Energien „zufügen".

Emoto begann damit, Leitungswasser mit Musik zu bespielen, um es dann einzufrieren und Fotos davon zu machen. Anschließend untersuchte er mit seinem Team, wie das Wasser auf das menschliche Bewußtsein reagiert, und schrieb Wörter wie „Danke" und „Dummkopf", „Liebe" und „Dämon" auf Zettelchen, die er auf mit Wasser gefüllte Flaschen klebte. Bei jedem veränderte sich das anfangs gleiche Wasser, beziehungsweise änderten die Wasserkristalle ihre Form. Wasser ist eben ein Träger und ein großartiges Transportmittel von Informationen. Geben wir ihm negative Informationen, wird es sie transportieren, geben wir ihm positive, wird es auch diese transportieren. Trinken wir „gesundes" Wasser, so wird das Körperwasser in uns auch gesund, was wiederum bewirkt, daß unser Immunsystem stark wird.

Unser Wasser enthält wertvolle Botschaften

→ **Mein Tip:**
Geben Sie Ihren Kindern Wasser, das mit positiven Informationen „behandelt" wurde. Am einfachsten kleben Sie Begriffe wie „Liebe/Dankbarkeit" auf alle Wasserflaschen (einfach auf einen Zettel schreiben und auf die Wasserflasche kleben). Nehmen Sie aber erst die Papieretiketten des Herstellers ab.

9.5   Impfungen

Es gibt viele Diskussionen über die akuten und Spätfolgen von Impfungen, die in der Kindheit und Jugend verabreicht werden. Manche Beschwerden treten nicht immer gleich nach der Impfung auf, sie erscheinen oft erst nach Wochen oder Monaten.

Hat Impfen einen Einfluß auf die Entwicklung eines Kindes?

Folgeschäden, die nach Impfungen auftreten können:

Welche Folgeschäden können auftreten?

- chronischer Schnupfen
- chronische Abwehrschwäche mit Infektanfälligkeit
- Bronchitis, Lungenentzündung
- Mittelohrentzündung
- Auslösung von Allergien wie Asthma, Hautallergien, Heuschnupfen, Lebensmittelallergien
- Ekzeme
- Unruhe und Schlafprobleme
- Gehirnerkrankung (hierbei handelt es sich um ein durch die Impfung ausgelöstes Hirnödem; dies betrifft vor allem Kinder unter drei Jahren, da diese aufgrund des noch nicht voll entwickelten Gehirnes auf die Impfung nicht mit einer Entzündung reagieren können): Diese Enzephalopathie wird häufig übersehen, da sie nicht immer mit starken Symptomen verbunden ist. Es kann hierdurch aber später zu Entwicklungsstillständen kommen.
- Schreianfälle (meist äußerst durchdringend und schrill): Zeichen für Hirnschädigung
- Epilepsie
- Schlafsucht
- Wesensveränderung, Verhaltensauffälligkeiten, schwere Erziehbarkeit, Hyperaktivität, Apathie (Gleichgültigkeit und Lustlosigkeit)
- Diabetes
- Sprachentwicklungsverzögerungen
- SID (Sudden Infant Death): plötzlicher Kindstod
  (Links und Informationen zu diesem Thema finden Sie u.a. auf der Website: www.groma.ch/News/Impfungen.htm)

Bietet Impfen einen wirksamen Schutz?

Durch das Impfen hofft man, die natürliche Immunität durch eine künstliche zu ersetzen. Die beste Immunität ist aber die natürliche. Normalerweise findet man sie bei 80–90% der Bevölkerung unter 15 Jahren. Eine Erkrankung mobilisiert alle Abwehrsysteme des Körpers, wodurch eine natürliche Immunisierung erfolgt. Die Verschmutzung des Körpers durch Impfstoffe setzt jedoch die normale Abwehr des Körpers unter Druck, da der Impfstoff direkt in das Gewebe, das Blut und die Lymphe eingespritzt wird. Künstliche Immunisierung verursacht eine Unordnung der körpereigenen Abwehr. So überrascht es kaum, daß die künstliche Immunisierung oft wiederholt werden muß. Sie scheint genauso nutzlos wie die Impfstoffe selbst.

Impfungen verursachen unzählige Komplikationen, die von kurzer Dauer oder permanent sein können; sofort, kurze Zeit später oder sehr viel später auftreten können; sie können kurzfristig oder dauerhaft, bekannt oder unbekannt sein. Der amerikanische Arzt Dr. John H. Tilden hat das mit dem Satz ausgedrückt: *„Das Impfen mit totem Material aus Tierleichen ist das Endprodukt krankhaften Denkens!"* Eine Einschätzung, die jeder bestätigen wird, der die einfachen Mechanismen von Krankheit und Gesundheit verstanden hat. (Die hohe Akzeptanz der „Tierverwertung" in unserer Gesellschaft resultiert aus der Verdrängung der Tatsache, daß das Steak auf dem Grill einmal ein lebendiges Tier war.) Der Erfinder der Impfung, Ewald Jenner (1749–1823), hat selbst gesagt: *„Ich weiß nicht, ob ich nicht doch einen furchtbaren Fehler gemacht und etwas Ungeheures geschaffen habe."*

Menschen, die mit autistischen Kindern arbeiten oder mit Kindern, die Schwierigkeiten mit ihrem Verhalten oder beim Lernen haben, vermuten oder wissen auch, daß fast immer eine Impfung Ursache der Leiden ist. Kürzlich berichtete eine Altenpflegerin, daß ihre Patienten zwei oder drei Monate lang krank waren, nachdem sie gegen Grippe geimpft worden waren, und daß während dieser Zeit etliche sogar starben. Es gibt viele Fachleute auf diesem Gebiet und gut unterrichtete Eltern, die unaufhörlich protestieren und klagen. Leider werden die Informationen über die schädlichen Auswirkungen von Impfungen von den offiziellen Instanzen zurückgehalten. Wenn Sie jedoch wirklich an diesem Thema interessiert sind, finden sie genügend Literatur darüber.

In den letzten Jahren zeigt sich ein deutlich wachsendes öffentliches Interesse für die Beschwerden, die durch Impfungen verursacht werden. Im offiziellen medizinischen Bereich ist es zwar umstritten, darüber zu reden, aber es kommen immer mehr geschädigte Patienten in die homöopathischen Praxen. Die Heilpraktiker erzielen oft gute Resultate, wenn sie die Impfnosoden [Nosode: homöopathisches Arzeimittel aus potenziertem erkranktem Gewebe oder Flüssigkeit] einsetzen. Die Beschwerden verschwinden meist sofort oder innerhalb weniger Wochen.

Impfungen verursachen unzählige Komplikationen

→ **Mein Tip:**
Erkundigen Sie sich genau, und entscheiden Sie bewußt, was Sie tun möchten. Lassen Sie Ihre Kinder nicht automatisch impfen, weil irgend jemand meint, daß Sie es tun müssen. Sie haben die volle Verantwortung für sich und Ihre Kinder, und nur Sie können und müssen selbst entscheiden, was Sie für richtig halten!

Dr. med. W. Splittstoeßer schreibt in seinem Buch „Goldrausch – oder die Frage: sind Impfungen notwendig, geeignet und zumutbar?" (siehe Anhang):

Sind Impfungen notwendig und überhaupt sinnvoll?

Wenn Sie kein Formaldehyd, kein Quecksilber und kein Aluminium z.B. in den Tomaten haben wollen, die Sie essen, warum sollten Sie dann Ihre Kinder damit spritzen lassen? Fast alle Impfstoffe enthalten eine oder mehrere dieser drei Substanzen in unterschiedlicher Menge. Er fragt sich, ob Impfungen vielleicht der Grund dafür sind, daß unsere Kinder und die Kinder dieser Welt, auf diese Weise behandelt, als chronisch kranke Menschen von den Produkten der pharmazeutischen Industrie abhängig werden. Die meisten von Ihnen, zumindest die, die einmal einen Um- oder Ausbau unternommen haben, diejenigen von Ihnen mit Asthma oder Neurodermitis, diejenigen mit allergischen Erkrankungen werden vermutlich wissen, daß es als gesünder gilt, Formaldehyd im Teppichboden und den Bodenbelägen, in den Spanplatten, im Lack der Schrankwand und in anderen Baustoffen zu vermeiden, damit der Körper nicht, mit Erkrankungen reagierend, auf diesen Mißstand hinweisen muß. Wenn dem aber so ist – und dem ist so – muß es dann nicht Besorgnis erregen, daß Formaldehyd, Phenol sowie aluminium- und quecksilberhaltige Verbindungen in Impfstoffen zugelassen bzw. als sogenannte Hilfsstoffe zugesetzt werden? Werden unsere Kinder nach den Empfehlungen der ständigen Impfkommission am Robert-Koch-Institut, Berlin, STIKO, geimpft, erhalten sie, je nach Auswahl der Impfstoffe, ein Vielfaches der für den Erwachsenen von der WHO als „vermeintlich unbedenklich„ veröffentlichten Tagesmaximaldosis an Quecksilber. Das Gefährliche bei der Verabreichung dieser Substanzen bei Kindern bis zum dritten, evtl. sogar bis zum sechsten Lebensjahr ist jedoch, daß die Organreifung und insbesondere die Entwicklung des Gehirnes und des Immunsystems in dieser Altersgruppe noch nicht abgeschlossen ist. Etwa 25% der Menschen in der Bundesrepublik leiden unter dieser oder jener Allergie. Ungefähr 1,4 Mio. Schulkinder erhalten Psychopharmaka, damit sie für Lehrer, Eltern und sich selbst besser „hantierbar" sind – ein Bankrott unseres Systems? Zweifellos handelt es sich hier um ein multifaktorielles Geschehen, ein Problem, das durch sehr viele einzelne Komponenten beeinflußt wird.

9.6 Homöopathie

- *Was ist Homöopathie?*

Viele Menschen glauben an die Heilkraft der Homöopathie, obwohl bis heute niemand beweisen kann, wie homöopathische Medikamente wirken. Daß sie wirken, beweisen die Erfolge der Homöopathie. Die klassische Homöopathie sollte von anderen naturheilkundlichen Therapien unterschieden werden; so sind z.B. der pflanzliche Hustensaft oder die beliebten Echinazin-Präparate zur Steigerung der Abwehrkräfte keine homöopathischen Medikamente.

Die Homöopathie geht auf den Arzt Dr. Christian Friedrich Samuel Hahnemann zurück, der im Jahre 1790 eine Abhandlung des schottischen Arztes William Cullen über die Behandlung der Malaria mit Chinarinde übersetzte, in der dieser behauptete, daß die Chinarinde deswegen heile, weil sie den Magen stärke. Da Hahnemann daran nicht glauben konnte, entschloß er sich kurzerhand zu einem Selbstversuch. Nach der Einnahme der Chinarinde bekam er Symptome, die einer Malaria in verblüffender Weise ähnelten. Hier hatte Hahnemann entdeckt, was er später die „Simile-Regel" bzw. das Ähnlichkeitsgesetz nannte, nämlich: *„Ähnliches möge mit ähnlichem geheilt werden."* Eine Arzneisubstanz kann also einen kranken Organismus genau dann und nur dann heilen, wenn dessen Krankheitssymptome im wesentlichen mit den Symptomen übereinstimmen, die eine Arznei im gesunden Organismus zu verursachen vermag.

In der Homöopathie ist die Krankheit Ausdruck der „verstimmten Lebenskraft", wie Hahnemann es nannte. Durch jahrelange falsche Ernährung, Bewegungsmangel, Streß, Kummer und ähnliches kann die Lebenskraft verstimmt werden [aus dem Gleichgewicht geraten], und es kommt zur Krankheit. Durch die Symptome versucht die Lebenskraft wieder ins Gleichgewicht zu kommen. Der Schnupfen oder das Fieber sind also nicht die Krankheit an sich, sondern sie sind nur Ausdruck der verstimmten Lebenskraft in ihrem Versuch, das Gleichgewicht wiederherzustellen. Wird nun das Fieber unterdrückt, dann können z.B. körpereigene, virenbekämpfende Stoffe nicht mehr in ausreichendem Maße produziert werden, und ein viraler Infekt zieht sich viel länger hin als nötig.

Ist Homöopathie für unsere neuen Kinder die Lösung?

„Ähnliches möge mit Ähnlichem geheilt werden."

Jedes Individuum hat seine individuelle Krankheit

So wie jeder Mensch individuell verschieden ist, so hat auch jeder seine „individuelle" Krankheit. Jeder hat seine eigene, einzigartige Symptomatik. Der eine hat brennende, der andere stechende Schmerzen. Aber auch nicht in unmittelbaren Zusammenhang stehende Symptome sind für die Arzneimittelfindung außerordentlich wichtig. Es spielt eine wichtige Rolle, ob man z.B. nach einem Erlebnis, das Kummer auslöste, krank geworden ist, oder ob es einen anderen Auslöser gibt, und auch Eßgewohnheiten, Schlafverhalten oder auch ob man z.B. leicht friert oder eher schwitzt. Die klassische Homöopathie behandelt also keine Krankheiten, sondern kranke Menschen mit ihren speziellen Symptomen auf Körper-, Geist- und Gemütsebene, und so kann es sein, daß zehn Patienten mit der gleichen Krankheit zehn unterschiedliche Arzneien bekommen.

In der Homöopathie werden Arzneien aus stark verdünnten Wirkstoffen mineralischen, pflanzlichen und tierischen Ursprungs verwendet. Nimmt man beispielsweise Arnika C 30 (wird in der Homöopathie für diverse Verletzungen eingesetzt), so bedeutet dies, daß die Arznei Arnika 30mal im Verhältnis 1:100 verdünnt wurde. Durch dieses Potenzieren, wie Hahnemann es nannte, bekommt die homöopathische Arznei ihre Wirkungskraft.

Homöopathische Medikamente stärken die Lebenskraft

Verabreicht man nun ein homöopathisches Mittel, wird es nicht direkt wirken, indem es z.B. die „bösen" Bakterien bei einem Durchfall oder die „aggressiven" Viren einer Bronchitis bekämpft, sondern indem es im Organismus eine Reaktion bzw. Stärkung der Lebenskraft bewirkt, die zu einer Aktivierung des Abwehrsystems führt. Diese Mobilisierung der Abwehr führt dann letztlich zu einer Selbstheilung und nicht, wie bei herkömmlichen, allopathischen Medikamenten, nur zu einer Unterdrückung der Symptome.

Eine Heilpraktikerin erzählt:

Eine Mutter (selbst in homöopathischer Behandlung), von zwei Kindern, drei und fünf Jahre alt, klagt darüber, seit fünf Jahren keine Nacht mehr durchschlafen zu können. Die Kinder wecken sie öfter während der Nacht, vor allem der dreijährige Junge, zu dem sie sich dann ins Bett legen muß, bis er wieder eingeschlafen ist. Da sie jetzt wieder halbtags arbeitet, belastet sie diese Situation sehr.

9. Alltagshilfen

Nach ausführlicher Anamnese [Erstgespräch zum Zweck der Diagnoseerstellung] kamen wir, die Mutter und ich, auf ein Mittel, das sie dem Kind dann auch sofort gab. Bereits nach einer Woche fiel ihr auf, daß der Junge auf einmal gerne große Strecken zu Fuß ging, ohne nach seinem Buggy zu verlangen. Am nächtlichen Schlafverhalten zeigte er jedoch keine Änderung. Als sie mir das berichtete, bestätigte ich sie darin, ihm klar und deutlich zu sagen, daß sie ihn nur noch ins Bett bringt und sich nicht mehr zu ihm ins Bett legt. Nach zwei Tagen kam eine überglückliche und strahlende Mutter zu mir. Ihr Kind hatte zwar die erste Nacht noch recht viel „Theater" gemacht, aber sie hatten sich auf den Kompromiß einigen können, die ganze Nacht im Flur das Licht brennen zu lassen. Damit konnte er nachsehen, ob alle schlafen. Dann ging er auch selbst wieder zu Bett, ohne seine Mutter zu wecken. Nach weiteren vier Wochen schlief er dann ganz durch.

Mein Kind schläft nie durch und hält mich jeden Nacht wach

(Das Mittel wird hier mit Absicht nicht genannt, da in der Homöopathie das jeweilige Mittel für jeden individuell in der Anamnese ermittelt wird.)

Eine Heilpraktikerin berichtet:

Was Ritalin und andere Psychopharmaka angeht, so würde ich aufgrund meiner Beobachtungen noch viel weitreichender formulieren und hier besonders auch Impfungen und ständige Antibiotika- und Cortisongaben einbeziehen, und was wir unseren Kindern sonst noch so antun. Über Impfungen hat der Arzt Dr. Friedrich P. Graf in seiner Broschüre „Die Impfentscheidungen" einmal gesagt, daß es sich hierbei um Körperverletzungen handelt, für die die Eltern eine Einwilligung geben. Ich denke, ich hätte 80% weniger Kinder in meiner Praxis, wenn es keine Impfungen gäbe, und merke, daß insbesondere hochintelligente, sensible Kinder bei Impfungen überreagieren. Dies geht von Ängsten und Hyperaktivität über Neurodermitis und Allergien bis, in schlimmen Fällen, hin zu Epilepsie und Spastik. Das positive Potential dieser Kinder schlägt total um, weil ihr sehr feinstofflicher Körper, der bereits auf geringste Reize reagiert, mit einer dermaßen massiven grobstofflichen Information einfach nicht klarkommt. Diese hochintelligenten sensiblen Kinder sind sicher oft auch Indigo-Kinder.

9.6 Homöopathie

10. Eltern

10.1 Indigo-Kinder erziehen und führen

„Kannst Du dein Kind nicht besser erziehen?"

In meinen Seminaren und in meiner Praxis erlebe ich viele Eltern, die wirklich intensive Schwierigkeiten mit ihren Kindern haben. Oft spüre ich die große Frustration und die Schuldgefühle der Eltern, vor allem der Mütter. Sie verzweifeln bisweilen und wissen nicht, was sie noch tun können, um ihr Kind in den Griff zu bekommen, da sie von allen Seiten mit Sprüchen bedrängt werden, wie: *„Kannst du dein Kind nicht besser erziehen?" „Kannst du nicht mal dafür sorgen, daß das Kind ruhig ist?" „Kannst du nicht mal darauf schauen, daß das Kind seine Hausaufgaben macht?" „Können Sie Ihrem Kind nicht den Ernst der Schule beibringen?" „Ihr Kind bringt die ganze Kindergartengruppe durcheinander!"* etc. Man kann sich vorstellen, wie Eltern auf solche Angriffe reagieren. Sie sind zutiefst frustriert, und das Leben macht ihnen keinen rechten Spaß mehr. Erzieherinnen, die wenig in ihrem Selbst zentriert sind, kommen bei der Erziehung dieser „Kinder der neuen Zeit" ständig an ihre eigenen Grenzen. Die Kinder reagieren nicht mehr auf Obrigkeitsdenken und konfrontieren sie dauernd mit ihren eigenen Unzulänglichkeiten.

Müssen wir eine neue Form der Elternrolle finden?

Eigentlich haben Eltern nur eine wirkliche Chance, eine harmonische Familie zu bilden, wenn sie sich entschließen, sich zu verändern. Es scheint mir, daß eine neue Form der Elternrolle gefunden werden muß, damit die neuen Kinder Kinder sein können und trotzdem in ihrer wahren inneren Größe anerkannt werden. Indem Sie als Eltern den „energetischen Weg" wählen, können Sie selbst anfangen zu wachsen. Ohne Selbsterfahrung oder das Wissen vom Menschen als Energiesystem scheint es schwierig, einen positiven Ausweg aus der heutigen Situation mit den neuen Kindern zu finden.

Die Indigo-Kinder möchten uns helfen, Beziehungen einzugehen, die auf bedingungsloser Liebe, Ehrlichkeit, Annahme, Offenheit und Freude aufgebaut sind. Beziehungen, wie wir sie uns im tiefsten Herzen ersehnen.

Folgende Fragen stellen sich:

- Wie können wir ein Indigo-Kind so erziehen und führen, daß es uns seine innere Weisheit vermitteln und sein Geschenk der Liebe überreichen kann? Wie können wir einfach seine Existenz genießen?

- Was können wir tun, damit das Kind heranwachsen kann, ohne allzusehr in Konflikt mit der Umwelt zu geraten?

- Wie können wir unsere geistige Haltung und unsere Vorurteile gegenüber paranormalen Kindern und Defizit-Syndrom-Kindern ablegen und dem etwas Positives entgegensetzen?

- Wie können wir die neuen Kinder begleiten und führen, damit sie überhaupt in der Welt und in unseren Schulen überleben, bis sie als junge Erwachsene durchstarten und ihre Richtung finden? Es gibt viele depressive Indigo-Kinder. Ein typischer Satz eines Indigo-Kindes ist: *„Ach, Mama, wenn ich das gewußt hätte, wäre ich nicht hierher zur Erde gekommen."*

- Wie „überleben" die Eltern ihr Kind, das eigentlich keine Eltern im herkömmlichen Sinne braucht?

- Wie können wir lernen, unsere Kinder nicht als Abbild von uns selbst zu sehen und es zuzulassen, daß sie in ihrer ganz persönlichen Individualität heranwachsen?

Was können wir tun, und wie können wir die neuen Kinder begleiten?

Die Kinder werden uns, nach meiner Einschätzung, zwangsläufig in eine neue Richtung drängen. Sie werden uns zeigen, wie wir mit uns selbst und mit ihnen in Harmonie leben können; wie wir die Familie so umstrukturieren können, daß Eltern und Kinder genügend Raum haben; wie wir wieder spontan in Verbindung mit unserem wahren Selbst treten können und wie Spaß und Freude in der Familie gelebt werden können.

→ **Mein Tip:**

„Quality time" – qualitativ wertvolle Zeit

Das größte Geschenk, das Sie den neuen Kindern geben können ist: eine erfüllte gemeinsam gestaltete Zeit. Verbringen Sie qualitativ wertvolle Zeit mit Ihrem Kind, in der Sie ohne Streß oder Anspannung mit ihm zusammen sind! Kinder wünschen sich nämlich in erster Linie Eltern, die nicht so stark unter Streß stehen.

Wir suchten Rat bei der alternativen Medizin, und ich änderte mein Leben, jetzt belohnt mich mein Kind täglich

Eine Mutter erzählt:

Andreas ist mein drittes Kind, und er war immer anders als meine beiden anderen. Durch seinen starken, unbeugsamen Charakter waren schwierige Situationen an der Tagesordnung. Er war sehr lebhaft, und mir wurde im Bekannten- und Verwandtenkreis vorgeschlagen, gegen sein auffälliges Verhalten etwas zu unternehmen, da wir sonst nicht mehr erwünscht seien. Ich wählte den Weg für meinen Sohn, und trotz großer Hindernisse und eines komplett neuen Freundeskreises, glaube ich sicher, das Richtige getan zu haben. Wir suchten Rat bei der alternativen Medizin, und ich änderte mein Leben. Nun werde ich von meinem Kind ständig belohnt, und viele lernen von ihm, denn er sieht seine Engel wirklich, und sein ausgeprägter Glaube und seine wie ein Licht leuchtende Liebe läßt jeden Menschen spüren, wie wunderbar es ist, zu leben und zu fühlen.

10.2 Schuldgefühle

Wir haben zu viele Schuldgefühle

Wir leben in einer Zeit, in der Eltern einerseits relativ wenig Zeit für ihre Kinder, andererseits aber sehr hohe Ansprüche an sie haben. Seit dem Zweiten Weltkrieg ist es normal geworden, daß Frauen einen Beruf erlernen, arbeiten gehen und auch nach der Geburt der Kinder weiterarbeiten. Die Kinder werden mehr oder weniger gut aufgefangen, das hektische Leben wird mehr oder wenig gut organisiert, die Mutter versucht ihre Rollen als Mutter, attraktive Ehefrau, wachsamer Geschäftspartner, Hausfrau und Putzmamsell unter einen Hut zu bringen und schafft damit oft ein Wunder.

Aber es gibt ein großes Problem, nämlich die Schuldgefühle. Sie fressen an den Eltern (meist der Mutter), höhlen sie von innen heraus aus und lassen eine Spur von tiefen Verletzungen hinter sich. Schuld wird in der Psychologie als bedrängter Seelenzustand gedeutet, dem ein innerer Konflikt zugrunde liegt, ein Zustand, in dem wir versuchen, Wiedergutmachung zu leisten. Wir versuchen herauszufinden, was falsch gelaufen ist und was wir tun können, um es wieder „gut" zu machen.

Diese Schuldgefühle sorgen dafür, daß das Leben mit den Kindern nicht so stimmig ist, wie man es sich als Eltern oder Mutter wünscht. Manche Eltern setzen alles daran, ihre Ziele zu erreichen (Karriere), oft auf Kosten der Kinder. Die Mehrzahl der Eltern ist aber heute aufgrund der steigenden Lebenshaltungskosten darauf angewiesen, Doppelverdiener zu sein. Hinzu kommt die hohe Anzahl der Alleinerziehenden, meistens Mütter, die durch die Trennung „verarmen" und in die Sozialhilfe abrutschen.

Die mangelnde Zeit für die Kinder treibt negative Blüten: Eltern, Mütter lassen sich von ihren Kindern beschimpfen oder beherrschen. Eltern erledigen die Hausaufgaben ihrer Kinder (das ist leichter, als Zeit zu opfern, um ihnen dabei zu helfen) und meinen, den Kindern stünde eine Welt unbegrenzter Möglichkeiten offen. Die Eltern sind aber ständig unruhig und finden kaum Frieden bei dem, was sie gerade tun, sei es für ihre Kinder, sei es für sich selbst. Sie sind innerlich zerrissen und wollen sowohl für sich selbst als auch für ihre Kinder zuviel. Die Kinder wollen keine Hausaufgaben machen, verweigern sich, sind aggressiv. In unserer Zeit erleben wir eine Elterngeneration, die hohe Ansprüche hat. Vater und Mutter haben oft eine gute Ausbildung und wollen das auch für ihre Kinder. Aber ist es sinnvoll, was sie da tun? Überfordert das nicht alle?

Leben unsere Kinder in einer Welt, in der kein Platz mehr für sie ist?

Alle Eltern haben den gleichen Traum, wenn sie Kinder kriegen! Nämlich, es anders zu machen als ihre Eltern. Sie möchten ihren Kindern zuhören, sie lieben, mit ihnen sprechen, sie ernst nehmen, während sie daneben ihr eigenes Leben als Erwachsene führen. Sie möchten Kinder großziehen, von denen sie geliebt werden und die ihnen nahestehen, dabei aber selbständig und selbstbewußt sind. Sie meinen es so gut, aber es klappt einfach nicht so, wie sie es sich vorstellen.

Warum werden unsere Träume nicht wahr?

Die Kinder haben nicht das Gefühl, daß wir ihnen zuhören, sie frei ihre Erfahrungen machen lassen, ihnen vertrauen usw. Kinder möchten, daß Eltern für sie sorgen, sie begleiten; sie möchten nicht mit den Eltern zusammenleben. Fürsorge und Zuwendung brauchen

10.2 Schuldgefühle

sie, gemäß ihrem Alter. Viele Eltern fallen aber unbewußt in die Rolle ihrer Eltern und behandeln ihre Kinder genau so, wie sie es eigentlich nicht wollten (weil sie das als Kind so erlebt haben).

Wie kommt man aus dieser Zwickmühle wieder heraus? Struktur, Annahme, aktives Zuhören, Interkommunikation, klare Grenzen und das Wissen von den Energiegesetzen können Ihnen helfen, die Situation neu aufzubauen und mit Ihren Kindern zusammen einen Weg aus den Schuldgefühlen zu finden. Fangen Sie immer bei sich selbst an, hinterfragen Sie Ihre „Idealvorstellung" von perfekten Eltern. Wo ist Ihre Energie nicht im Fluß? Wo versiegen Ihre Träume, weil sie von der Wirklichkeit nicht erfüllt werden? Wenn Sie sich in Gedanken von Ihren Schuldgefühlen lösen, sie ganz neutral neben sich stellen und sie beobachten, wird es Ihnen leichter fallen, sie ein für allemal über Bord zu werfen.

Übung: Zeitreise

Diese Regressionsreise [Reise durch die Erinnerung] und die Heilung des inneren Kindes helfen, emotionsgeladene Gefühle, Gedanken und Überzeugungen, die ihre Ursache in einem früheren Leben haben, aufzulösen. Es ist nicht wichtig, ob und wie viele andere Personen an den Situationen beteiligt waren. Mit dieser Übung werden Sie die Schwingung in der Vergangenheit ändern, damit auch das „Jetzt" und auch die Zukunft sich ändern.

Heilung von emotionalen Verletzungen

Denke jetzt an eine Situation (mit einer Person oder verschiedenen Personen) aus deiner Vergangenheit, die stark von negativen Emotionen bestimmt war und an der du etwas ändern möchtest. Nimm diese Verstimmung, und beginne zu forschen, wie diese Situation der Vergangenheit sich noch heute auswirkt. In dem Moment, in dem du deine Vergangenheit änderst, wirst du die gleiche Situation nicht wieder neu in Szene setzen, und wenn sie doch stattfindet, wird sie dir keinen Schmerz mehr bereiten. Fange an, deinen Körper zu entspannen …

Bitte dein höheres Selbst, zu dir zu kommen, es ist nicht wichtig, ob du an es glaubst oder es wahrnimmst … Laß eine Situation und ein Gefühl vor deinem inneren Auge entstehen. Wenn es eine Situation ist, finde das Gefühl dazu, das diese Situation bei dir auslöst. Spüre es in deinem Körper. Wo sitzt dieses Gefühl in deinem Körper? Wie groß ist die

Fläche, die es einnimmt? Wenn du einen Namen für dieses Gefühl fin- |
dest, wie würde er lauten? Denke nach, wie könnte dieses Gefühl be- |
schrieben werden? Ist es Traurigkeit, Wut, Mutlosigkeit? Je genauer du
das Gefühl benennen kannst, desto leichter kannst du es gehen lassen.

Denke jetzt an eine Situation in den letzten fünf Jahren, die dieses gleiche Gefühl in dir ausgelöst hat. Registriere die Gefühle in deinem Körper, während du an diese Situation denkst. Laß jede Situation hochkommen, vertraue darauf, daß, welches Bild auch kommen mag, es die perfekte Situation für dich sein wird, um damit zu arbeiten. Wer war in dieser Situation mit dabei? Ist dieses Gefühl im gleichen Teil deines Körpers? An der gleichen Stelle? Kannst du es beschreiben?

Nun laß diese Situation wieder gehen, genau wie beim Fernsehen, wenn du abschaltest ... Geh zurück in deine Jugendjahre, vielleicht in deine frühen Teenagerjahre oder noch weiter zurück ... Hol dieses Gefühl wieder zurück in deinen Körper, und laß das Bild von einer Situation auf deiner inneren Leinwand entstehen, die das gleiche Gefühl erzeugt hat ...

Beschreibe dieses Gefühl. Wird es intensiver, je jünger du wirst? In welcher Situation bist du, und wer ist noch dabei? Du mußt es nicht lange anschauen, nur dich erinnern, daß dieses Gefühl dich schon eine lange Zeit begleitet.

Jetzt gehst du dahin zurück, wo du zum allerersten Mal dieses Gefühl |
hattest. Es kann sich so anfühlen, als ob du dir die Erinnerung an das Ge- |
fühl oder die Situation einbildest, das ist in Ordnung! Geh in dieses Gefühl hinein ... Wie alt bist du? Wer ist bei dir? Was für ein Gefühl ist es genau, das die Situation bei dir erzeugt? Wo spürst du es in deinem Körper? Wie würdest du es beschreiben? Traurigkeit? Wut? Angst? Verwirrung?

Erlaube jetzt diesem Kind, deinem inneren Kind, offen zu sein ..., und schenke ihm eine neue Möglichkeit der Entscheidung. Eine, von der du glaubst, daß sie besser wäre. Sage ihm: Ich liebe dich, ich verzeihe jedem, der an dieser Situation beteiligt war, jeder hat sein Bestes versucht, mit seiner Überzeugung und seinen Gedanken. So sende deine Vergebung und deine Dankbarkeit durch die Zeit, und erschaffe dann diese Situation neu. – Wie würdest du diese Situation gerne haben? Male sie dir genau so aus!!

Beobachte deinen Körper. Sind von diesen Gefühlen noch welche in deinem Körper, während du die Situation neu gestaltest? Erlaube deinem höheren Selbst, dir Licht zu senden, damit Heilung stattfindet ... Fahre

10.2 Schuldgefühle

fort, das zu machen, was du machen solltest, alles, was nötig ist, um diese Situation zu klären. Triff eine neue Entscheidung, heile das innere Kind, und verzeihe all denjenigen, die beteiligt waren. Kannst du jetzt freier atmen? Ist das Gefühl jetzt besser? – Du hast hiermit gerade deine Vergangenheit verändert, und das wird deine Zukunft mit verändern.

Geh jetzt in deinem Leben weiter, als das Kind, das mit dieser neuen Entscheidung aufwächst. Wie sieht jetzt deine Teenagerzeit aus, wie hat sich deine Jugend und Teenagerzeit verändert? Und später ...? Während du mit dieser neuen Entscheidung wächst, erinnere dich an die heutige Situation in deinem Leben.

Wenn du möchtest, kannst du mit dieser veränderten Erinnerung sechs Monate in die Zukunft gehen. Du hast jetzt eine neue Sichtweise der Wirklichkeit, der Schmerz aus deiner Jugend ist geheilt ... Wie gehst du jetzt mit der Situation um, durch deine neue Überzeugung, mit innerer Kraft und Stärke? Was ist anders in deinem Leben?

Dann kehre langsam zurück ins „Jetzt", spüre deinen Körper, öffne die Augen, und sei dir bewußt, daß jede starke Emotion ihre Wurzeln in der Vergangenheit hat und nicht in der Gegenwart.

Übung: Dich als neutralen Beobachter sehen

Du kannst ein neutraler Beobachter werden und lernen, dir alles ruhig anzuschauen

Wenn du in einer Situation bist, in der du dich emotional belastet fühlst, einer Situation, die Angst, Frust, Verwirrung, Aufregung u.a. hervorruft, kannst du folgende Übung machen. Es ist nicht leicht am Anfang, aber stell dir vor, daß du neben dir selbst stehst ... Aus den Augen dieser neben dir stehenden Person schaust du dir deine Emotionen, Regungen usw. an ... Stell dir vor, daß sie einfach durch dich hindurchziehen. Du läßt die Emotionen, die du gerade hast, einfach fließen ... Vielleicht entdeckst du dabei, daß die Angst oder die Verwirrung, die du empfindest, gar nicht deine eigene ist, nicht zu dir gehört ... Oder daß du eigentlich gar keine Angst hast ...

→ *Hier ist es wichtig, es öfter zu versuchen und zu schauen, was dir hilft, immer mehr Abstand von diesem „emotionalen Zustand" zu gewinnen. Ein neutraler Beobachter, der an deiner Seite steht, ist ein praktisches Hilfsmittel, das zu erreichen.*

Eine Mutter berichtet:

Ich behandle Ella mit Respekt, was ich umgekehrt auch von ihr erwarte. Ich teile ihr oft mit, daß ich sie liebe. Zwischendurch ist es notwendig, ihr zu sagen, daß ich die Mutter bin und sie das Kind und daß sie nicht für alles und jeden denken muß.

Ich sage meinem Kind immer wieder: Ich bin die Mutter und du das Kind!

10.3 Annahme – Passives und aktives Zuhören

Es ist ziemlich deutlich, daß die Indigo-Kinder nur die Sprache der Liebe interessiert. Wie könnte uns das im Umgang mit ihnen helfen? Wie können wir es den Kindern ermöglichen, ihre positiven Qualitäten zu entwickeln? Wie können wir verhindern, daß unsere gutgemeinte Begleitung sie in die negative Polarität drängt, was zu einer extremen Verleugnung von Persönlichkeitsanteilen führen würde? Sie haben in diesem Buch schon viele Antworten darauf gefunden. Eine wichtige Verhaltensweise, die ich Ihnen nochmals (wird in meinem Buch „Das Indigo-Phänomen. Kinder einer neuen Zeit" ausführlich beschrieben) anbieten möchte, ist, das *Annehmen* ohne Bedingungen, ohne „wenn und aber".

Wir möchten alle angenommen und gehört werden

Annahme an sich ist reine Liebe! Weitere wertvolle Hilfsmittel sind das Kommunizieren mit *Ich-Botschaften* (siehe S. 291) und die Methode der *Konfliktbewältigung ohne Niederlage* (siehe S. 174). Wenn Sie darüber hinaus lernen, eindeutige Grenzen zu setzen und eine klare Disziplin zu handhaben, wobei das Kind viel Freiheit für Erfahrungen bekommt, können Sie davon ausgehen, auf dem richtigen Weg zu sein.

* *Annahme*

Im allgemeinen kann man sagen, daß vollkommene Annahme (oder Akzeptanz), einer der wichtigsten und effektivsten Wege zu einer guten Beziehung zwischen Eltern und Kind ist. Thomas Gordon stellt es in seinem Buch *„Familien-Konferenz"* eindrucksvoll vor. Kann ein Mensch seinem Gegenüber echte, tiefgemeinte Annahme entgegenbringen, dann kann er ihm wirklich helfen. Seine bedin-

Annahme hilft zu einer guten Beziehung

gungslose Annahme macht es diesem anderen Menschen möglich, zu wachsen, sich zu entfalten, sich positiv zu verändern. Ihm öffnet sich ein Weg, seine Probleme lösen zu lernen und psychologisch gesund sowie produktiver und schöpferischer zu werden.

Annahme ist wie fruchtbarer Boden, der einem winzigen Samenkorn erlaubt, sich zu der lieblichen Blume zu entfalten, die es werden sollte. Dieser Boden, diese Annahme ermöglicht es dem Kind, sein Potential zu verwirklichen. Es ist verwunderlich zu sehen, daß Kinder sich oft völlig fremden Menschen anvertrauen. Sie erzählen ihnen alles, und die Eltern sind völlig überrascht, wenn sie später die Geschichten hören. Das Kind hat sich eben angenommen und dadurch sicher gefühlt. Es konnte alles, was es sagen wollte, auch erzählen. Oft können Geheimnisse oder noch nicht erzählte Geschichten, die tief im Inneren verborgen liegen, in solchen Situationen erzählt werden.

Die neuen Kinder wissen genau, wem sie vertrauen können

Viele Eltern glauben, daß vollkommene Akzeptanz ihrer Kinder deren positive Entwicklung verhindere. Die Eltern verlassen sich bei der Erziehung der Kinder weitgehend auf die Sprache der Nichtannahme und glauben, es wäre der beste Weg, ihnen zu helfen. Vergleichen wir Annahme einen Moment wieder mit dem Boden, der diesen kleinen Keimling nähren sollte. Wir bemerken, daß der Boden bei Nichtannahme reich ist an Bewertung, Urteil, Kritik, Predigten, Moralisieren, Ermahnen und Kommandieren. Kinder reagieren auf diese Botschaften im allgemeinen mit Rückzug. Indigo-Kinder reagieren noch empfindlicher darauf, ja manchmal sogar allergisch. Als „Könige und Königinnen", die sie sind, trifft es sie schwer, daß man ihnen nicht mit bedingungsloser Liebe und Ehrlichkeit begegnet.

Die Sprache der Annahme macht Ihnen den Weg frei, an Gefühlen und Problemen Ihres Kindes teilzunehmen

Sie lernen schnell, daß es sehr viel bequemer für sie ist, ihre Gefühle, Gedanken und Probleme für sich zu behalten. Die Sprache der Annahme läßt sie jedoch auftauen. Sie macht Ihnen den Weg frei, an ihren Gefühlen und Problemen teilzunehmen.

Oft wird gesagt, passive Annahme genüge. Ein Kind kann sich aber nie richtig sicher sein, daß es akzeptiert ist, bis es ihm auf eine aktive Weise gezeigt wird. Es geht darum, dem Kind Botschaften der Annahme zu senden, verbal [mit Worten] oder nonverbal [mit Handlungen].

Annahme kann gezeigt werden durch:

- *Wortlose Annahme*

  Annahme läßt sich wortlos übermitteln, z.B. durch Körpersprache, Gesten, Gesichtsausdruck oder andere Verhaltensweisen.

- *Nichteinmischung*

  Durch Nichteinmischung können Eltern zeigen, daß sie das Handeln ihres Kindes akzeptieren. Einmischung wäre z.B., sie zu stören, zu kontrollieren, in ihr Zimmer einzudringen oder die Kinder vor Fehlern zu schützen. Nichteinmischung bedeutet, ihnen Raum für eigene Erfahrungen zu lassen.

- *Passives Zuhören*

  Dabei handelt es sich um ein aufmerksames Zuhören, bei dem Sie Ihrem Kind immer wieder bestätigen, daß Sie zuhören, z.B. durch Bemerkungen wie: Ah ja, ich höre, mmh etc.

- *Verbale Annahme*

  Durch das Gespräch wird dem Kind vermittelt, daß das, was es denkt und/oder tut, in Ordnung ist.

- *Aktives Zuhören*

  Beim aktiven Zuhören wird ein Kommunikationsprozeß aufgebaut, in dem Sender und Empfänger aktiv und offen füreinander sind. Der Empfänger vermittelt dem Sender in der Wiederholung sein Verständnis des Gesagten. So können Mißverständnisse ausgeschlossen werden. Wir senden oft mehrere Botschaften gleichzeitig und mißverstehen uns.

Thomas Gordon schreibt:

Beim aktiven Zuhören versucht der Empfänger also zu verstehen, was der Sender empfindet oder was seine Botschaft besagt. Darauf formuliert er sein Verständnis mit eigenen Worten (Code) und meldet es zur Bestätigung an den Sender zurück. Der Empfänger sendet keine eigene Botschaft – weder ein Urteil, eine Meinung, einen Rat, ein Argument noch eine Analyse oder eine Frage. Er meldet nur das zurück, was nach seinem Gefühl die Botschaft des Senders bedeutete – nicht mehr, nicht weniger.

Viele Therapeuten und Berater sind nur erfolgreich, weil sie die Sprache der Annahme beherrschen und anwenden können. Auch Eltern können lernen, ihrem Kind durch ihre Worte und Gefühle zu zeigen, daß sie es akzeptieren. Gelingt ihnen das, sind sie wirklich im Besitz eines wertvollen Hilfsmittels und können erstaunliche Erfolge erzielen. Sie können viel Einfluß darauf nehmen, daß ihr Kind seine Gefühle frei leben und zeigen kann. Es liegt an ihnen, ob es sich an die von ihnen bestimmten Grenzen und Strukturen hält.

Das Kind muß sich geliebt fühlen

Von allen Auswirkungen der Annahme ist keine so wichtig wie das innere Gefühl des Kindes, geliebt zu werden. Denn einen Menschen anzunehmen „so, wie er ist" stellt einen wahrhaften Akt der Liebe dar. Sich angenommen fühlen heißt, sich geliebt zu fühlen. Natürlich ist es wünschenswert, mit allen Menschen und Kindern so umzugehen. Aber Indigo-Kinder fordern nachgerade, daß man lernt, sie so anzunehmen, wie sie sind. Sie sind sich ihrer inneren Größe und Bedeutung bewußt. Sie fordern von Ihnen den Beweis, daß Sie das auch wahrnehmen und annehmen! Weiß ein Indigo-Kind, daß es von seinen Eltern bedingungslos geliebt wird, dann hat es die beste Grundlage für seine Entwicklung. Es läßt sich von der Liebe führen und möchte, daß wir lernen, uns auch von ihr führen zu lassen.

Indigo-Kinder brauchen Liebe und liebevolle Führung.

Eigentlich braucht ein Indigo-Kind gar keine Eltern, so wie wir sie gewohnt sind. Was es hingegen dringend braucht, sind Liebe, liebevolle Führung und klare Strukturen. Hier liegt die neue Aufgabe der Eltern.

Ein Indigo empfiehlt Eltern:
- ihr Kind ernst zu nehmen
- ihrem Kind Würde zu vermitteln
- ihr Kind nicht an Konventionen zu binden
- ihr Kind zu Toleranz zu führen, Vorbild zu sein
- die Interessen ihres Kindes zu erkennen, sie zu fördern und in angemessene Bahnen zu lenken
- ihren eingestaubten Geist nicht auf ihr Kind zu übertragen
- nicht durch Strafandrohung die eigene Meinung durchzusetzen
- sich nicht durch Schuldzuweisungen Vorteile zu verschaffen
- den Wunsch ihres Kindes nach Nähe oder Distanz angemessen zu würdigen
- einen an Neigungen und Interessen ihres Kindes angepaßten Unterricht; ganzheitlichen Unterricht

10. Eltern

- ihrem Kind kein Halbwissen zu vermitteln (sog. Naturwissenschaften)
- ihr Kind auf die wahren Probleme des Lebens vorzubereiten (Umgang mit den Gefühlen)

Übung: Annahme

Dies ist eine Übung, die ich gerne mit Eltern mache. Setzen Sie sich Ihrem Kind gegenüber, Ihre Augen sind auf gleicher Höhe. Atmen Sie regelmäßig und langsam, entspannen Sie sich ... Sie schauen einander einige Minuten stillschweigend in die Augen – ruhig, konzentriert und ohne etwas zu sagen.

➜ *Wichtig ist dabei, daß Sie vor Beginn ausmachen, wer Nummer eins ist und wer Nummer zwei.*

Nachdem Sie sich einige Minuten in die Augen geschaut haben (die Augen sind die Fenster der Seele!), fängt derjenige, der Nummer eins ist, an zu erzählen. Er kann erzählen, was er möchte, und Nummer zwei hört zu – OHNE irgendeinen Kommentar abzugeben. Nummer zwei nickt nur oder zeigt mit seinem Gesichtsausdruck, daß er hundertprozentig da ist. Nach zehn Minuten werden die Rollen getauscht.

Beobachten Sie, wie Sie sich fühlen, wenn Sie nichts sagen „dürfen" oder wenn Sie gerade reden „müssen". Ich habe schon viele Überraschungen und tiefe Erkenntnisse bei den Eltern erlebt, und das bei so kurzem Zeitaufwand!

10.4 Ich-Botschaften

Es scheint mir sehr wichtig, daß wir lernen, uns in unseren Beziehungen mehr mit Ich-Botschaften zu verständigen. Wir sind es so gewohnt, die Du-Botschaft zu benutzen, daß uns schon gar nicht mehr auffällt, was wir alles in diese Du-Botschaften „hineinpacken".

Die Ich-Botschaften ermöglichen es einer Person immer, bei sich und ihren Gefühlen oder Gedanken zu bleiben. Du-Botschaften enthalten meistens irgendwelche unangenehmen Aussagen und sen-

Wie lerne ich mit Ich-Botschaften zu kommunizieren?

Einen typische Ich-Botschaft lautet: „Ich fühle mich verletzt, wenn du so was tust!"

den vor allem nicht das eigene Empfinden aus. Die Verwendung von Ich-Botschaften bietet außerdem die Möglichkeit, eine Auseinandersetzung zu neutralisieren. Als Eltern haben Sie ein Recht auf Ihre eigenen Gedanken und Gefühle, und in der Ich-Form können Sie diese Gefühle ausdrücken, ohne dabei das Kind zu beschuldigen.

Mit einer Ich-Botschaft kann eine Mutter zum Beispiel sagen: *„Ich fühle mich verletzt, wenn du so was tust."* Mit der Du-Botschaft würde sie sagen: *„Du tust mir weh, du verletzt mich".* Für das Kind besteht ein erheblicher Unterschied zwischen diesen beiden Botschaften. Gespräche, die mit Du-Botschaften angefangen werden, enden meistens im Streit oder werden einfach abgebrochen. Keiner ist danach glücklich oder zufrieden. Niemand fühlt sich verstanden. Bei Ich-Botschaften besteht ein geringeres Risiko, einen Streit hervorzurufen. Das heißt nicht, daß immer alles in Ordnung ist, wenn Eltern Ich-Botschaften senden. Für ein Kind ist es schon hart genug, von seiner Mutter zu hören, daß sein Verhalten ihr Probleme macht oder sogar weh tut. Es ist aber immer viel weniger bedrohlich, wenn Sie Ihrem Kind sagen, was Sie empfinden, als es zu beschuldigen.

Indigo-Kinder unterscheiden sich von anderen Kindern, weil sie normalerweise nicht die emotionalen Muster der Eltern nicht zu den eigenen machen. Sind sie enttäuscht über fehlende Integrität und Unaufrichtigkeit bei Ihnen, rasten sie aus, ziehen sich vollkommen zurück, oder versuchen noch nicht einmal, es Ihnen recht zu machen, da es sich in Ihren Augen nicht lohnt.

Im Zusammenleben mit Indigo-Kindern können Sielernen, mehr Mut und innere Sicherheit zu finden, um Ihre inneren Empfindungen und Gefühle zu offenbaren. Ein Indigo-Kind weiß sowieso meistens, wie es Ihre schwache Stelle findet. Es weiß meisterlich das „Richtige" zu tun, auf den richtigen Knopf zu drücken, um Sie auf hundertachtzig zu bringen. Zeigen Sie iIrem Kind Ihre Gefühlsseite, Ihre offene Verletzlichkeit, dann wird es Sie achten und ehren. Sie sprechen dann nämlich seine Sprache. Ein Indigo-Kind mit seinem Bedürfnis nach Wahrheit und offener Herzlichkeit wird Sie sicherlich nicht ausnutzen oder hintergehen – abgesehen davon, daß jedes Kind Bereiche braucht, in denen es seine Grenzen austesten kann.

Für Eltern ist es schon ein großer Schritt, sich ihren Kindern gegenüber so zu zeigen, wie sie sind und wie sie denken und fühlen. Das ist keine einfache Entscheidung, wenn man damit keine Erfahrung hat. Aber: *„Du erntest, was du säst."* Aufrichtigkeit und Offenheit begünstigen Vertrautheit – eine wahrhaft „zwischenmenschliche" Beziehung kann entstehen. Das Kind lernt seine Eltern kennen, wie sie sind, wodurch es wiederum ermutigt wird, ihnen zu offenbaren, wer es selbst ist. Anstatt einander entfremdet zu sein, entwickelt sich eine enge Beziehung, und niemand ist mehr Fremder im eigenen Haus.

Zeigen Sie sich so, wie Sie sind

10.5 Spirituelle Erziehung

Mit diesem Buch möchte ich ihnen mit all meiner Liebe helfen, das Leben in seiner tiefsten Bedeutung zu erfahren: Leben ist Liebe, Licht, Energie! Persönlich bin ich der Meinung, daß wir dringend eine Reform der „Erziehung" sowohl zu Hause als auch in der Schule brauchen. Ohne diese Reform werden wir wenig auf unserem geliebten Planeten verändern können. Wir sind schon ziemlich tief in eine Sackgasse geraten, und zwar emotional, sozial, politisch, ökologisch und spirituell, um nur einige Punkte zu nennen. Eine spirituelle Erziehung, in der Eltern und Kinder lernen, mit der Welt und den Menschen als Energie umzugehen, scheint mir der einzige richtige Weg zu sein.

Leben ist Liebe, Licht, Energie!

1997 schrieb Deepak Chopra das wundervolle Buch „Die sieben geistigen Gesetze für Eltern" (siehe Anhang). Er meint, daß Kinder erfolgreicher im Leben sind, wenn sie spirituell erzogen werden und die Naturgesetze kennen und einsetzen lernen. Ich bin vollkommen seiner Meinung und denke, daß es für die neuen Kinder ein wirkliches Geschenk wäre, wenn Eltern und sonstige Bezugspersonen die Übungen und Anregungen aus meinem Buch in das Leben der Indigo-Kinder integrieren würden und sich die älteren Indigos selbst dafür entscheiden könnten.

Die 7 geistigen Gesetze für Eltern und Kinder

Deepak Chopras sieben Gesetze lauten:

1. *Reines Potential*
Die Quelle aller Schöpfung ist reines Bewußtsein; reines Potential sucht den Ausdruck vom Unmanifestierten [Formlosen] im Manifestierten [Form].
Für Kinder: Alles ist möglich!

2. *Geben*
In unserer Bereitschaft, das zu geben, was wir suchen, sorgen wir dafür, daß die Fülle des Universums in unser Leben fließt.
Für Kinder: Wenn du etwas bekommen möchtest, gib es selbst.

3. *Karma*
Wenn wir Dinge tun, die anderen Glück und Erfolg bringen, dann wird das geerntete Karma Glück und Erfolg sein.
Für Kinder: Wenn du eine Wahl triffst, veränderst du die Zukunft.

4. *Anstrengungslosigkeit*
Die Intelligenz der Natur funktioniert mit müheloser Einfachheit, mit Sorglosigkeit, Harmonie und Liebe. Wenn wir diese Kräfte pflegen, kreieren wir mit der gleichen Entspannung Einfachheit und Erfolg.
Für Kinder: Sag nicht nein – folge dem Fließen der Energie, dem Lebensfluß.

5. *Absicht und Wunsch*
In jeder Absicht und in jedem Wunsch liegt schon die Erfüllung. Aus der Sicht des reinen Potentials haben Absicht und Wunsch unendliche ordnende Kräfte.
Für Kinder: Jedesmal, wenn du dir etwas wünschst oder etwas möchtest, pflanzt du einen Samen, der aufgehen wird.

6. *Loslösung*
In unserer Bereitschaft dem Unbekannten zu begegnen, in dem alle Möglichkeiten offenliegen, geben wir uns dem kreativen

Geist hin, der den Tanz des Universums organisiert.
Für Kinder: Freue dich an der Reise des Lebens.

7. *Dharma*

Wenn wir unser einzigartiges Talent damit verbinden, daß wir anderen dienen, erfahren wir die Ekstase und Glückseligkeit unseres Geistes, was das eigentliche Ziel unseres Lebens ist.
Für Kinder: Es gibt einen Grund, warum du hier bist.

Ein Kind, das lernt, was das Leben wirklich bedeutet, das lernt, was Energie ist, was Dienen und Loslassen und Im-Fluß-Sein bedeutet, wird sich sehr gut im Leben zurecht finden. Es wird sich nach diesen kosmischen Regeln selbst „erziehen" und „entwikkeln". Ein Kind, das sich von Geburt an anerkannt, erkannt (im Sinne von: eine alte Seele kommt zurück), geschätzt und dazu noch geliebt fühlt, kann sich wirklich auf dieses Leben freuen und es als „Erfahrungsspielwiese" genießen.

> Ein Kind, das sich von Geburt an anerkannt, erkannt, geschätzt und geliebt fühlt, kann sich selbst wirklich annehmen

Es kann ihm schließlich nichts passieren, da im richtigen Moment die Eltern da sind, um es zu lieben, zu lenken und zu begleiten. Für viele Eltern hat das Wort Spiritualität eine negative oder bedrohliche Bedeutung, wird als abgehoben erfahren, weil es eine unbekannte Komponente in ihrem eigenen Leben ist. Aber es bedeutet eigentlich nicht mehr, als „das Leben als Energie" zu verstehen. Ich wünsche aus vollem Herzen, daß dieses Buch es Ihnen leichter macht, das Thema Spiritualität anders zu sehen und als Selbstverständlichkeit in Ihr Leben einzuladen und zu leben!

Eine Mutter erzählt:
Durch Alina habe ich gelernt, alte Strukturen loszulassen und mich für Neues zu öffnen, vieles in mir hat sich geklärt. Ich wurde selbst immer wieder mit meinem Schatten konfrontiert. Sie hat mich sozusagen gezwungen, aus dem alten Fahrwasser herauszukommen.

Eine andere Mutter erzählt:
Man muß sich als Erziehender immer überlegen, ob die Argumente ausreichen. Nur mit guten Argumenten können wir unser Kind über-

> Nur gute Argumente können mein Kind überzeugen

10.5 Spirituelle Erziehung

zeugen, daß etwas erledigt werden muß oder auch nicht. Man darf als Erziehender nie denken, daß man „bloss" ein Kind als Gegenüber hat. Wir müssen unserem Sohn als Gesprächspartner auf derselben Ebene begegnen.

Eine Mutter berichtet:

Mein Kind ist anders als andere Kinder

Mein Sohn Kai ist drei Jahre alt. Daß er anders ist als andere Kinder, wußte ich schon sehr bald, denn obwohl ich ihn neun Monate lange gestillt habe, war er nur im Moment des Stillens bereit für intensiveren Körperkontakt. Schmusen wollte Kai die ersten anderthalb bis zwei Jahre gar nicht, worunter mein Mann und ich sehr litten. Kai hat sein Kinderzimmer bereits als Baby abgelehnt und wollte auch nur selten darin spielen. Er wählte das Wohnzimmer und die Küche für sich aus. Selbst Schläge, die er nur selten bekam, konnten ihn nicht davon abbringen, nur noch im Reisebett in unserem Schlafzimmer zu schlafen. Dies ist seit einem knappen Jahr der Fall. Von der Belastung unseres Ehelebens will ich gar nicht erst sprechen! Andererseits ist er ein fröhliches, liebevolles und seit dieser Zeit auch sehr verschmustes Kind. Als Kai etwa anderthalb Jahre alt war, mußten wir ihn wegen chronischer Mittelohrentzündungen und drohender Schwerhörigkeit bzw. Taubheit operieren lassen. Er war inzwischen in seiner Sprachentwicklung offensichtlich zurückgeblieben. Inzwischen hat er aber alles wieder aufgeholt. Sobald er einigermaßen sprechen konnte, sagte Kai mit hundertprozentiger Sicherheit in der Familie Krankheiten etwa eine Woche vorher voraus. Belastend war für ihn die tödlich verlaufende Krebserkrankung meiner Mutter, die ich mit ihm mindestens einmal wöchentlich im Krankenhaus besuchte. Drei Tage vor ihrem Tod nahm ich

Ein lachender Delphin für die sterbene Großmutter

Kai das letzte Mal mit ins Krankenhaus. Er bestand darauf, seine Buntstifte und Papier mitzunehmen, und malte für seine Omi einen lachenden pastellblauen Delphin. Zum Abschied wollte er unbedingt von mir zu ihr aufs Bett gehoben werden. Er sah ihr tief in die sterbenden Augen und sagte mit einer erwachsenen Stimme: „Omi jetzt ganz lange schlafen. Kai geht jetzt." Mit diesen Worten streichelte er ihr sanft übers Gesicht und schloß mit seiner Hand ihre Augen. Dann ging er, ohne sich umzusehen, zielstrebig zur Tür hinaus. Meine Mutter seufzte tief – es schien, als hätte sie Frieden im Sterben gefunden. Ich muß dazu sagen, daß meine Mutter furchtbare Angst vor dem Sterben hatte. An dem Tag, als meine Mutter starb, kam Kai in der Minute ihres Todes weinend zu mir in die Küche. Er hatte einen furchtbar starken Schluckauf, der nach etwa fünf Minuten wieder vorbei war. Ich sagte noch zu ihm, er müsse keine Angst haben, wenn man so sehr Schluckauf hat, dann denkt nur jemand ganz arg an einen. Kaum war sein Schluckauf vorbei, klingelte das Telefon, und die Klinik teilte mir mit, daß meine Mutter soeben verstorben sei.

Im April dieses Jahres starb der Mann unserer Nachbarin. In der Nacht vor seinem Tod schrie Kai plötzlich voller Angst in seinem Bett im Kinderzimmer (wir hatten wieder einmal versucht, ihn in seinem Kinderzimmer schlafen zu lassen). Mein Mann und ich stürzten hinein und fanden ihn in der vom Fenster am weitesten entfernten Ecke seines Bettchens kauernd. Er weinte und deutete voller Angst zum Fenster. Als wir ihn fragten, was los sei, stammelte er immer wieder das gleiche: „Schwarze Männer – drei Stück hinter Rollo vor Fenster. Schauen zu Kai rein, langen durchs Fenster nach Kai. Kai Angst!!" Er flüsterte dies alles nur noch. Ab dieser Nacht schlief er endgültig bei uns im Schlafzimmer. Wenig später fing er an zu erzählen, daß an zwei Seiten des Kinderzimmers in der Nähe der Decke Türen zu einer anderen Welt seien, durch die vor allem nachts Schatten ins Zimmer kämen, die ihn berührten und in ihn eindrängen, deshalb mag er dieses Zimmer nicht. Es macht ihm angst. – Wir beschlossen daraufhin umzuziehen, nachdem ich selbst einige Nächte mit Kai in diesem Zimmer verbracht und nachts zwischen drei und vier Uhr eine eisige, lähmende Kälte wahrgenommen hatte. Ich selbst bin auch medial veranlagt und kann diese Schatten fühlen – seither konnte ich sie in diesem Zimmer nachts sogar zweimal sehen. Ein Bekannter, der die Aura von Menschen sehen kann, sagte mir, daß diese Seelen nur das Göttliche Licht suchen und Kai für dieses Licht halten, da er so hell leuchtet. Er empfahl, für Kais Zimmer in der neuen Wohnung eine Salzkristallampe zu kaufen und Kai zu erklären, daß diese Schatten nicht böse sind, sondern sich nur verirrt haben. Er soll sie dann zu der Lampe führen und ihnen sagen, sie sollen dahinein gehen.

Manchmal überdreht Kai regelrecht. Das ist dann so plötzlich, wie es anfängt auch wieder vorbei – als würde ihn zwischendrin der Teufel reiten. Dann gibt es Situationen, in denen er wie „weggetreten" zu sein scheint. Dabei scheint er völlig entrückt zu sein. Er ist dann auch überhaupt nicht ansprechbar. Bereits als ganz kleines Kind verfiel er regel-

Schwarze Männer vor dem Fenster

Manchmal überdreht er regelrecht

recht in Panik, wenn jemand eine Bohrmaschine, einen Fön, einen Staubsauger oder ähnliches benutzte. Diese Geräusche sind ihm teilweise immer noch unerträglich. Größere Menschenansammlungen, wo viel durcheinandergeredet wird, kann er noch heute kaum ertragen. Er leidet regelrecht körperlich darunter.

Mein Mann und ich haben uns, seit Kai da ist, bereits sehr verändert. Ich glaube schon lange an Wiedergeburt – eigentlich seit ich denken kann. Vor etwa fünf Jahren habe ich ungefähr ein dreiviertel Jahr lang Reinkarnationshypnose gemacht. Während dieser Zeit lernte ich geschäftlich meinen jetzigen Mann (Kais Vater) kennen. Es traf mich wie der Donner, denn ich hatte ihn in vielen Reinkarnationen als meinen Liebsten gesehen! Es war mein Karma, diesem Mann mein einziges Kind zu schenken und mit ihm gemeinsam dieses so besondere Kind großzuziehen.

Abschluß

Ich habe dieses zweite Buch für die Eltern der neuen Kinder in der Hoffnung geschrieben, daß wir in unserer Welt gemeinsam zu einem ganzheitlichen Lebensstil finden. Dieser Lebensstil würde es uns ermöglichen, physisch gesund zu sein, indem wir unseren Körper als einen Tempel Gottes behandelten. Er würde es uns ermöglichen, mental gesund zu sein, indem wir die Verantwortung für unsere Gedanken und Visionen übernähmen. Er würde es uns zugleich ermöglichen, emotional gesund zu sein, indem wir uns selbst respektierten und liebten und andere respektierten und liebten. Schlußendlich würde er uns auch spirituelle Gesundheit bringen, indem wir uns auf den Lichtfluß, die Kraft im Inneren – die Göttliche Einheit – einstellten und uns mit ihnen vereinten.

Ohne Bemühen, so ganz von allein, wird das nicht geschehen. Es gehört Verlangen, Glaube, Wille und Vertrauen dazu, das zu erreichen. Aber da jeder von uns diese Kraft in sich hat und die neuen Kinder schon sichtbar mit ihr verbunden sind, können wir bewußt lernen, uns dafür zu öffnen.

Das Leben verlangt oft Entscheidungen von uns. Angst oder Liebe, was wählen Sie? Wenn wir uns für Liebe entscheiden, werden wir überall auf dem Planeten Zeichen finden, die auf diese obengenannten universellen Gesetze hinweisen. Wählen wir die Angst, werden wir überall Zeichen sehen, die unsere Angst bestätigen.

Es scheint manchmal so, als ob wir in unseren Zellen darauf programmiert wären, uns NICHT ändern zu wollen. Es kommt mir vor, als ob wir eine tiefe Abneigung gegen Veränderung hätten. Lieber stoßen wir Tausende Male auf die gleichen Schwierigkeiten, als einen Schritt ins Licht zu tun.

Omraam Mikhael Aivanhov schreibt in seinem Buch „Der Wassermann und das Goldene Zeitalter" (siehe Anhang), wie schwierig der Weg der Bewußtseinsentfaltung ist: *„Es gibt nur ein Mittel, eine Methode, wenn ihr vorwärts kommen wollt: nämlich einfach und natürlich, voller Liebe und Güte zu werden und vor allem die anderen an den himmlischen Dingen, die ihr bekommen habt, teilnehmen zu lassen. Es ist schwierig, das weiß ich, und zur Zeit sind wir fast allein. Aber gerade wenn es schwierig ist, muß man dem Himmel zeigen, daß man treu und wahrhaftig ist. Wenn es einmal viele gibt, die begriffen haben, wie nötig diese Lebenshaltung ist, wird unser Verdienst geringer sein. Aber gerade jetzt, unter diesen schwierigen Umständen, ist es verdienstvoll, ein Vorbild zu sein. Sollte Gott mir eines Tages die Möglichkeit geben, vor der ganzen Welt zu sprechen, werde ich nur ffolgendes sagen: Ihr alle, ihr Reichen und ihr Armen, ihr Gelehrten und ihr Ungebildeten, ihr wißt gar nicht, was gut für euch ist; und darum befindet ihr euch alle in unentwirrbaren Schwierigkeiten. Wenn es darum geht, Profite zu machen, euch zu amüsieren oder Krieg zu führen, dann seid ihr sofort zur Stelle. Aber* *wenn es darum geht, die Voraussetzungen dafür zu schaffen, daß die ganze Menschheit glücklich leben kann, ist niemand mehr da. Ihr strebt ja gar nicht nach dem Glück, sonst würdet ihr euch alle zusammenschließen, um es zu erreichen.*

Ja, wenn es um materielle Dinge wie Geld und Häuser geht, seid ihr alle zur Stelle, und alle sind auf einmal darin einig, dafür all ihre Energien aufzuwenden. Geht es jedoch um das Glück aller, um Freiheit und um Entfaltungsmöglichkeiten für die ganze Welt, so interessiert das niemanden. Wie erklärt sich das? Wenn die Menschen einmal begreifen, wo ihre wahren Interessen liegen, werden alle Probleme gelöst sein. Eigentlich ist es doch die klarste und einfachste Sache der Welt, aber sie haben sich nicht damit beschäftigt. Man muß ihnen sagen: Wenn ihr soviel Mißgeschick und so viele Schwierigkeiten erlebt, so nur deshalb, weil ihr es so wollt; bewußt oder unbewußt wünscht ihr euch das. Würdet ihr das Gegenteil wünschen, ließe sich das HEUTE noch verwirklichen.

Dieses Buch möchte ich mit einer liebevollen, einfachen Geschichte eines Kindes der neuen Zeit abrunden:

Eine Gruppe von Kindern wurde nach den Sieben Weltwundern gefragt (Pyramiden in Ägypten, Chinesische Mauer etc.), und, nachdem sie lange nachgedacht und alles gut überlegt hatte, sagte ein Mädchen, daß dies die wirklichen Sieben Weltwunder für es wären: zu fühlen, zu schmecken, zu sehen, zu hören, zu laufen, zu lachen, zu lieben.

Anhang

Glossar

Affirmationen ➜ Affirmationen sind kurze und einprägsame positiv formulierte Sätze, mit denen man sich selbst immer wieder Mut macht und das Unbewußte auf ein positives Ziel ausrichtet.

Anker ➜ Ein Anker ist Teil des mentalen Trainings➜ Eine mental gesteuerte Situation wie innere Ruhe, Konzentration oder Spitzenleistungen wird mit einem sensorischen [körperlichen]Reiz verbunden. Nach einigem Training hat der Körper gelernt, daß dieser Reiz zu einem ganz bestimmten Geisteszustand gehört, womit dieser einfach zu erreichen ist.

Aufstiegsprozeß ➜ Der Aufstieg in höhere Energiedimensionen; die Bewußtseinsverschiebung von der Dualität, durch die verschiedenen Ebenen, in die Einheit

Aura ➜ Das elektromagnetische Feld, das den physischen Körper umgibt und sich durch Farbe ausdrückt. Es ist, was seine Vitalität betrifft, von den Chakras abhängig und nimmt den Raum unmittelbar um den Körper herum ein.

Bilateralität ➜ Die Fähigkeit, zwei Seiten (hier➜ die Körper- und Gehirnhälften) so zu koordinieren, daß sie als Einheit funktionieren.

Binokulare Integration ➜ Die Fähigkeit der Augen zur Zusammenarbeit als Team; sie ist unentbehrlich, sofern die beiden Augen und alle ihre korrespondierenden Muskeln als eine Einheit funktionieren sollen.

Chakra ➜ Chakras gleichen Energiewirbeln. Es gibt verschiedene dieser Zentren im ätherischen Körper, davon sieben Hauptzentren. Jedes dieser sieben Chakras schwingt auf der Frequenz von einer der sieben Farben des Regenbogens, die vereint das Licht erschaffen.

Delta-Bereich ➜ Der Gehirnwellenbereich, der im Tiefschlaf oder im Koma auftritt; er reicht von 0,5 bis 4 Hz.

DHEA ➜ Abk. für Dehydroepiandrosteron; ein Steroidhormon, das mit Hilfe von Cholesterin in den Nebennieren, im Hirn und in der Haut produziert wird. Freies DHEA ist ein „Mittlerhormon", das die Grundbausteine für andere Hormone und Vitalsubstanzen liefert – unter anderem auch für die Produktion von Testosteron [männl. Geschlechtshormon] und Östrogen [weibl. Geschlechtshormon]. In seiner Funktion ist DHEA dem Melatonin vergleichbar; jüngste Forschungen in den USA weisen darauf hin, daß zwischen diesen beiden Substanzen eine enge Wechselbeziehung besteht. DHEA wird vom Organismus morgens ausgeschüttet und „weckt auf", regt die Produktion des den normalen hormonellen Tagesumsatzes an und wird während des Tages „verbraucht". Wenn nach Einbruch der Dunkelheit die Melatoninproduktion einsetzt, werden DHEA-Reste in der Blutbahn relativ rasch wieder abgebaut.

Dimensionalität ➜ Der wissenschaftliche Ausdruck für die Bandbreite an Zuständen (Gehirnfrequenzen) des Gehirns. Manche Frequenzbereiche werden nicht angesteuert (Traumata werden in einem ganz bestimmten Gehirnareal und meist in Theta – siehe Gehirnfrequenzen – gespeichert), sondern gemieden. Werden sie doch aktiviert, so spielt sich das ganze Trauma nochmals ab. Im richtigen (dissoziierten) Zustand ist dies durchaus sinnvoll, um das Trauma aufzulösen.

DNS ➜ Die DNS ist die Trägerin der gesamten Erbinformation, die in der Reihenfolge der Basen gespeichert ist; DNS-Abschnitte mit jeweils etwa 600–1800 Basenpaaren bilden die sog. Gene, die die Information für bestimmte Erbmerkmale tragen. Die DNS (Desoxyribonukleinsäure) ist ein Riesenpolymer aus etwa zehn Milliarden Molekülen, das die Erbsubstanz (Chromosomen) unserer Zellen bildet.

Drittes Auge ➜ Das 6. Chakra, auch das „Auge der Seele" oder das „innere Auge Gottes" genannt, mit Sitz zwischen den Augenbrauen; Ort für außergewöhnliche Wahrnehmung. Über dieses Chakra kann eine Verbindung mit spirituellen Ebenen entstehen, die durch Meditation oder Bewußtsein aktiviert werden kann.

Dualität ➜ Voraussetzungen der Dualität sind unter anderem Zeit, Raum, Polaritäten [Gegensätze], Trennung, Begrenzung und Karma.

Dyslexie (Legasthenie) ➜ Dyslexie ist die heute übliche Bezeichnung für die Unfähigkeit, gedruckte oder geschriebene Symbole zu entschlüsseln, bedingt durch eine Behinderung der entsprechenden Aufnahmezentren des Gehirns. In weiterem Sinne ist damit jede Lernstörung gemeint, die Verwirrung und kompensatorische [ausweichende] Verhaltensweisen erzeugt.

Edu-Kinästhetik ➜ Dies ist der Name für die Anwendung der Kinästhetik (Lehre von den Bewegungs- und Muskelempfindungen) auf die Untersuchung der Integration von rechter und linker Gehirn- und Körperseite, zum Zweck des Verminderns von Streß und des Ausschöpfens des gesamten Lernpotentials.

ELF ➜ engl. Extreme Low Frequency; Frequenzen bis 100 Hz, die dem unteren Gehirnwellenspektrum entsprechen und z.B. bei Knochenbrüchen zum Einsatz kommen.

Endokrine Drüsen ➜ Drüsen der inneren Sekretion, die mittels Hormonen verschiedene körperliche Vorgänge zu regeln helfen, z.B. Alterung, Wachstum und Entwicklung

Endorphine ➜ Die Bezeichnung Endorphine stammt aus der Kombination von Endogen und Morphin – also interne Morphine, körpereigene Opiate. Endorphine steuern Wohlgefühle und Schmerzempfindlichkeit. Inzwischen durch das „runner's high" und andere Hochgefühle bekannt geworden, sind sie zum Großteil für unser Wohlbefinden verantwortlich. Sie werden bei Schmerzen ausgeschüttet, bei Überlastung und bei Glücksgefühlen.

Energiefeld ➜ Eine mit elektromagnetischer Energie geladene Zone, die ein Wesen oder ein Objekt umgibt. Es kann positiv *oder* negativ bzw. positiv *und* negativ geladen sein.

Energiefrequenz ➜ Alles schwingt im eigenen Rhythmus und auf eigener Frequenz. Menschen, Tiere, Pflanzen und alle materielle Dinge sind im Grunde Energie, die in einer ihnen typischen Frequenz schwingen. Wenn wir das Radio auf eine bestimmte Radiofrequenz einstellen, können wir etwas bestimmtes gesendet bekommen und also hören. Genauso können wir uns auf die Energiefrequenzen der anderen Wesen, innerhalb oder außerhalb des Universums, einstellen.

Fokussieren ➜ Fokussieren bedeutet, sich auf einen bestimmten Teil der eigenen Erfahrung (oder dessen, was man erlebt) zu konzentrieren. Dabei grenzt man diesen Teil von anderen Teilen durch das Wahrnehmen der Ähnlichkeiten und Unterschiede ab.

Gehirnfrequenzen ➜ Je nachdem, wo wir gerade sind, produziert das Gehirn andere Frequenzen. Schlafen wir, sind diese tiefer, als wenn wir richtig wach und noch auf die Außenwelt konzentriert sind. Die Gehirnfrequenzen sind relativ gut erforscht und lassen sich über ein EEG [Elektroenzephalogramm] beobachten. Es gibt vier Grundeinteilungen ➜ Delta, Theta, Alpha und Beta, die durch jeweils andere Bewußtseinszustände charakterisiert werden.

Gehirn-Jogging ➜ Darunter ist ein Trainingskonzept zur Steigerung der geistigen Leistungsfähigkeit zu verstehen. Es wird davon ausgegangen, daß der Körper den Geist bewegt bzw. durch körperliche Tätigkeit Hirndurchblutung und Hirnstoffwechsel angeregt werden, was sich auf das geistige Leistungsniveau positiv auswirkt. Durch systematisches, regelmäßiges Üben werden die Geschwindigkeit der Informationsverarbeitung, das Kurz- und das Langzeitgedächtnis verbessert. Das Besondere beim Üben besteht darin, daß, während eine

Aufgabe gelernt wird, gleichzeitig eine Bewegung durchgeführt wird (z.B. Strich mit dem Bleistift, Klatschen im Takt etc.).

Gitternetz, mentales ➔ Für Hellsichtige können der mentale Energiekörper und der Universale Geist wie dreidimensionale Gitter aus sich überschneidenden Ebenen aussehen. Dieses Netz ist dynamisch und bewegt sich ständig. Lichtpunkte pulsieren, bilden ein bestimmtes Muster, und wenn sich die Gedanken bilden, fließen sie wieder frei. Durch das Gitternetz kommen die Gedanken ins Bewußtsein.

Großhirn/Neocortex ➔ Dies ist der jüngste Teil des Hirns (ca. 200 Millionen Jahre). Er beinhaltet alle Erinnerungen, Ziele, Träume, Vorstellungen, Hoffnungen, Befürchtungen, kurz: das ganze Leben eines Menschen. Der Cortex ist ein merkwürdiges Organ. Er ist in Lappen unterteilt, von denen der hintere als Sehhirnrinde bekannt ist. In den Schläfenlappen (auf den sich gegenüberliegenden Seiten des Schädels) findet das Hören statt. Die Frontallappen sind auf zielgerichtetes Denken ausgelegt, hier werden Informationen verarbeitet, bewertet und die den eingehenden Informationen entsprechenden Reaktionen gewählt. Auch die dazugehörigen Instruktionen für Muskeln und Drüsen kommen von hier.

Heilung/Healing ➔ Die beste Definition von Heilung ist, sich an einen Platz großen Wohlbefindens oder Liebe zu begeben – ich würde es als Wachsen, Ausdehnen bezeichnen. Es bedeutet, anderen zu helfen, ihre Vitalität und Spannkraft so zu intensivieren, wie sie es niemals zuvor erfahren haben oder sich vorstellen konnten, damit ihr Leben von immer höheren Ebenen aus arbeitet.

Hirnanhangdrüse ➔ Die übergeordnete Drüse innerhalb des endokrinen Systems ist die erbsengroße Hirnanhangdrüse (Hypophyse), die in einer knöchernen Vertiefung an der Hirnbasis liegt und das gesamte Hormonsystem kontrolliert. Neben der Produktion eigener Hormone beeinflußt sie auch die Hormonproduktion der anderen endokrinen Drüsen.

Hohe Lichtwesen/Wesen des Göttlichen Lichts ➔ Ein

Licht, das für uns die Form einer Gestalt (z.B. eines Engels) oder eine sonstige Form annehmen kann; höchste Weisheit aus dem Licht

Home-Schooling ➔ Die Kinder werden zu Hause unterrichtet und können dort auch schriftliche Prüfungen usw. ablegen (in Deutschland nicht allgemein erlaubt).

Hypothalamus ➔ Diese hormonelle Schaltzentrale des Gehirns kontrolliert wichtige Körperfunktionen wie Blutdruck, Temperatur oder Hungergefühl.

Iliopsoas-Muskelgruppe ➔ Muskelgruppe in den Beinen

Immunsystem ➔ Das Immunsystem besteht aus einer Gruppe von Gewebszellen und Organen, deren Aufgabe es ist, unseren Körper gegen Substanzen und Organismen, die uns krank machen können, zu schützen. Das Immunsystem ist sehr komplex.

Karma, karmische Belastungen ➔ Das Gesetz von Ursache und Wirkung über ein Leben hinaus. „Was man aussendet, bekommt man irgendwann zurück." Karma wird auch so definiert➔ physische, mentale und spirituelle Lehren, die in vielen Leben wiederkehren und der Seele Gelegenheiten bieten zu wachsen. Auch manchmal Schicksal genannt.

Kleinhirn ➔ Hier werden Erinnerungen gespeichert, Muskeln koordiniert und einfache Reaktionen gespeichert.

Kryon ➔ Lichtwesenheit, die von Lee Carroll, USA, gechannelt wird [channeln: Botschaften aus anderen Ebenen empfangen und weitergeben]. Kryon vermittelt uns viele Einsichten über unser Leben auf der Erde, die Wissenschaft, Licht, Energie und vieles mehr.

Laterale Fertigkeiten ➔ Fertigkeiten der Kommunikation, der Sprachbeherrschung und der Nahsicht, die die Links/rechts-Orientierung im Raum erfordern.

Lichtarbeiter ➔ Ein Mensch, der sich bewußt dem Licht widmet und mit Energie arbeitet. Er geht entschlossen auf dem Weg zur spirituellen Entfaltung und hilft anderen, ihn zu gehen.

Lichtkörper ➜ Der elektromagnetische Körper eines Wesens, wie er auf der ätherischen Ebene existiert. Es ist der wahre Körper, der die Blaupause für den physischen Körper liefert und die interdimensionale Kommunikation ermöglicht. Wenn man mit seinem Lichtkörper arbeitet, verfügt man über die Mittel, Materie und Energie so zu verbinden, daß man neue, höhere Perspektiven gewinnt.

Limbisches System ➜ Dieses System ist evolutionsgeschichtlich deutlich jünger (nämlich erst 200 bis 300 Millionen Jahre alt) als das Stammhirn [Reptiliengehirn] und sowohl für Emotionen als auch für die persönliche Biographie, für Erinnerungen und Lebenserfahrung zuständig. In letzter Zeit weisen immer mehr Indizien darauf hin, daß das Säugetiergehirn, wie es auch genannt wird, auch bei Lernprozessen eine sehr wichtige Rolle spielt. Die Emotionen decken alle Bereiche ab, die wir für eine dauerhafte Existenz in einer kargen Umwelt brauchen: Angriff, Verteidigung, Fortpflanzung, Ernährung. Das heißt, das limbische System kümmert sich um unser Überleben. Dort finden sich auch der Hypothalamus und die von ihm gesteuerte Hypophyse. Den größten sensorischen Einfluß auf das Säugetiergehirn hat die Nase: Gerüche werden nie vergessen.

Medium, medial ➜ Ein medial begabter Mensch (Medium), der Botschaften aus anderen Daseinsebenen empfangen und weitervermitteln kann

Meridiane ➜ In der Traditionellen Chinesischen Medizin (TCM) Nerven- und Energiebahnen, die über den Körper verteilt bestimmten Organen zugeordnet sind.

Metabewußtsein ➜ Nach Dr. John Lilly das Überbewußtsein, der Teil in uns, der die Multimind-Bereiche [Teilpersönlichkeiten] orchestriert und den Teil nach vorn schickt, der in der jeweiligen Situation die größten Erfolgsaussichten hat. Gleichzeitig aber auch tatsächlich ein Überbewußtsein, das nicht nur den Überblick hat, sondern auch neue Glaubenssätze schaffen kann.

Mind-Mapping ➜ Eine gute Art, seine eigenen Gedankenblitze einzufangen, ohne sie einzuschränken➜ Nehmen Sie ein Blatt Papier quer, schreiben Sie das Hauptthema in die Mitte und schauen Sie, was Ihnen einfällt. Für jeden übergeordneten Punkt machen Sie einen neuen Ast, den Sie um beliebig viele Unterpunkte erweitern können.

Mittellinie ➜ Die Trennlinie (BrainGym®) zwischen den beiden visuellen Feldern oder Wahrnehmungshemisphären.

Morphogenetische/morphische Felder ➜ Ein Begriff von Rupert Sheldrake, einem renommierten Biologen. Es handelt sich um ein Gedächtnis der Natur in den Schichten unserer Atmosphäre.

Mitgefühl ➜ Echtes bedingungsloses Mitgefühl bedeutet, sich selbst und anderen zu vergeben. Mitgefühl auf einer höheren Ebene ist das Anerkennen von anderen, da, wo sie stehen, sie zu lieben, unabhängig davon, ob sie bereit sind, zu wachsen oder nicht, sowie die Bereitschaft, anderen ihre Probleme zu lassen, wenn sie nicht bereit sind zu wachsen.

Neurotransmitter ➜ Eine chemische Substanz, die von den Nervenzellen an ihren Synapsen ausgeschüttet wird, wenn dort ein elektrisches Signal ankommt. Etwa 50 verschiedene Neurotransmitter wirken im Gehirn als Botenstoffe, indem sie elektrische Signale über die Synapsen weiterleiten. Wenn das Gleichgewicht der Neurotransmitter gestört ist, kann es zu Krankheiten wie z.B. Depression kommen. Beispiele sind Dopamin oder Serotonin. Alle sind hochgradig komplex und haben mehrere Aufgabenbereiche.

New Age ➜ Ein Zeitalter von Spiritualität und Einheit; wird in unserer Zeit auch das goldene Wassermann-Zeitalter genannt

NLP ➜ Abkürzung für Neuro-Linguistisches Programmieren; eine von Bandler und Grindler aus den Therapieformen der 70er entwickelte, fast schon revolutionär einfache Art der Therapie, die weitaus schneller wirkt als jede Gesprächstherapie.

Paranormalität ➜ Formen außergewöhnlicher Wahrnehmung; paranormale Erscheinungen wie Hellsichtigkeit, Hellfühligkeit, Telepathie

Photonen➜ Kleinste Wirkeinheiten (Quanten) mit elektromagnetischer Wechselwirkung; Elementarteilchen aus Licht oder Strahlung, die sich mit Lichtgeschwindigkeit bewegen

Plejadier ➜ Wesen vom Sternensystem der Plejaden

Prana-Atmen ➜ Durch bewußtes Prana-Atmen fließt Prana [Lebensenergie] durch unsere Prana-Röhre, die von der Mitte des Kopfes bis zum Perineum [Damm zw. Geschlechtsteilen und After] durch unserem Körper geht. Es ist eine alte Art zu „atmen", d.h., Prana im Körper aufzunehmen.

Quantenphysik ➜ Dies ist ein Bereich der Physik, der seit Anfang des 20. Jh. immer wieder für neue Fragen sorgt, da die in ihm erzielten Ergebnisse nicht den geltenden Gesetzen von Kausalität und Linearität folgen. Im Gegenteil, die Ergebnisse beziehen den Versuchsleiter in das Ergebnis des Versuches mit ein. Das war man bis dahin nicht gewohnt. All diese Paradoxien können im Endeffekt nur eines bedeuten: Die Welt findet primär in unserem Kopf statt.

Quantenmechanik ➜ Fundamentale physikalische Theorie, die die klassische Mechanik ersetzt. Nach der Quantenmechanik sind Wellen und Teilchen nur zwei Aspekte ein und derselben zugrunde liegenden Wirklichkeit. Das mit einer Welle verbundene Teilchen ist deren Quant. Auch zusammengesetzte Systeme (z.B. Atome, Moleküle) nehmen nur bestimmte diskontinuierliche [unbeständige] Energiezustände ein; man spricht von einer Quantisierung der Energie.

Quantum-Heilung, radionische ➜ Weiterentwicklung der Radionik, die für Indigo-Kinder sehr interessant ist und jetzt durch die moderne Software möglich gemacht wurde (es wird ein Hologramm, ein dreidimensionales Diagramm, erstellt).

Resonanzprinzip ➜ Nach der spirituellen Gesetzmäßigkeit des Resonanzprinzips spiegeln unsere Erlebnisse unsere innere Wirklichkeit, unseren Charakter, unser wahres Wesen; es geschehen uns nur Dinge, für die auch ein entsprechender Resonanzboden gleicher Frequenz in uns vorhanden ist.

Scannen (Abtasten, Durchsuchen) ➜ Das Schweifenlassen der Augen, mit dem Ziel, bestimmte energetische Informationen zu finden, z.B. im Energiesystem eines Menschen

Schwingung der Indigo-Kinder ➜ Jeder Mensch hat eine bestimmte Energiefrequenz. Dazu kommt, daß die Menschheit oder die verschiedenen Kulturgruppen auf einer bestimmten kollektiven Energiefrequenz schwingen. Die Indigo-Kinder haben als Gruppe eine sehr hohe Energiefrequenz, d.h., sie schwingen sehr schnell und sind weniger erdgebunden.

Seele ➜ Die Seele ist ein Teil unseres Höheren Selbst, jenes Teils unseres Menschseins, der Göttlich und ewig ist. Die Seele weiß alles und ist vollkommen. Sie teilt ständig Informationen mit und steht in ständigem Austausch mit Wesen, die sie umgeben, und mit der Familie auf der anderen Seiten des Schleiers, zu der sie gehört. Die Seele wird auch der Goldene Engel in uns genannt.

Seelenfamilien ➜ Gruppen von Wesen derselben Essenz, die sich miteinander verbunden fühlen und miteinander aus einer größeren Gruppenseele kommen. Seelengruppen arbeiten und inkarnieren seit Beginn unserer Geschichte zusammen.

Selbst, Höheres ➜ Das Christselbst, die Ich-Bin-Präsenz, die höhere Form des Selbst; der Lichtkörper, der unseren physischen Körper umgibt und die Göttliche Kraft enthält.

Siebter Sinn ➜ bezieht sich im Gegensatz zum sechsten Sinn (Intuition) auf telepathische (gedankenleserische) Fähigkeiten; Rupert Sheldrake macht für die telepathischen Fähigkeiten der Tiere, die von ihm postulierten ➜ morphogenetischen/morphischen Felder verantwortlich, mittels derer eine enge Verbindung zwischen

Haustier und Mensch bzw. zwischen den Tieren einer Herde oder eines Schwarmes bestehen soll. Diese von Rupert Sheldrake bei Tieren beschriebenen paranormalen Fähigkeiten gibt es auch beim Menschen. Seit weit über hundert Jahren forscht die Parapsychologie auf diesem Gebiet beim Menschen.

Spiritualität ➜ In Kontakt sein mit den geistigen, feinstofflichen Ebenen; das Wissen um die verschiedenen Dimensionen der Existenz

Stammhirn ➜ Mit ca. 500 Millionen Jahren der evolutionsgeschichtlich älteste Teil des Gehirns; wird auch das Reptiliengehirn genannt und funktioniert im Prinzip immer noch wie das eines Krokodils. Hier sind grundlegende motorische Funktionen, Gleichgewichtssinn und das retikuläre aktivierende System (RAS) lokalisiert. Das RAS spielt eine sehr wichtige Rolle, denn es bereitet das Großhirn über den Thalamus auf eintreffende Nachrichten vor und trifft gleichzeitig die Vorauswahl aus den Umgebungsinformationen; es filtert quasi die Umwelt und bestimmt, was wir bewußt wahrnehmen und was nicht. Das Stammhirn denkt nicht im eigentlichen Sinn – es reagiert direkt, ohne zu reflektieren.

Synapsen ➜ Die Kontaktstellen zwischen Dendriten [leitet Impulse zu einer Nervenzellen] und Axonen [transportiert Impulse von einer Nervenzelle zu anderen Nervenzellen]. Jede Nervenzelle kann bis zu zehntausend Synapsen zu anderen Zellen bilden. Insgesamt schätzt man die Zahl der Synapsen im Gehirn auf über hundert Billionen.

Synchronizität è (griech. syn = zusammen, chronos = Zeit) – Leben in Sinnzusammenhängen. Begriff und Konzept der Synchronizität wurde von C.G. Jung in die wissenschaftliche Diskussion und Praxis der Psychotherapie eingeführt. Die zeitlich koinzidenten [zusammenfallenden] Ereignisse verbindet ein gemeinsamer Sinn, nicht die Kette von Ursache und Wirkung. Wir leben in verschiedenen Dimensionen und auf unterschiedlichen Ebenen gleichzeitig (zeitliche Parallele) und können uns auf unsere Seele und weiterer Seelenanteile in Vergangenheit, Gegenwart und Zukunft eintunen (einstellen).

Synchronizität bedeutet also: sich mit der inneren Weisheit verbinden durch das Abstimmen auf höhere Anteile, die nie verlorengehen (oder verlorengegangen sind!).

Training, mentales ➜ Die Kunst, sich mit seinem Geist auf eine Art zu unterhalten, die das Unterbewußtsein verstehen und interpretieren kann. Denn Mentaltraining ist ein Training, mit dem Ziel, dem Unbewußten über Entspannung, Sprache und vor allem Bilder klarzumachen, welche Bereiche des Lebens noch verbessert werden könnten.

Transmission (Energieübertragung) ➜ Eine Energieschwingung bereitstellen, damit Menschen, die sich auf diese Schwingung einstellen, Heilung erfahren können. Transmission geschieht durch das Prinzip der Resonanz.

Trauma, traumatisch ➜ a) körperlich: Wunde, Verletzung, Schock; b) seelisch: schmerzhafte Erfahrung, innere Erschütterung

Un-Schooling ➜ Die Kinder lernen zu Hause ohne vorgegebene Programme oder Aufgaben. Wie beim Homeschooling hilft meistens ein Elternteil dabei.

Zirbeldrüse ➜ Auch Epiphyse genannt. Sie liegt im Mittelhirn und steuert das Hirn sowie das übrige Nervensystem. Sie verarbeitet die Signale, die bewußt durch die Sinnesorgane aufgenommen werden, zu automatischen Reaktionen. In der Epiphyse begegnen sich Bewußtsein und Unterbewußtsein. Störungen in dieser Drüsenschaltstelle führen zu Depressionen. Psychische Gesundheit setzt immer eine voll funktionsfähige Epiphyse voraus.

Der Indigo Kinder Lichtring

Seminare, Trainings & Reisen

Seminare

Möchten Sie die verschiedenen Übungen lieber in einer Gruppe mit Lehrern erlernen und üben? Der Indigo Kinder Lichtring bietet Eltern, Lehrern und Menschen in therapeutischen Berufen Seminare zum Thema „Entspannter Umgang mit den Kindern einer neuen Zeit" an.

Lichtarbeiter-Training

Carolina Hehenkamp bietet regelmäßig ein „Lichtarbeiter-Jahres-Training" an, das sich an Menschen richtet, die therapeutisch oder beratend mit den Indigo-Kindern und/oder deren Eltern arbeiten möchten. Das Training unterstützt therapeutische Berufe; es ist gut mit anderen Methoden zu verbinden und möchte die Teilnehmer ihre eigenen Fähigkeiten und Begabungen näher bringen, damit sie sie in ihrem Leben optimal entwickeln können.

Dieses berufsbegleitende Training wendet sich vor allem an diejenigen, die andere Menschen, Familien und Kinder auf dem Weg zu innerem Frieden, emotionaler Heilung und neuer Lebensfreude begleiten möchten. Im Training werden viele praktische Heilmethoden, Übungen und Beratungstechniken für Einzelsitzungen und Gruppenarbeit vermittelt. Die Welt braucht in dieser Zeit nach der Jahrtausendwende viele Lichtarbeiter. Die Kinder der neuen Zeit brauchen sie sogar sehr dringend! Im Mittelpunkt des Trainings steht jedoch immer die individuelle Entwicklung des einzelnen zu einem harmonischen Menschen, der mit seiner Ausstrahlung andere unterstützt.

Reisen zur Essenz

Carolina Hehenkamp organisiert und begleitet regelmäßig Erlebnisreisen, die Herzen und Seele guttun. Dazu gehören Reisen nach Hawaii – Schwimmen mit Delphinen (Maui, Big Island u./o. Lanai) – oder in die Karibik (Bimini, Bahamas); sie finden zweimal jährlich statt. Diese Reisen beinhalten u.a.: Wale erleben und singen hören; Besuch von Kahuna-Kraftorten; Vulkanbesuche; Kayakfahrten; Healing in Atlantischen Heilkraftorten; Entspannung, Strand und Ozean.

Im Frühjahr 2003 findet eine einmalige Reise nach Merida in Mexiko statt. Sie besteht aus drei Teilen: Rundreise, um die Mayakultur kennenzulernen; Teilnahme an einer Konferenz mit Priestern und Ältesten vieler einheimischen Völker Süd- und Nord-Amerikas; Erlernen der Verwendung des Maya-Kalenders; Strand und Erholung.

Falls Sie an Seminaren, Reisen oder Trainings interessiert sind, wenden Sie sich bitte an:
Indigo Kinder Lichtring
Elisabeth Röslerstrasse 6
41366 Schwalmtal
Tel: 0700-55332211 oder 2163-575315
eMail: chehenkamp@indigokinder.de

Möchten Sie lieber eine Phantasiereise oder Heilübung auf Kassette haben? Möchten Sie Nahrungsergänzungen, wie z.B. OPC, AFA (Blaugrün-Algen), bestellen oder sich über sonstigen energetischen Hilfsmitteln für ihr Kind informieren? – Rufen Sie uns an oder schauen Sie im Internet in unseren Web-Shop nach: www. indigokinder.de

Möchten Sie die Übungen lieber mit einem Berater machen oder kennenlernen? Berater, die Sie bei den verschiedenen Übungen, die in diesem Buch vorgestellt werden, unterstützen können sind:

Günter Hager
D-81479 München
Tel: (+49) 089 72308759
Fax: (+49) 089 72308757
Email: post@guenter-hager.de

Carolina Hehenkamp
D-41366 Schwalmtal
Tel: (+49) 02163 575315
Email: info@indigokinder.de

Hedda Jank
Praxis für Supervision &
HP-Psychotherapie
D-63322 Rödermark
(Praxis Offenbach)
Tel: (+49) 06074 885866
Email: HeddaJank-Mittler@gmx.de

Peter Krönauer
D-82380 Peissenberg
Sonnenstrasse 58
Tel: (+49) 08803 498870
Email: kropet8@web.de

Maria & Thomas Lotzer
Praxis für Kinesiologie & Lichtarbeit
D-88367 Hohentengen
Tel: (+49) 07572 94318
Fax: (+49) 07572 713421
Email: Multi-Dimension@t-online.de

Egon Merz
A-7100 Neusiedl/See
Tel: (+43) 02167 3998
Email: merzhom@aon.at
oder
D-67304 Eisenberg
Tel: (+49) 06351 398975

Sigi Neuberger
D-84453 Mühldorf a. Inn
Tel: (+49) 08631 2316
Email: Sigineuberger@web.de

Mark Niederdorfer
CH-7421 Summaprada
Tel: (+41) 081 6300560
Email: indigokinder@bluewin.ch

Christel Walburg
D-86554 Pöttmes
Ingstetter Strasse 5
Tel: (+49) 08253 927815
Email: JCEWalburg@aol.com

Quellenverzeichnis/Bücher, die weiterhelfen

Aivanhov, Omraam Mikhael: Der Wassermann und das Goldene Zeitalter. Rottweil, 1997

Anselmi, Reindjen: Der Lichtkörper. Santa Maria in Calanca (CH), 1997

Arnoul, Franz: Der Schlüssel des Lebens. St. Goar, 1994

Atwater, P.M.H.: Children of the new Millenium. Three Rivers Press, 1999

Aust-Claus, E. u. Hammer, P.M.: Das A.D.S-Buch. Ratingen, 1999

Braden, Gregg: Das Erwachen der neuen Erde. Freiburg, 1999

Braden, Gregg: Der Jesaja-Effekt. Burgrain, 2001

Braden, Gregg: Zwischen Himmel und Erde. Burgrain, 2001

Bischof, Marco: Biophotonen, das Licht in unseren Zellen. Frankfurt/M., 1995

Bowman, Carol: Children's Past Lives. Bantam Books, 1998

Brennan, Barbara Ann: Lichtarbeit; Handbuch der Heilung mit körpereigenen Energiefeldern. München, 1993

Brewer, Anne: Zwölfstrang-DNS. Freiburg, 1999

Buchwald, G: Impfen – das Geschäft mit der Angst. München, 1997

Bundesministerium für Bildung und Forschung: Begabte Kinder, finden und fördern. Bonn, 1998

Cabobianco, Flavio & Marco: Ich komm' aus der Sonne. Seeon, 1994

Carroll, David: Laßt die Kinderseele wachsen. Freiburg, 1994

Carroll, Lee u. Tober, Jan: Indigo-Kinder. Burgrain, 2000

Chopra, Deepak: Die sieben geistigen Gesetze für Eltern. München, 1997

Cousens, Gabriel: Ganzheitliche Ernährung. Freiburg, 1995

Dalichow, Irene u. Booth, Mike: Aura-Soma. München, 1995

Dennison, Paul E. & Gail E.: BrainGym (8. Aufl.). München, 1996

Dennison, Paul E. & Gail E.: BrainGym-Lehrerhandbuch. München, 1987

Dennison, Paul E. & Gail E.: EK für Kinder, das Handbuch der Edu-Kinestetik für Eltern, Lehrer und Kinder jedes Alters. Kirchzarten, 1997

Enderlein, Günther: AKMON, Bausteine zur Vollgesundheit und Akmosophie. Ibeca-Verlag, 1955

Emoto, Masaru: Die Botschaft des Wassers. (Erscheint 2002)

Epstein, Donald: 12 Phasen der Heilung. Freiburg, 1996

Flanagan, Patrik & Gael Chrystal, Elixier der Jugendlichkeit. Ritterhude, 1992

Friedrich, Hedi: Beziehungen zu Kindern gestalten. Berlin, 1999

Friesen, Astrid von: Liebe spielt eine Rolle. Reinbek, 1995

Gimbel, Theo: Heilen mit Farben. Aarau (CH), 1994

Gregorz, Laneta & Treissman,Geoffrey: Aura Handbuch. München, 1995

Griscom, Chris: Der Weg des Lichts, Spiritualität und Erziehung. München, 1995

Gurudas: Heilung durch die Schwingung der Edelsteinelixiere. Neuhausen (CH), 1985

Hay, Louise: Gesundheit für Körper und Seele. München, 1984

Hellinger, Bert u. Hövel, Gabriele ten: Anerkennen, was ist (10. Auflage). München, 2000

Hertlein, Margit: Mind Mapping –die kreative Arbeitstechnik. Reinbek, 1997

Holey, Jan: Die Kinder des neuen Jahrtausends. Winterthur, 2001

Howard, Judy: Bachblüten für Kinder und Jugendliche. Braunschweig, 1997

Kingston, Karen: Heilige Orte erschaffen mit Feng Shui. Berlin/München, 2001

Klein, Eric: Sacred Journey. Medicine Bear Publishing, 1998

Kohler, Henning: Von ängstlichen und traurigen und unruhigen Kindern. Stuttgart, 1994

Koneberg, L. u. Förder, G.: Kinesiologie für Kinder. München, 1999

Krystal, Phyllis: Die inneren Fesseln sprengen. Düsseldorf, 1989

Kübli, Eva: Der Zauberteppich. Kerpen-Buir, 1999

Langer, Ellen: Kluges Lernen. Reinbek, 2001

Muths, Christa: Farbtherapie. München, 1993

Muths, Christa: Heilen mit Farben, Bildern & Symbolen. Berlin, 1993

Harbour, Dorothy: Achtung, Energie-Vampire. München, 2001

Popp, Fritz-Albert: Die Botschaft der Nahrung. Frankfurt/M., 1999

Prekop, Jirina & Schweizer, Christel: Kinder sind Gäste, die nach dem Weg fragen. München, 1991

Onec, Omnec: Ich kam von der Venus (4. Aufl.). Achen, 2000

Quan Yin, Amorah: Pleiadian Perspectives on Human Evolution. Bear & Company, 1996

Ramtha: Das Erschaffen von Realität. Horamus Publishing, 1997

Roman, Sanaya: Sich dem Leben öffnen. München, 1987

Roman, Sanaya: Zum Höheren Selbst erwachen. München, 1990

Roman, Sanaya: Kreativ Reichtum schaffen. München, 1993

Roman, Sanaya: Soul Love. HJ Kramer, 1997

Rubner, Jeanne: Vom Wissen und Fühlen. München, 1999

Scheffer, Mechthild: Die Bach Blütentherapie. München, 1981

Sheldrake, Rupert: Der siebte Sinn der Tiere. München, 2001

Simons, Anne: Das OPC-Gesundheitsbuch. München, 1998

Splittstoeßer, Dr. med. W.: Goldrausch – oder die Frage: Sind Impfungen notwendig, geeignet und zumutbar? (2.Aufl.). Kelkheim, 1999

Summer Rain, Mary: Mutter Erde, Vater Wind und die Geheimnisse des Lebens (8. Aufl.). Freiburg, 2001

Summer Rain, Mary: Spirituelle Botschaften für Kinder. Freiburg, 2000

Tachi-ren, Taschira: Der Lichtkörper-Prozeß. Freiburg, 1998

Tansley, David: Die Aura des Menschen. Essen, 1993

Vissell, Barry & Joyce: Partner auf dem Weg der Liebe (3. Aufl.). Grafing, 1995

Vywamus-McClure, Janet: Das Aha-Buch! Lexikon für Lichtarbeiter. Seeon, 1991

Wall, Vicky: Aura-Soma. Freiburg, 1998

Walsch, Neale Donald: Gespräche mit Gott I/II/III. München, 1997/1998/1999

Walsch, Neale Donald: Ich bin das Licht. Freiburg, 1999

Walther, Thomas & Herbert: Was ist Licht? München, 1999

Anhang Extra

Was Sie über Ritalin und Aspartam wissen sollten

- *Ritalin*

  Sammelklage gegen Novartis, den Hersteller von Ritalin und anderen gefährlichen Medikamenten: Ritalin ist ein gefährliches Psychopharmakon, das immer mehr Kinder auch in Deutschland wegen „Aufmerksamkeitsstörungen" oder „Hyperaktivität" bekommen. Innerhalb von fünf Jahren erhöhten sich die Absatzzahlen in Deutschland um mehr als das Vierzigfache. 1995 waren es noch 0,7 Millionen Tabletten, 1999 bereits 31 Millionen (Internet: http://www.arznei-telegramm.de). Laut „The Independent" vom 19.3. 2000 ist in mehr als 50 Ländern der Ritalin-Verbrauch um mehr als 100% gestiegen (vgl. Artikel „Alarm at „zombie" pill use in UK" vom 19.3.2000). In Tierversuchen wurde der Verdacht bestätigt, daß Ritalin über eine verringerte Ausschüttung des Hormons Prolaktin eine Wachstumshemmung hervorrufen kann, die verschiedene Organe betreffen kann. Pizzi, Rode und Barnhart zeigten 1996 auf, daß Rattenbabies, die Methylphenidat (Ritalin) bekamen, verkleinerte Hirnanhangsdrüsen, Schilddrüsen, Hoden, Nebennieren und ein verringertes Gehirngewicht aufwiesen (vgl. Prof. Karl J. Abrams, „ADHD – Aufmerksamkeitsstörung und Hyperaktivität bei Kindern und Erwachsenen. Alternativen zur medikamentösen Behandlung", 2000 AV-Publication, Neusiedl am See, Dezember 2000).

  Ciba Geigy, der Hersteller von Ritalin, fusionierte 1996 mit Sandoz zu Novartis, und damit entstand größenmäßig die Nummer eins in der Forschung und, mit einem Jahresumsatz von 18,5 Milliarden Dollar und einem Geschäftserlös von 3,2 Milliarden Dollar im Jahre 1996, die Nummer zwei beim Umsatz für pharmazeutische Produkte. Den Pressemitteilungen der Firma zu Folge – siehe Internet – erzielte die Firma in den vergangenen fünf Jahren mehr als zweistellige Ertragssteigerungen. Um sich die aufwendige Überwachung der Einnahme von Ritalin sparen zu können, entwickelt der Hersteller Ritalin-Pflaster, die auf die Haut angebracht werden und somit permanent wirken.

  Im Mai 2000 wurde vom 17köpfigem Anwaltsbüro Waters & Kraus in Texas eine Sammelklage gegen Novartis, den Ritalin-Hersteller, eingereicht sowie gegen CH.A.D.D., der größten US-amerikanischen Eltern-Organisation mit mehr als 40.000 Mitgliedern, die von Pharmafirmen wie Novartis unterstützt wird, und gegen APA, der American Psychiatric Association (Infos u.a. im Internet unter http://www.ritalinfraud.com vom 5.1.2001). Es wird eng und ungemütlich für Novartis! Das Anwaltsbüro Waters & Kraus wurde berühmt, als es von der amerikanischen Tabakindustrie Milliarden Dollar für ehemalige Raucher als Schadensersatzzahlung für Gesundheitsschäden erstritt.

  Amerikanische Erwachsene, die in den letzten vier Jahren Ritalin für sich oder ihre Kinder gekauft haben, dürfen sich an der Sammelklage beteiligen. Dr. Breggin vertritt als medizinischer Berater die Klägerseite, und die ersten beiden Kapitel seines Bestsellers „Talking Back to Ritalin" stellen den Grundstein der Klage dar. Die Klage wird motiviert von Bedenken wegen der Übermedikation vor allem von Kindern. Die Klageschrift besagt, daß der Pharmakonzern „absichtlich, vorsätzlich und fahrlässig die Diagnose von ADD/ADHD sowie die Verkäufe von Ritalin durch Werbeliteratur und das Training seiner Verkaufsrepräsentanten fördert. Dabei vernachlässigen es die Beklagten trotz Kenntnis von Problemen und Nebenwirkungen, ausreichende Informationen an Konsumenten, Ärzte und Schulen über die bedeutenden Gefahren von Methylphenidat weiterzugeben." Zur Zeit nehmen acht Millionen Kinder und 1 Million Erwachsene in den USA täglich Ritalin ein.

Novartis wird in der Anklageschrift bezichtigt, „aktiv Organisationen wie CH.A.D.D. finanziell und mit anderen Mitteln unterstützt zu haben, damit diese, als scheinbar neutrale Gruppen, die stetig steigende Durchführung von ADD/ADHD-Diagnosen und die zunehmenden Ritalin-Verkäufe bewerben und unterstützen." Der APA wird vorgeworfen, mit den anderen Angeklagten konspirativ zusammengearbeitet und finanzielle Zuwendungen von Ciba/Novartis und anderen Mitgliedern der pharmazeutischen Industrie erhalten zu haben. In der Anklageschrift belegte und kritisierte Nebenwirkungen von Ritalin sind u.a.: Schlaflosigkeit, Kopfschmerzen, Erkrankungen des Blutes, Hautentzündungen, Fieber, unkontrolliertes Wasserlassen, Haarausfall, schlechtere Intelligenzleistung, zwanghaftes Verhalten, Depressionen, zombiehaftes Verhalten, Feindseligkeit, Reizbarkeit, Ängste, Halluzinationen, Psychosen, Verwirrtheit, nervöses Verhalten wie an den Haaren ziehen, vermindertes soziales Interesse, Wachstumsstörungen aufgrund einer Dysfunktion der Hirnanhangdrüse, Gewichtsverlust, ungewöhnliches Schwitzen, Gelenkschmerzen, Verschlechterung der ADHD-Symptome und Herzrhytmusstörungen.

Vereinzelt finden ein Umdenken in Bezug auf die großzügige Verabreichung von Ritalin statt, leider noch nicht in Deutschland. Der Bildungsausschuß des Bundesstaates Colorado verabschiedete am 11. November 1999 eine Resolution, in der die Lehrer aufgefordert wurden, für Verhaltens-, Aufmerksamkeits- und Lernschwierigkeiten im Klassenzimmer lieber auf pädagogische Lösungen zurückzugreifen als von Medikamenten Gebrauch zu machen. Am 17. April 2000 nahm die Grüne Partei des schwedischen Bezirks Sörmland einen Antrag an, in dem verlangt wird, daß alle Beschäftigen des Gesundheitswesens in natürlichen, alternativen Methoden zur Behandlung von Kindern mit hyperaktivem Verhalten ausgebildet werden müssen. Am gleichen Tag tat sich auch endlich etwas auf EU-Ebeneè die Mitglieder des Europarates unterzeichneten einen Antrag zur „Beendigung der Fehldiagnosen bei Kindern", wobei ADD/ADHD als „Grundlage einer Welle des Drogenmißbrauchs" in den USA angeführt wird, die in Europa unerwünscht sei. Der Antrag fordert eine Studie über Diagnostizierung von ADHD und die Entwicklung geeigneter rechtlicher Maßnahmen, „um die mißbräuchliche Verabreichung von Psychopharmaka an Kinder zu reduzieren" (Council of Europe, Doc. 8727 v. 17.4.2000).

Wir werden alle ständig damit konfrontiert, daß Kinder von Ärzten Ritalin verschrieben bekommen sollen, selbst dann, wenn sie Indikationen wie das Tourrette-Syndrom haben, bei dem laut Beipackzettel von Ritalin eine Verschreibung dieses Medikamentes „kontraindiziert" ist. Eltern werden von Kindergärtnerinnen und Lehrern unter Druck gesetzt, daß ihr Kind die Gruppe oder Schule verlassen müsse, wenn es kein Ritalin bekomme. Dabei gibt es harmlose Methoden wie vitalstoffreiche Vollwerternährung und die AFA-Alge, die genauso effektiv sind, und als einzige „Nebenwirkung" strahlende Gesundheit mit sich bringen.

Barbara Simonsohn hat 2001 das Buch „Hyperaktivität – Warum Ritalin keine Lösung ist. Gesunde Alternativen" geschrieben (Goldmann Verlag) und ist sehr aktiv auf diesem Gebiet. Sie schickt Ihnen gegen einen DIN-A4-Freiumschlag und Postgebühr in Briefmarken einen Artikel über die Machenschaften von Ciba Geigy/Novartis zu.

- *Aspartam*

  Ein Artikel, der mir per Email zugeschickt wurde (u.a. zu lesen in www.augenauf-germany.de); Autor ist Martin Becker:

Aspartam, mehr als nur ein Süßstoff

Würden sie freiwillig ein Glas Methanol oder Formalin trinken? Ich bin mir ziemlich sicher, daß Sie das nicht tun würden. Warum? Blöde Frage: Weil es zum sofortigen Tod führt! Trinken Sie statt dessen lieber eine Coke Light oder kauen Sie einen Orbit ohne Zucker? Geben Sie Ihren Kindern wegen der Kariesgefahr lieber eine Coke Light statt einer normalen Cola? Im allgemeinen verursachen Nahrungsmittelzusätze keine Hirnschäden, Kopfschmerzen, der Multiplen Sklerose (MS) ähnliche Symptome, Epilepsie, Parkinson'sche Krankheit, Alzheimer, Stimmungswechsel, Hautwucherungen, Blindheit, Hirntumore, Umnachtung und Depressionen oder beschädigen das Kurzzeitgedächtnis oder die Intelligenz. Aspartam verursacht das und noch ca. 90 weitere, durch Langzeituntersuchungen bestätigte Symptome. Sie glauben mir nicht? Lesen sie weiter! Aspartam, auch bekannt als Nutra-Sweet, Equal, Spoonfull, Canderel, Sanecta oder einfach E951 ist ein so genannter Zuckerersatzstoff (E950-999). Die chemische Bezeichnung lautet „L-Aspartyl-L-Phenylalaninmethylester". Aspartam besitzt die 200fache Süßkraft von Zucker und hat 4 kcal/g (16,8 kJ/g). Nicht nur bei Diabetikern, sondern auch bei Körperbewußten beliebt wegen seines im Vergleich zu Saccharin oder Cyclamat sehr natürlichen Zuckergeschmacks ist Aspartam in mehr als 90 Ländern (seit das Patent der Firma „Monsanto bzw. der Tochterfirma Kelco ausgelaufen ist) weltweit in mehr als 9000 Produkten enthalten. Aspartam ist ein sog. Dipeptidester der beiden Aminosäuren L-Asparagin-säure und L-Phenylalanin. Beide Aminosäuren werden mittels Mikroorganismen hergestellt; die amerikanische Firma G.D. Searle & Co., Tochterfirma des Chemiegiganten Monsanto, soll ein Verfahren entwickelt haben, um Phenylalanin durch genmanipulierte Bakterien preisgünstiger produzieren zu lassen. Auch die Hoechst AG besitzt angeblich Patente dafür (Quelleè G. Spelsberg, Essen aus dem Genlabor, Verlag Die Werkstatt, 1993). Das Problem mit Aspartam ist nun, daß es im menschlichen Körper wieder in seine Grundsubstanzen Asparaginsäure (40%), Phenylalanin (50%) sowie Methanol (10%) zerfälltè Phenylalanin ist für Menschen, die unter der angeborenen Stoffwechselkrankheit Phenylketonurie (PKU) leiden, sehr gefährlich. Durch einen Mangel oder Defekt an dem körpereigenen Enzym Phenylalaninhydroxylase, welches Phenylalanin (das auch im Körper vorkommt) in Tyrosin umwandelt, häuft sich Phenylalanin im Körper an und wird von ihm in Phenylbrenztraubensäure umgewandelt. Die Folgen sind u.a. verkümmertes Wachstum und „Schwachsinn". Deshalb müssen Lebensmittel mit Aspartam mit dem Hinweis „enthält Phenylalanin" versehen sein. Außerdem verursacht ein erhöhter Phenylalaningehalt im Blut einen verringerten Serotoninspiegel im Hirn, der zu emotionellen Störungen wie z.B. Depressionen führen kann. Besonders gefährlich ist ein zu geringer Serotoninspiegel für Ungeborene und Kleinkinder. In einer eidesstattlichen Erklärung vor dem US-Kongress hat Dr. Louis J. Elsas außerdem gezeigt, daß Phenylalanin von Nagetieren (auf denen die Untersuchungen des Herstellers Monsanto beruhen) weit besser abgebaut wird als von Menschen. Aspartamsäure ist noch gefährlicher. Dr. Russel L. Blaylock von der Medizinischen Universität von Mississippi hat mit Bezug auf über 500 wissenschaftliche Referenzen festgestellt, daß drastisch hohe Mengen freier ungebundener Aminosäuren wie Aspartamsäure oder Glutaminsäure (aus der übrigens Mononatrium-Glutatamat zu 90% besteht) schwere chronische neurologische Störungen und eine Vielzahl andere akute Symptome verursacht. Normalerweise verhindert die so genannte Blut-Hirn-Barriere (BBB) einen erhöhten Aspartam- und Glutamat-Spiegel genauso wie andere hohe Konzentrationen von Giften in der Versorgung des Hirns mit Blut. Diese ist jedoch erstens im Kindesalter noch nicht voll entwickelt, zweitens schützt sie nicht alle Teile des Gehirns, drittens wird die BBB von einigen chronischen oder akuten Zuständen beschädigt und viertens wird sie durch extremen Gebrauch von Aspartam und Glutamat quasi überflutet. Das beginnt langsam, die Neuronen zu beschädigen. Mehr als 75% der Hirnzellen werden geschädigt, bevor klinische Symptome folgender Krankheiten auftretenè MS, ALS, Gedächtnisverlust, hormonelle Probleme, Verlust des Hörvermögens, Epilepsie, Alzheimer, Parkinson, Hypoglykämie u.a. Ich bin kein Arzt und habe keine medizinische Bildung, aber ich wünsche niemandem auch nur ein einziges dieser furchtbaren Leiden. Der Hersteller Monsanto und die offiziellen Behörden der meisten Länder schweigen sich darüber aus oder präsentieren Forschungsergebnisse, die das genaue Gegenteil behaupten. Methanol (auch Holzalkohol genannt, chemisch Methylalkohol) ist mindestens genauso gefährlich. Schon geringe Mengen Methanol, über einen größeren Zeitraum eingenommen, akkumulieren sich im Körper und schädigen alle Nerven, ganz besonders die sehr empfindlichen Sehnerven und die Hirnzellen. In normalen alkoholischen Getränken, die ebenfalls Methanol enthalten, wirkt der Ethylalkohol dem Methylalkohol teilweise entgegen und schwächt seine Wirkungen ab. Nicht in Aspartam! Methanol wird aus Aspartam freigesetzt, wenn es mit dem Enzym Chymotrypsin zusammentrifft. Die Absorption von Methanol durch den Körper wird noch beschleunigt, wenn dem Körper freies ungebundenes Methanol zugeführt wird. Methanol wird aus Aspartam auch frei, wenn man es über 30°C (86°F) erhitzt. Aspartam zerfällt dann in all seine guten Bestandteile (s.o.). Also lassen Sie sich die warme Coke Light das nächstemal schmecken. Nein; im Ernst: 1993 hat die FDA (Food and Drug Administration, USA) den Gebrauch von Aspartam für Lebensmittel freigegeben, die über 30°C erhitzt werden. Unglaublich, aber wahr! Es gibt auch Hypothesen, die das sog. Golfkriegs-Syndrom (GWI – Gulf War Illness), mit dem viele US-Soldaten nach Hause gekommen sind, auf überhitzt gelagerte Coke-Light-Dosen zurückzuführen sind, die (in extremen Mengen) den Soldaten den Aufenthalt in der Wüste erträglich machen sollten. Methanol wird übrigens vom Körper durchaus abgebaut, nämlich zu Formaldehyd (Formalin, chemisch Methanal) und Ameisensäure (chemisch Methansäure). Formalin ist ein tödliches Nervengift und wird vom Körper angesammelt und nicht abgebaut. Aber machen Sie sich keine Sorgè Die Mengen Formalin, die ihre Spanplattenschränke und -regale abgeben, sind winzig im Vergleich zu den Mengen eines Dauerkonsums von Aspartam. Auch Ameisensäure ist für den Menschen extrem giftig, wenn sie sich im Blutkreislauf befindet. Noch mal zum nachrechnenè Der ADI (Acceptable Daily Intake – Täglich akzeptable Dosis) von Methanol ist 7,8 mg/d. Ein Liter mit Aspartam gesüßtes Getränk enthält ca. 56 mg Methanol. „Vieltrinker" kommen so auf eine Tagesdosis von 250 mg. Das ist die 32-fache Menge des empfohlenen Grenzwertes! Symptome einer Methanol-Vergiftung sind: Kopfschmerzen, Ohrensausen, Übelkeit, Beschwerden des Verdauungstraktes, Müdigkeit, Vertigo (Schwindel), Gedächtnislücken, Taubheit und reißende Schmerzen in den Extremitäten, Verhaltensstörungen und Neuritis. Die bekanntesten Symptome sind aber verschwommenes Sehen, fortgeschrittene Einengung des Gesichtsfeldes, Zerstörung der Netzhaut und Blindheit. Formaldehyd ist krebserregend und verursacht Zerstörung der Netzhaut, Störungen bei der DNA-Replikation und Geburtsfehler. Durch ein Fehlen von verschiedenen Schlüsselenzymen ist die Wirkung bei Menschen wesentlich stärker als bei anderen Säugetieren. Was wiederum die Tauglichkeit von Tierexperimenten in Frage stellt, die vom Konzern angestellt wurden. Diketeropiperazin (DKP) ist ein Beiprodukt, das bei der Erhitzung und dem Abbau von Aspartam entsteht und in Verbindung gebracht wird mit Hirntumoren. Kein Kommentar. Jetzt taucht bei ihnen natürlich die Frage auf, warum das nicht allgemein bekannt ist! Dafür gibt es sicherlich zwei Gründe: Erstens tauchen solche Meldungen nicht in der Tagespresse auf wie zum Beispiel Flugzeugabstürze, und zweitens verbinden die meisten Menschen ihre Beschwerden nicht mit ihrem lang andauerndem Aspartam-Konsum. Die Freigabe von Aspartam als Nahrungsmittelzusatz und Zuckerersatz durch die FDA ist ein Beispiel für die Verbindung von Großkonzernen wie Monsanto und den Regierungsbehörden sowie der Überflutung der wissenschaftlichen Gemeinde mit gewollt falschen Informationen und Desinformationen. Es liegen Beweise vor, die bestätigen, daß Labortests gefälscht worden sind, Tumore aus Versuchstieren entfernt worden sind und offizielle Behörden bewußt falsch informiert wurden. Als kleine Dreingabe: Aspartam stand bis Mitte der 70er Jahre auf einer CIA-Liste als potentielles Mittel zur Biochemischen Kriegsführung. GUTEN APPETIT!

(Sie können sich weiter informieren unter: www.augenauf-germany.de)

Was Sie über Ritalin und Aspartam wissen sollten

Carolina Hehenkamp
Das INDIGO-Phänomen
Kinder einer neuen Zeit
Das Geschenk der Indigo-Kinder
288 Seiten, Paperback
€ 17,40 [D]/sFr 30,80
ISBN 3-89767-089-5
• Bedeutung, Eigenschaften und Erkennungs-
  merkmale von Indigo-Kindern
• Tips für den Umgang mit Indigo-Kindern
• Erfahrungen mit Indigo-Kindern
• Übungen, Meditationen und Spiele für Indigo-
  Kinder

Isolde Mehringer-Sell
(Dipl.-Psych. Erika Schäfer)
Reinkarnationstherapie mit Kindern
Mama, glaub mir, ich habe schon einmal gelebt/
Ein Praxisbuch für Eltern und Fachleute
384 S., 151 farbige Abb., Paperback
€ 20,40 [D]/sFr 35,90
ISBN 3-930944-30-8
Kinder finden Heilung ihrer körperlichen und seeli-
schen Probleme durch die Auflösung traumatischer
Erlebnisse

Marlies Holitzka & Elisabeth Remmert
Systemische Familien-Aufstellungen
Konfliktlösungen für Söhne – Töchter – Eltern
304 S., Paperback
€ 18,50 [D]/sFr 34,50
ISBN 3-89767-066-6
So unterschiedlich Familien erscheinen, gibt es doch Gesetzmäßigkeiten, die in allen erfüllt sein wollen, damit
die Beziehungen zwischen Eltern und Kindern gelingen.
Anhand von Fallbeispielen werden die in Beziehungen
wirkenden Kräfte aufgedeckt und Möglichkeiten gezeigt,
wie Konflikte gelöst werden können.

Marlies Holitzka & Elisabeth Remmert
**Systemische Aufstellungen
für die Paar-Beziehung**
Damit Beziehungen gelingen
ca. 300 S., Paperback
€ 18,50 [D]/sFr 34,50
ISBN 3-89767-067-4
Was hält Paare zusammen, ja was erst treibt sie zueinander? Und was steckt dahinter, wenn ein Mensch par-
tout nicht in einer Beziehung bleiben kann? Mit Syste-
mischen Aufstellungen lassen sich zu diesen und
anderen Fragen verblüffende Antworten und hilfreiche
Lösungen finden, wie in diesem Buch dargelegt wird.

Heike Owusu
VooDoo-Rituale
304 S., s/w-illustriert, Paperback
€ 15,30 [D]/ sFr 27,20
ISBN 3-930944-99-5
Voodoo ist Magie. Hier finden Sie
notwendiges Hintergrundwissen
und Hinweise zur praktischen
Arbeit sowie Anleitungen zum
Schutz vor spirituellen Angriffen.

Marielu Lörler
Hüter des alten Wissens
Schamanisches Heilen im
Medizinrad
352 S., s/w-illustr., Paperback
€ 15,30 [D]/ sFr 27,20
ISBN 3-89767-072-0
  Schamanismus erläutert im
Rahmen von Aufbau und Ver-
wendung des Medizinrads

Christine M. Bradler
Joachim Alfred P. Scheiner
Feng Shui Symbole des
Westens
192 S., s/w-illustriert, Paperback
€ 10,50 [D]/sFr 19,–
ISBN 3-930944-90-1
Wegweiser und Entscheidungs-
hilfe zur Verwendung von über
60 „modernen" Feng Shui-Hilfs-
mitteln wie Delphin, DNS-Spira-
le, Edelsteine, Einhorn, Engel,
Füllhorn, Kerze, Klangspiel, Mo-
bile, Räucherwerk, Regenbogen
u.v.m.

Felicitas H. Nelson
Symbolsprache der
Talismane & Amulette
272 S., s/w-illustriert, Paperback
€ 15,30 [D]/ sFr 27,20
ISBN 3-930944-42-1
Ein Führer durch unsere an
Glücksbringern und Schutz-
amuletten reiche Welt mit Beschreibungen von über
200 Symbolen

Mark Fisher
Der alte Mann und
das Geheimnis der Rose
Wege zu Wohlstand
und Weisheit
224 S., Paperback
€ 12,70 [D]/sFr 28,80
ISBN 3-89767-125-5
Ein Roman über die lebens-
verändernde   Kraft   unserer
Träume

Mark Fisher/Marc Allen
Das Arbeitsbuch zu
„Der alte Mann und
das Geheimnis der
Rose"
Lernen Sie den Erfolg
zu denken
192 S., Paperback
€ 10,50 [D]/sFr 18,40
ISBN 3-930944-39-1
Eine Anleitung in sieben Schrit-
ten/ jeweils mit Arbeitsteil

Paul Ferrini
Dem Glück auf der Spur
Das Glück des Augenblicks
liegt in deiner Hand
160 S., Paperback
€ 10,50 [D]/sFr 18,40
ISBN 3-930944-67-7
Wenn wir aufhören, in unserem
Leben nach Fehlern zu suchen,
können wir es erfüllter leben.
Dann bewegt sich unser Leben
mit Kraft, Zielgerichtetheit und
Integrität. Nichts fehlt, nichts ist
verbesserungsbedürftig, nichts
kaputt. Es ist vollkommen, so
wie es ist.

Paul Ferrini
Zusammen Wachsen
Schitte zum liebevollen Mitein-
ander
172 S., Paperback
€ 10,50 [D]/sFr 18,40
ISBN 3-930944-82-0
Sieben Regeln für eine faire
Partnerschaft sind hier knapp
aber tiefgehend formuliert, womit Sie das Werkzeug an die
Hand bekommen, Ihre Beziehungen zu überprüfen und, wo
nötig, zu korrigieren.

Paul Ferrini
Leben in Hingabe
Wie man sein Herz öffnet
und darin wohnen bleibt
120 S., Paperback
€ 10,50 [D]/sFr 18,40
ISBN 3-930944-92-8
„Wenn ich in diesem Buch über
Hingabe spreche, geht es darum,
das Ego-Bewußtsein aufzugeben,
die Trennung von Herz und Verstand zu überbrücken und eine
Bewußtheit zu entwickeln, die
größer ist und umfassender."

Paul Ferrini
Aus der Tiefe des
Herzens
Vergebung entdecken,
erlernen, erleben
184 S., Paperback
€ 10,50 [D]/sFr 18,40
ISBN 3-89767-095-5
Vertrauen in das Leben, Gleichwertigkeit mit anderen, Verantwortung für sich selbst übernehmen und Vergebung, gelebt
in jeder Minute und das gegenüber anderen wie sich selbst,
bilden die Schlüssel für die Tür
zu einem erfüllten und selbst-
bestimmten Leben.

Meister Hsing Yun
Wahrhaftig Leben
Buddhistische Ethik im Alltag
250 S., Hardcover
€ 16,40 [D]/sFr 29,20
ISBN 3-930944-98-7
Eine in Themen gegliederte Ein-
führung in die buddhistische Le-
bensweise in eingängiger Sprache und mit Beispielen aus dem
Alltag

„Wer diesen Lehren folgt, wird
so strahlend wie die Sonne und
der Mond und kann alle Dunkelheit überwinden."
aus dem LOTUS SUTR

Meister Hsing Yun
Buddhas kleines
Stundenbuch
Buddhistische Weisheiten
für den Alltag
112 S., Paperback
€ 7,– [D]/ sFr 12,90
ISBN 3-89767-115-8
Wortperlen der buddhistischen
Lehre von starker Aussagekraft
und philosophischer Anmut, die
sich jede als Leitspruch für unseren Alltag und unseren täglichen Umgang mit Menschen
eignen